JN045858

日本の観光 ❸

――昭和初期観光パンフレットに見る

《関東・甲信越篇》

谷沢　明

八坂書房

日本の観光③
―昭和初期観光パンフレットに見る
《関東・甲信越篇》

目次

第一章　横浜・鎌倉――7
一、「神奈川県観光図絵」から　7
（一）海から見た神奈川県　（二）神奈川県の遊覧地
二、横浜　12
（一）横浜の風景　（二）横浜の遊覧地
三、三浦半島　20
四、鎌倉と江の島　21
（一）「鎌倉江ノ島遊覧」　（二）鎌倉を巡る　（三）江の島

第二章　房総半島を巡る――33
一、房総半島　33
（一）房総の風景　（二）房総遊覧旅行
二、安房の遊覧地　37
（一）安房小湊とその周辺　（二）館山湾　（三）鋸山
三、成田山　45
四、銚子と犬吠埼　52
五、香取神宮　56

第三章　水郷・筑波山・水戸――59
一、水郷　59
（一）常陸の風景　（二）水郷巡り
二、筑波山　66
三、鹿島神宮　67
四、水戸　70
（一）城下町水戸　（二）偕楽園　（三）弘道館
五、湊鉄道沿線　78

第四章　上州の街・山・温泉――81
一、前橋と赤城山　81
（一）上州　（二）前橋　（三）赤城山
二、高崎　88
三、桐生　92
四、伊香保温泉と榛名山　96
（一）伊香保温泉　（二）榛名山　（三）榛名湖
五、妙義山　104
六、奥利根の温泉　108
（一）上越線車窓の展望　（二）水上温泉郷　（三）スキーと温泉
七、草津温泉　117
（一）湯畑界隈　（二）温泉街の周り

第五章　奥武蔵・秩父・甲斐――127
一、武蔵の遊覧地　127
（一）武州埼玉の風景　（二）武蔵野鉄道沿線
（三）多摩湖鉄道沿線
二、奥武蔵　135
（一）天覧山とその周辺　（二）奥武蔵ハイキング
三、秩父　142
四、甲府盆地　143
（一）甲斐の風景　（二）甲府
五、御嶽昇仙峡　150
六、富士川と身延山　154
（一）富士身延鉄道　（二）身延山と七面山

第六章　善光寺とその周辺――163
一、信濃国の風景　163
二、善光寺　167
三、戸隠　172
四、長野電鉄沿線　175
五、渋温泉　180

第七章　松本・諏訪・伊那――185
一、北アルプスを望む松本　185
（一）松本盆地　（二）城下町松本
二、上高地　190
三、浅間温泉　193
四、信濃鉄道と安曇野　201
五、北アルプス　204
（一）登山ブーム　（二）登山案内パンフレット　（三）白馬岳
六、諏訪湖とその周辺　211
（一）諏訪湖畔　（二）蓼の海　（三）霧ヶ峰
七、伊那谷　217
（一）伊那電鉄沿線　（二）三信鉄道沿線　（三）天竜峡

第八章　越後・佐渡島を往く――227
一、港町新潟　227
二、城下町高田　232
三、妙高山麓の遊覧地　236
四、佐渡島　239
（一）佐渡の風景　（二）佐渡の史跡を巡る
（三）外海府海岸の探勝

おわりに　247

［図版提供］

東浦町郷土資料館

藤井務旧蔵コレクション（図版キャプションに＊で表示）

［凡例］

●引用部分の旧字体は原則として新字体に改めた。

●読みやすさを考慮してやや多めにふりがなをつけた。

●社名は企業形態の表記を原則として省略した。パンフレットなどの資料の発行元として略称・愛称が使用されている場合はそれに従った。鉄道名などの表記は資料に略称・愛称が混在しており、本文中あえて正式名称に統一することはしなかった。

●資料の表題と鳥瞰図の内題とが異なることがあるが、資料名は原則として表題を示した。鳥瞰図の内題を示すときはその旨を明記した。

●引用に際し、資料の発行時の状況を鑑みて、現在では使われない用語・表現をそのまま使用している個所がある。

第一章　横浜・鎌倉

一、「神奈川県観光図絵」から

（一）海から見た神奈川県

大正から昭和初期の観光案内書やパンフレットに、空から大地を眺めた鳥瞰図が流行りにはやった。大空を舞う鳥の目から見たような風景の絵図は、多くの人を魅了した。「大正広重」と自ら称した鳥瞰図の名手吉田初三郎（一八八四〜一九五五）描く「神奈川県観光図絵」（内題）が「神奈川県」（昭和九年一二月、神奈川県観光連合会発行）〈図1〉に収められている。

表紙は広重「東海道五拾三次之内神奈川台之景」を下図に、旅姿の女人を描く。鳥瞰図は三浦半島久里浜付近から北西を望む構図で、左に相模湾・箱根、中央に江の島・鎌倉、右に東京湾・横浜をおき、海上に三浦半島が延びる。江の島対岸に相模平野がひろがり、背後に大山・丹沢山地が聳える。相模平野には相模川が湘南の海に注ぐ。遠景に箱根の先に伊豆半島や富士山、横浜から多摩川を隔てて東京・関東平野も描く。海から見たのびやかな絵に、温暖で住みやすそうな土地柄が感じられる。

東京の西に隣接する神奈川県は、交通の便に恵まれていることも鳥瞰図からうかがえる。鉄道は東西南北に走り、省線をはじめ多くの私鉄が張り巡らされ、廃線（昭和一二年）となった湘南軌道（二宮―秦野）も図に見える。恵まれた交通は陸路ばかりでなく、外国航路をもつ横浜港からの海路もある。大さん橋に横づけされた汽船や港内を往来する船舶の絵柄は、内外に開かれた地をイメージさせる。

鳥瞰図に黄色に色づけされた相模平野・秦野盆地・足柄平野は稔り豊かな農村地帯を思い浮かべ、緑に塗られた横浜背後の多摩丘陵（下末吉台地）・三浦半島からは爽やかな空気を感じる。今日、その大半が住宅地と化しているのは、誰もが知るところであろう。案内文を見よう。

> 美しい白堊（はくあ）城の様なア・ラ・モードの観光船が淡い煙を吐いて横浜港の大桟橋にかかる。そこに展開される港都横浜

を中心に、「相模に武蔵にひろごる沃野」は南に延びて三浦半島となり、湘南の渚づたひに西箱根を包み、県北丹沢山彙並に津久井渓谷を廻って、東は多摩の清流を境界線に大東京に接し、又東京湾に面する。南は相模湾によって澎湃たる太平洋を望み、西は静岡県に、北は山梨県に夫々接してゐる。これが神奈川県の全貌で、到る処風光よく史蹟名勝に富み、まことに全日本観光地の王座を占めてゐる観がある。

沃野の広がりを古風に綴る。神奈川県内には、現代風（a la mode）の横浜、歴史の香り漂う鎌倉や江の島、自然美に恵まれた三浦半島、箱根など多くの見所がある。いずれも風光明媚で、史跡や名勝も多く、観光地として首位を占める、と説く。今日、都市化が市街地周囲におよんでいるが、身近な遊覧地としての性格は今も受け継がれている、とみてよいであろう。

（二）神奈川県の遊覧地

引き続き「神奈川県観光図絵」〈図1〉及び案内文から神奈川県の遊覧地を見ていこう。鳥瞰図左に描かれた箱根は県内きっての名所で、早雲山・神山・駒ヶ岳・二子山が聳え、山麓に芦ノ湖が水を湛える。小田原から早雲山まで鉄道が通じ、宮ノ下温泉をはじめ箱根十二湯が湧き、短冊に国立公園と示す。

国立公園の指定をうけた我等の箱根は、日本第一の温泉郷として世界の箱根としていよいよ親しまれる。春は万朶の桜美しく、秋は紅葉で目も綾に彩られる山々渓々。輝く日の下ではほのぼのと煙が棚引き山の上、谷の奥、川のほとりには十二の温泉場が散在してゐる。全山を貫く蜒々坦々の道路には銀翼の鳥の様な乗合自動車や、豪華なパッカードが相競って走り、渓谷を瞰下して乗心地のよい登山電車が通ふ。

「国立公園の指定」と記すが、富士山とともに箱根が国立公園の第三次指定（昭和一一年二月）をうけたのは、発行一年余り後のことである。昭和九年三月からはじまった国立公園の指定は、観光地としてのブランド化を推し進めるが、すでに内定段階で書き込んでいるのだろう。整備された道路に眩い乗合自動車やパッカード（Packard）社製の高級自動車が往く。その光景を誇らしげに記述するところに、昭和初期の気分を感じる。箱根は山岳・湖沼・温泉・火口・渓流など見所の多い日本を代表する観光地で、前著『日本の観光』で詳述したので参照いただきたい。

箱根の東方、相模平野の伊勢原背後に聳えるのは大山である。

山麓に軒を連ねるのは先導師の家並みである。山頂の阿夫利神社に向けてケーブルカーが延びるほか、不動堂を経由する旧参道も描く。

> 山頂の阿夫利神社は関八州信仰の的である。（中略）山頂に立って四方を展望すれば心神頓に爽快を覚えて、羽化登仙の感があり春秋の候登山参詣する者が夥しい。

山頂に立つと展望がひらけ、天にも登る心地がする、と語る。古来、山岳信仰の霊場である大山は、雨乞いの山として崇められ、雨降山ともいわれた。江戸時代には大山詣が盛んになり、江戸の職人や関東各地の農民などが大山講を結成して、大山を目指した。大山講の人々が宿泊したのが山麓の先導師の家であり、大山詣は信仰とともに親睦や行楽を兼ねた旅でもあった。

相模平野の南、相模湾に浮かぶ小島が江の島である。片瀬海岸から島に橋が架かり、江島神社参道に門前町が発達する。

> 片瀬の海岸に立てば、青螺の様な江の島が前景に浮み出る。蓋し天下の絶景である。六丁の桟橋を渡り石段を登り切ると県社江の島神社で「辺津宮」、二三町で「中津宮」、更に行くこと約八町で「奥津宮」であるが、ここから急角度の石段を下る途中の海景は筆紙に尽し難い。下り切った所が稚児ヶ淵、緑波奔騰する俎岩の壮快さを見ながら、龍窟に入り中の社殿に参拝する。

江島神社は、辺津宮・中津宮・奥津宮の三社から成る神社である。周囲を海蝕崖に囲まれた江の島は、龍窟などの海蝕洞の岩屋もあって、古来、修行の場として知られた。江戸後期、音曲・芸事をつかさどる神としての弁財天信仰が高まり、江の島は歌舞伎役者や検校の参詣をはじめ、江戸の町人など多くの人が行楽を兼ねて訪れる地となった。「青螺の様な江の島」の名物は栄螺の壺焼であり、寺社参詣を名目に名物を味わう楽しみもあった。

大山・江の島とともに行楽地として知られたのが鎌倉である。由比ヶ浜を前に三方を山に囲まれた地に、鶴岡八幡宮・建長寺・円覚寺など、多くの寺社が集まる。

> 古典的でそして近代色の明朗な鎌倉は、まことに本邦観光地の代表的名邑である。この典雅な街はそれ自身がポエムでリズムだ。その濤声と松籟や、日本三大史蹟の一としての幾多の古社寺名蹟、さては一木一石に宿るそのかみのロマンス、銀波躍る由比ヶ浜名にし負ふ星月夜。

これまた昭和初期のモダン好みの気分が漂う文体である。古典としての趣があるばかりか近代的な色彩を帯びた鎌倉は、無数の内外観光者や小学生まで多くの訪問者を惹きつけている様

〈図1〉「神奈川県」(昭和9年12月、
吉田初三郎画、神奈川県観光連合会)

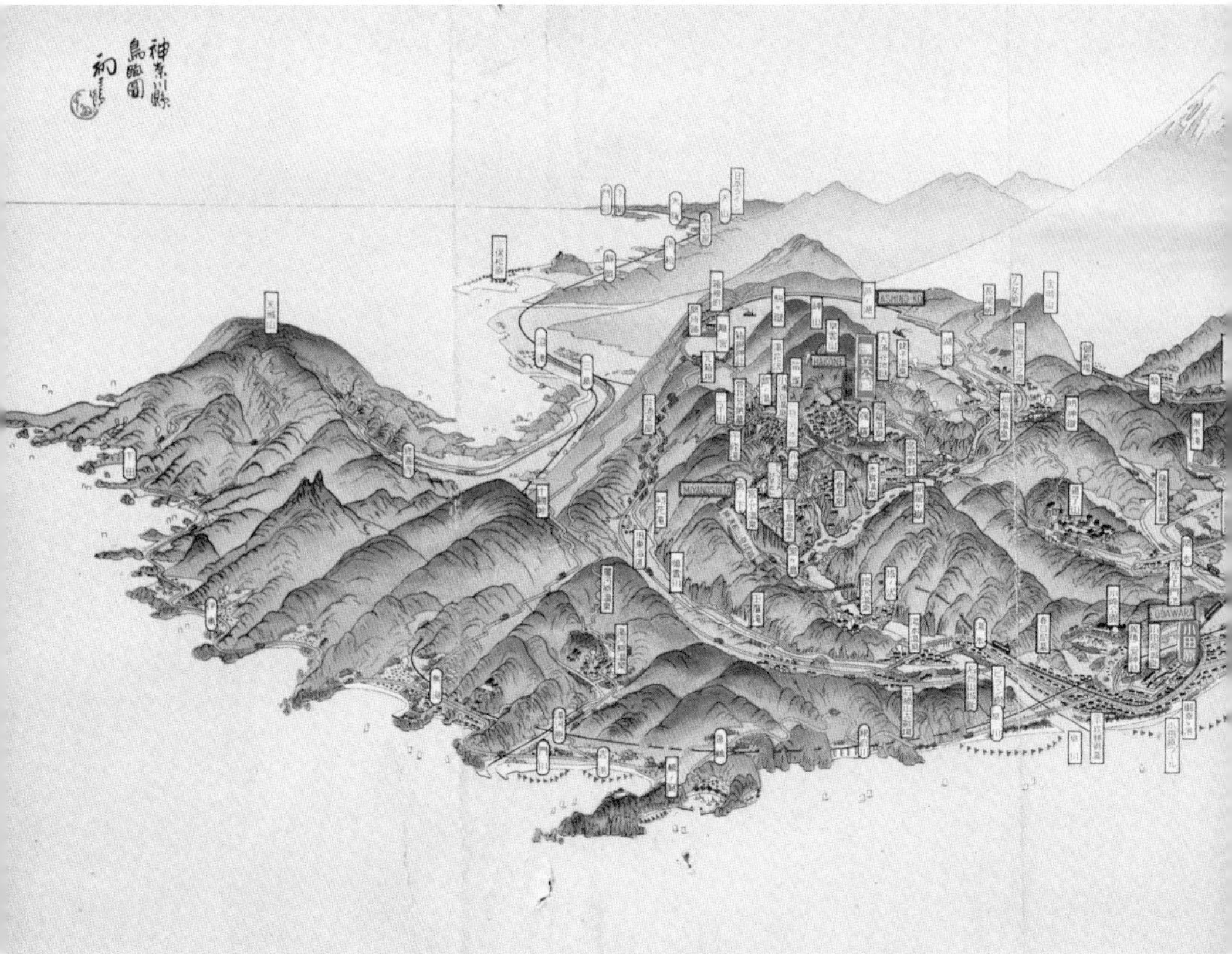

神奈川縣鳥瞰圖

初三郎

ASHINO KO
MIYANOSHITA
ODAWARA
小田原 
OYAMA
TSUKUI VALLEY
SHONAN PARK WAY
HIRATSUKA
平塚
ENOSHIMA
KAMAKURA
KAIHIN HOTEL
七里ヶ浜
稲村ヶ崎
葉山
SAGAMI BAY
MIURA PENINSULA
YOKOSUKA

子を述べる。

鎌倉から東に小山を越えると、横浜である。多くの船舶が出入りする横浜港に臨み県庁・税関・開港記念館などが建ち、山下公園・横浜公園・元町公園・掃部山公園・野毛山公園なども鳥瞰図に示す。

> 世界のマドロス達の憧憬のヨコハマは、また同時に帝都の関門を占める本邦の代表的貿易港で、百パーセントの近代都市である。（中略）幽邃な野毛山公園、明朗な山下公園、開港の恩人井伊大老の銅像のある掃部山公園、花月園、根岸競馬場、杉田の梅林、曹洞宗の本山総持寺、綱島温泉、保土ヶ谷のゴルフコース 弘明寺、豊顕寺、本覚寺、生麦事変碑、震災記念館等見るべき箇所も頗る多い。

日本を代表する貿易港の横浜は近代的な都市であって、特色ある公園ほか見所が多かった。夏は磯子・本牧・間門の海水浴場が賑わったこと、異国情緒あふれる弁天通や南京街、ネオン輝く伊勢佐木町など、横浜の魅力に触れる。

横浜から金沢八景を経て南に三浦半島が延びる。横須賀を過ぎると半島東端に観音崎があり、半島南端に城ヶ島が浮かぶ。

> 三浦半島は所謂湘南の一勝区で、南に延びて相模湾と東京湾とを区分する 到る処海と山と相倚り、岬湾屈曲して風光に富み展望広く、渾然として一大公園の趣がありテクニカラーの様に美しい。春や秋の半島一周ドライヴは今や都人士の流行となってゐる。

カラー映画彩色技術であるテクニカラー（Technicolor）を驚きの眼で見入っていた時代の形容が微笑ましい。当時、三浦半島一周ドライブが流行っていたのであろう。

以下、横浜・三浦半島・鎌倉と江の島を詳しく見ていこう。

二、横浜

（一）横浜の風景

横浜の姿を知るには、「横浜」（昭和一〇年三月、横浜商工会議所発行）〈図2〉所収の「横浜鳥瞰図」（内題）（吉田初三郎画）がうってつけである。表紙は三本マストの黒船二隻、錦絵や瓦版をもとに描いたのであろう。鳥瞰図は大さん橋沖の海上からに西に横浜港を眺めた構図で、左に本牧の鼻・金沢八景、中央に横浜港と市街地、右に神奈川・鶴見をおく。西に三浦半島・伊豆半島がかすみ、富士山が聳える。東には東京・関東平野がひろがる。躍進する横浜をこれぞとばかり描き込んだ胸のすく一枚である。

横浜の町並みを見よう。市街地は、大岡川本流と支流中村川に囲まれた釣鐘状の地に発達する。大岡川河口左岸に桜木町駅

（明治五年開業の旧横浜駅）、その右手に三代目の横浜駅（昭和三年に高島口の二代目駅舎から移転）が建つ。桜木町駅の海側は横浜船渠で、赤煉瓦倉庫（横浜税関新港埠頭倉庫）も見える。付近は、今日、「横浜みなとみらい21」として整備されている。

大岡川河口に弁天橋が架かり、右岸の海岸沿いに横浜の中心市街地が発達し、県庁・税関・開港記念館・生糸検査所・正金銀行・商工勧業館・商工会議所などが並び建つ。街には日本郵船・大阪商船・三井物産の各支店なども事業所を構える。

海岸には大さん橋が突き出し、万国橋を渡ると新港埠頭となる。大さん橋付近の海岸に山下公園があり、公園に面してホテルニューグランドが建つ。県庁舎から市役所方面に向かうと横浜公園があり、一画が野球場となっている。近くには南京街（中華街）もある。税関からホテルニューグランドにかけての海岸通り一帯は、開港後に外国人居留地として整備された地である。

中村川下流の堀川を隔てた山手の丘に山手公園・外人墓地があり、フェリス女学院・紅蘭女学校（現・横浜雙葉学園）などが建ち、やや離れて根岸競馬場（昭和一七年閉場、現・根岸競馬場記念公苑）も見える。山手の丘もまた居留地の一部であった。一方、大岡川を隔てた市街地外郭の丘に野毛山公園・野毛山不動尊・伊勢山皇大神宮・掃部山公園が点在する。

東に目を転じると、東神奈川から鶴見にかけての海岸は埋め立てられ、浅野造船所・日本鋼管会社・旭硝子工場・芝浦製作所などが工業地帯を形づくる。また鶴見の山側の丘に総持寺が伽藍を構え、付近に花月園もある。当時、横浜は国際貿易港を擁する商業都市の色彩が強かったが、工業都市としての性格を加えつつあったことも見て取れる。港を中心に、周囲に市街地がひろがる横浜の姿が一目でわかる鳥瞰図である。冒頭文を見よう。

> 開港当時（安政六年六月二日）に於ける我が横浜は人烟稀れな微々たる一漁村に過ぎなかったが米国使節ペルリ提督の来航に端を発したる神奈川条約に依り一度開港場と定めらるるや、旧態は一変して内外の商估俄に蝟集し明治以後国運の進展に伴ひ商工業は益々隆昌の度を加へ、貿易は港湾の諸施設と相俟って累増し其の繁栄は日に月に進み国際港として飛躍的発展の一途を辿りつつあった。

幕末の開港により、一漁村であった横浜ににわかに商人が集まり、国際貿易港として大発展したことを驚きの眼で記す一文である。開港以前の横浜は、「洲干島」と呼ばれる入江に突き出た砂州に立地する一寒村であったという。砂州の尖端に祀られた横浜村の鎮守・洲干弁天社が厳島神社として現存しており、

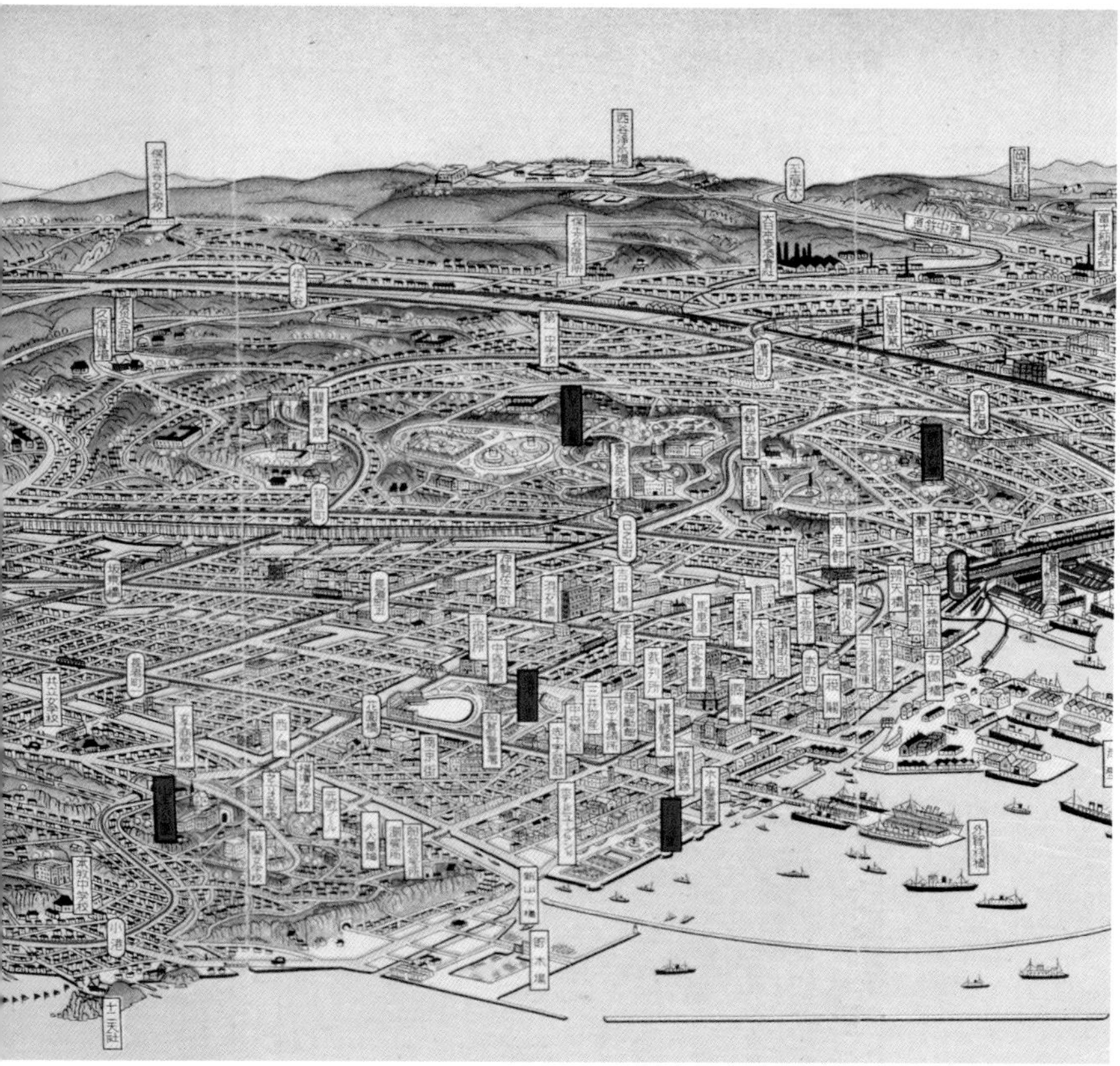

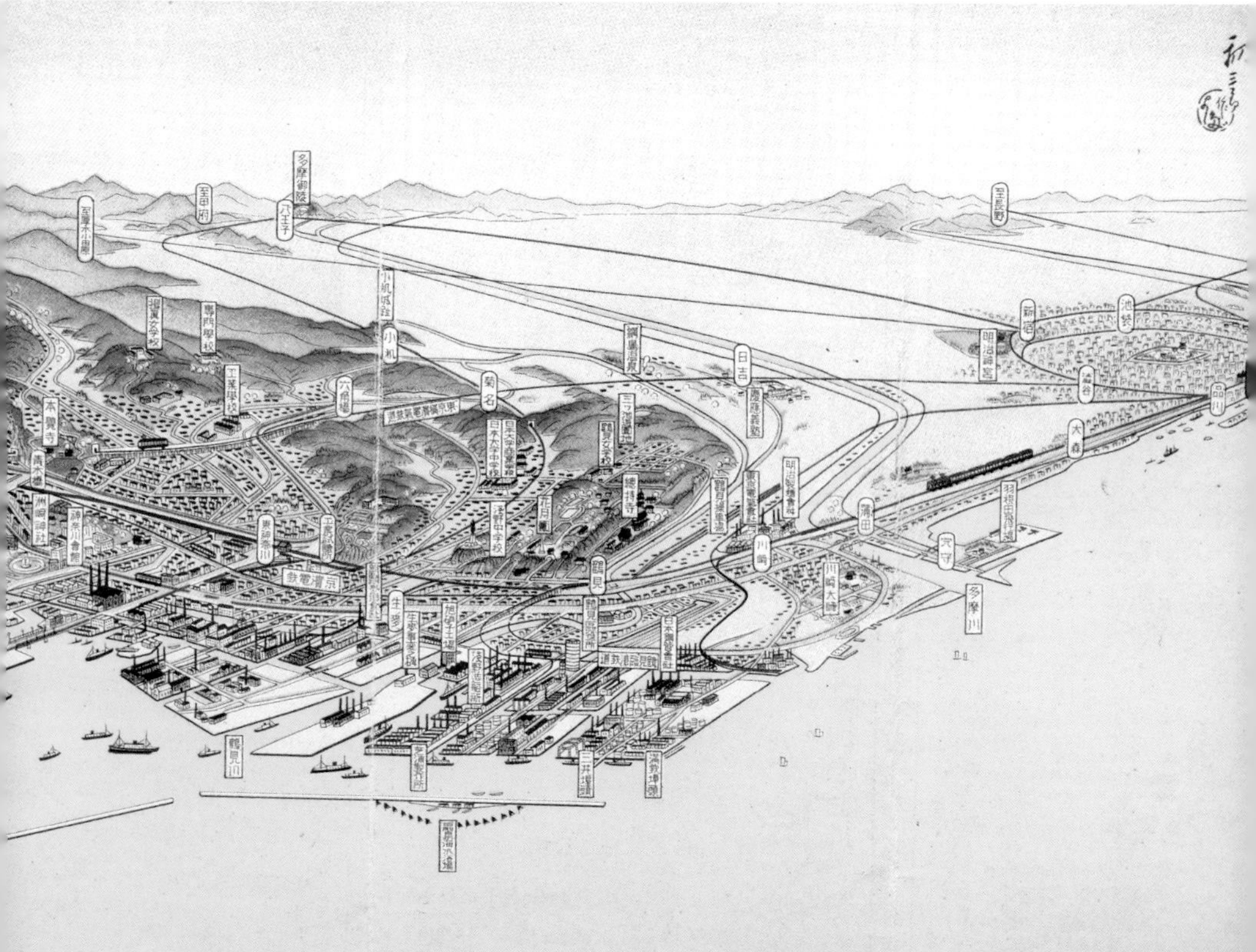

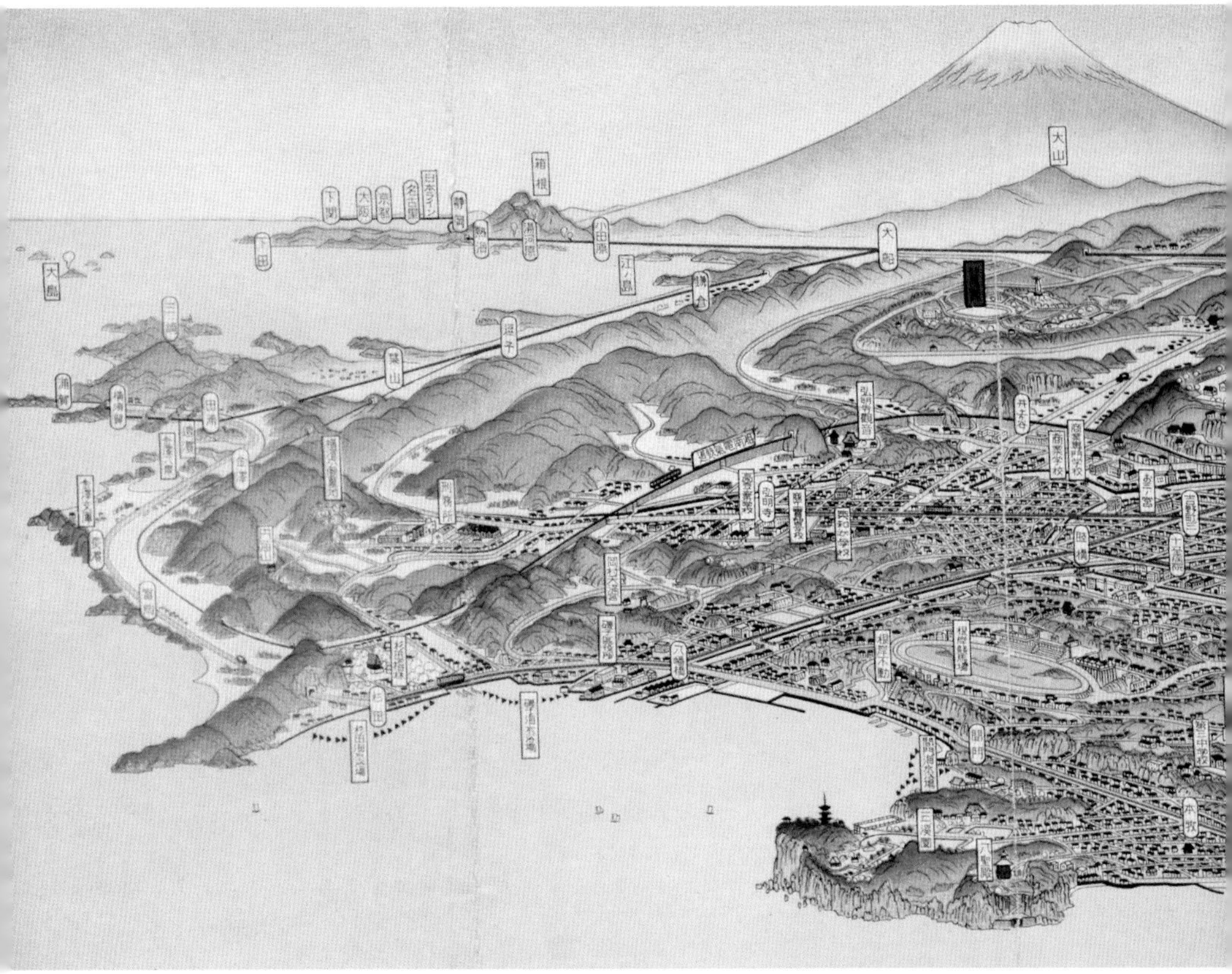

〈図2〉「横浜」(昭和10年3月、吉田初三郎画、横浜商工会議所)

大岡川河口の弁天橋や弁天通はこの弁天社に由来する。

砂州の後は入江となり、後背湿地がひろがっていた。その横浜の原風景は「江戸名所図会」に描かれており、この絵から横浜の地名の起こりも想起することができる。また開港直後に後背湿地を埋立て港崎（みよざき）遊廓をつくるが、その跡地が横浜公園となった。

大岡川と中村川に囲まれた釣鐘状の地は、江戸前期に吉田勘兵衛により吉田新田として開かれたところで、やがて商業・経済活動の隆盛を背景に人々が各地から集まり市街地が拡大する。この鳥瞰図に描かれた横浜は、そのようにして発展を遂げた姿である。

（二）横浜の遊覧地

「横浜」〈図2〉は、横浜案内として波止場・公園・三渓園・盛り場などを紹介する。そこから昭和初期の横浜の雰囲気を感じとってみよう。港横浜を象徴するのが波止場である。

> 日毎大小無数の内外汽船が絶間なく往来して我国貿易の殷盛（いんせい）を物語りつつある。華かな客船の出入時には内外人の送迎者によって人波が揺れ五色のテープが乱れ飛ぶ波止場情景が出現される。

これは、大さん橋の情景である。明治二七年完成の鉄桟橋を前身とする大さん橋は、明治後期から「メリケン波止場」などと呼ばれた。関東大震災で崩壊した鉄桟橋は復旧し、昭和初年には上屋も建設され、外国大型客船が次々に入港する時代を迎えた。その華やかし頃の波止場の情景である。昭和四〇年代以降、海外渡航は空路の時代となったため、その姿は実感しにくいのではないか。大さん橋に隣接するのが山下公園である。

> 埠頭に近く本邦唯一の純洋式臨海公園であって港都に相応（ふさわ）しい存在である。港内が眼前に展開され碇泊の巨船は勿論碧波を蹴って出入する内外船舶を眼のあたりに望むことが出来るので、内外人絶好の逍遥地となってゐる。

山下公園は、港の賑わいを目の当たりにした臨海公園である。そこは関東大震災の復興事業として瓦礫を埋め立てて完成（昭和五年）した公園である。今では日本郵船が北太平洋航路で運航させた氷川丸（昭和五年竣工、同三六年山下公園前に係留）が昭和のヨコハマの空気を伝える。山下公園から日本大通を往くと、古い歴史をもつ横浜公園となる。

> 明治七年在留外人の要望に基き、内外人の遊園地として建設された我国最古の公園で其の美観を誇ってゐたが震災で焦土と化したものを其後再建し現在野球場、音楽堂、児

童遊戯場等の施設が備ってゐる。

幕末に火災で焼失した港崎遊廓の跡地に開園（明治九年）したのが横浜公園で、園内運動場において明治期に日本で最初の野球の国際試合がおこなわれた。関東大震災で焦土と化した横浜公園は再建され、園内に野球場などが設けられた（昭和四年）。この野球場をもとに横浜スタジアムが建設（昭和五四年）された。筆者も飲物を片手に赤いパッケージのシュウマイをつまみつつ野球観戦をした思い出がある。これも市民の楽しみの一つであろう。山手の丘には外国人のために山手公園がつくられた。

最初は居留外人専用の遊園地として設置されたものであるが、樹木に富んだ園内を付近に住む碧い眼の異人さん達が可愛いい子供の手を引いて三々五々散歩して居る態は恰も泰西の名画を見るが如くである。

居留民の手により整備されて明治三年に開園した山手公園では、明治九年に日本で最初にテニスがおこなわれた。昭和初期も異国情緒あふれる公園で、あたかも西洋諸国の名画を見るようだ、とその光景を伝える。

ほかにも、風致に富んだ野毛山公園は、「東面した高台に立てば高楼の櫛比する市街の中心地と内外の船舶輻輳せる港内を一眸に収めることが出来る」と、見晴らしの良さを述べる。また掃部山公園は、「横浜開港の恩人と謂はれる井伊大老が衣冠束帯姿で港湾を睥睨して居る銅像が在り、季節には遊覧の人出で賑ふ八重桜の名所である」と、記している。そして、横浜本牧にある名園が三渓園である。

原富太郎氏の名園で、一般に公開せられ海に、山に、池に、花に四季を通じて市民絶好の散策地となってゐる。園内は殊に桜樹多く春は花雲池辺を蔽ひ遊覧客を以て充たされる花の名所である。

三渓園は、生糸貿易で財を成し、古美術蒐集家・茶人としても知られた原富太郎（三渓）が築造・公開（明治三九年）した庭園である。当時、園内に臨春閣（紀州徳川家の巌出御殿と伝える）、鎌倉東慶寺本堂、山城（京都府）燈明寺三重塔、茶室横笛庵などが移築されており、市民の散策地になっていた。戦後、飛騨の合掌造り民家矢箆原家住宅などが移築され、国重文一二棟を含む一七棟の古建築が楽しめる横浜有数の文化的観光資源となっている。最後に、伊勢佐木町に触れよう。

横浜一の盛り場で映画館、寄席等を混じえた漫歩街で東京の銀座と浅草を合せた観がありイセブラの愛称がある。殊に夜の雑踏振りは全く想像を越える。

大正期、「銀ブラ」という俗語が流行るが、昭和初期には「伊

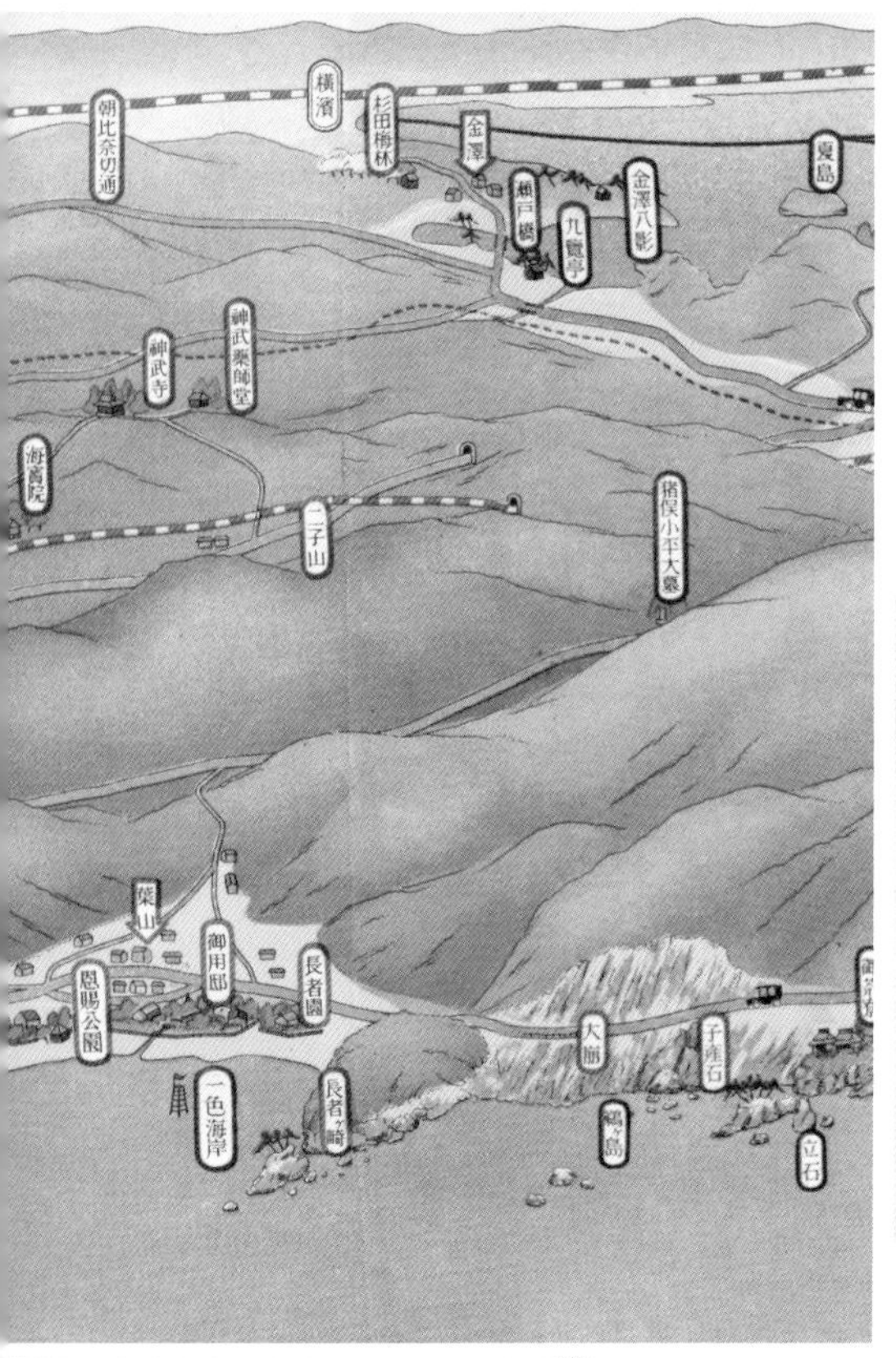

〈図3〉「三浦一周案内」
(昭和3年7月、後藤邦栄堂)

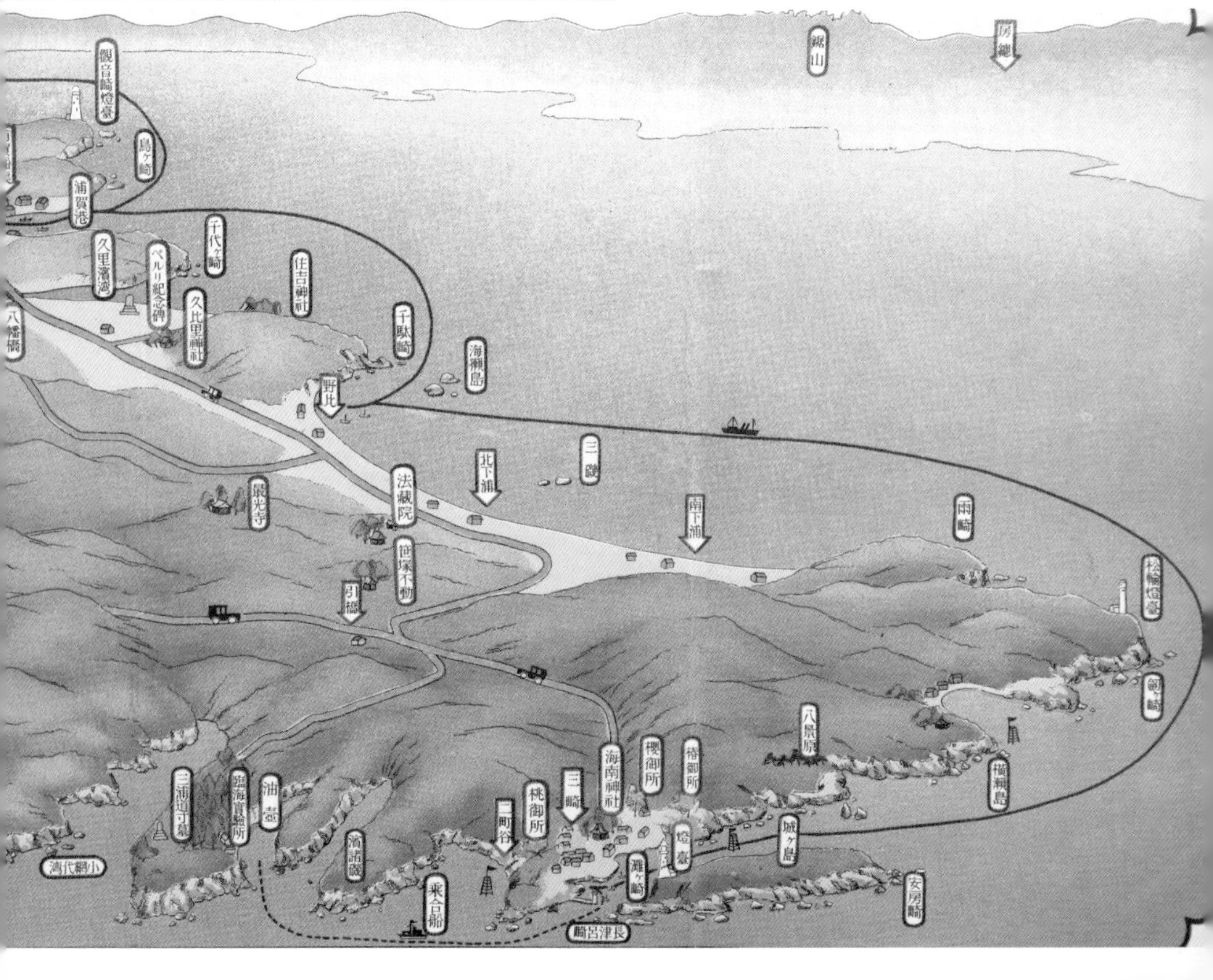

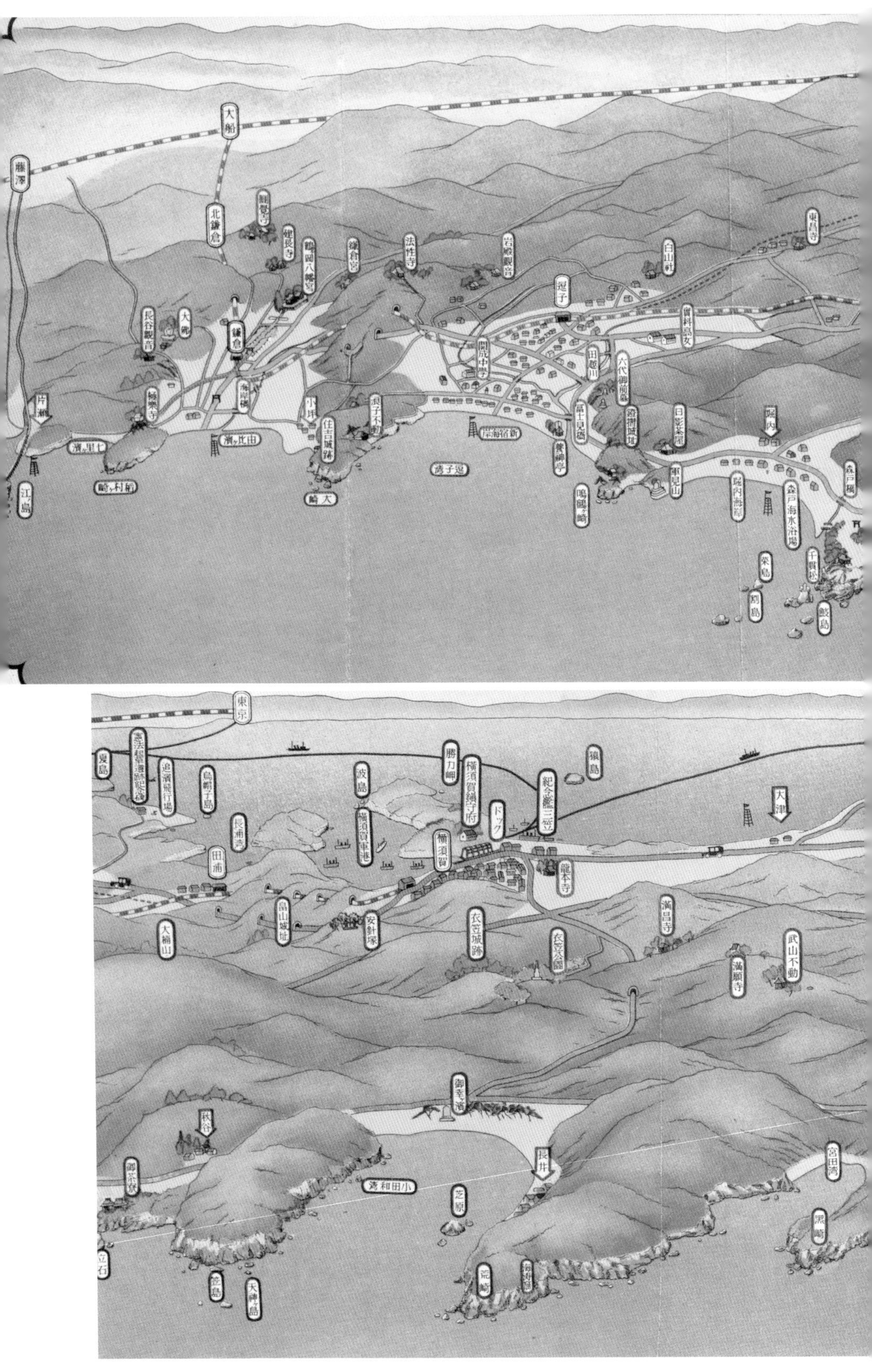

勢ブラ」なる言葉まで生まれていたのである。当時、横浜では伊勢佐木町通を中心に、カフェー街、花柳界が縦横に入り組んで夜の歓楽境をつくりだしていた。

今日の横浜は、他地域から大勢の観光客を集める地となっている。ところが昭和初期の横浜は、市民の遊覧地は多いものの、他所から人々が来訪する観光地としての性格は、まだ強くはなかったことが記述の端々から読み取れる。

三、三浦半島

横浜の南方に位置し、東京湾と相模湾をわける三浦半島は、東京や横浜から近い日帰り遊覧地である。半島中央部に三浦丘陵がひろがり、東に横須賀港・久里浜港・三浦海岸、西に逗子・葉山の海岸、小和田湾・小網代湾・油壺湾の入江が続く。半島最南端にはかつてカツオ漁業で栄えた港町三崎があり、その南に橋で結ばれた城ヶ島が浮かぶ。

三浦半島が東京や横浜からの手軽な遊覧地として注目されたのは、交通の便に恵まれていたからであろう。横須賀鎮守府が設置（明治一七年）された横須賀には、早くも明治二二年、官設鉄道（現・横須賀線）の横須賀駅が開業する。また昭和五年に湘南電気鉄道（現・京浜急行）黄金町―浦賀間が開業し、翌年には横浜駅へ乗り入れ、昭和八年から品川―浦賀間の直通運転が開始された。戦前の旅行案内書として最も定評のある鉄道省編纂の『日本案内記』関東篇（昭和五年）は、「三浦半島めぐり」の旅行日程（一泊二日）をこのように紹介する。

第一日　横須賀行列車で出発、軍艦見学、軍艦三笠、按針塚などを見、自動車で浦賀港、久里浜を経て三浦三崎に至り宿泊。

第二日　乗合船で城ヶ島から油壺見物の上、引橋から自動車で葉山を経て逗子に出る、時間の都合により鎌倉名所を見て帰著。

同書の発行は浦賀駅開業一か月前であり、横須賀から浦賀へ向かうのは自動車利用であった。西海岸を逗子まで北上するのも同様に自動車である。

三浦半島の街や村を「三浦一周案内」（昭和三年七月、後藤邦栄堂発行）〈図3〉から概観しよう。後藤邦栄堂は、鎌倉の若宮大路で絵葉書・地図などを制作販売していた店である（平成二六年閉店）。表紙は三本の樹木越しに見る海に一艘の舟が浮かぶ絵柄である。鳥瞰図は相模湾から東に三浦半島を望む構図で、左に逗子、右に三崎・剱崎をおき、三崎の前に城ヶ島が浮かぶ。この時代、横須賀から先に鉄道はなく、東京―横浜―横須賀―

浦賀―野比―三崎の航路を描く。さらに三崎から油壺へ向かう乗合船も見える。横須賀―三崎―逗子を結ぶ道路には自動車が走る。半島の大半は緑の丘陵で覆われ、横須賀・浦賀・三崎・逗子・葉山は町場をなすものの、そのほかの海岸線は山が海に迫るのどかな風景が続く。案内文を見よう。

> 汽笛一声、東京駅を発した横須賀行列車は、駛走約一時間強で、私達を絵巻物の様な三浦半島へ送り込んで呉れる。三浦半島とは（中略）誰でもが知る逗子、葉山の勝地は素より、東洋一の横須賀大軍港、或は彼の幕末に際り、今日の物質文明の扉を開いた浦賀、詩や唄で名高い三浦三崎などを包括し、あらゆる優越した山容紫水の美、普ねき史蹟の宝庫、温和な気候を兼ね備へ（中略）最近、水陸の交通完備し、遊士の此地を叩くもの激増しつつある……

三浦半島の主な見所は、逗子・葉山・横須賀・浦賀・三崎といったところであろう。三浦半島を一周するには逗子からの西廻りと、横須賀からの東廻りがあった。船は三崎―油壺の乗合発動機船、三崎―城ヶ島の渡船、城ヶ島一周及び城ヶ島と油壺を一巡する乗合船が航行していた。

逗子は新宿海岸や神武寺が名所で、新宿海岸には逗子海水浴場が開かれ、夏は鎌倉に次ぐ賑わいを見せた。背後の丘陵にある神武寺は境内に薬師堂ほか見るべきもの多く、山上からの眺望がよかった。葉山は葉山海水浴場となる一色海岸や、千貫松や名島のある森戸岬、鵜ヶ島がある長者ヶ崎が海岸美を誇った。

横須賀から浦賀にかけても見所が多く、鎮守府・海軍工廠などが設置された横須賀では、記念艦三笠に日々千人を下らぬ拝観者があることを記す。ほかは塚山公園のウイリアム・アダムス（日本名三浦按針）を供養する按針塚、日本武尊の東征伝説で知られる浦賀の走水神社、久里浜のペリー上陸記念碑などが主な見所であった。なお、アダムスは漂着の末、家康に仕えた航海士・外交顧問として知られる

三浦半島最南端の三崎は、雄渾な相模灘の風光が味わえる二町谷海岸、一幅の名画のような風景の油壺湾、遊覧船で奇勝を探る城ヶ島と、付近の景勝地を巡る楽しみが尽きなかった。

四、鎌倉と江ノ島

（一）「鎌倉江ノ島遊覧」

源頼朝が幕府を開き、源氏・北条氏と約百五十年間、武家政治の中心となった地が鎌倉である。その間、鶴岡八幡宮の造営をはじめ、建長寺・円覚寺などの諸大寺が建立され、文化が栄えた。ところが、室町中期頃から鎌倉は衰退して静かな村里と

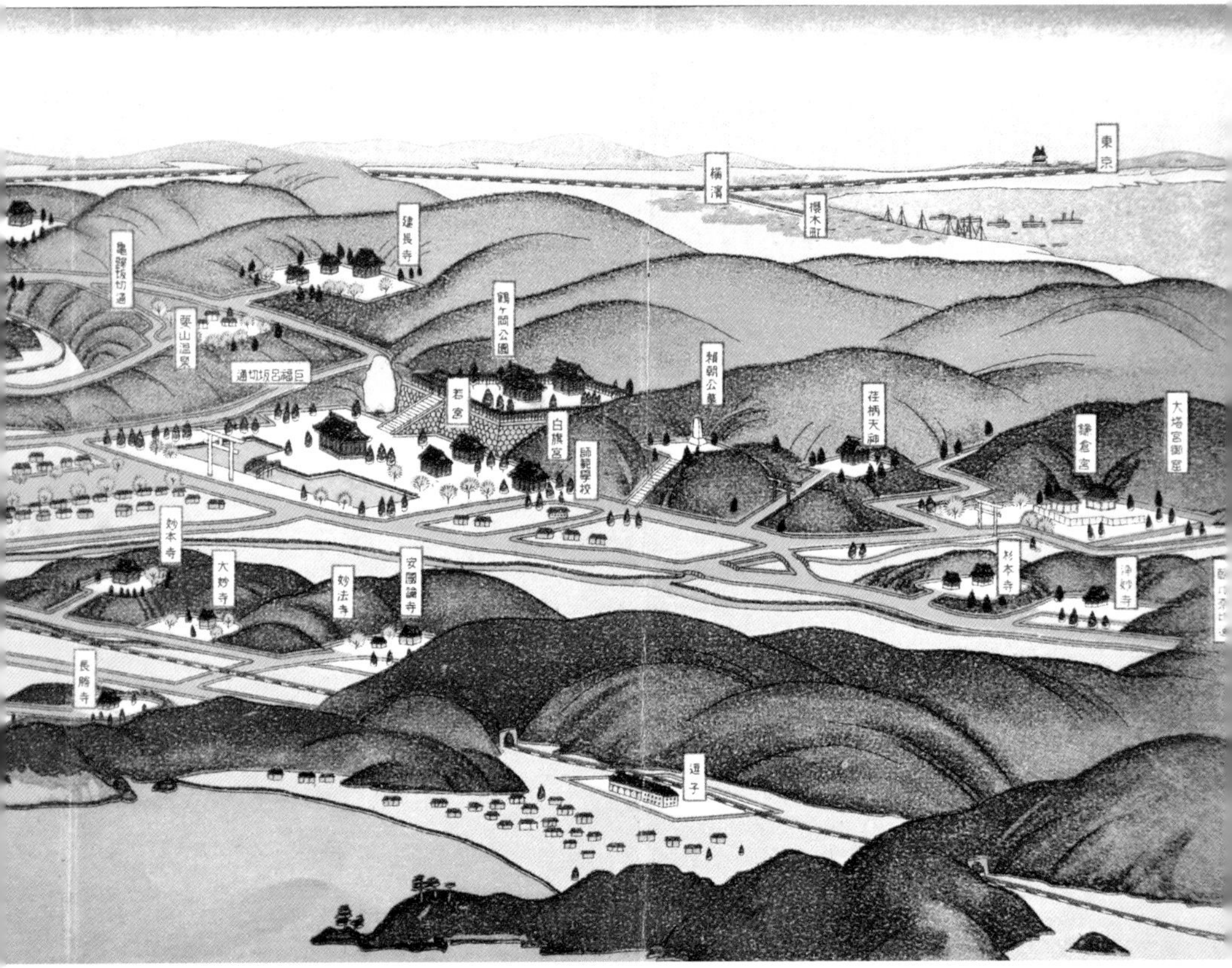

〈図4〉「鎌倉江之島名所図絵」
（大正10年8月、吉田初三郎画、小山吉三）

大船驛
大佛切通
大佛
佐介稲荷
化粧坂切通
淨智寺
海藏寺
十六井
英勝寺
壽福寺
政子墓
長谷觀音
權五郎社
御用邸
長谷
郵便局
鎌倉驛
町役場
警察署
女學校
由比ヶ濱
滑川
飯島崎
箱根温泉
富士山
小田原
國府津
大磯
熱海温泉
江之島
龍窟
稚兒ヶ淵
片瀬
大正廣重
初三郎 画

化す。明治に入ると、長谷寺や高徳院の大仏に訪れる参詣客もあらわれた。明治二二年の横須賀線開通により、鎌倉は避暑・避寒の別荘地として注目され、やがて遊覧地としての性格を帯びていく。

沿線名所を網羅する鉄道省編纂の『鉄道旅行案内』（大正一三年版）に、このような横須賀線の記述が見られる。

> 鎌倉から江ノ島方面、三浦半島の廻遊など、この地方へは旅行者が可なりに多い。（中略）鎌倉江ノ島廻遊、鎌倉巡遊の上江ノ島へ廻って帰路藤沢へ出るか、初め藤沢に下車して鎌倉から帰るか、都合で何方でも好い。

列車は東京から直通運転していて、東京—鎌倉間の所要約一時間半であった。同書は「鎌倉江ノ島遊覧順路」と題し、見物先を事細かに掲載するが、主要部分を抜粋しよう。

> 鎌倉駅…八幡宮通り…日蓮上人辻説法の跡…宝戒寺…頼朝の墳墓…鎌倉宮…鶴ヶ岡八幡宮…巨福呂坂切通し…建長寺…明月院址…時頼の墓…円覚寺…時宗の墓…亀谷切通し…扇ヶ谷…化粧坂…海蔵寺…英勝寺…寿福寺…由井ヶ浜通り…和田海岸通り…長谷観音…長谷大仏…鎌倉権五郎社…星の井戸…極楽寺切通し…稲村ヶ崎…七里ヶ浜…片瀬…江の島…藤沢駅（同書）

これにより当時の鎌倉の主要な見物先と遊覧順路が浮かび上がる。鎌倉—江ノ島—藤沢を結ぶ江之島電氣鉄道（現・江ノ島電気鉄道、江ノ電）が開通（明治四三年）しており、遊覧にはこの電車が利用できた。また自動車を雇って廻遊（半日二十五円、一日四十円）するほか、「貸切馬車」（半日五円、一日十円）や「名所廻り俥」（五時間一円五十銭、十時間二円五十銭）による遊覧が楽しめた。貸切馬車による回遊先は、鎌倉宮・八幡宮・建長寺・円覚寺・長谷大仏である。値段を見ると人力車による遊覧がもっとも安価であった。

その頃の鎌倉・江の島の風景を思い浮かべるのには、「鎌倉江之島名所図絵」（大正一〇年八月、吉田初三郎画、小山吉三発行、〈初版は大正六年〉）〈図4〉が最適であろう。表紙は清和源氏の家紋笹竜胆であるが、鎌倉幕府を開いた源頼朝がこの紋を用いていたかの確証はない。笹竜胆の下及び鳥瞰図に「大正広重初三郎画」と記す。鳥瞰図は海から北西方向に鎌倉・江の島を望む構図で、左に江の島、右に鎌倉宮をおく。江の島の背後に箱根山と富士山を遠望する。

鎌倉の姿を見よう。由比ヶ浜に立つ一の鳥居から鶴岡八幡宮に向かって鎌倉の骨格をなす若宮大路が延びる。鎌倉駅・町役場を過ぎると二の鳥居となる。日蓮辻説法所跡を右に見て進み、三の鳥居を潜ると源平池・舞殿・本宮・若宮・白旗宮のある鶴岡八幡宮境内となる。八幡宮から右に進むと山を背に源頼朝墓・荏柄天神・鎌倉宮が建つ。

八幡宮に引き返して巨福呂坂切通しを越えると、建長寺が伽藍を構える。さらに進むと円覚寺となるが、参道横に北鎌倉駅はまだ設置されていない。円覚寺の近くに浄智寺も見える。戻って亀谷切通しを下った扇ヶ谷には海蔵寺・英勝寺・寿福寺が建つ。

鎌倉駅に出て由比ヶ浜通りを往くと突き当りに長谷観音があり、近くに大仏を描く。鎌倉権五郎社に参り、極楽寺切通しを越えると稲村ヶ崎に出る。七里ヶ浜を進むと片瀬海岸で、その先に江の島が浮かぶ。若宮大路・長谷観音・大仏前に人家が集まっているが、ほかはいたってのどかな田舎である。海に浮かぶ白帆の船は、近海で漁をする漁船だろうか。

（二）鎌倉を巡る

ジャパン・ツーリスト・ビューロー編纂の『旅程と費用概算』（昭和六年版）では、「鎌倉・江の島遊覧」と題し、旅程をこのように掲載する。

北鎌倉駅下車―円覚寺―建長寺―鶴ヶ岡八幡宮―源頼朝墓―鎌倉宮―大塔宮御墓―鎌倉駅前（電車）―長谷―長谷観音―大仏―権五郎祠―星月夜―長谷（電車）―極楽寺―稲村ヶ崎―七里ヶ浜―片瀬（徒歩）―滝口寺―江ノ島―片瀬（電車）―藤沢（汽車）―帰宅

昭和五年の北鎌倉駅開業（昭和二年から仮停車場として五～一〇月のみ営業）に伴い、起点が北鎌倉駅である点が従来と異なる。北鎌倉駅開業によりもう一つの鎌倉巡りの順路が確立した、と言えよう。また東京―北鎌倉間は電車で約五〇分と、大正一三年の一時間半に比べて時間が短縮され、鎌倉は東京から手軽な遊覧先となった。なお「星月夜」とは、鎌倉十井の一つ星ノ井を指す。

昭和初期の鎌倉・江の島遊覧の姿を知るには、「鎌倉江の島名所案内」（昭和八年五月、道岡敏画、後藤邦栄堂発行）〈図5〉が参考になる。表紙は七里ヶ浜から江の島を眺め、背後に富士山が聳える絵柄で、浜辺に二艘の小舟がもやう。鳥瞰図は由比ヶ浜の沖から北西方向に鎌倉・江の島を望み、左に江の島、右に鎌倉宮、遠景に箱根山と富士山をおく。その構図は、前掲「鎌倉江之島名所図絵」〈図4〉所収の吉田初三郎の鳥瞰図と類似する。似ているのは構図だけでなく、大仏の描き込み、丘陵や平野の色使いまでそっくりである。ただし、見所を示す短冊が詳しく

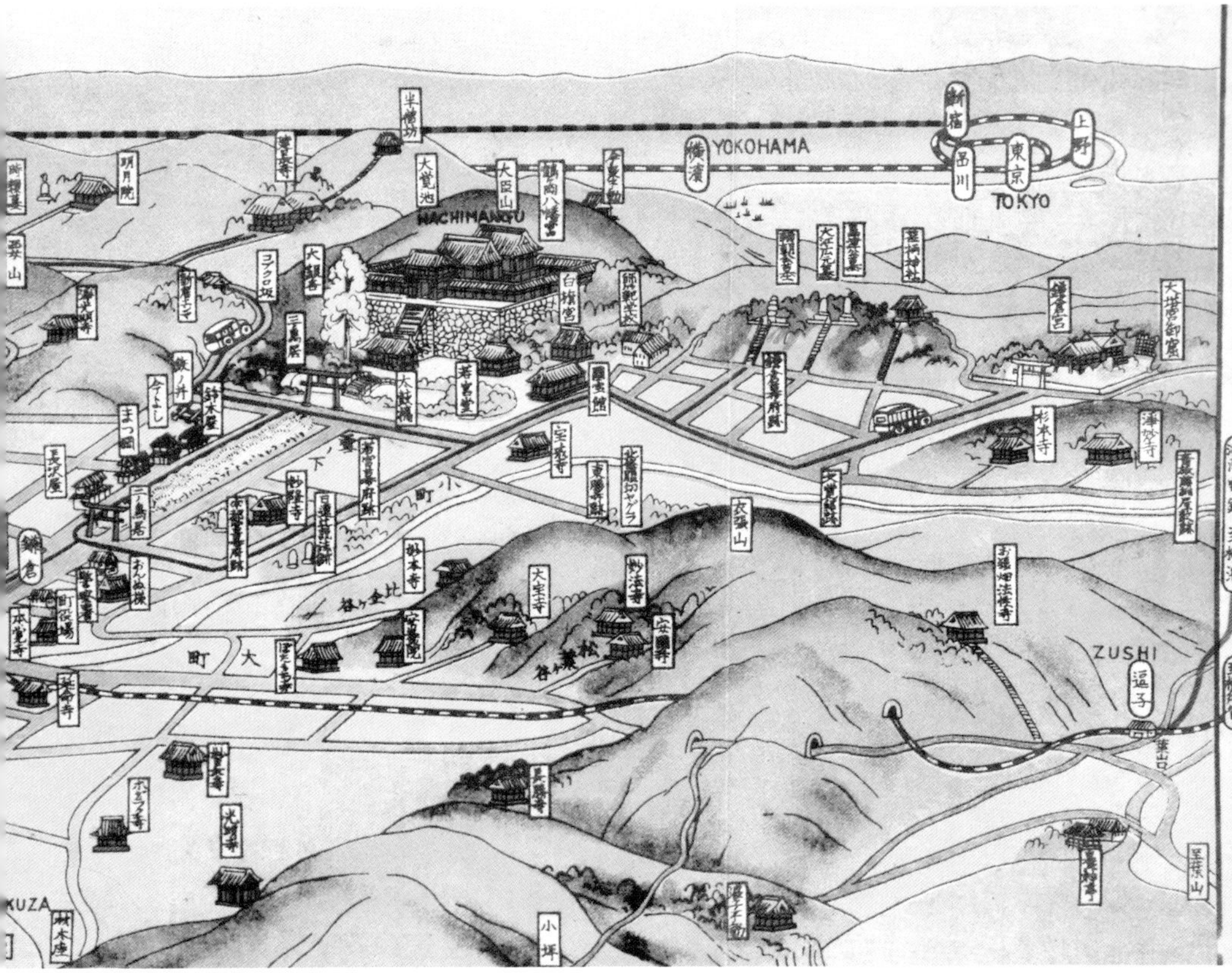

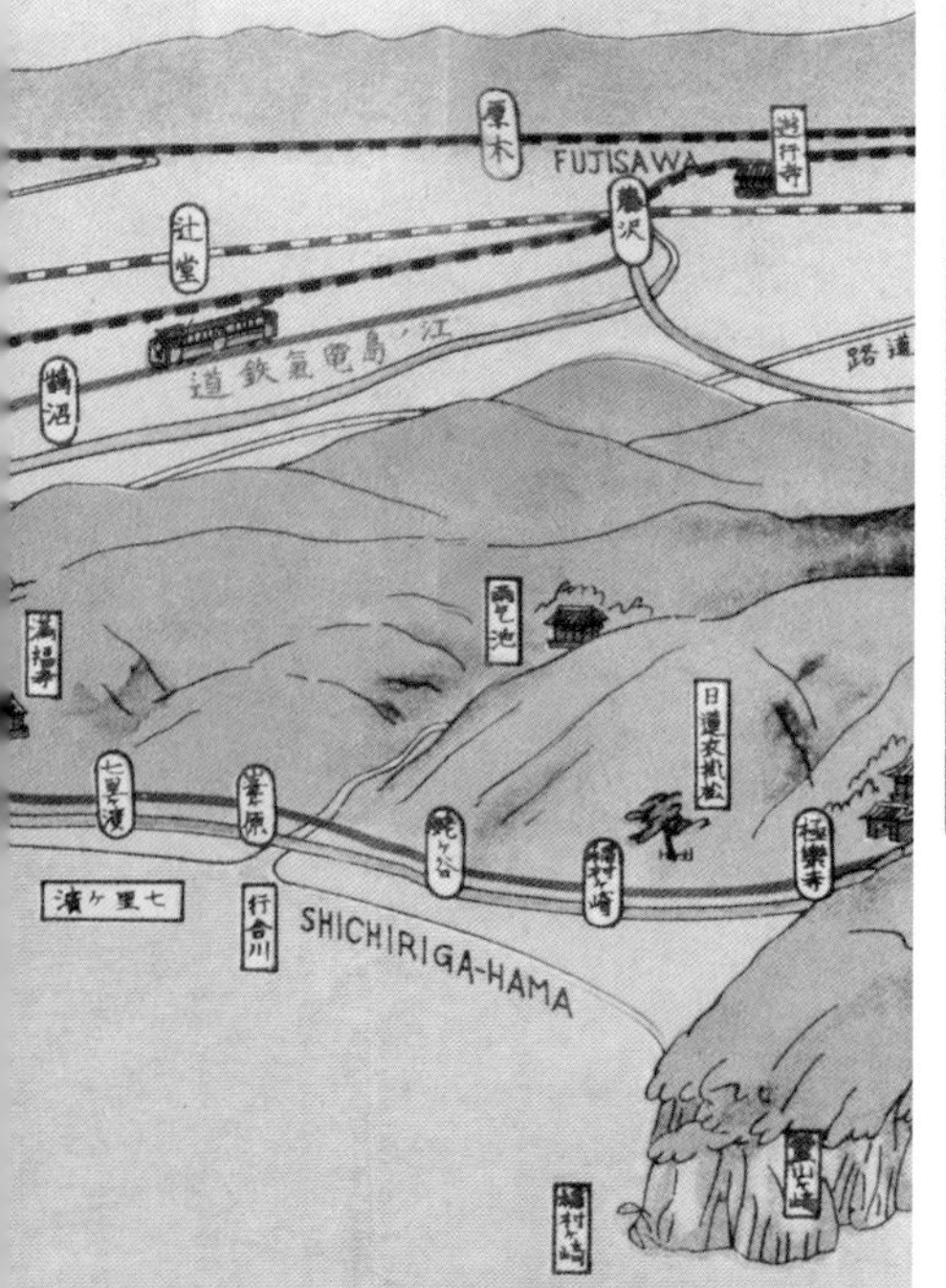

〈図5〉「鎌倉江の島名所案内」
(昭和８年５月、道岡敏画、後藤邦栄堂)

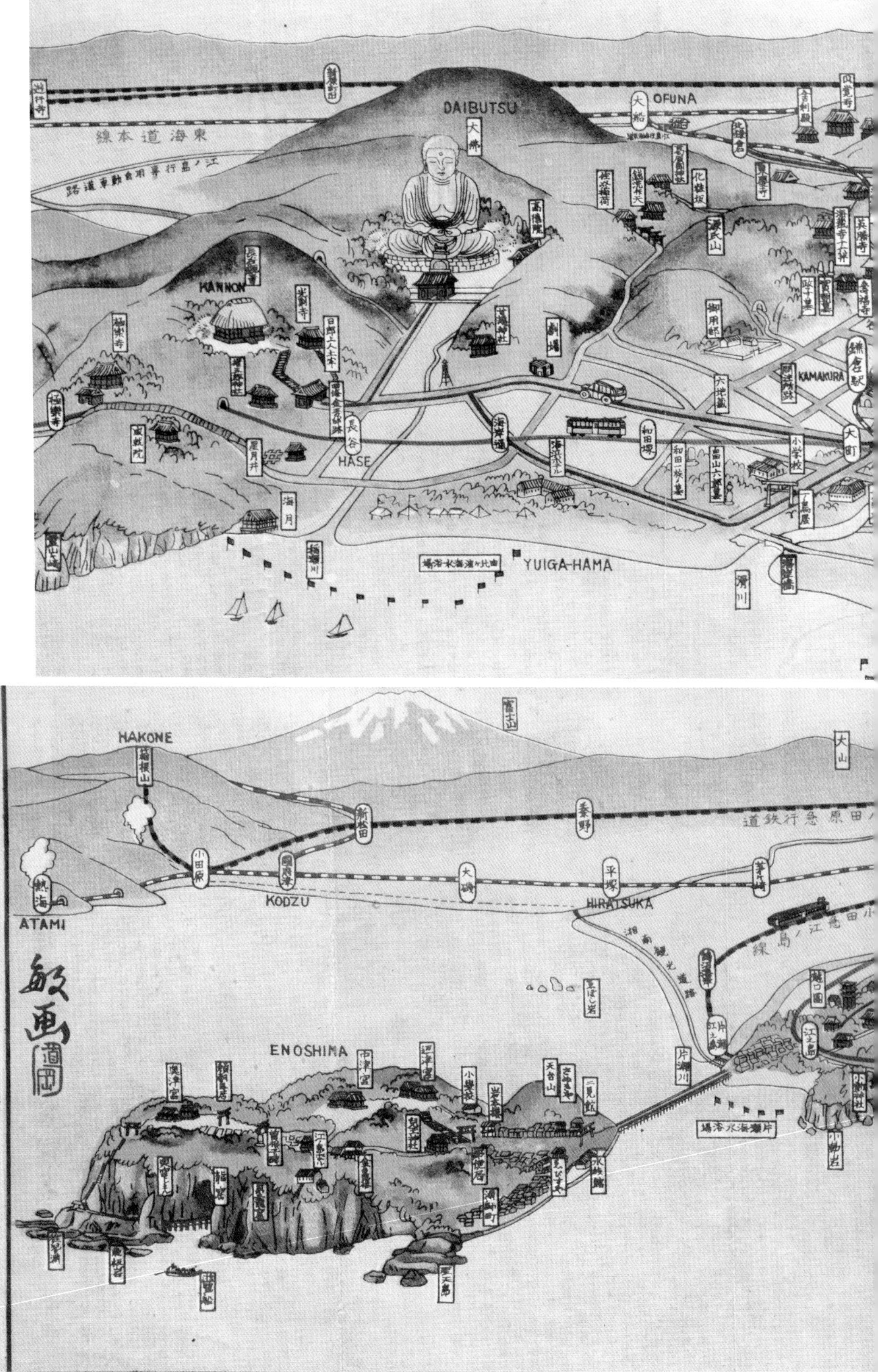

DAIBUTSU
大佛
OFUNA
大船
東海道本線
江ノ島行専用自動車道路
KANNON
長谷観音
HASE
長谷
海岸通
和田塚
六地蔵
御用邸
KAMAKURA
鎌倉駅
大町
小学校
極楽寺
星月井
海月
YUIGA-HAMA
由比ヶ浜海水浴場
滑川
北鎌倉
円覚寺
HAKONE
箱根山
富士山
大山
新松田
秦野
小田原
国府津
大磯
平塚
茅ヶ崎
小田原急行鉄道
小田急江ノ島線
湘南観光道路
ATAMI
熱海
KODZU
HIRATSUKA
ENOSHIMA
奥津宮
中津宮
辺津宮
片瀬川
片瀬海水浴場
江ノ島

なっていてより実用的であり、主要見所を英文併記、由比ヶ浜海水浴場・材木座海水浴場・片瀬海水浴場や北鎌倉駅が示されている点が違いであろう。案内文に順路をこのように示す。

最も多く利用されるのが、中心点『鎌倉駅』に下車遊覧自動車や、馬車で円覚寺、建長寺、八幡宮、鎌倉宮に賽し、電車で、江の島へ行く一路、是は交通機関も一番完備した線である

昭和初期も鎌倉駅を起点とする順路がもっとも多く利用されたことに変わりがなく、遊覧自動車・馬車・江ノ電をつかっての廻遊であった。次いで北鎌倉駅からの順路も示す。

近年開設された『北鎌倉駅』に下車、駅後の円覚寺から、順次鎌倉に出で、江の島で遊んで「藤沢駅」に抜け東海道線に投ずる。此れは道順に無駄がない。

北鎌倉駅下車は、無駄のない廻遊順路であった。併せて藤沢から北鎌倉に出る逆コースも挙げる。

鎌倉の主な見所は、鶴岡八幡宮・建長寺・円覚寺をはじめ、大仏・長谷寺に異論はないであろう。これらを鉄道省『日本案内記』関東篇（昭和五年）から見ていこう。まず鶴岡八幡宮である。

第三の鳥居を入り左右に池を見て大臣山の麓に進み、右に若宮を見て石段を登ると鶴岡八幡宮の本宮に達する。若宮は朱塗に輝く権現造である。（中略）この若宮は康平六年源頼義が石清水の八幡宮を勧請して由比郷に建てたものを、治承四年に頼朝が移したものである。（中略）若宮は建久二年に焼失し、その後頼朝が後の山上に社殿を建築したのが今の鶴岡八幡宮で、これと同時に山下の若宮も再建され、山上、山下に両宮並び立つこととなったのである。

鎌倉の歴史を凝縮した記述である。すなわち、康平六年（一〇六三）、源頼義が戦勝を祈願して石清水八幡宮を鎌倉の由比郷に勧請し、百有余年後の治承四年（一一八〇）、源頼朝が現在地に遷座。建久二年（一一九一）の焼失を機に、山上の上宮（本宮）と山下の下宮（若宮）が並び建つことになった経緯を記す。ほかに頼朝が築造した若宮大路の段葛、頼朝夫人政子が義経の妾静に舞を舞わせた故事、実朝が甥の公暁に襲われて落命した本宮石段傍らにある大公孫樹（平成二二年倒壊）などにも触れる。

本宮ができて十有余年後、八幡宮境内に神宮寺が建てられ、明治初年まで神仏混交が続いていた。そのため、江戸期までの境内の姿は今日とは大きく異なっていたが、仏教色は廃仏毀釈で一掃された。

扇ガ谷の浄光明寺を訪ねると、阿弥陀堂背後の山際におびただしい数の五輪塔・卵塔・石仏が並んでいる。住職の話による

と廃仏毀釈後に移された神宮寺供僧の墓であるという。浄光明寺は鶴岡八幡宮社家大伴家ゆかりの寺院であった。また供僧十二坊（古くは二十五坊）跡地は、高度経済成長期に宅地開発が企てられたが、大佛次郎らの保全運動により開発がまぬがれ、「古都における歴史的風土の保存に関する特別措置法」制定（昭和四一年）のきっかけの一つとなったことは記憶にとどめておきたい。次いで臨済宗建長寺派大本山建長寺である。

建長五年北条時頼の創建にかかり、開山は宋の大覚禅師（諱は道隆、号は蘭渓）である。鎌倉五山の第一にして古来著名なる禅門の巨刹である。鎌倉時代の盛時に建立されたる建築物の今日に存するものはないが、後世の再建にかかる三門、本堂、法堂、唐門、方丈、書院、昭堂、開山堂、禅堂などを有して居る。

鎌倉幕府第五代執権北条時頼の帰依を受けた蘭渓道隆が開いた鎌倉五山第一位の古刹も、鎌倉地震（正応六年〈一二九三〉）や度重なる火災で、創建当初の建物は失われた。ここに記された建物は、昭堂（開山の塔所、室町期）を除いて大半が江戸期の再建・移築である。一例をあげると伽藍の中心的な建物である本堂（仏殿）は、徳川家の菩提寺である増上寺から崇源院（秀忠夫人）霊屋を江戸期に移築したものである。仏殿ご本尊の地蔵菩薩は、「身代わり地蔵」としての庶民信仰が篤い。そこに権勢移り変わる中で建長寺が維持されてきた一面を見る思いがする。すなわち鎌倉幕府の保護を失った臨済禅の名刹建長寺に、代受苦のお地蔵さまの信仰が寄せられることにより古刹が受け継がれた、と捉えることもできる。鎌倉五山第二位が円覚寺である。

弘安五年北条時宗の創建にかかり、開山は時宗の招聘に応じて来朝した宋の学僧仏光禅師である。爾来禅門の道場として名高く、僧侶の専門道場たる外、今尚一般学生及名家の参禅する者が少くない。建築物の主なるものは舎利殿、開山堂、北条時宗廟などで、方丈及仏殿は復興中である。

鎌倉幕府第八代執権北条時宗が元寇の戦没者を供養するために、仏向国師（無学祖元）を招いて開いたのが円覚寺である。禅門の道場として一般人の参禅に触れるが、夏目漱石・島崎藤村などが円覚寺に参禅したことが知られる。円覚寺もまた、度重なる大火・地震で創建当時の建物は失われた。中世の禅宗様の代表的建築として有名な舎利殿は、他寺院からの移築である。方丈及び仏殿は復興中とあるが、関東大震災で倒壊したものを直している最中であった。高徳院の大仏も鎌倉名所の一つである。

奈良の大仏に次ぐ巨像である。作者を大工丹治久友と云ひ、わが国大仏中の逸品である。応安二年九月大風の為に堂宇顛倒（てんとう）し、明応四年八月由比浜の海水激奔して再び仏殿を破壊し、その後露天のまま今日に至って居る。

金銅製阿弥陀如来坐像の大仏は、今日も露天のままである。応安二年（一三六九）の大風、明応四年（一四九五）の大地震による津波で大仏殿は倒壊した。また関東大震災では台座前面が沈下して仏体が前に傾いたが、その修理が終わった頃であった。災いの度に立ち直る大仏さまである。近くに長谷寺がある。

山腹にあり石段によって達し、長谷の市街、由比ヶ浜、葉山の海浜等が見え景趣に富んで居る。本堂には約九米（三丈）の巨大な十一面観音の立像が安置されて居る。

長谷寺の創建は明らかでないが、嘉暦元年（一三二六）銘の懸仏があること、足利尊氏が観音像を修理（康永元年〈一三四二〉）し、足利義満が光背を奉納（明徳三年〈一三九二〉）したことを記す。山腹の境内からの眺めの良さに触れるが、眼下に見える海の風景を眺めて一息つくのもまた鎌倉巡りの楽しみであろう。

昭和初期の案内書を見ると、鎌倉の歴史を伝える建物や仏像は、度重なる災害などを乗り越えて今日に持ち伝えられたことがわかる。また鎌倉を歩くと、随所に史跡や歴史の香りが漂う静けさが受け継がれていることに気づく。高度経済成長期の乱

開発を阻止したいという思いが法律制定につながり、「歴史的風土」が保存されたからである。人々の確固たる信念と熱い思いにより、鎌倉の風致が守られてきた、と見てよいだろう。

（三）江の島

江の島の姿は、「江之島名所図絵」（大正六年四月、吉田初三郎画、熊谷治純発行）〈図6〉に写実的に描かれている。これは初三郎初期の作品であり、片瀬写真館（現存）を創業（大正二年）した熊谷治純が本人撮影の写真一〇枚を「江の島十景」として裏面に掲載し、発行したものである。案内文は初三郎の「絵に沿へて一筆」を除いて見られないが、各旅館の宿泊料を掲載する。

鳥瞰図は江の島東海岸を前に、海上から西を望む構図で、右の片瀬海岸から江の島桟橋が島に通じる。桟橋の下は砂州で、江の島は陸繋島であることが見て取れる。相模湾を隔てて伊豆半島が薄墨色にかすみ、背後に富士山が聳える。海上には噴煙を上げる伊豆大島や利島が浮かぶ。

江の島桟橋を渡ると、江島神社の辺津宮・中津宮に向けて一筋の門前町が延びる。一の鳥居を潜ると、門前にさぬきや・ゑびすや・岩本楼の各旅館、郵便局が見える。二の鳥居を過ぎて石段を登ると丘の上に辺津宮が鎮座し、丘の下に小学校・警察・

〈図6〉「江之島名所図絵」（大正6年4月、吉田初三郎画、熊谷治純）国際日本文化研究センター提供

児玉神社がある。辺津宮から中津宮へ向かう道沿いに金亀楼が建つ。ゑびすや旅館から東海岸沿いに連なるもう一つの家並みは、漁師町と示す。当時の江の島は、旅館・土産物屋の門前と漁村集落の二つから成っていた。門前の家が瓦葺であるのに対し、漁師町には草葺の家が多く見られる。中津宮から高台の道を進むと島南端に奥津宮が鎮座する。それより断崖の急な石段を降りると、稚児ヶ淵・龍窟である。

再び、「鎌倉江の島名所案内」〈図5〉の案内文を見よう。

> 桟橋から直前へ進み、高い石段を登り切ると、県社江の島神社で、（辺津宮）二三町を行くと（中津宮）此辺山二つの眺望は島中屈指のもの、約八町で（奥津宮）に着く、拝殿の天井には抱一筆の（八方白睨み（ママ）の亀）があって有名、

江島神社は、辺津宮に田寸津比売命（たぎつひめのみこと）、中津宮に市寸島比売命（いちきしまひめのみこと）、奥津宮に多紀理比売命（たぎりひめのみこと）の宗像（むなかた）三女神を祀る神社であるが、江戸時代までは弁財天を祀る江島弁天として親しまれていた。創建について諸説があるが、寿永元年（一一八二）、源頼朝の本願により文覚上人が弁財天を勧請したという。以来、鎌倉幕府の崇敬厚く、厳島・竹生島の弁財天とともに有名で、江戸時代には多くの庶民が参詣するようになった。

明治の廃仏毀釈以前は神仏習合で、岩本院・上ノ坊・下ノ坊の三別当が、それぞれ奥津宮・中津宮・辺津宮を管理していた。明治の神仏分離により岩本院は岩本楼、上ノ坊は金亀楼、下ノ坊は恵比寿楼の旅館に改められ、引き続き参詣客を迎えた。岩本楼と恵比寿屋旅館が現存する。「八方睨みの亀」は、江戸の絵師酒井抱一が享和三年（一八〇三）に奥津宮拝殿の天井に描いたもので、参詣客の見所になっていた。奥津宮に参った人々は、断崖を下って龍窟に向かう。

> 岩屋道の石柱を見つつ、急角度の石段を下る途中の海景は筆紙に尽し難い。下り切った処が「稚児ヶ淵」（中略）怒濤激打する（俎岩）の壮快さを見ながら、トンネルを潜り、桟橋を渡て、（龍口）に入る、（中略）一巡終ったら名物「蝶螺の壺焼」で一盃を傾け、入浴して夕刻藤沢に出で東海道線に乗るも遊覧気分の一（ひとつ）であらう、

建長寺の僧自休と稚児白菊の悲恋譚のある稚児ヶ淵、修行の場であった龍窟を一巡して、名物のサザエの壺焼きで一杯やって帰路につく。昭和初期の江の島はそんな楽しみに満ちた遊覧地であった。その遊楽的気分は、今も江の島に漂っている。

第二章　房総半島を巡る

一、房総半島

（一）房総の風景

安房・上総・下総の三か国から成る千葉県は、房総半島の東と南が太平洋に臨み、半島西部は東京湾・浦賀水道に面する。県域の北は利根川の大河を隔てて茨城県に、西は江戸川を境に東京都・埼玉県に接する。

房総半島を中心に千葉県の姿を描く「海光の千葉県」（昭和七年、吉田初三郎画、房総観光協会発行）〈図1〉は、海の香り漂う一枚である。表紙は半島南西端の洲崎燈台付近から館山・浦賀水道を望む絵柄である。鳥瞰図は上総国一宮の玉前神社が鎮座する九十九里浜南端の海から西に房総半島を望む構図で、左に野島崎燈台、右に銚子をおき、相模湾の背後に富士山が聳える。

房総半島付け根に千葉の町並みがひろがり、その北東に印旛沼・手賀沼が水を湛え、お不動さままで有名な成田山が見える。印旛沼の北に利根川がゆったり流れ、川沿いの佐原に下総国一宮の香取神宮が鎮座する。利根川の河口に発達する港町が銚子で、断崖に犬吠埼燈台が立つ。利根川対岸は茨城県で、霞ヶ浦の背後に筑波山を望む。

千葉市から東京湾に沿って内房の姿を見よう。北部の検見川・稲毛海岸から南の館山にかけて、海岸の多くが海水浴場として利用されていることに気づく。千葉市街地の海辺も海水浴場であったことは、今となっては驚きである。佐貫町から内陸にはいった鹿野山に神野寺が伽藍を構え、浜金谷の海に鋸山が聳立する。鏡ヶ浦（館山湾）に面して船形観音や那古観音があり、館山南の太平洋側に安房国一宮の安房神社が鎮座する。

太平洋に面する外房を見よう。野島崎から九十九里浜にかけての外房にも、多くの海水浴場が見られる。外房の主な見所として、安房小湊の誕生寺と鯛ノ浦、安房天津の清澄寺、安房鴨川の鏡忍寺が目を引く。千葉県の特徴を捉えた案内文を示そう。

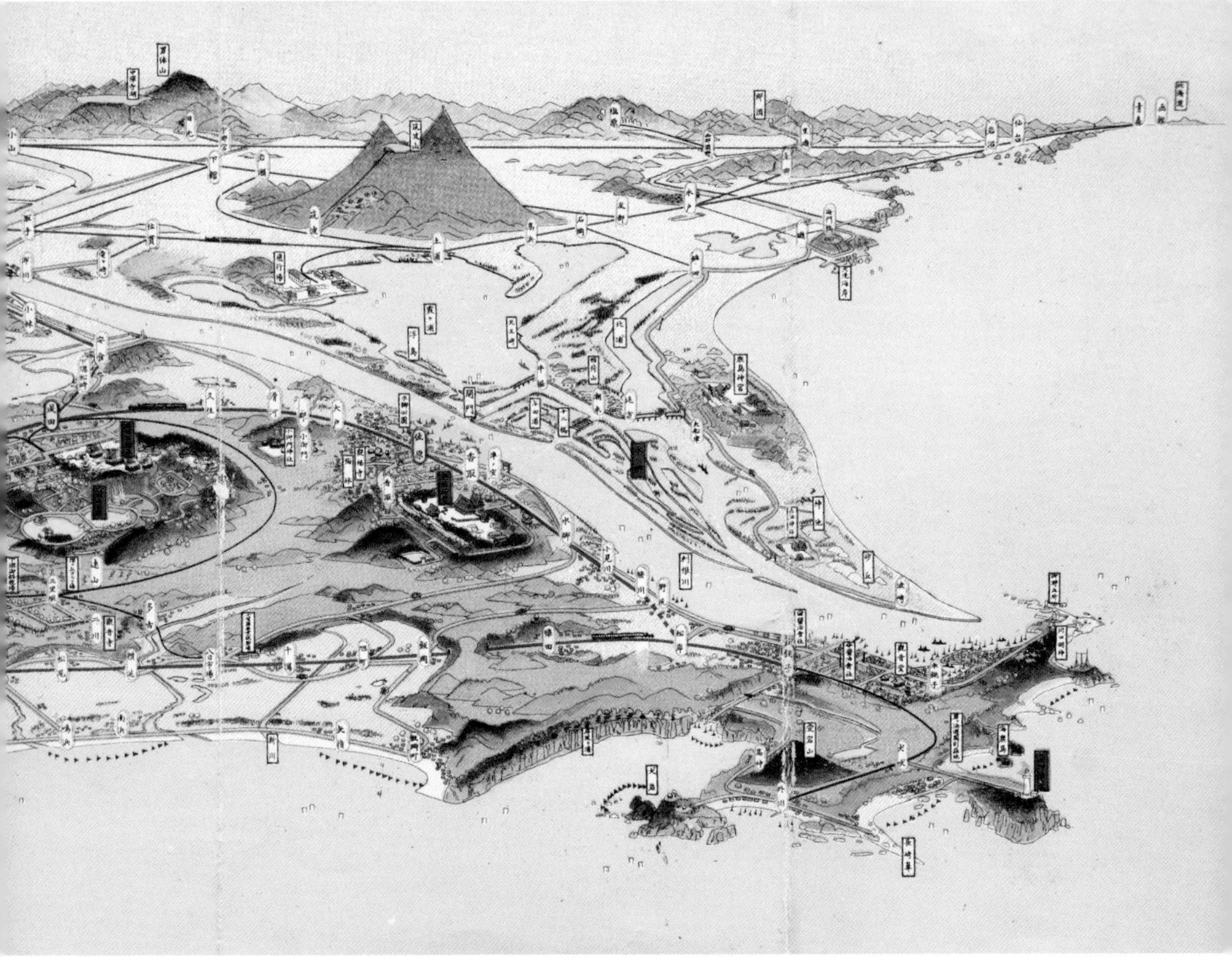

〈図1〉「海光の千葉県」
(昭和7年、吉田初三郎画、房総観光協会)

房總之觀光
初三郎

帝都に接し土地広く気候温暖、地味豊沃で水陸の物産に富む。到る処名勝旧蹟多く清明の風光は天然の公園をなして四季観光の客を招き先賢の記念は千古の遺韻を伝へて旧事を語ってゐる。

千葉県は温かな気候で土地も肥え、海の幸にも恵まれている。また名勝や旧跡も多く、自然の眺めも美しい。これは豊かな土地柄をよく言い表した一文である。戦後、内房の富津岬から外房の大東海岸にかけての海岸線一帯と鹿野山・鋸山・清澄山を含んだ地は、南房総国定公園に指定(昭和三三年)された。

(二) 房総遊覧旅行

房総というと、まずは海を思い浮かべる。風光明媚な房総半島一帯の海岸が海水浴場として利用されていた様子を、昭和初期の旅行案内書は、このように紹介する。

房総地方は冬は暖く夏は涼しく、しかもその海岸一帯は風景美に富み、且つ海水浴に適するので、至る処都人士の別荘を営むものが多くなった。その東京湾及浦賀水道に臨める方面は波静かな遠浅の海で、箱根や天城の連峰、富士の秀容などが眺められ、太平洋に直面せる方面は波荒く、怒濤に洗はれた雄壮な風景を作って居るが、所々湾入せる所や九十九里浜一帯など海水浴に適する所がある。(『日本案内記』関東篇、昭和五年)

房総半島の海浜は、昭和初期すでに別荘地帯であった。夏期は海水浴客のための臨時列車を運行し、駅付近の海岸一帯には貸別荘や貸間があった。さらに房総半島は、海水浴だけでなく名所旧跡に富んだ遊覧地としても知られた。同書に「房総一周」の旅程二案が出ている。まず第一案(二日間)である。

第一日　両国橋発勝浦廻り列車で小湊に至り誕生寺に詣で、鯛ノ浦見物の上天津に至り、自動車で清澄山に詣で、引返して安房鴨川に至り宿泊。

第二日　鴨川付近の日蓮聖人小松原法難の址を尋ね、帰途保田駅下車鋸山に登り、浜金谷に下り、浜金谷より汽車にて帰著。

両国橋は現在の両国駅(昭和六年改称)である。初日は外房に向かい、日蓮ゆかりの誕生寺・清澄寺・鏡忍寺(小松原法難の址)に詣で、風光明媚な鯛ノ浦を見物して、鴨川で一泊。翌日、内房の鋸山に登って帰路につく。次いで第二案(三日間)である。

第一日　両国橋発木更津廻り列車で佐貫町下車、自動車で鹿野山に至り、神野寺、九十九谷の勝を見て引返し、更に那古船形駅下車、船形観音、那古観音に詣で、安房北条に至り宿泊。

第二日　北条館山付近見物の上、自動車で安房神社、布良、白浜、千倉など南房州海岸路の勝を探りて千倉駅に出で安房鴨川に至り、日蓮聖人小松原法難の址をたづねて安房鴨川泊。

第三日　安房鴨川発、天津より自動車で清澄山に詣でて引返し、更に小湊駅下車誕生寺に詣でて鯛ノ浦見物の上小湊より汽車にて帰著。

初日は、内房の鹿野山に登り神野寺に参拝後、崖観音として親しまれる大福寺の船形観音や那古寺の観音さまに詣で、館山の北条で一泊。翌日は安房神社に参り、房総半島南海岸の布良・白浜・千倉を経て鴨川へ出て宿泊。三日目の日蓮ゆかりの寺々を巡って鯛ノ浦を見物するのは、第一案と同様である。これらの旅程から、戦後、南房総国定公園に指定される地を巡る遊覧旅行がすでに戦前からあったことに気づく。

二、安房の遊覧地

（一）安房小湊とその周辺

房総半島における日蓮ゆかりの地は、「小湊山誕生寺房州名所図絵」（大正一〇年頃、吉田初三郎画、誕生寺事務所発行）〈図2〉が参考になる。発行年はないが、はしがきに「聖誕六百九十九年初夏」とあるので、日蓮生誕（承久四年〈一二二二〉）から数えた六九九年後の大正一〇年（一九二一）頃と見て差し支えないだろう。表紙は蓮と旭日昇天、井桁に橘（日蓮宗紋）をあしらう。鳥瞰図は太平洋から北西に房総半島を望む構図で、左に安房鴨川の小松原法難の址鏡忍寺、中央に安房天津、背後に清澄山清澄寺、右に主題の安房小湊誕生寺をおく。左上には東京湾を隔てて富士山を遠望する。絵の焦点は小湊誕生寺にあり、昭和期の緻密な初三郎の作品に比べ、おおらかな筆触である。

まず誕生寺に目をやろう。小湊湾に面する岬の根元に誕生寺が伽藍を構える。総門を潜ると左手に誕生水・誕生堂があり、山腹に七面堂・太田堂も見える。仁王門を潜ると祖師堂・釈迦堂が並び、方丈を隔てた背後の山中に御霊屋（有栖川宮家）が建つ。この伽藍配置は、今日とほとんど変わっていない。

方丈下の海際に草葺家屋の小集落があって、浜辺に小舟を引き上げた姿も描く。総門近くの浜辺に「鯛見物出船所」と示し、「妙ノ浦」（鯛ノ浦）海上に見物人を乗せた櫓舟が見える。この鳥瞰図が描かれたと思われる直後の大正一一年、「鯛の浦タイ生息地」が天然記念物に指定されており、すでに大正期、見物客を乗せる船が出ていたのだろう。

勝浦方面
清澄山
海抜二千尺
農科大学
大杉
祖師堂
坂本
日澄寺
天津町 
神明宮
蓮生寺
香取鹿島方面
本行寺
九十九里銚子方面
勝浦燈台
勝浦湾
妙覚寺
御符水
興津町
祖師堂
釈迦堂
宝蔵
方丈
おたまや
蓮華淵
妙之浦

〈図2〉「小湊山誕生寺房州名所図絵」
（大正10年頃、吉田初三郎画、誕生寺事務所）

案内文に誕生寺の由来などを記す。要約すると、建治二年（一二七六）、日蓮の弟子日家が日蓮生家跡に一寺を建立。ところが、二度の大地震（明応七年〈一四九八〉、元禄一六年〈一七〇三〉）による津波の被害をうけ、境内を現在地に移して再建した。日蓮の生家があった旧地は蓮華淵という海中にあるという。案内文は小湊鯛ノ浦におよぶ。

> 総門外に出づれば妙の浦遊覧船の発着所がある。海上を行くこと数丁一万坪の区域、船を叩いて餌を投ぐれば無数の鯛魚溌剌として群集す。其大なるもの五尺有余壮快実に天下の偉観である。俚人鯛を呼ぶに明神様の尊称を以てす。聖人誕生の時何れより集り来りしか海上鯛躍ること数日夫より此処を去らずと云ふ。

舷を叩くと無数の鯛がやってくる。大きなものは五尺有余（約一・五ｍ）と記すが、少し大き過ぎはしないだろうか。里人は鯛を敬って「明神様」と呼んでいたようであるが、鯛が集まるところが明神礁である。また日蓮が生まれた時に鯛が集まってきて飛び跳ねたという伝説を紹介するが、この話は今も遊覧船などで観光客に語り継がれている。

次いで清澄山に目をやろう。東京帝国大学の演習林を見ながら、幾重にも折れ曲がる坂道を登っていく。仁王門を潜った清澄寺境内に瓦葺きの本堂、草葺の中門、その右手に草葺の本院が建ち、大杉が天に聳える。大杉から坂道を下ると祖師堂である。今日、本堂横に祖師堂が移転して境内の様子はやや変わったが、大杉や草葺の中門は昔のままである。図に見る参道に並ぶ家屋や、仁王門付近の集落の人家は草葺である。

安房鴨川には日蓮法難の地である小松原山（鏡忍寺）も見える。周囲はのどかな田園で、境内に仁王門らしき建物や巨木（降神槇）を描くが、遠景のため建物の名称は省略されている。

清澄寺と鏡忍寺については、ごく簡単な案内文しかないので補足しよう。八世紀に開かれた清澄寺は、その後、慈覚大師円仁が再興した古刹である。清澄寺で出家得度した日蓮は、比叡山などの遊学を経て清澄寺に戻り、建長五年（一二五三）、この地で立教開宗を宣言する。間もなく日蓮は鎌倉に移って布教活動をおこなうが、松葉ヶ谷の草庵が襲撃される法難に遭った。さらに伊豆流罪の身となったが、やがて許されて故郷安房へ戻る。その途中、文永元年（一二六四）に小松原で法難に遭い、日蓮に同行していた鏡忍坊という弟子が討ち死にした。その法難の地に建立された一寺が、後に小松原山鏡忍寺と呼ばれる寺になった。安房国には、このように日蓮ゆかりの聖地が随所に見られるのである。

（二）館山湾

館山から鋸山麓の保田にかけての内房の海辺は、穏やかな風光に恵まれている。とりわけ、洲崎から大房岬（たいふさ）にかけての鏡ヶ浦（館山湾）の景色が優れる。一六世紀後半に里見氏によって築かれた館山城址の城山公園に立つと、脚下に館山の町並み、北に大房岬から富山にかけてなだらかな山なみが横たわり、緩やかに弧を描いた鏡ヶ浦が一望できる。この山なみの裾に那古観音や大福寺崖観音が祀られている。

当時、館山から保田にかけての内房を中心に路線をもっていた昭和二年設立の安房合同自動車（現・日東交通）が沿線案内を出している。中田富仙描く「安房合同自動車沿線案内」（昭和四年、日本名所図絵社発行）が知られるが、とば泰記描く鳥瞰図を掲載した同名の「安房合同自動車沿線案内」（昭和一二年頃、安房合同自動車発行）〈図3〉もある。外房の海から半島を望み東京湾を隔てて富士山を遠望する構図は中田富仙のものと同じであるが、これを単純化してバスが通う街の名を大きめに示す図は明快である。発行年はないが、図に要塞司令部許可年を記す。

鳥瞰図は左に館山、右に保田と鋸山登山口をおき、館山の先に洲崎燈台が立つ。主要路線は、航空隊前―館山―那古―船形―富浦―岩井―勝山―保田―登山口である。ほかに岩井から外房の南三原に行く路線もあり、小湊誕生寺・清澄寺・鏡忍寺の名所も併せて描き込む。

内房の入江に多くの海水浴場が見え、鏡ヶ浦には洲崎付近・館山・北条・船形、大房岬の北に富浦・岩井・勝山・保田と続く。内房海岸では、海水浴場のない海辺を探すのが難しいほどである。また沿線名所に那古観音・崖観音・鋸山を示す。鏡ヶ浦の案内文を見よう。

> 見渡せば西空に聳えた富士の霊峰は澄明の水に映じていよいよ清く、白砂に寄せる小波はささやく小船と相和して情趣亦（また）ひとしほで所謂（いわゆる）内湾美の極致として風景天下に誇って居ります。若し（も）夕涼みに海辺に立てば、富嶽の懐に落つる夕陽の美、澄み渡る紺碧の水に躍る魚群の銀鱗に思はず歩みを忘れることでせう。まして夕闇せまれば、またたき初める漁火の数々に、一層の感興をそそられます。

水面に映じる富士の眺めとあるから、海面はまさに鏡のように静かであろう。富士の懐に沈む夕日の美しさ、夕闇せまる頃の漁火など移り変わる海辺の情景を述べ、湾内に多く生息する海蛍の放つ明かりの情趣にも触れる。

那古観音や船形の大福寺崖観音は、鏡ヶ浦を代表する名所である。行基が千手観音を安置したと伝える真言宗那古寺は、「賽

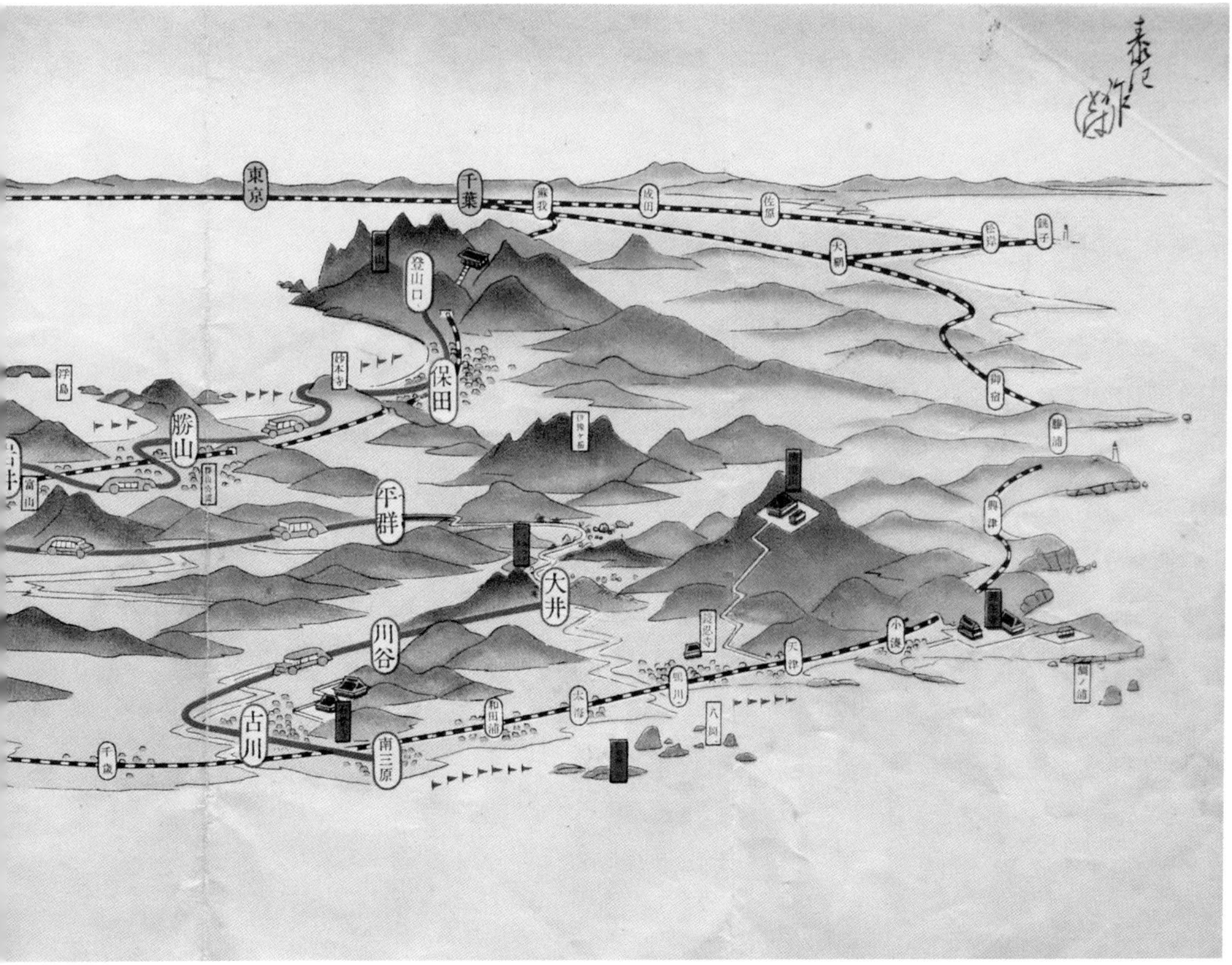

〈図3〉上・右「安房合同自動車沿線案内」
(昭和12年頃、とば泰記画、安房合同自動車)

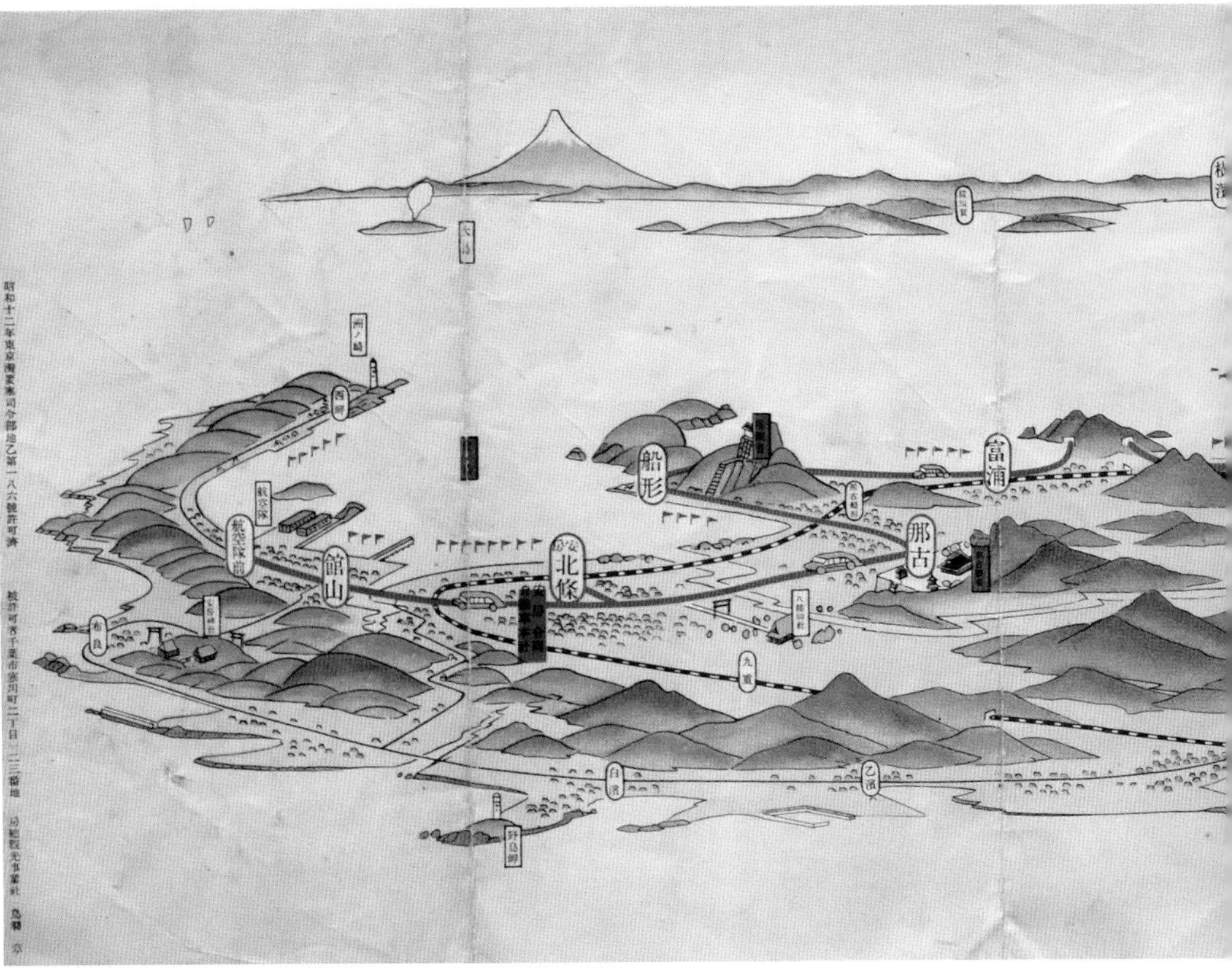

〈図4〉下「房州名勝鋸山案内図」(年代不明、乾坤山日本寺)

房州鋸山乾坤山日本禪寺眞圖

客は四時殷盛を極めて居ます。境内は眺望絶佳」と、参詣客が絶えない様を記す。やはり行基が開いたと伝え、摩崖仏の十一面観音菩薩（崖観音）を祀る真言宗大福寺は、「風光明媚、那古に劣らぬ程で初夏の夜、秋の夕べ夕陽の沈む其の美観は筆舌のよくするところではありません」と、その眺めの良さを褒める。観音堂からは浦賀水道に沈む夕日だけでなく、晴れた日には南南西に伊豆大島も見える。那古寺は坂東三十三所結願札所、大福寺は安房国三十四観音霊場三番札所で、いずれも厚い庶民信仰を集めている。

（三）鋸山

浦賀水道の東に異様な山容を見せる鋸山（三二九m）は、東京湾に入る船の目印になっていたという。鋸山には石切場があって、江戸時代から明治・大正・昭和と石材を産出した。鋸山で切り出された石材は房州石（砂質凝灰岩・凝灰質砂岩）と呼ばれ、船で東京・横浜・横須賀などに搬出され、東京湾の要塞や、横浜・横須賀各港湾の築港資材に用いられた。ほかにも民家の石垣・土台石や、火に強いことから竈にも利用されていた。その石材を切り出した跡が鋸の歯状であるため、鋸山と呼ばれた。

鋸山には曹洞宗日本寺があり、境内の石造大仏や石造五百羅漢像が有名である。寺伝によれば、神亀二年（七二五）に行基が開いたという。鋸山と日本寺の姿は、「房州名勝鋸山案内図」（年代不明、乾坤山日本寺発行）〈図4〉が参考になる。発行年はないが、案内文の沿革に開山が「千二百年前」とあり、その記述から数えると大正末期から昭和初期となるが、厳密ではない。鳥瞰図に描かれた境内の様子は今日と異なり、草葺の法堂を中心に医王院などが建つ。日本寺は昭和一四年の大火で堂宇を焼失しているので、それ以前の境内の姿と見てよいだろう。

境内右手に「大仏石」と示す像を描く。石工の大野甚五郎が二七名の門弟とともに三年の歳月をかけて天明三年（一七八三）に完成させた薬師如来像である。江戸末期には風化により荒廃し、昭和四一年の修理まで荒れるにまかせていた。尊像を「石」と示すのが哀れを誘う。法堂から通天窟・護摩窟を経て天台石橋を越えると、維摩窟・無漏窟である。その先に宝塔・百体観音・西国観音などの各種石仏を図示する。月輪山と瑠璃山に挟まれた山頂は、十州一覧台である。

これらの石窟・宝塔・観音・十州一覧台は現存する。石窟などに安置する五百羅漢ほか石仏は中興の祖高雅愚伝禅師の発願により、先の大野甚五郎が門弟とともに、安永八年（一七七九）から二一年の歳月をかけて刻んだものである。その数一、五五三体を数えるというから、驚嘆する。石仏は軟質の鋸山の石ではなく、目の詰んだ安山岩（伊豆石）である。石仏を巡る羅漢道も同時期に整備された。十州一覧台からの眺めは素晴らしい。

房総常野武相駿豆の諸山両眸に収め天気晴朗の日には富士の霊峰を雲来に仰ぎ箱根足柄天城の連山また指呼すべし顧れは浅間日光筑波赤城の諸山悠々として背腹に迫る眼下は東京湾の波静かに真帆片帆点々として白く眺望最壮偉真に十州一覧台の名またむべなるかな

浅間山（信州）・赤城山（上州）も見えるというから、確かに十州となる。展望台に立つと足がすくむが、ここに描写された景色のほか、房州石を切り出した山が屹立する姿が圧巻である。

近来鋸山に登るもの実に多し特に鉄道開通以来当地方は避暑避寒に適するのみならず風光の快絶他に卓越するを以て学生の修学団体旅行は勿論一般の登山者年々累加するに至れり

鋸山登山口にあたる内房線保田駅開業（大正六年）により、避暑避寒客だけでなく、鋸山への登山者が増えたことがわかる。内房への遊覧客もこの頃から増えていったのであろう。

三、成田山

「お不動さま」として信仰される成田山新勝寺は、わが国の不動明王信仰の一大拠点で、節分のみならず日々多くの参詣客を集めている。縁起によると、平将門の乱平定のため、京都の高雄神護寺から空海作の不動明王を奉じて上総国に霊場を開いたという。その後、源氏をはじめとする武将の崇敬をうけた。江戸中期には、お不動さまへ祈願して一子を得たことに感謝する初代市川團十郎演ずる歌舞伎が大当たり、その霊験が知れ渡った。成田屋を名乗る市川家は篤く帰依し、二代團十郎の「成田山不動明王」が好評を博した。不動明王の出開帳を江戸でおこなうと人気はますます高まり、庶民の間に成田詣が流行った。

江戸期から明治中期にかけての成田詣の人々は、水戸街道新宿から分岐して船橋・佐倉を経て成田山新勝寺にいたる成田街道をたどった。明治三〇年、成田鉄道（現・成田線）佐倉―成田間が開通し、やがて上野―成田間の直通列車も運行を開始（明治三五年）する。さらに明治四三年に成宗電気軌道（昭和一九年廃線）成田駅前―成田山山門前が開通して参詣が便利になった。

成田山新勝寺の姿は「成田山全景」（大正七年四月、吉田初三郎画、清聚学院発行）〈図5〉に詳しい。発行元の清聚学院は、失明者厚生施設として創立（明治三九年）、成田山の援助のもとに運

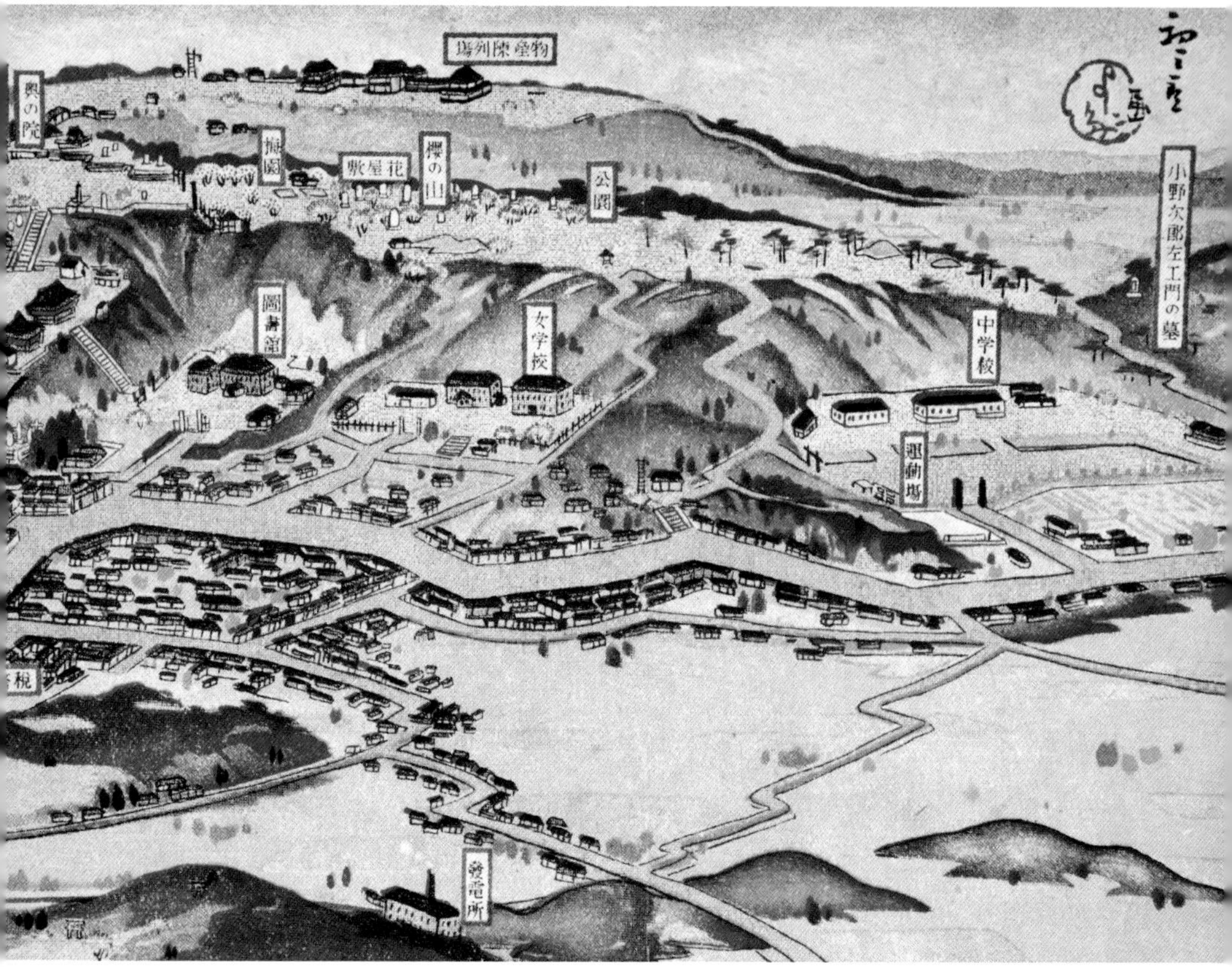

〈図5〉「成田山全景」
（大正7年4月、吉田初三郎画、清聚学院）

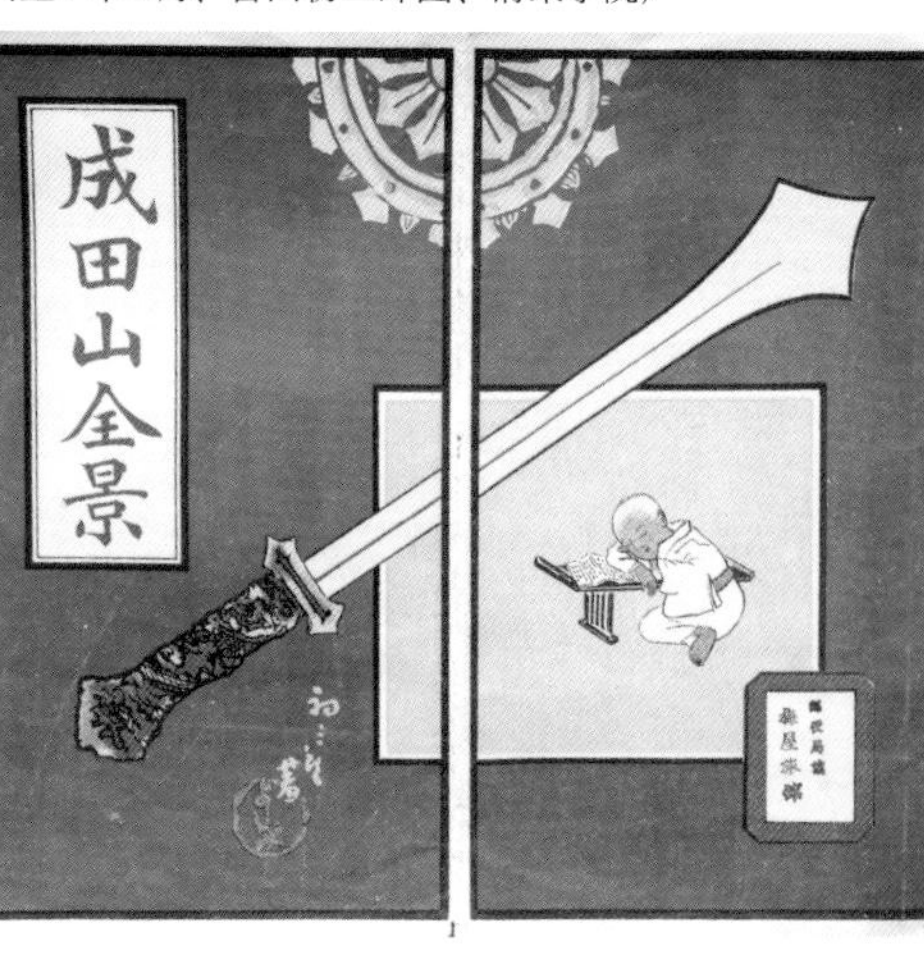

勝寺
筑波山
至佐原駅
佐原街道
清聚学院
出世稲荷
小学校
本坊
山門
慈化院
大師堂
延命院
客殿
境内
郵便局
電車乗降場
幼稚園
吟松閣

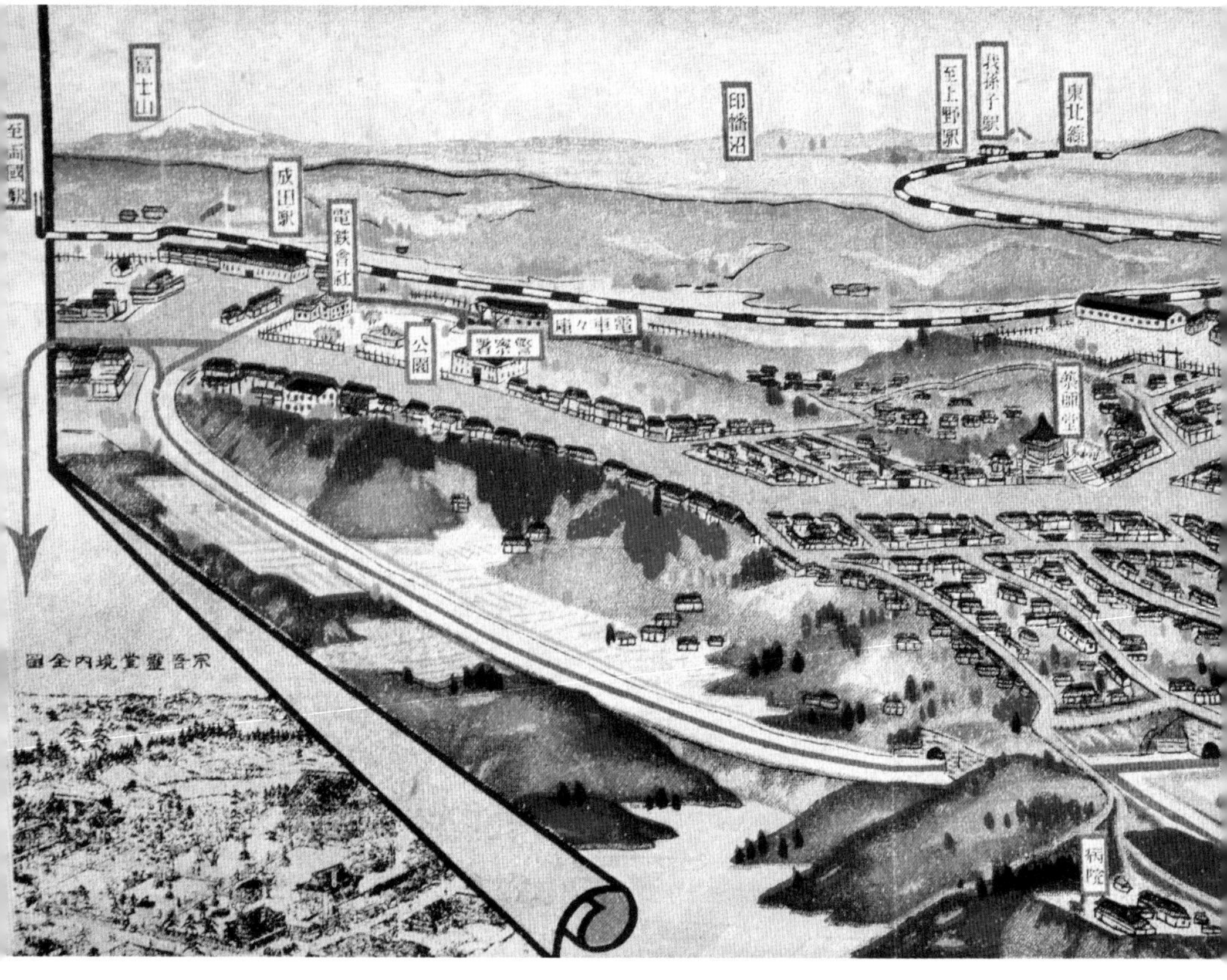

富士山
印旛沼
至上野駅
我孫子駅
東北線
至両國駅
成田駅
電鉄會社
電車々庫
公園
警察署
薬師堂
病院
宗吾霊堂境内全図

営された機関である。発行趣旨を、「吉田初三郎氏から無償で提供された版権・原図をもとに、成田町旅館組合その他有志の賛助を得て印刷・出版するので、参詣する善男善女は参詣案内及び記念の土産として購入し、慈善の功徳を施してもらいたい」と記す。このような鳥瞰図も存在したのである。

表紙は不動明王の持物の宝剣、上に法輪、文机に片肘ついて居眠りをする小僧の絵柄である。鳥瞰図は北西を望む構図で、左に成田駅、中央右に成田山をおき、筑波山を遠望する。成田駅から山門前まで電車が走り、参道に門前町が発達する。駅から門前町を成田山に向かうと、途中の三叉路に薬師堂が建つ。薬師堂から右に折れ、郵便局・延命院（跡）を過ぎると境内となる。境内西に本坊、東に水浴堂が見える。前に進むと山門（仁王門）があり、石段を登ると本堂、その横に三重塔が建つ。本堂裏の丘に光明堂・額堂があって、その東一帯は桜の山・梅園の花屋敷・公園となっている。丘の下には図書館・女学校・旧制中学校が建つ。現在、境内入口に巨大な総門、光明堂奥に平和大塔が建つが、ほかはほぼ現在と変わらぬ伽藍配置である。

参道の三叉路にある薬師堂は、明暦元年（一六五五）建立の旧本堂で、徳川光圀や初代市川團十郎が参詣した成田山現存最古の建物である。丘の上の光明堂は元禄一四年（一七〇一）に本堂として建立された建物である。鳥瞰図に描かれた本堂は安政五年（一八五八）に建立されたもので、現在の大本堂落慶（昭和四三年）に伴い釈迦堂として西側に移築されている。このように成田山には、それぞれの時代の本堂四棟が現存しており、再建ごとに大きな建物になっていった。この本堂の規模拡大は、成田山における不動明王信仰の高まりを反映するものであろう。また古い三つの旧本堂がそれぞれ大切に受け継がれていることは、これらの建物をつくる際に志を寄せた人々の気持ちを末永く大切にしていることの表れ、と捉えてよいだろう。

光明堂に隣接する額堂は文久元年（一八六一）の建立で、多くの絵馬が奉納されている。最初の額堂は、文政四年（一八二一）に七代目市川團十郎の寄進で建築され、三重塔付近に現存する。彼は天保の改革（一八四二）で江戸払いを命じられた際、新勝寺境内にあった延命院に身を寄せていた。なお延命院は、横浜別院（野毛山不動尊、明治二六年創建）の寺号として受け継がれた。

丘の上にひろがる桜の山や梅園は、成田山花園として開園（明治一〇年）したもので、後に成田山公園として整備（昭和三年）された。また明治後期、丘の下に旧制成田中学校・成田女学校（昭和二三年に統合し成田高等学校）、成田図書館（現・成田山仏教図書館）が開設された。明治期の成田山は、ほかにも感化院や幼稚園を運営しており、宗教活動とともに教育・教化活動に力を注いでいた。

案内文は、法会・行事をはじめ縁起・霊験・身代札などについて記す。法会・行事は護摩供養などの各種仏教行事のほか、このようなものも紹介されている。

> 節分会（二月初旬）当山の豆撒は天下の奇観たり
> 花見踊（四月三日）当番町内婦女惣出にて古風なる歌曲につれて舞踏す
> 菊花壇（十月廿八日ヨリ十一月末まで）山上山下二十余の花壇及菊人形あり美観を極む

節分会は当時から注目されていた。町内の女性が総出で踊る花見踊や菊人形など、人を呼ぶ楽しい催しがあった。ところで、何が人々を成田山に誘うのであろうか。

> 何等景勝の視るべきものあるにあらず、何等物産工業の称すべきものあるにあらず。然るに全国に亘り五千有余の講社、二百余万の信徒、四時を論せず、寒暑を厭はず、肩摩絡繹参詣跪拝するは何ぞや。（中略）大聖不動明王の鎮座し給ふが為のみ。

見るべき景色や特産品もないのに、四季を問わず、寒さ暑さをいとわず、肩が触れ合うほど参詣人の往来が絶え間ないのは、ひとえにお不動さまがおわすためである、と断言する。当時、五千を超える講社があったことは、成田詣の人気の高さを物語る。成田山が頒布する御守は今もよく知られており、とりわけ身代札が有名である。その由来についてこのように紹介する。

> 身代札の起源は、天保二年三月現仁王門再建工事上棟式の節、神田末広町大工辰五郎なるもの、五六丈の高さなる足場より墜落したるに、予て本山より渡されたる、［成田山］と焼印を捺せし鑑札の微塵に砕けしのみにて、其身に何等の怪我なかりしかば、居合せたる人々は、此奇特に驚歎し、当時の山主照融上人に請ふて、之を一般の希望者に頒つこととなせるに初まれり。

この仁王門は現存する。その上棟にまつわる不思議な出来事をこのように印刷物にして語り継ぐのである。併せて、成田山において一年間に百万枚を超す身代札を頒布していること、日清日露の戦役での需要はもとより、東京の小学生児童の御守を調べたところ百人中七二人がこの身代札を携帯していたという結果まで挙げる。

不動明王の新たかなる霊験を限りなく説き、人々を成田詣に誘うパンフレットといえよう。

〈図6〉「関東第一の魅力　銚子市」
（昭和8～11年、吉田初三郎画、銚子観光協会）

銚子市鳥瞰圖

初三郎

大阪
日本アルプス
名古屋
横浜
房総半島
東京
九十九里浜
銚子
海水浴場
太平洋
犬吠埼燈台
屏風岩
長崎
外川
外川港
西明ヶ浦
海水浴場
犬吠
小畑池
石切
無線電信局
君ヶ浜
君ヶ浜
海鹿島

四、銚子と犬吠埼

関東地方の最東端、利根川河口右岸に銚子の街が発達する。銚子は、日本一の水揚量を誇る銚子漁港を擁する日本有数の水産都市で、加えて醤油醸造も盛んである。さらに犬吠埼一帯の海岸に君ヶ浜・屏風ヶ浦などの景勝地があって、水郷筑波国定公園にも指定（昭和三四年）されて、遊覧地としての性格を併せもつ。

江戸時代以降、利根川水運により銚子と江戸が結ばれ、明治三〇年に総武鉄道（現・総武本線）銚子駅が開業し、陸上交通も発達する。また大正二～六年、銚子遊覧鉄道が銚子―犬吠間を走るが間もなく廃止された。その線路を利用して銚子鉄道（現・銚子電気鉄道）銚子―犬吠―外川が開業（大正一二年）する。これにより、犬吠埼などの海岸線を遊覧する「銚子磯巡り」の便がよくなった。昔から文人墨客に愛されたという「銚子磯巡り」について、昭和初期の旅行案内書はこのように紹介する。

利根河口、黒生、海鹿島、君ヶ浜、犬吠岬、酉明浜、外川、犬若を巡遊するもので銚子駅からは利根河口まで自動車、外川まで電車及自動車の便がある。（『日本案内記』関東篇、昭和五年）

利根川河口から犬若まで約一一km間、変化に富んだ海岸風景が続く。紀州から漁民が移住して形成された漁村外川、その背後に見晴らしのよい愛宕山が緩やかな稜線を引く。犬若より先は断崖が約三km続く屏風ヶ浦で、海辺の歩行は不可能であった。

銚子や犬吠埼周辺の姿を「関東第一の魅力銚子市」（昭和八～一一年、吉田初三郎画、銚子観光協会発行）〈図6〉から見ていこう。発行年はないが、記述から市制施行（昭和八年二月）以降、初三郎の本拠が愛知県犬山にあった時代（昭和一一年四月青森県種差に移転）の間と考えてよい。

表紙は大漁節を踊ると思しき着物姿・日本髪の女人二人、背後に犬吠埼燈台が見える。鳥瞰図は太平洋から南西に銚子の街を望む構図で、左に犬吠埼、中央から右に銚子の町並みを描き、右に利根川をおく。背後に筑波山や富士山を遠望する。市街地に人家が密集し、躍進する港町の姿が生き生きと描かれている。また町並み背後にひろがる緑豊かな台地の下に続く変化に富んだ海岸線から、風光のよさを彷彿とさせる一枚である。

利根川河口に発達する銚子港には、湾曲した二つの入江に船溜まりがあって、多くの船が停泊する。ひとつは川口神社前、もう一つが円福寺飯沼観音（銚子観音と表記）前の入江である。川口神社付近に測候所・無線送信所・千人塚が見える。飯沼観音前の入江には魚市場・水産会社・巡航船発着所がある。町並み背後に鉄道が走り、銚子駅前に市役所が建つ。駅前通りを進み川岸に出ると桟橋があって、傍らに汽船会社も見える。街中にはヤマサ醤油・ヒゲタ醤油の醸造工場が林立する。ヤマサ醤油は江戸初期に紀州から移住した濱口家が創業した店で、紀州は醤油醸造の先進地であった。

犬吠埼方面に目を転じると、外川方面に路線が延び、一両の電車が走る。一帯はなだらかな台地で、愛宕山がやや高い丘をなし、山頂が展望台である。海岸線に目をやると、小さな岬や砂浜が続く。無線送信所のある夫婦ヶ鼻から黒生・海鹿島を経て君ヶ浜を往くと、白亜の燈台の立つ犬吠埼である。燈台の下は、目のくらむような断崖である。犬吠埼から酉明浦を経て長崎を過ぎると電車の終点外川の町並みである。犬若から海岸線をさらに進むと、その先は屏風ヶ浦となる。

この鳥瞰図に描かれた風景は、現在、いくつかの展望所から眺めることができる。市街地の風景を俯瞰するには、夫婦ヶ鼻付近に立つ銚子ポートタワーがよいだろう。西を望むと利根川の川岸に発達した銚子漁港第一・第二魚市場や町並みを一望し、北に鹿島灘、南に犬吠埼も見渡せる。また犬吠埼燈台や、愛宕山の「地球が丸く見える展望館」からは、雄大な太平洋の展望がひらける。案内文を見よう。

> 我が国最東端の犬吠岬に毅然として聳立(しょうりつ)する犬吠燈台千古の試練を経たる海浜の奇岩怪石、渺茫(びょうぼう)たる太平洋の大景観、さては悠々たる利根河畔の清流等、三面水に包まれた銚子、(ママ)はあらゆる自然の幸と豊富な史蹟と伝説に彩られてゐる。加ふるに、気候温暖にして、夏は涼しく、冬は暖かく、人情亦濃(またこまや)かにして情緒頗(すこぶ)る豊かな観光都市である。

島嶼を除くと本土最東端は北海道納沙布岬（根室市）、本州最東端は宮城県魹(トド)ヶ崎（宮古市）であり、この記述は厳密さを欠く。犬吠埼から望む茫洋たる太平洋とゆるやかな利根川の流れ、それらが銚子での眺望を特徴づけるものであろう。

> されば風光の旅に、或は避暑避寒に、釣魚に、四季を通じて訪れるもの跡を絶たず、今や我が国有数の観光地帯として内外ツーリスト憧れの楽土となってゐる。

我が国有数の憧れの楽土云々はさておき、当時、観光目的で銚子を訪れる人がある程度いたことは確かであろう。

銚子を代表する史跡として、飯沼観音や川口神社がある。坂東二十七番札所の円福寺飯沼観音は、その昔漁師の網にかかって海中から出現したという伝説の十一面観音を祀る。飯沼観音裏手一帯は映画館・劇場・料理店が軒を連ね、脂粉の香り漂う銚子随一の盛り場であった。漁民の信仰が厚い川口神社は川

〈図7〉「参拝要覧　香取鹿島神宮」
（大正11年10月、吉田初三郎画、大正名所図絵社）

息栖神社
いきす港
利根川
大倉村
神苑地
御船木山
總持院
香取津宮間十八丁
津の宮
村田屋旅館
山本屋旅館
木内旅館
忠敬旧邸
佐原港
さはら
金田楼
香取佐原間二十八丁
佐原公園

北海道
はこだて
あおもり
せんだい
たいら
みと
大洗
御手洗
奥宮
杉林
鹿島神宮
要石
宮司邸
社務所
鉾田
鎌足公舊跡
根本寺
北浦
稲荷神社
延方
角屋旅館
潮来
十六島
十二橋
牛堀
麻生
霞ケ浦
たかはま
つちうら
あびこを経て東京へ

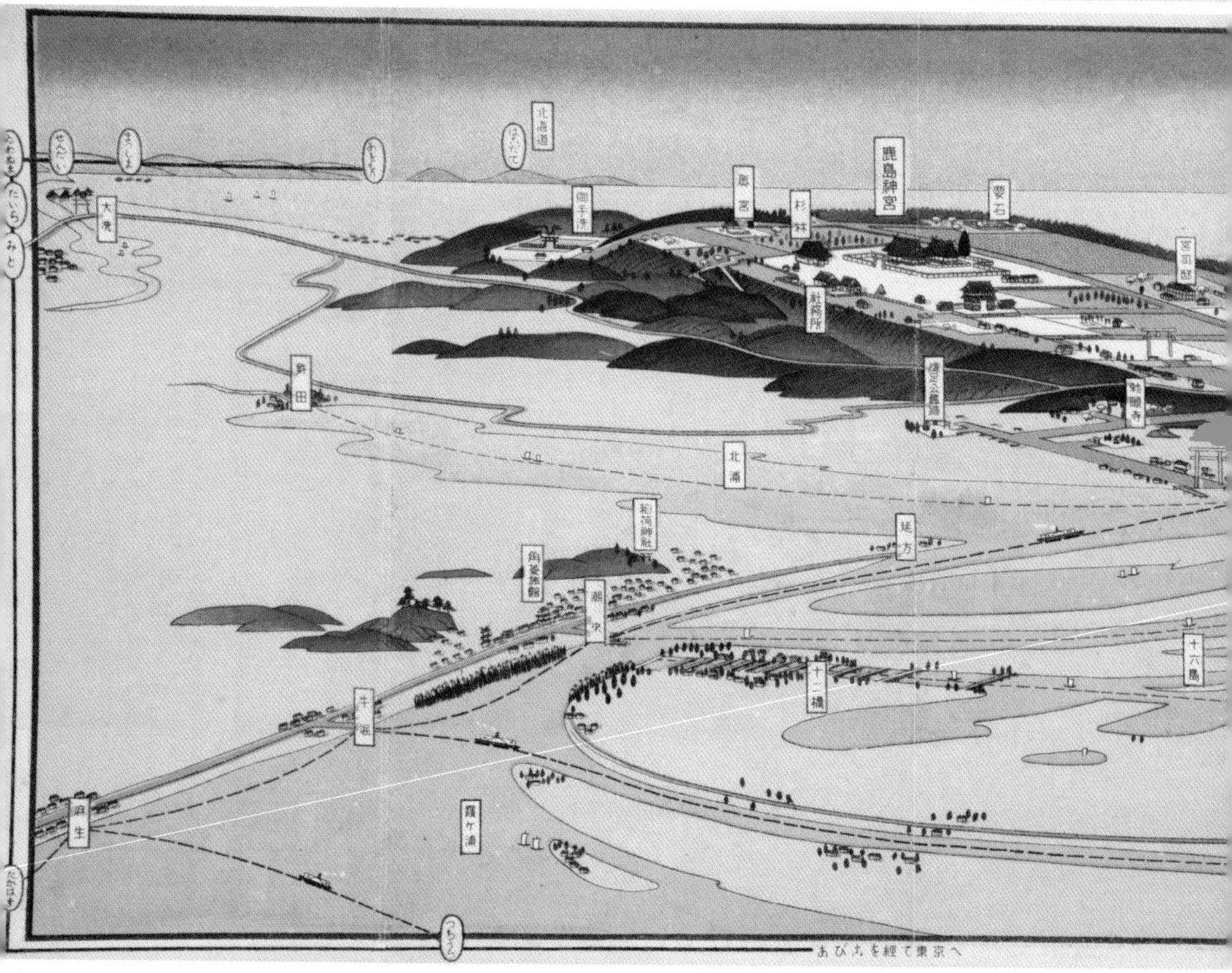

口明神ともいい、境内から利根川河口の出船入船を間近に眺め、鹿島灘の白波も望むことができた。銚子第一の景勝地が犬吠埼である。

渺茫たる大紺碧水平線の彼方より押寄せて来る濤の大うねり百雷の轟きを上げ岩を打ち玉と砕ける怒濤の狂乱は将に海洋美の極致である。

雄壮な風景が目に浮かぶ情景描写である。そのほか「銚子磯巡り」のいくつかの見所を案内文から抜粋しよう。

黒生浦　海岸は海水浴場としての設備整ひ夏期学生の滞在するもの極めて多し。

海鹿島　風光明媚避暑避寒の地として知られ翠松の間に文化住宅貸別荘が多く建てられて居る。（中略）此の付近は生洲料理を以て其の名を知られて居る。

君ヶ浜　白砂青松の浜が関東舞子の称ある君ヶ浜で付近一帯は日本一「オゾン」に富める個所として著名である。

犬若浦　銚子海岸の南端にあって一大奇岩の形成せる勝景である。

海鹿島はアシカやトドが生息していたことが地名の由来という。それらは明治三〇年頃までわずかに生息していたが乱獲のため跡を絶った、と記す。海鹿島・犬若浦にも海水浴場があり、風景美に富んだ銚子海岸は行楽地として親しまれた。愛宕山の展望についても触れる。

銚子半島一帯を一眸の内に収め大利根の悠揚な姿、広大なる関東平野の展望、筑波の遠望、鹿島灘、九十九里ヶ浜に至る海岸一帯の眺望を恣いままにして風光の雄大なること言語に絶す。

今日、愛宕山に「地球が丸く見える展望館」と名づけた施設が設置されていることがうなずける。

銚子駅から海岸線を一周する海岸遊覧バスも運行していた。順路は、銚子駅―犬若浦―犬吠埼―海鹿島―川口明神であった。銚子からは息栖・鹿島・潮来・佐原・土浦を往復する水郷汽船が発着するとともに、四月中旬から十月末日まで水郷巡り定期船も航行していた。銚子は、東国三社（香取・鹿島・息栖神社）巡りや水郷巡りと併せて遊覧する地でもあった。

五、香取神宮

古く、利根川下流域に香取海と呼ぶ内海がひろがっていた。その水辺に香取神宮（下総国一宮）及び茨城県の鹿島神宮（常陸国一宮）・息栖神社が鎮座する。香取・鹿島の二社は、大和朝廷の東国開発の拠点とされ、いずれも武神として篤く信仰された。いつの頃からかこれら三社を参詣することがおこなわれ、やがて遊覧旅行の一つになった。昭和初期の旅行案内書は、「香取鹿島めぐり」の旅程（二日間）をこのように紹介する。

> 第一日　両国橋または上野より成田行列車で出発成田駅下車、電車または自動車で成田不動と宗吾霊堂参詣の上、再び成田駅から汽車で佐原著自動車で香取神宮参拝佐原泊。
>
> 第二日　一　佐原から船で与田浦、十二橋、潮来など水郷見物大船津に至り、自動車で鹿島神宮参拝の上引返し、大船津から船で佐原に出で汽車にて帰著。（二）帰途大船津から鹿島参宮鉄道の連絡船で浜に至り、そこから同鉄道にて石岡に出て、石岡より常磐線列車で帰著。（『日本案内記』関東篇、昭和五年）

これは、不動明王信仰で名高い成田山新勝寺、次いで義民佐倉宗吾の霊を祀った東勝寺に参り、水郷巡りを楽しみつつ香取・鹿島の二社に詣でる旅である。

香取神宮を「参詣要覧香取鹿島神宮」（大正一一年一〇月、吉田初三郎画、大正名所図絵社発行）〈図7〉から見ていこう。表紙は津宮の浜鳥居から望む利根川の絵柄である。鳥瞰図は佐原付近から東に太平洋の鹿島灘を望む構図で、左に潮来・鹿島神宮、中央に佐原、右に香取神宮をおき、利根川が太平洋に注ぐ。利根川には十六島や十二橋が見える。利根川べりの津宮と大船津に鳥居が立つ。

津宮の鳥居から参道を進むと、香取神宮が鎮座する。また佐原からも街道が通じる。御田植祭がおこなわれる御神田（斎田）を過ぎ、門前を経て鳥居を潜ると、香取神宮境内となる。楼門を抜けると拝殿・本殿が連なる権現造の社殿が建つ。社殿周囲に木母杉・斥候杉・水戸黄門手植桜などが見え、参道右手の森の中に奥宮・要石がある。香取神宮津宮に立つのが浜鳥居である。

> 浜鳥居は、千余年来、其の崇高なる影を、利根の清流に映して居る。昔、香取へ参詣するには、利根川の便を借り此の川岸へ上陸したので、津ノ宮といふ名が起った。

昔は云々…とあるが、明治三一年に佐原駅が開業しているので、大正期はすでに鉄道利用の時代であった。いよいよ香取神宮参拝である。

> 昼猶暗き杉木立に、幾百千年の歴史を語る、神秘の森の奥に、千木、鰹木の金銅金物、豊栄昇る旭に輝いて云はん方なき森厳の趣き、（中略）自ら敬虔の念が湧起する。

經津主神を祀る香取神宮を訪ね、表参道を往く。奥宮・要石は現在の表参道左手に位置するから、図に描かれているのは旧参道である。丹塗りの楼門を仰ぎ見て、社殿に参る。黒漆で塗られ結構を尽くす檜皮葺の建物は、元禄一三年（一七〇〇）に徳川家の命により造営された。楼門も同時期の建築である。本殿は昔のままであるが、拝殿は昭和の大修理に際し南東に移築されて祈禱殿として再利用されている。

> 名木の中、源頼義、（ママ）の斥候杉、（ママ）は株のみを存し水戸光圀の木母杉は、（ママ）外輪のみを残せど、御神木杉槇は亭々として、雲に聳えて居る。

斥候杉が実在するかのように鳥瞰図に描かれているが、案内文はこのようになっている。鳥瞰図と案内文を併せ読むことの大切さを痛感する。木母杉・斥候杉は現存せず、黄門桜は何度か植え替えられた。注目すべきは御田植祭の紹介である。

> 奇（あや）しき面を被り、異形（いぎょう）の扮装をなせる者三人、一人は鍬（くわ）を持ち、一人は早苗を採り、一人は薙刀を振翳（ふりかざ）しながら先に立ちて行列いと華やかに、斎田に練り行き、八人の手代り女が、早乙女より早苗を受け、田植唄の節面白く、苗を植えつける、

奇しき面とは、納曽利（なそり）・大悪魅（おおべしみ）・姥（うば）である。御田植祭は、稲の稔りを祈願する農耕儀礼の予祝行事である。四月初旬（かつては旧暦）一日間にわたって執りおこなわれる香取神宮の御田植祭は、初日、薙刀を振りかざした後、鋤（すき）行事・鍬行事・鎌行事・牛の代掻（しろかき）があり、巫女の田舞いの後、早乙女手代（さおとめてじろ）の植え初めがある。二日目に斎田にて早乙女手代が田舞の唄に合わせて早苗を植える。住吉大社（大阪府）・伊雑宮（いざわのみや）（三重県）とともに「日本三大御田植祭」として知られるこの行事は、当時から注目されていた。

香取神宮に詣でた後、鹿島神宮に向かうには、浜鳥居の立つ津宮から船便を利用した。

> 浜鳥居の下より小舟を泛（うか）べ、利根の流れを横ぎって、往昔の浪荒き香取海の余波（なごり）たる与田浦に、パノラマ的な湖上の絶景を楽しみつつ、潮来を過ぎ大船津に着けば、程なく鹿島神宮。

津宮を発った船は、水郷を巡りつつ鹿島神宮へ向かう。当時、銚子―佐原―鹿島間の汽船が日に五回定期運航していた。ほかに佐原から土浦や東京に行く汽船も日に二回航行しており、船旅が主流であった。鹿島神宮については後述しよう。

第三章　水郷・筑波山・水戸

一、水郷

（一）常陸の風景

常陸国と下総国の一部から成る茨城県は、利根川の北に関東平野の一部である常総台地がひろがる。北部に阿武隈山地をひかえ、中西部の筑波山地に筑波山が秀麗な山容を見せる。利根川下流域に古くは香取海という内海が水を湛えていたが、霞ヶ浦や北浦はその名残という。利根川北方に那珂川・久慈川が太平洋鹿島灘に注ぎ、那珂川流域に県都水戸の街が発達する。

茨城県の姿を「陸軍特別大演習記念茨城県鳥瞰図」（昭和四年一一月、吉田初三郎画、茨城県発行）〈図1〉から見ていこう。表紙は鹿島神宮、裏表紙に水戸の常磐神社とそこに祀られた徳川光圀・斉昭の肖像画を載せる。鳥瞰図は鹿島灘から西に陸地を望む構図で、左に利根川と霞ヶ浦、中央に那珂川と水戸、右に久慈から平潟（北茨城市）にかけての海岸線をおく。水戸の市街地を中心に常総台地がひろがる、のびやかな絵柄である。

鳥瞰図の中に赤い短冊で示す名所をたどってみよう。水戸に常磐公園・常磐神社・吉田神社があり、郊外に涸沼（ひぬま）・大洗海岸・大洗磯前（いそさき）神社・酒列磯前（さかつらいそさき）神社が見える。常磐公園は、「日本三名園」として名高い偕楽園が明治六年に公園となったところである。常磐神社は徳川光圀・斉昭の徳を慕う藩士が祀った祠がはじまりで、常磐公園開園翌年に園内に社殿が造営された。吉田神社は、日本武尊を祀る常陸国の三宮である。

水戸市街地手前に描く涸沼は、那珂川を通じて海につながる汽水湖である。那珂川河口南の大洗には岩場の海岸が続き、海に臨む丘の上に大洗磯前神社が鎮座する。また河口北方の磯崎は岬の上に酒列磯前神社が建ち、付近の阿字ヶ浦は海水浴場である。大洗・磯崎とも、潮の香漂う景勝地の風景が目に浮かぶ。

水戸西方の笠間に「日本三大稲荷」として有名な笠間稲荷、那珂川を遡った大宮（常陸大宮市）に常陸国二宮の静神社が鎮座し、久慈川中流域の太田（常陸太田市）には徳川光圀が隠居後に

〈図1〉「陸軍特別大演習記念茨城県鳥瞰図」
(昭和4年11月、吉田初三郎画、茨城県)

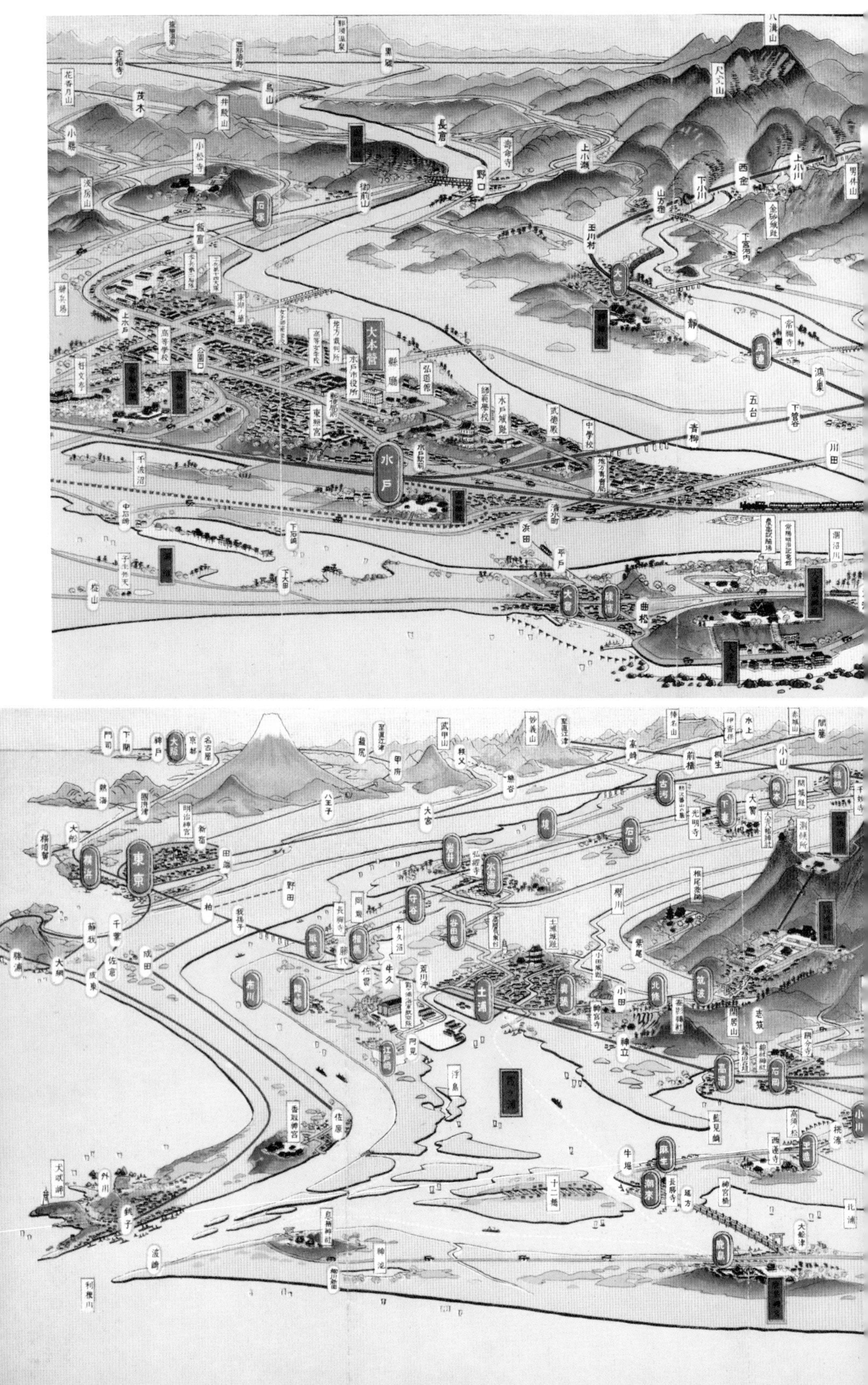
八溝山
尺丈山
男体山
上小川
西金
下小川
山方宿
金砂城跡
下宮河内
玉川村
上小瀬
長倉
野口
御前山
烏山
茂木
小松寺
石塚
飯富
那須温泉
黒磯
大宮
静
常福寺
瓜連
鴻巣
五台
下菅谷
青柳
川田
大本営
縣廳
弘道館
水戸市役所
東照宮
師範學校
水戸城跡
武徳殿
中學校
水戸驛前
水戸
公園口
高等學校
上市
好文亭
練兵場
千波沼
中石崎
下石崎
下大野
清水町
浜田
平戸
大洗
磯濱
曲松
涸沼川
門司
下関
神戸
大阪
京都
名古屋
熱海
国府津
明治神宮
新宿
大船
横須賀
横浜
東京
田端
野田
柏
我孫子
蘇我
千葉
佐倉
成田
成東
大網
勝浦
八王子
大宮
甲府
塩尻
武甲山
秩父
妙義山
熊谷
高崎
前橋
桐生
榛名山
伊香保
水上
赤城山
小山
結城
古河
境
石下
下妻
大宝
光明寺
岩井
弘經寺
水海道
守谷
取手
牛久沼
牛久
佐貫
荒川沖
谷田部
土浦
土浦城跡
桜川
椎尾薬師
紫尾
筑波
北條
小田
神立
高浜
石岡
国分寺
志筑
浮島
阿見
佐原
香取神宮
十二橋
息栖神社
神之池
波崎
利根川
銚子
外川
犬吠岬
鹿島
大船津
北浦
延方
潮来
牛堀
長勝寺
麻生
西蓮寺
小川

居住した西山荘がある。

北部に目をやると、久慈川上流の山間部に袋田滝が流れ落ちる。さらに北部には五浦海岸があり、海辺の断崖にお堂を描く。五浦海岸は岡倉天心が設立した日本美術院が移転（明治三九年）し、横山大観・下村観山・菱田春草などが創作活動をした地として知られる。鳥瞰図に描かれたお堂は、岡倉天心ゆかりの観瀾亭（明治三八年建築）であろう。観瀾亭は東日本大震災の津波で惜しくも流失した。

南に目を転じると、霞ヶ浦・鹿島神宮・筑波山・筑波神社に短冊の印がついている。これらにより、当時の茨城県内の主要遊覧地がわかる。ここでは、茨城県を代表する観光地である水郷や筑波山、鹿島神宮、水戸と沿岸の三浜に焦点をあてよう。

（二）水郷巡り

利根川下流域の水郷は、近世初期、土砂が堆積してできた島を開発した新田集落地帯である。その集落数から「十六島」、また開発の歴史から「新島」などと呼ばれた。水郷十二橋巡りで有名な加藤洲もその一つである。集落の周囲はエンマと呼ぶ水路がめぐらされ、田んぼの水や生活用水として使われた。水路は暮らしを支える交通路であり、サッパ舟（川舟）が往き交った。その水辺の風景は旅情を誘い、観光案内書に早くから紹介された。まず大正期の観光案内書を引こう。

霞ヶ浦舟遊　…長汀曲浦幾湾の風煙佳趣窮りなく、具に水国の美を備へてゐる、沿岸には勝地多く、官幣大社たる鹿取（ママ）、鹿島は言はずもがな、麻布（ママ）の天王崎は湖畔第一の眺望地として聞え潮来は菖蒲咲くの歌に名高く、加藤洲の十二橋亦古より聞えて居る、（鉄道省『鉄道旅行案内』大正十年版）

潮来の菖蒲咲くの歌とは、「潮来出島」であろう。当時、常磐線土浦駅から汽船が銚子（日に一便）や鹿島（日に二便）に出ていたが、途中下船がないため舟を借り切るのが便利である、と助言する。ちょうどその頃から「船頭小唄」（大正一〇年の「枯れすすき」を大正一一年に改題）が流行りはじめた。この「船頭小唄」はレコード化・映画化（大正一二年）され、水郷の名が知れ渡っていく。次いで昭和初期の観光案内書を開こう。

水郷　…加藤洲十二橋の地に入り、船は発動機の運転を中止し、狭き堀割を楫によって徐行する。両岸はやや高く、その水際にはまこも、あやめなどが生育する。人家のある処には必ず橋あり、その数今は十一を算へる。（『日本案内記』関東篇、昭和五年）

これは、与田浦から加藤洲に入ったところの記述である。汽船の経路では高い堤防に遮られて柳やポプラくらいしか見えないが、発動機船は水郷の中央部を横切るので、水郷の特異な風景を観賞することができる、と発動機船の利用を勧める。

水郷巡りについて、「水郷」（年代不明、水郷汽船発行）〈図2〉から見ていこう。水郷汽船（昭和六年設立）が翌年に改称した会社で、土浦―麻生―牛堀―潮来―鹿島に汽船を、佐原―津宮―潮来―鹿島にモーター船をそれぞれ定期運航し、貸切船も走らせていた。

表紙は菖蒲咲く水辺、鳥瞰図は九十九里浜から北を望む構図で、潮来・十二橋・与田浦を中心におき、背後に筑波山を望む明快な絵柄である。先に紹介した航路が一目でわかり、潮来から十二橋・与田浦の水郷地帯を通って佐原に行く経路も一目瞭然である。霞ヶ浦の浮島はまだ陸続きではない。図には、土浦から潮来方面に向かう「あやめ丸」（昭和六年就航）や航路が描かれている。発行年はないが、文中に「遊覧船は近年進水せるディーゼル機関鋼鉄船」とあり、水郷汽船改称（昭和七年）以後間もない頃であろう。冒頭文を見よう。

春は楊柳煙る処水藻の花笑ひ、陽光麗らかなる処水禽戯れ、夏は葦と真菰のさゆらぐ間、風を孕む白帆の影うつすあたり万斛(ばんこく)の涼味溢れ、秋は紫紺に暮るる筑波の嶺に映ゆる夕日影、虫の音すだく枯すすきの間をせり出ずる名月の姿、冬は居ながらにして窓下に糸を垂れ、銃を執りては水鳥の猟果に乾杯をあげる、（中略）都塵を離れて清澄な水郷の大気へ！喧噪をさけて静寂の水郷へ！

四季折々の水郷の情趣を挙げ、せせこましい都会を忘れ、のんびりした気分にひたる一日の行楽としてふさわしいのが水郷である、と人々を誘う。「水郷巡り順序」として各種コースを紹介するが、一例として日帰りの霞ヶ浦縦断を抜粋しよう。

上野駅（汽車）―土浦駅（徒歩）―川口（汽船霞ヶ浦縦断）―麻生、牛堀、潮来、大船津（徒歩、バス）―鹿島神宮―大船津（モーター船）―潮来、十二橋、与田浦、津の宮（徒歩、バス）―香取神宮（徒歩、バス）―佐原駅―両国駅帰着

昭和初期、東京から日帰りで鹿島・香取両神宮に詣で、水郷を巡る遊覧旅行が可能な時代を迎えていたのである。

水郷汽船の定期航路（土浦―潮来）は、マイカーの普及などにより客足が遠のき廃止（昭和五〇年）された。今日の水郷巡りは、鉄道や自動車で潮来や与田浦（香取市）まで行き、潮来を拠点とする潮来遊船組合、及び与田浦を拠点とする奥水郷観光協同組合の「加藤洲十二橋めぐり」や、潮来遊船組合の「前川十二

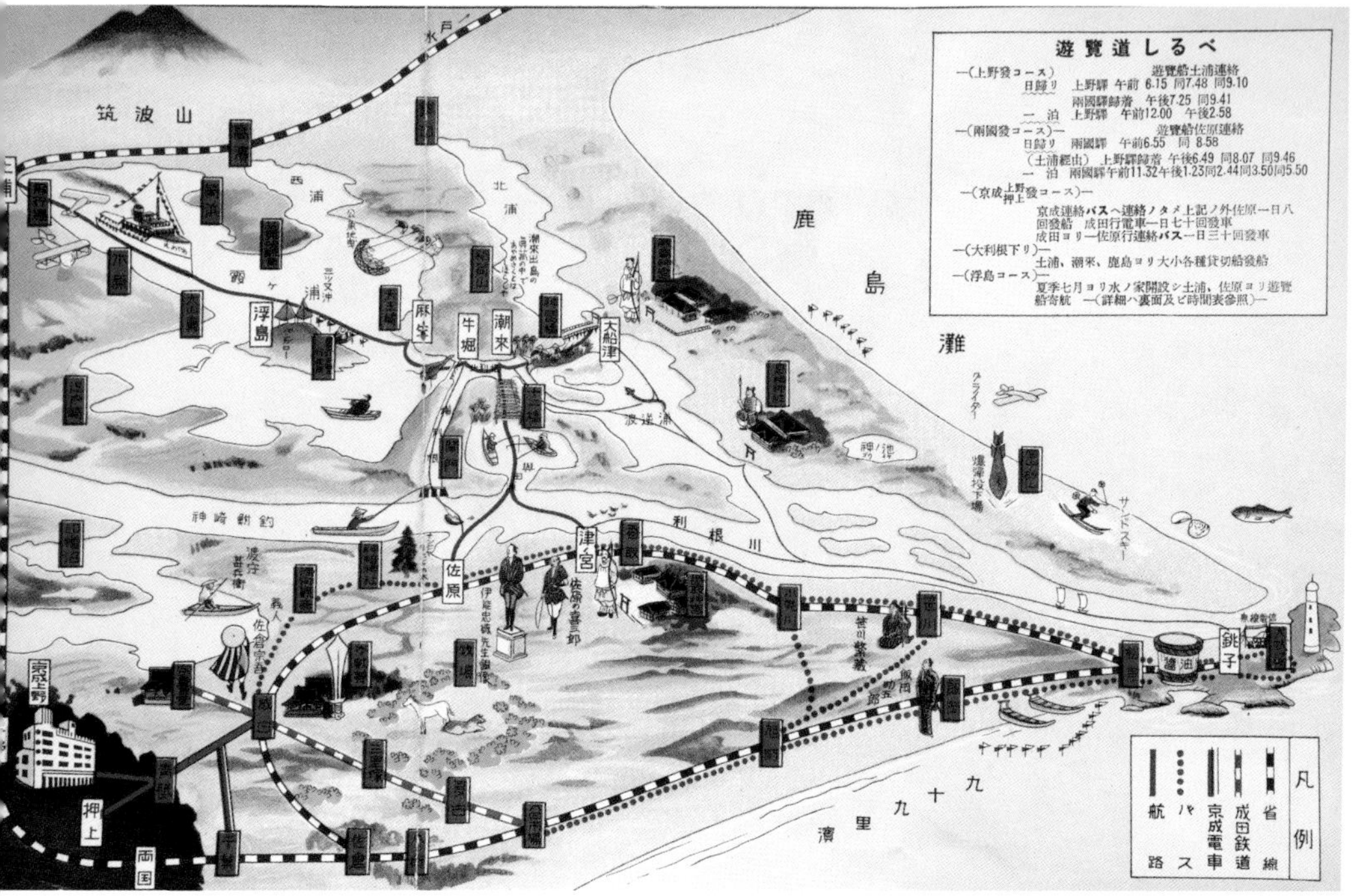

〈図2〉上・右「水郷」(年代不明、水郷汽船)

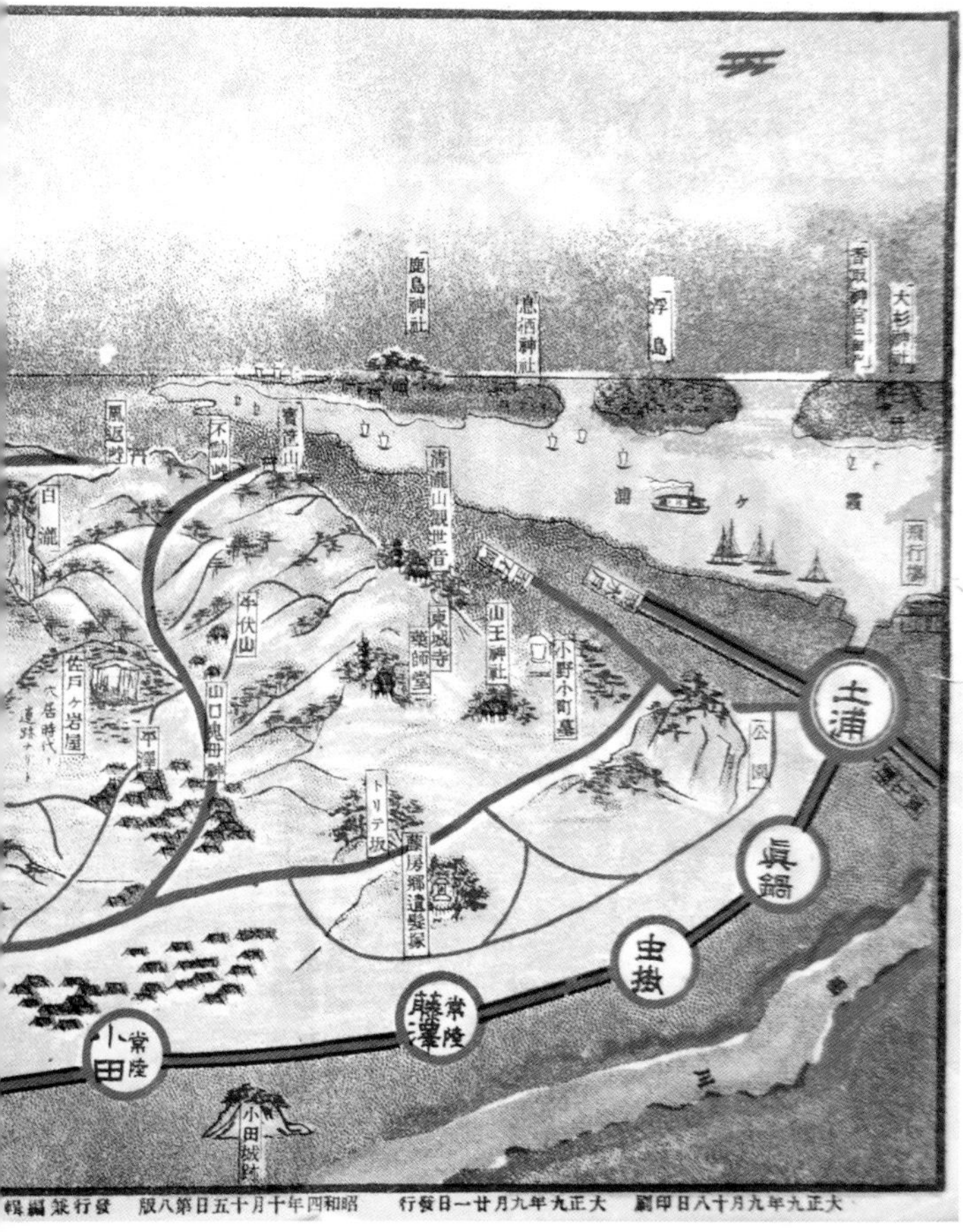

〈図3〉下・左
「筑波登山手引山案内」
(昭和4年10月、土浦富山商店)

〈図4〉「秋の筑波山」(年代不明、筑波山振興会)

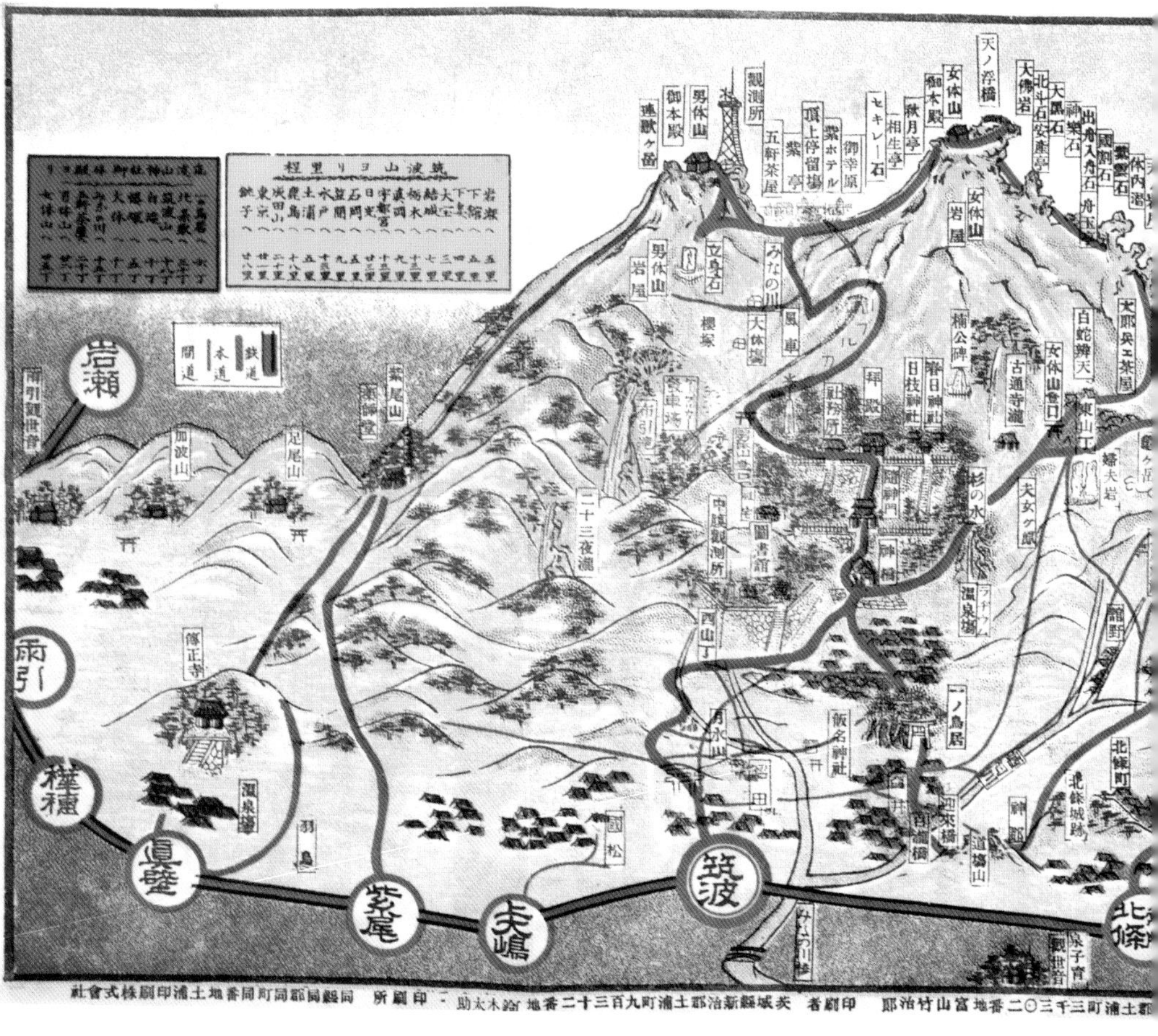

郡土浦町三千三〇二番地 富山竹治郎 印刷者 茨城縣新治郡土浦町九百三十二番地 鈴木太助 - 印刷所 同縣同郡同町同番地 土浦印刷株式會社

橋めぐり」の小舟を利用するように変わった。水郷筑波国定公園に指定された一帯は、菖蒲の季節を迎えると賑わう。「水郷潮来あやめまつり」期間中は、会場の水郷潮来あやめ園から市営の櫓漕ぎ船も発着する。

二、筑波山

古くは男女の歌の掛け合いの歌垣がおこなわれた筑波山は、男体山（八七一m）と女体山（八七七m）から成る霊山である。一帯は神域で、男体山山頂に筑波男ノ神（伊弉諾尊）、女体山山頂に筑波女ノ神（伊弉冊尊）を祀る筑波山神社本殿があり、山腹に拝殿を構える。

筑波鉄道（昭和六二年廃線）の土浦―岩瀬間開通に伴い筑波駅が開業（大正七年）し、筑波山神社拝殿脇から筑波山頂駅にいたる筑波山鋼索鉄道のケーブルカーが営業（大正一四年）をはじめ、筑波山登山が便利になった。ケーブルカーは戦時中休止されたものの、戦後営業を再開（昭和二九年）する。また戦後、女体山山頂に向けて筑波山ロープウェイが開業（昭和四〇年）して、霊山は観光登山の山としての性格をますます強めた。昭和初期の旅行案内書は、筑波山をこのように紹介する。

> 関東平野の中央よりやや東北に偏して屹立する名山で、平野中何れの処からも望まれる。（中略）男体、女体の山頂及鞍部は皆展望に富み、関東の平野を瞰下し、霞ヶ浦、太平洋の波光を望み、西北には遠く富士山を眺め得べく、西は秩父諸山から浅間山の噴煙まで見られ、西北には男体山の円錐、北には那須の群峰が仰がれ、近くは北に隣る加波山の尖峰が呼べば対へんばかりに眺められる。（『日本案内記』関東篇、昭和五年）

筑波山は、関東平野からその山容が目につく山である。また山頂から霞ヶ浦や太平洋はもとより、富士山、さらに信州の浅間山や日光や那須の山々まで望むことができた。

筑波山の登山案内として、「筑波登山手引山案内」（昭和四年一〇月、土浦富山商店発行）〈図3〉が作成された。表紙は筑波山頂駅に向かうケーブルカーと自動車の絵柄で、筑波山の見所をこと細かに示す絵図を載せる。これと同じパンフレットが大正期にも発行されている（大正九年初版）。表紙はまったく同じ構図であるが、ケーブルカーや自動車はなく、登山者三名が歩いて筑波山に向かう点が異なる。

絵図は左に岩瀬、中央やや左寄りに筑波山、右手に土浦・霞ヶ浦をおく構図で、参道や筑波山神社拝殿、山頂の御本殿ほかの見所を詳細に示す。朱塗りの神橋を渡って随神門を潜ると、拝殿が建つ。筑波山は山そのものが御神体であるため、山腹に本殿はない。拝殿左から登るのが「男体山登り」、右からが「女体山登り」で、いずれも頂上の本殿まで約二十丁（約二、一八〇m）である。二つの山頂鞍部の御幸ヶ原には五軒茶屋が建ち、男体山付近に立身石・観測所、女体山近くにセキレイ石などが見える。女体山参道には大仏岩・北斗石をはじめ岩石が点在する。

ほかにも紅葉の筑波山に誘う「秋の筑波山」（年代不明、筑波山振興会発行）〈図4〉がある。遊覧客を乗せたボンネットバスが筑波山神社へ向かい、宮脇駅から男体山と女体山鞍部の筑波山頂駅にケーブルカーが延びる表紙絵は郷愁を誘う。

筑波山に登って御幸ヶ原の展望所に立つと、関東平野のひろがりが実感できる。付近の五軒茶屋は、当時の屋号（依雲亭・迎客亭・遊仙亭・向月亭・放眼亭）とは異なる。前の広場では筑波山の名物として知られるガマの油売り口上の大道芸を目にする。

筑波山自然研究路を歩くと、立身石に出会う。筑波郡谷井田村に生まれた間宮林蔵が立身出世を祈った石との由来がある。観測所（現・筑波大学所管）は明治三五年に山階宮菊麿王が設置した日本最初の山岳観測所で、昭和三年建築の建物が現存する。

御幸ヶ原に引き返して女体山に向かうと、怪しげな形のセキレイ石がある。この石の上に鶺鴒（せきれい）がとまり、男女の道を教えたという伝説の石である。尾を上下に振る鶺鴒は、国産み伝承（異伝）に登場する霊鳥でもある。筑波山山頂付近にはマグマが地下で固まってできた斑レイ岩が露出した特異な光景が見られる。筑波山登山では、広々とした関東平野の景色を見渡すとともに奇岩怪石を愛でる楽しみがあり、それもまた秀麗な山へ人々を誘ったのであろう。

三、鹿島神宮

香取神宮・息栖神社に鹿島神宮を加えた「東国三社」を巡拝する旅が流行っていたことを前述した。鹿島灘と北浦に挟まれた茨城県南端に、常陸国一宮の鹿島神宮が鎮座する。武甕槌（たけみかづちの）大神（おおかみ）を祀り、武神として篤く信仰された神社である。鹿島神宮を、「参拝要覧鹿島神宮」（大正一四年七月、吉田初三郎画、鹿島神宮社務所発行）〈図5〉から見ていこう。表紙は鳥居と鬱蒼と生い茂る社叢林の絵柄である。鳥瞰図は水郷十六島の南から東北に鹿島灘を望む構図で、左に潮来、右に佐原をおき、中央に利根川が流れる。一の鳥居が立つ大船津に上陸して参詣路を往き、大鳥居を潜ると境内である。楼門を抜けると拝殿・本殿が連なる権現造の御本宮の社殿が建ち、奥宮のさらに奥に要石が見える。奥宮・要石付近は木立の森になっている。

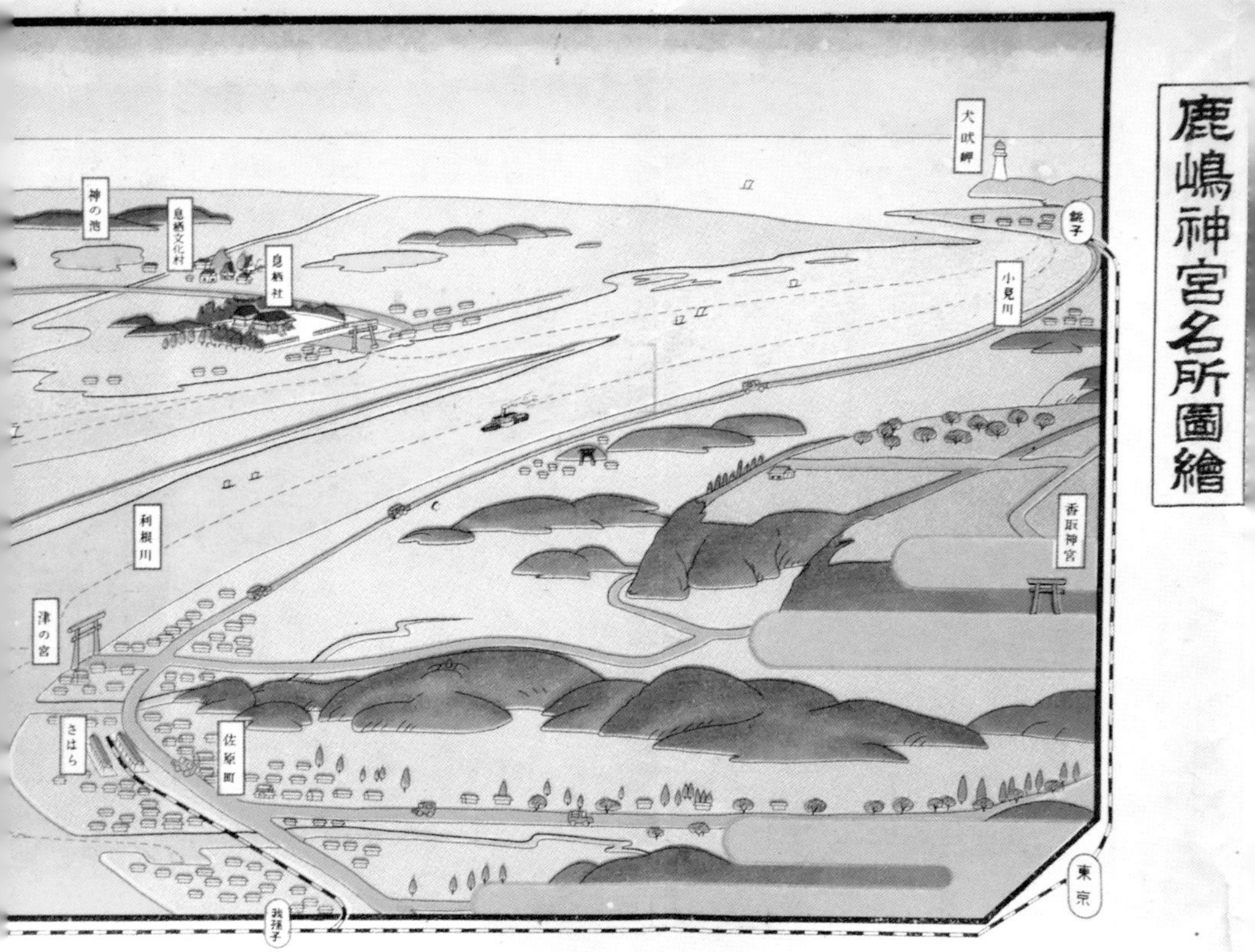

鹿嶋神宮名所圖繪
大吠岬
神の池
息栖文化村
息栖社
銚子
小見川
利根川
香取神宮
津の宮
さはら
佐原町
東京
我孫子

御本宮
要石
大鳥居
鎌足公宅跡
延方

〈図5〉「参拝要覧 鹿島神宮」
(大正14年7月、吉田初三郎画、鹿島神宮社務所)

参拝要覧
鹿島神宮

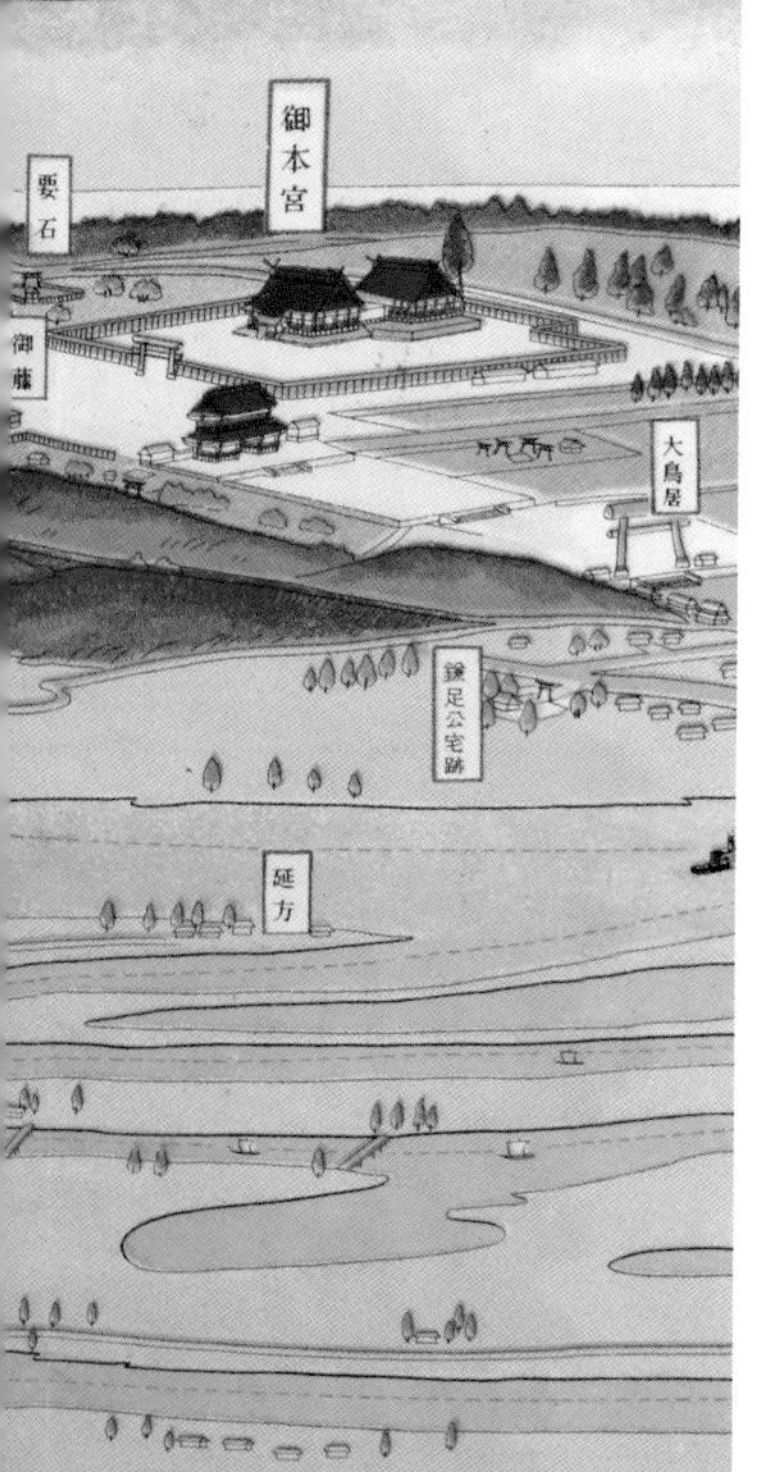

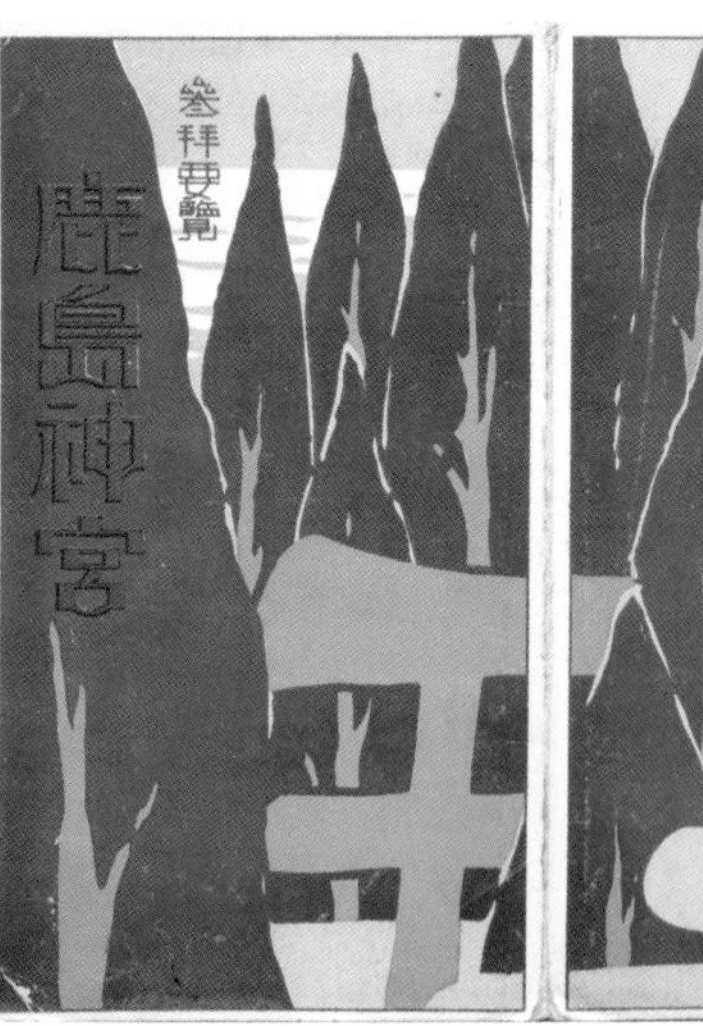

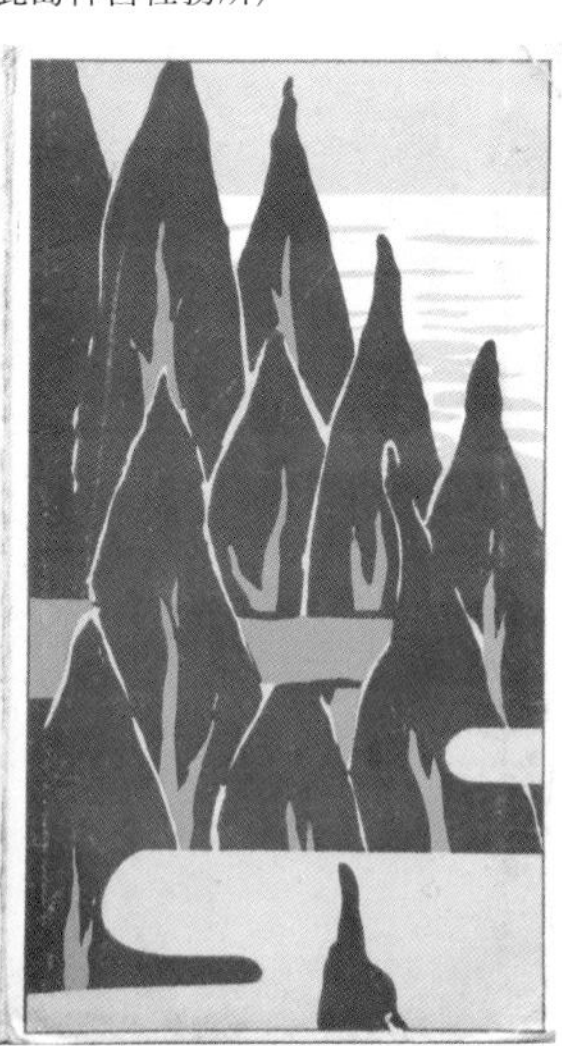

御本宮
高松別荘地
大鳥居
鹿島町
大船津
鎌足公宅跡
一ノ鳥居
延方
十六島

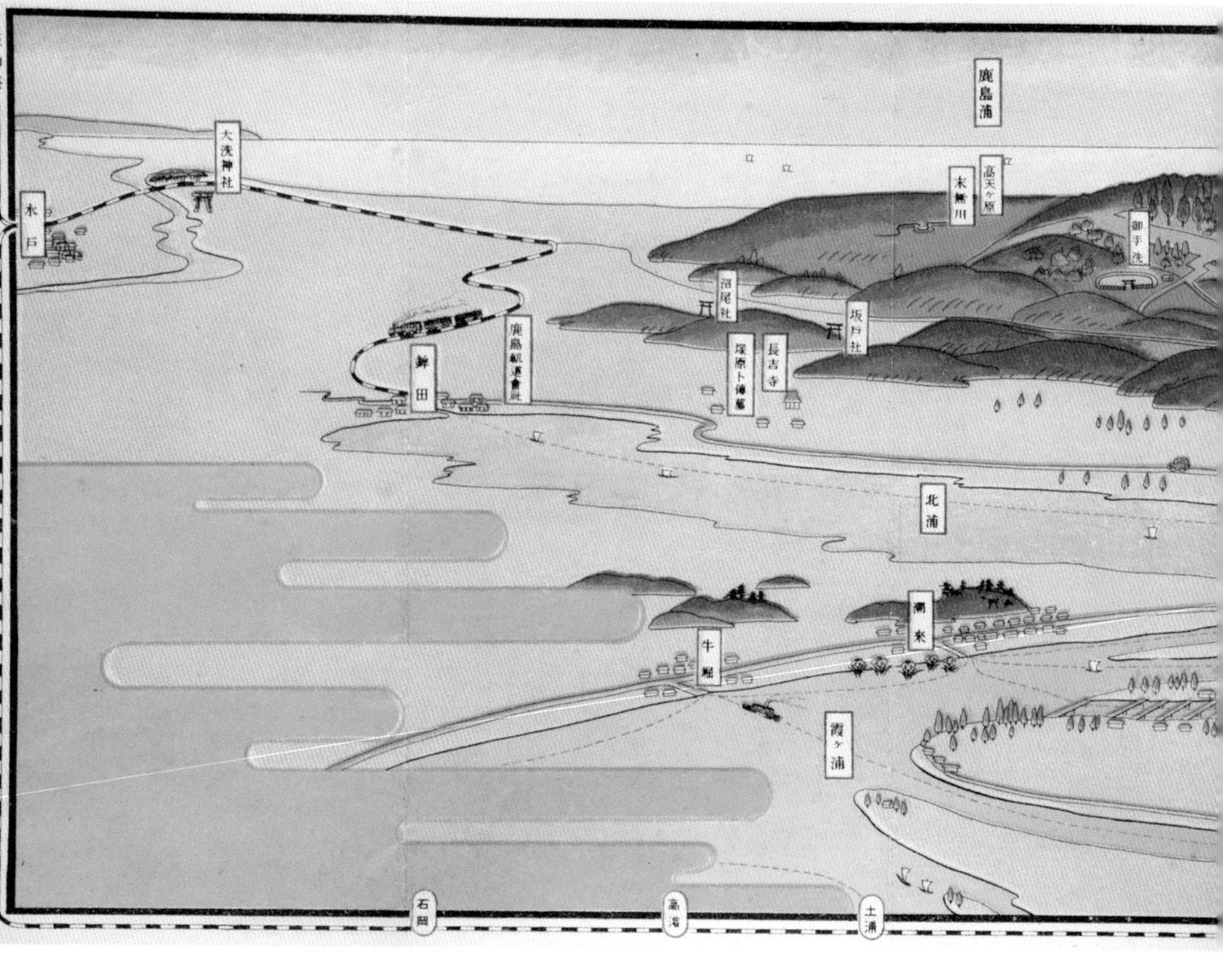

至仙臺
大洗神社
水戸
鹿島航運會社
鉾田
鹿島浦
末無川
高天ヶ原
御手洗
沼尾社
坂戸社
塚原卜傳墓
長吉寺
北浦
潮來
牛堀
霞ヶ浦
石岡
高濱
土浦

案内文に当時の参詣経路をこのように示す。まず土浦（または高浜）から日々三回の汽船があって、水郷の眺めがよい霞ヶ浦を走って大船津に上陸する。ここから約十八丁（約一、九六二m）の道路を行くが、人力車や自動車の便があった。佐原からも汽船があり、近年旅客専用の発動機船が佐原―鹿島間を往復するようになって東京からの日帰りが容易になった、と記す。水戸方面からは水浜電車・鹿島軌道により鉾田に行き、鉾田から自動車か汽船で鹿島神宮に向かう。次いで鹿島神宮境内の様子である。

四囲幽邃の内に東海の波の音かすかに聞こえ神威一層厳なるを覚ゆ。現在の社殿は元和四年徳川秀忠公の造営し奉りしもので本殿。幣殿。拝殿。石の間皆特別保護建造物に列せらる。

鹿島神宮に詣で、水戸藩主徳川頼房が奉納（寛永一一年〈一六三四〉）した朱塗りの楼門を潜ると、社殿が見えてくる。二代将軍徳川秀忠の命により建立（元和五年〈一六一九〉）された社殿は、拝殿と本殿を石の間でつなぐ権現造である。社殿から奥宮に向かう小径の両側にはスギ・ヒノキ・スダジイ・タブ・モミなどが生い茂る社叢林がひろがり、その林の中に要石が据えおかれている。

奥御殿の後方約一丁の処にあり古来より地中の大鯰の頭を押ゆる為め関東に大地震なしと。

大鯰を抑えつけて地震を防ぐという言い伝えのある要石（鹿島神宮は凹型）は、香取神宮（凸型）にもあり、それも見所の一つになっていた。

鹿島神宮境内を歩くと常夜灯が目にはいる。奉納者に江戸大伝馬町一丁目講中（享保三年〈一七一八〉）、江戸鹿島講（寛政一一年〈一七九九〉）・江戸茶問屋十組（天保三年〈一八三二〉）などが見え、江戸から多くの信者を集めていたことがうかがえる。

四、水戸

（一）城下町水戸

那珂川の南に発達する県都が、水戸徳川家の城下水戸である。街の様子を「水戸」（昭和四年頃、吉田初三郎画、水戸市役所発行）〈図6〉から見ていこう。発行年はないが、昭和三年末の人口を掲載するため、昭和四年頃の発行とみて差し支えないだろう。

表紙は弘道館の梅林と弘道館碑を収める八卦堂、裏表紙は彰考館の印を押した『大日本史』、いずれも学問を重んじた水戸藩を象徴する。鳥瞰図は千波湖辺りから北に市街地を望む構図で、左に歩兵第二聯隊・練兵場、中央に水戸駅、右に大洗海岸をおく。現在、歩兵第二聯隊跡地は茨城大学キャンパス、練兵場跡地は堀原運動公園になっている。市街地の北を流れる那珂川が太平洋に注ぎ、河口南が大洗海岸、河口北が那珂湊である。

水戸駅には常磐線・水戸線・水郡線が通じ、勝田駅から湊線、赤塚駅から茨城線が延びる。また軌道の水浜電車が西方の袴塚から市街地を通って磯浜の海門橋へいたる。図に沿える蒸気機関車や電車の絵柄が愛らしい。この中の茨城線（昭和四六年廃線）、水浜電車（昭和四一年廃線）は今はない。

市街地の姿を見よう。市街地東の段丘上に水戸城址があり、御三階櫓が建ち、師範学校の校舎が隣接する。道を隔てた北側に図書館・教育参考館・武徳殿が並ぶ。御三階櫓から橋を渡った東側は旧制中学校となり、段丘下は日赤支部病院である。

大手橋を渡った西側は水戸公園で、弘道館・孔子廟が見える。弘道館には鹿島神社が勧請されている。弘道館の西は県庁・裁判所・高等女学校となり、南は尋常高等小学校で、道を隔てて市役所・郵便局が建つ。

水戸城址は本丸西に、二の丸・三の丸と続き、本丸東に下の丸を配す四区画から成る。本丸に建つ旧制水戸中学校（現・水戸第一高等学校）は旧地にある。本丸から空堀を隔てた二の丸の水戸城御三階櫓は第二次大戦で焼失、二の丸跡地は茨城大学付属小学校になった。また師範学校跡地は水戸第三高等学校に変わり、図書館跡は第二中学校となった。

大手橋の西側は三の丸で、弘道館・鹿島神社・旧茨城県庁舎（現・三の丸庁舎）が現存し、尋常高等小学校は三の丸小学校になっている。水戸中央局（郵便局）・水戸地方裁判所・高等女学校（現・水戸第二高等学校）が旧地にある。

再び鳥瞰図に目をやろう。市街地西の千波湖北岸の段丘に常磐公園があり、梅園がひろがる。南西に好文亭が建ち、偕楽園碑・仙奕台（せんえきだい）・暮雪碑が見える。公園東の一画は常磐神社となり、彰考館文庫が隣接する。

常磐公園は、「日本三名園」の一つ偕楽園を明治六年に公園としたもので、翌七年に常磐神社が創建された。偕楽園碑は、名称の由来・創設の理由・利用の心得を刻んだ斉昭直筆の石碑である。千波湖を一望する仙奕台は、湖上から吹き上げる涼風を受けて碁や将棋を楽しんだ場所である。暮雪碑は、斉昭が撰んだ水戸八景の一つ「僊湖暮雪（せんこぼせつ）」の碑で、僊湖とは仙波湖を指す。

彰考館は水戸藩が『大日本史』編纂のためにおいた修史局で、編纂事業終了（明治三九年）後、史料・文献が常磐神社の傍らに彰考館文庫として保存された。それが鳥瞰図に描かれている。神社脇の彰考館文庫は戦災で焼失し、史料の大半が灰燼に帰し

水戸市
水戸駅
千波沼
市役所
西山
太田
万代橋
大工町
北海道
函館
青森
ハワイ
石神
佐野
勝田
平磯
湊
那珂川
大洗
平戸
大宮
曲松
祝町
海門橋
三丁目
五丁目
一丁目
涸沼

〈図6〉「水戸」
(昭和4年頃、吉田初三郎画、水戸市役所)

たが、避難して残った史料が彰考館徳川博物館内の彰考館文庫に引き継がれた。

（二）偕楽園

遊覧地としての水戸を、案内文から見よう。水戸を代表する名所は、偕楽園の伝統をもつ常磐公園である。

天保十一年、藩主烈公此の地の風光を愛して遊息所と定め、同十二年五月工を起して園を開き、梅樹数千株を栽（う）え、芝生を設け萩躑躅（つつじ）を植え、其の崕（がけ）に楼を築き、翌十三年七月経営全く成って偕楽園と名づけられた、これ広く士民の遊覧を許して偕（とも）に楽しむといふ意味である。

烈公とは水戸藩九代藩主徳川斉昭の諡（おくりな）で、藩校弘道館を創設した幕末の名君として知られる。崕の楼とは好文亭である。

園は市街の塵を離れて幽邃（ゆうすい）閑雅、雲低く水白く丘は青く樹は緑に、古梅数千株老松其の間を点綴（てんてい）し、鮮苔（せんたい）根幹を覆ふて一般の趣を添へて居る。

鳥瞰図を見ると常磐公園は当時、街はずれの一角にあって、まさに雑沓を離れた地である。南東に千波湖を望み、今も時折、鉄路を往く電車の音がするものの、静寂な環境が保たれている。

春に於て最も賑ふ様である。此時梅の香を尋ねて遠近から杖を曳くもの頗（すこぶ）る多く、鉄道省は年々此期に於て臨時列車を運転する例になって居る。

四季折々の眺めは優劣がつけられないが、観梅の春は臨時列車を運転するほどであった。次いで崖に建つ好文亭である。

用材は総（すべ）て領内から採った松杉の類で、堅牢を旨として巧飾を施さず、広間は悉（ことごと）く板敷で其天井は檜皮（ひわだ）の網代（あじろ）で張り、杉戸には和歌用として紐鏡（ひもかがみ）、詩作用として四声の韻字を書いてあるのは、臣下と雅会を催される時の用意である。

好文亭は、斉昭が詩歌・管弦を催し、家臣とともに心身の休養を図るためにつくった建物である。東西の板敷塗縁（広間）にはさまれた御座の間入側長押（なげし）に斉昭自筆の「好文」の扁額を掲げる。「好文」とは梅の異名で、「学問に親しめば梅が咲き、学問を廃すれば咲かなかった」の故事に拠り名づけたという。

詩歌の雅会は、西塗縁（広間）で開催された。堅牢簡素を旨とした西塗縁ではあるが、数寄を凝らした網代天井や竹籠目紗張りの仕切り戸などが見られる。なお天井は「檜皮の網代」とあるが、杉皮の網代である。杉戸の紐鏡とは「てにをは紐鏡」、韻字とは韻をふむために句の末におく字で、いわば板戸の辞書ともいえる。好文亭三階の望楼は楽寿楼である。

千波湖を瞰下（かんか）し大洗の磯馴松（いそなれまつ）を模糊（もこ）の間に望み、近く桜山に対し遠く筑波加波の翠巒を仰ぎ、眺望最も佳い。

楽寿楼から三方に眺望がひらける。南東に千波湖を見おろし、大洗海岸の潮風に靡いた松をぼんやり眺め、南西に緑色に連なる筑波山・加波山の山なみを仰ぎ見る楼である。桜山は、西に位置する園の付属地で、数十株の桜樹があった。楽寿楼の「楽」は水、「寿」は山を表し、山と水の眺め双方を兼ねた山水双宜の楼を意味するという。戦災をうけた好文亭は再建されたが、その建物も落雷（昭和四四年）で再び焼失、三度目に復元されたのが今日の建物である。

（三）弘道館

三の丸の弘道館・鹿島神社・孔子廟などを含む一画が水戸公園（現・弘道館公園）で、この園内にも梅樹が多く植えられていた。弘道館は、天保一二年（一八四一）に徳川斉昭が創設した藩校である。偕楽園が心身を休める場であるのに対し、弘道館は文武修行の場、まさに互いに補い合う一張一弛の施設である。

江戸期には正庁を中心に、藩主の休息所・諸公子勉学所の至善堂をはじめ、文館・武館・医学館・天文台・鹿島神社・孔子廟・八卦堂が建ち並んでいた。ところが明治元年の藩内抗争（弘道館の戦い）により、文館・武館・医学館は焼失した。弘道館は明治五年の学制発布により役割を終え、以後、明治一五年まで県庁舎として利用され、一帯は公園となった。

北に文館南に武館を置き、出入する者に確く学則を守らせ、毎歳文武の優劣を試み、大に其の技を奨励した。当時列藩其の風を慕ひ、この館に則り文武を講ずる者多く、中には特に藩士を派して入館させた程であった。（中略）玄関に掲ぐる「弘道館」書院に掲ぐる「遊於芸」の扁額は、共に烈公の書である。

弘道館の名が天下に鳴り響いたことをうかがう記述である。ほかの見所として烈公（斉昭）自撰自書の「弘道館記の碑」、「種梅記の碑」及び烈公の歌を刻んだ「要石の歌碑」、孔子廟などを挙げる。

弘道館を訪ね、正庁の諸役会所に座すと、大床に掲げた「尊攘」の二大字が目に入る。それは烈公の命による安政三年（一八五六）の書で、尊攘（尊王攘夷）は幕末日本のスローガンとなった。この書を前に、水戸に来たという思いが湧きおこる。

藩主が臨席して文武の試験がおこなわれた正席の間は、「弘道館記碑」の拓本の掛軸が床の間を飾る。八卦堂に納められたこの記念碑には、烈公が示す弘道館建学の精神を刻む。それは「神儒一致」「忠孝一致」「文武一致」「学問事業一致」「治教一致」

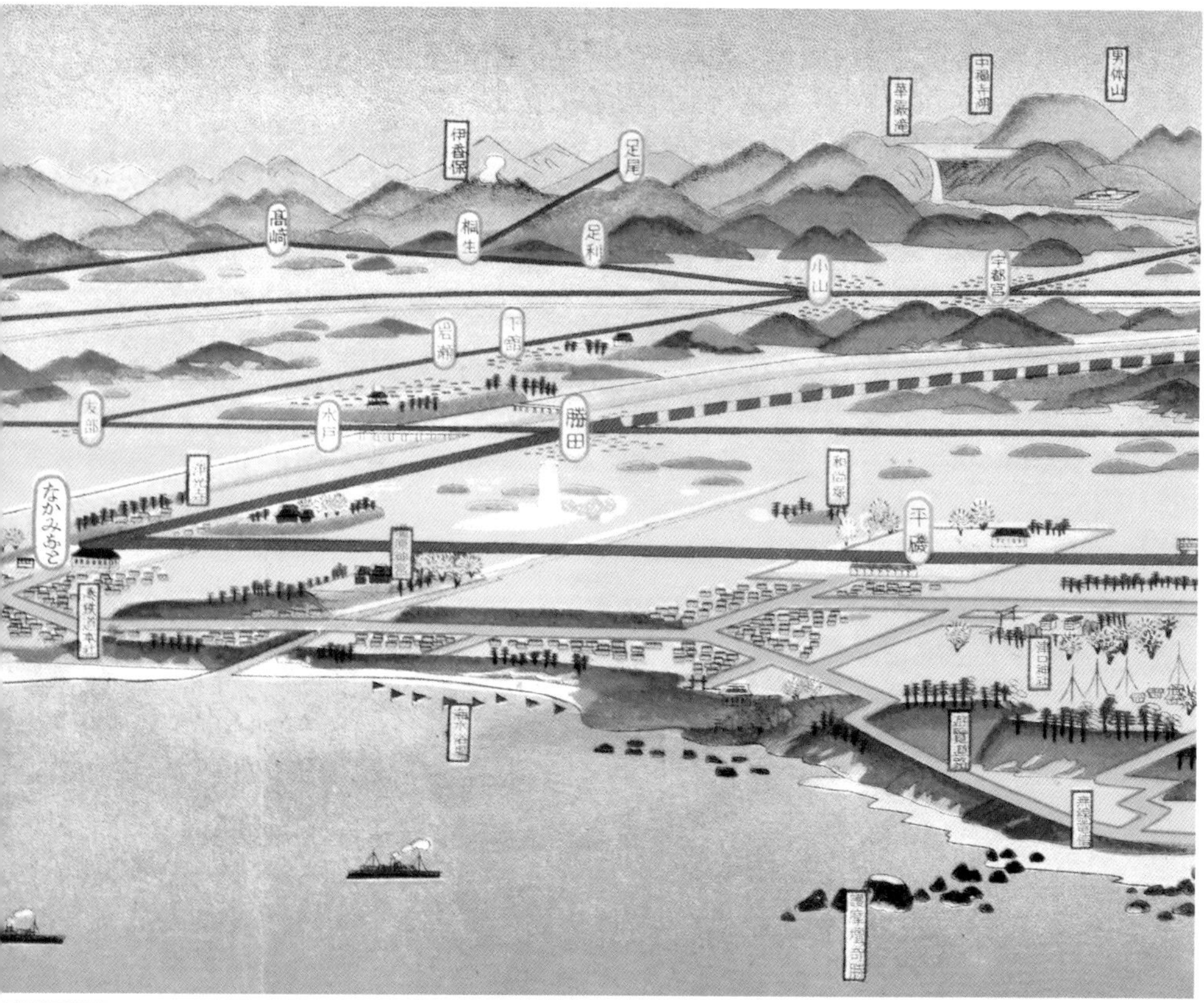

男体山
中禅寺湖
華厳滝
伊香保
足尾
高崎
桐生
足利
小山
宇都宮
下館
岩瀬
友部
水戸
勝田
なかみなと
平磯
那須岳 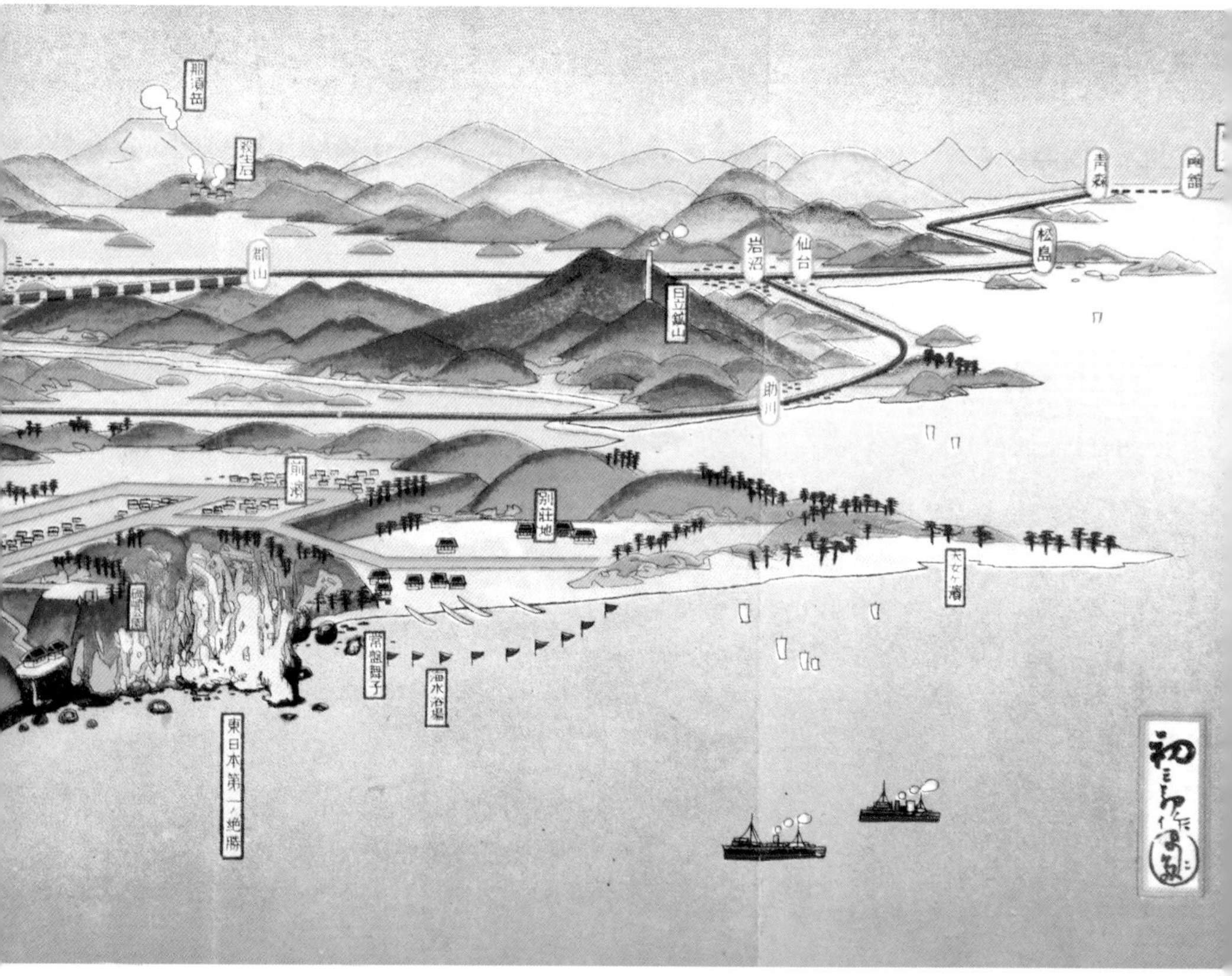
郡山
青森
函館
松島
仙台
岩沼
日立鉱山
助川
前浜
別荘地
常盤舞子
海水浴場
東日本第一ノ絶勝
初三郎作

〈図7〉「湊鉄道沿線名所図絵」
（大正14年5月、吉田初三郎画、湊鉄道）

である。弘道館は創設から一五年余り後の安政四年（一八五七）に常陸国一宮の鹿島神宮から御分霊を勧請し、魂を入れて本開館する。儒学の孔子廟、そして神道の鹿島神社が共存する姿はまさに「神儒一致」といえよう。

正庁縁側の長押に、烈公自筆の扁額「游於芸」を掲げる。それは「子曰く道に志し徳に拠り仁に依り芸に遊ぶ」（論語）に拠り、文武に凝り固まらず悠々と芸の道を究める、を意味する。芸とは六芸、すなわち礼（礼儀作法）・楽（音楽）・射（弓術）・御（馬術）・書（習字）・数（算術）を指す。趣旨は、一つの思想に凝り固まることなく、人間としての幅の広さを身につけることを重視する考え方といえよう。水戸藩におけるその理念と実践はいかがなものであったのだろうか。

弘道館を中心とする水戸公園を訪ねて烈公の扁額や石碑にふれ、水戸の空気を感じる。その旅の味わい方が短い案内文に現れているように思える。

五、湊鉄道沿線

水戸東方の太平洋沿岸に磯崎・平磯・湊町（昭和一三年那珂湊町）など磯の香漂う漁村・港町があり、これらに大洗を含めて「三浜」といった（必ずしも三地域ではない）。昭和初期の旅行案内書は、「水戸及三浜めぐり」をこのように紹介する。

第一日　上野発常磐線列車で水戸に至り、第一公園、第二公園、常磐神社など水戸市の名所めぐり後、電車または自動車で磯浜を経て大洗磯前神社に詣でて大洗泊。

第二日　大洗発電車または自動車で湊に出で湊鉄道にて酒列磯前神社、阿字ヶ浦廻覧、引返して勝田駅より常磐線列車で帰著。（『日本案内記』関東篇、昭和五年）

水戸の第一公園とは偕楽園を基にした常磐公園、第二公園は弘道館のある水戸公園を指す。水戸の名所を見物の後、磯崎や大洗などに遊ぶ、これが水戸とその周辺の遊覧旅行であった。

那珂川南の磯浜・大洗方面に水浜電車が向かい、北岸の湊町・磯崎方面には湊鉄道が延びていた。湊鉄道は大正二年に勝田―那珂湊間が開業し、その後、磯崎に延伸（大正一三年）、阿字ヶ浦間が全通（昭和三年）した。鉄道が磯崎まで延伸した翌年、「湊鉄道沿線名所図絵」（大正一四年五月、吉田初三郎画、湊鉄道発行）〈図7〉が発行された。

表紙・裏表紙とも、断崖絶壁に鎮まる神社、遠くに日立鉱山の煙突がかすむ絵柄である。神社は大洗磯前神社・酒列磯前神社のいずれかであろうが、両社とも海辺の崖上に鎮座するため特定しがたい。鳥瞰図は磯崎沖の太平洋から西に陸地を望む構図で、左に大洗、中央に平磯・磯崎、右に阿字ヶ浦をおく。遠くに筑波山・富士山、湯煙立つ伊香保・塩原・那須温泉も見える。

那珂川河口右岸の大洗には、海辺の段丘上に大洗磯前神社が鎮座し、鳥居前の海岸に大ぶりな建物が軒を連ねる。また海門橋南の願入寺界隈に祝町が発達するが、ここは船乗り相手に賑わった色街であった。河口左岸は江戸期に東廻り海運の港町として栄えた湊町で、湊鉄道本社が見える。

終点の磯崎には段丘上に酒列磯前神社が鎮まり、神社下に磯崎港がある。付近の断崖に「東日本第一ノ絶勝」と記す。磯崎の北に砂浜が続く阿字ヶ浦は海水浴場となり、「常磐舞子」と示す。海辺は別荘地で、海に白帆の小舟が浮かび、沖を汽船が往くのどかな風景である。冒頭文を見よう。

磯節で名を知られた三浜は、いまや天下稀に見る遊覧地として探勝界の寵を恣にしてゐます。しかも昨夏湊鉄道が、平磯、磯崎に延長されてより交通全く完備し、春はあけぼのの海に親しみ、夏は避暑に海水浴に三伏の苦熱を此処に忘るるの境。秋は月、太平洋の金波にくだけ冬また浅酌低唱の紅燈裡に、緋鹿の子のこたつぶとんも趣き深く、枕に近き千鳥の声、まさに千金の値があります。

舟唄を基にした磯節は、大洗・湊町一帯の座敷歌となり、全国的に流行った民謡である。色街の緋色の鹿の子模様の炬燵布団の中で程よく盃を傾け小声で詩歌を口ずさむ…、やや怪しげな記述ではあるが、大正末期の三浜はそんな港町情緒をとどめていたのであろう。湊町の情景である。

春風長閑なる町の南には、那珂川の清流を控へ、河を隔てて筑波、加波山静かにも、武蔵野の一角からその美しい山容を見せてゐます。更に遠く足尾赤城の連峰が色紫に打ち霞む彼方、富岳の雄姿を眺め得て頗る明眉（ママ）を極め、人情もまた極く濃かで親しみ深く、その名も『情の港』とし世に遠く伝へられてゐます。

その「情けの港」が、海門橋南の脂粉の香る祝町である。

『磯でまがりまつ、湊で女松、中の祝町や男待つ』―と磯節で知られてゐる祝町は、暮れぬ日を夜にして、三味の音も賑かに浮かれ男を待つ遊女町です。絃歌潮音と相和し、磯節の本場を開く基となったもの粉黛の香もなまめかしく、特種の情緒を漂へてゐます…

妖艶な雰囲気が漂う祝町は、涸沼川が那珂川に注ぐ景勝の地にあり、徳川斉昭が撰んだ水戸八景「巌船夕照」が名高い。願入寺裏の小径を分け入ると、その石碑が立つ。崖下に那珂川と涸沼川の水が出会う深淵があり、夕日の風光はひときわ美しかったというが、平凡な一農村風景でもある。祝町の艶やかな建物は今は消え去り、ありふれた町並みに変わっている。祝町の南は大洗である。

> 三浜中の第一磯浜に続き、海岸には大旅館軒をならべ、磯節の本場として有名であります。大洗磯前神社粛として太平洋にのぞみ、風光最も雄偉を極めてゐます。

神磯の鳥居が立つ海中の岩礁に降臨したと伝える大己貴命を祀るのが、大洗磯前神社である。崖上の境内から急な石段を下ると神磯があり、パワースポットとしての評判高く、その姿を写真におさめる人々が群がる。海辺には磯料理やあんこう鍋を名物とする旅館・ホテルが軒を連ねるが、すでに大正期に大旅館が建ち並び、遊覧地として大洗の名は知れわたっていた。

当時、湊鉄道の終点であった磯崎には、磯崎岬の奇観・酒列磯前神社の静寂・常盤舞子の絶勝と、多くの見所があった。一例として磯崎岬の展望を紹介する。

> 水平線上に真紅団々として海上を壓し来る黎明の光景は雄大壮偉、到底筆舌の尽し得る処ではありません。また夕陽西山に舂く時、海は美しい紫に抱かれつつ次第次第に暗黒色に移り行く中を帰帆わづかに仄白く、櫓歌櫂声のかすかなるは、お伽の国の海にも似て、ロマンチックな詩情をそそります。

明け方、あるいは夕陽が没する時、波が砕け散る岬に立ち、刻々と移り変わる太平洋の眺めが味わえる地が磯崎であった。

磯崎の岬に酒列磯前神社が鎮座する。海上安全・大漁満足・五穀豊穣・商売繁盛など幅広く信仰されている神社である。鳥居から本殿にいたる約三〇〇mの参道や本殿背後に、タブノキ・スダジイ・ヤブツバキ・ヒサカキ・ユズリハ・モチノキ・シロダモなどの常緑広葉樹が生い茂り、逍遥すると往古の植生に心洗われる思いがする。

参道傍らの断崖に比観亭跡がある。寛政二年（一七九〇）、六代藩主徳川治保が酒列磯前神社に参拝した折に見晴らしの良い小高い丘から太平洋を一望、翌年、四阿が建築されて比観亭と名づけられた。今日、跡地は樹木に覆われ、その下の空き地から眺望を楽しむこととなる。北に白砂青松の阿字ヶ浦の海辺を隔てて、はるか彼方の阿武隈山地を背後に東海村の原子力発電所などを遠望する光景は、どこか今風である。

湊鉄道沿線には、港町情緒が漂うともに、雄大な海の眺めを楽しむ遊覧地が点在していたことを教えられる。

第四章　上州の街・山・温泉

一、前橋と赤城山

（一）上州

関東地方の北西部、利根川上流域に位置する群馬県は、古くは毛野国（けのくに）、やがて上野国（こうづけのくに）となって上州（じょうしゅう）ともいわれる。「上州名物、かかあ天下にからっ風」は、いまでもよく耳にする言葉で、「群馬」ではなく「上州」をつかう。「赤城おろし」などと呼ぶ冬の北西風は、上州の風土を特色づける。「冬、自転車で通学中に田んぼに吹き飛ばされそうになった」、これは上州の女性が平然と語った一言であるが、上州人はその程度の風に負けない逞しさをもっている。風が強いためか、いきおい声も大きくなる。優雅に話そうとしても、強風でかき消されてしまう。笑い声も豪快で、大げさにいうと部屋の障子が揺れる程である。そんな元気で明るい「かかあ天下」は、上州特産の養蚕や製糸業で女性の経済力が高かったために生まれた、ともいう。

関東平野の北辺にあたる群馬県南部は、中毛・西毛・東毛の三地域に区分され、中毛に県都の前橋、西毛に交通の拠点高崎、東毛に織物業が盛んな桐生などの街が点在する。それぞれ特色ある拠点都市が分散しているのである。これは群馬県に限らず、栃木・茨城県にかけての関東平野北部に共通するところでもある。

県西部から北部にかけては山岳地帯で、関東山地・三国山脈が連なり、三国山脈一帯は上信越高原国立公園に指定（昭和二四年）されている。また市街地から山容がよく見える赤城山・榛名山・妙義山は、「上毛三山」として人々に親しまれた山々である。赤城山と榛名山は那須火山帯に属す火山である。そして尖った岩峰が屹立する特異な姿を見せる妙義山は、妙義荒船佐久国定公園（昭和四四年指定）に含まれる。

上州の山岳地帯には、草津温泉をはじめ伊香保温泉・水上温泉郷・四万温泉・万座温泉などの温泉が湧く。群馬県は山岳景観・温泉など豊富な観光資源に恵まれた地で、上信越国境付近の山岳地帯はスキー地としても知られる。まずは上州の街、前橋・高崎・桐生の姿を見ていこう。

（一）前橋

関東平野の北西端、赤城山南麓に位置する県都が前橋である。市街地の西に利根川が水を湛え、街中を広瀬川が流れる。古くは厩橋（まやばし）と呼ばれていた地は、江戸時代に今日の前橋に改められた。前橋は江戸中期まで酒井家の城下としての歴史を歩むが、前橋城は利根川の浸食や氾濫で幾度も被害をうけた。酒井家に代わって入封した松平家の時代にも前橋城の被害は続いた。ついに藩主は居城を川越（埼玉県）に移転してしまい、以後、前橋陣屋がおかれた。幕末、大規模な修築工事の末、居城が前橋に戻ったものの、間もなく廃藩置県を迎えた。明治以降、前橋では製糸業が栄え、工業都市としての性格を帯びていく。

前橋の姿を「前橋市」（昭和九年、吉田初三郎画、前橋市役所発行）〈図1〉から見ていこう。表紙は赤城山を背後に利根川上空に羽ばたく白い三羽の鳥の絵柄である。鳥瞰図は前橋駅南方から北を望む構図で、左に利根川が蛇行し、中央に市街地、右に桐生方面をおく。市街地背後に赤城山が聳え、利根川西方に榛名山や妙義山を望む。渋川背後に小野子山・子持山がかすみ、遠方に浅間山が噴煙を吐く。鳥瞰図から、風光明媚な県都の姿が目に浮かぶ。

鉄道は、両毛線が高崎から新前橋を経て利根川を渡って市街地南の前橋駅（現在地には明治二二年開業）に達し、桐生方面へ向かう。新前橋から分岐して利根川を遡って渋川方面に延びる上越線には、開通数年後の清水トンネルも見える。広瀬川畔の中央前橋駅（昭和三年開業）から桐生方面に行く電車は上毛電気鉄道で、一両編成の電車が走る。ほかに前橋駅前から渋川駅を経て伊香保温泉に向かう路線は、明治期に馬車鉄道として開業した前橋電気軌道、及び伊香保電気軌道（明治四三年）である。その後、この軌道は東武伊香保軌道線（昭和二年）となるが、やがて廃線（昭和三一年）となった。

利根川には、下流から両毛線鉄橋・利根橋（明治三四年架橋）・大渡橋（大正一〇年架橋）が架かる。利根川左岸に前橋城址・前橋公園・敷島公園が見える。掘割に囲まれた前橋城址に県庁舎が建つ。前橋城址の北は前橋公園で、利根川の堤に桜並木が続く。園内には池やプールがあり、臨江閣・東照宮・武徳殿が建つ。上流の大渡橋の北は水源地で、池泉をめぐらす敷島公園や野球場が隣接する。

前橋駅前から東武伊香保軌道線に沿って市街地を往くと、税務署・警察署・商工会議所・郵便局・図書館・市役所などが集まった通りがあるが、このあたりが前橋の中心地であろう。広瀬川を越えた市街地外郭に製糸工場が林立し、煙突から煙が立ちのぼる。その姿から昭和初期の前橋は、工業化が目覚ましかった様子がうかがえる。郊外に群馬大学の前身となった師範学校や女子師範学校も建つ。この鳥瞰図に描かれた風景は、今では群馬県庁舎三二階展望ホールから俯瞰できる。

ここでは市民の憩いの場である前橋公園と敷島公園に触れよう。まず前橋公園である。

> 利根の奔流を眼下にし榛名、妙義、浅間の諸山を望むの地、其の利根川に面するの堤上（ていじょう）桜樹枝を連ぬ園池あり花壇あり臨江閣及別館の壮麗見るべく県社東照宮招魂社彰忠碑亦（また）仰ぐべし。

前橋公園は、日露戦役記念を兼ねて市内で最初に設置（明治三八年）された公園である。眼下に利根川を望み、「上毛三山」や遠く浅間山まで見渡す眺望に優れ、桜の名所であることは今も同じである。臨江閣・東照宮とも園内に現存する。県庁舎近くの芝生広場には楫取素彦モニュメントやゆかりの石碑がいくつか立つ。吉田松陰の妹を妻とする山口県萩出身の楫取素彦は、第二次群馬県初代県令（明治九～一七年）として群馬県の産業・教育振興に尽力した人である。

臨江閣には本館と別館がある。まず明治一七年、楫取素彦の提言により群馬県を訪れる皇族をはじめとする賓客の接待・宿泊施設として本館が建築された。地元企業や前橋町民の寄付で建設資金が賄われたことが特筆される。付属する茶室は、本館建築への前橋町民の惜しみない寄付に感謝する楫取素彦以下県庁職員の拠金により本館と同年に建築されたものである。

明治四三年、前橋市を主会場として第一三回一府十四県連合共進会が開催された。この貴賓館として建築されたのが別館である。安中（あんなか）杉並木の杉三〇本を伐採して用材に充てたという巨大な楼閣である。共進会開催中は各種大会行事や晩さん会で利用、共進会終了後は公会堂・市役所・公民館として活用された。なお別館二階大広間には、陸軍特別大演習に際し吉田初三郎が描いた本鳥瞰図「前橋市」〈図1〉原画が飾られている。次いで敷島公園である。

> 利根の清流に添ふ広濶なる地域にして松樹緑に草花原頭（げんとう）を飾り四季逍遥に適す、（中略）園内には大野球場、プール、貸ボート等の設備あり、市街自動車の便亦宜敷（またよろし）く一日の清遊に快適。

敷島公園も利根川ぞいにあって、緑の松林の中に草花が野原

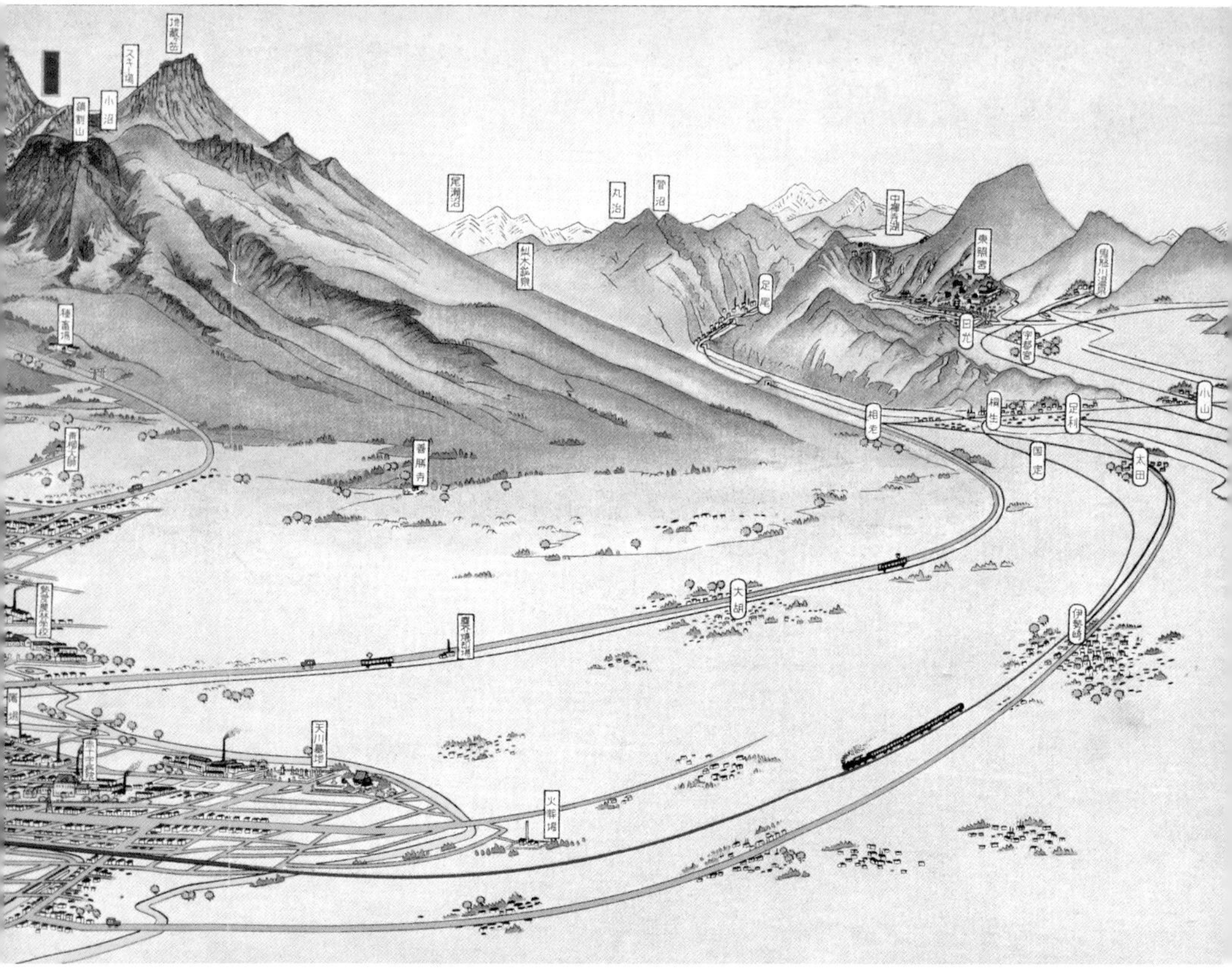

〈図1〉「前橋市」
(昭和9年、吉田初三郎画、前橋市役所)

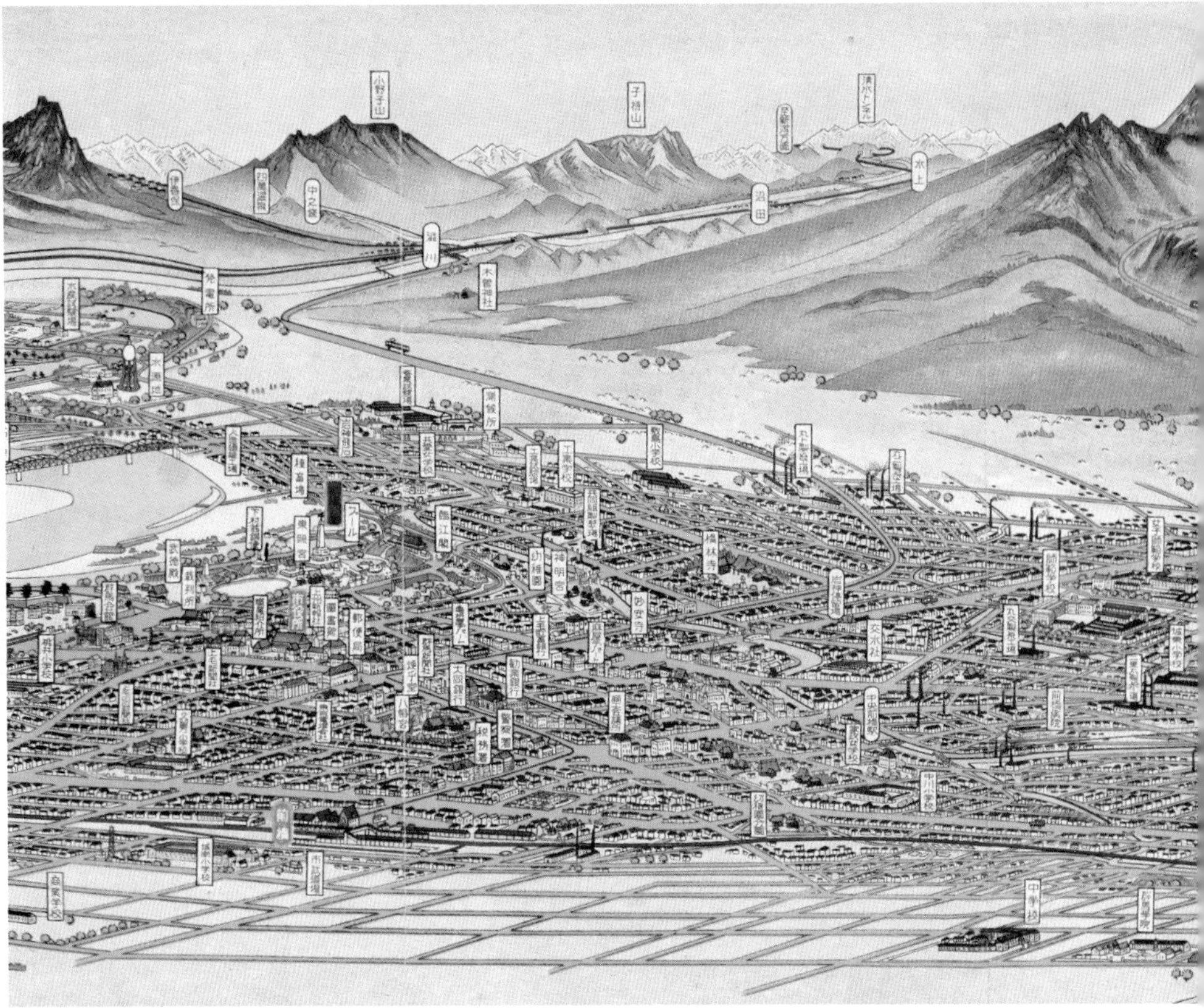

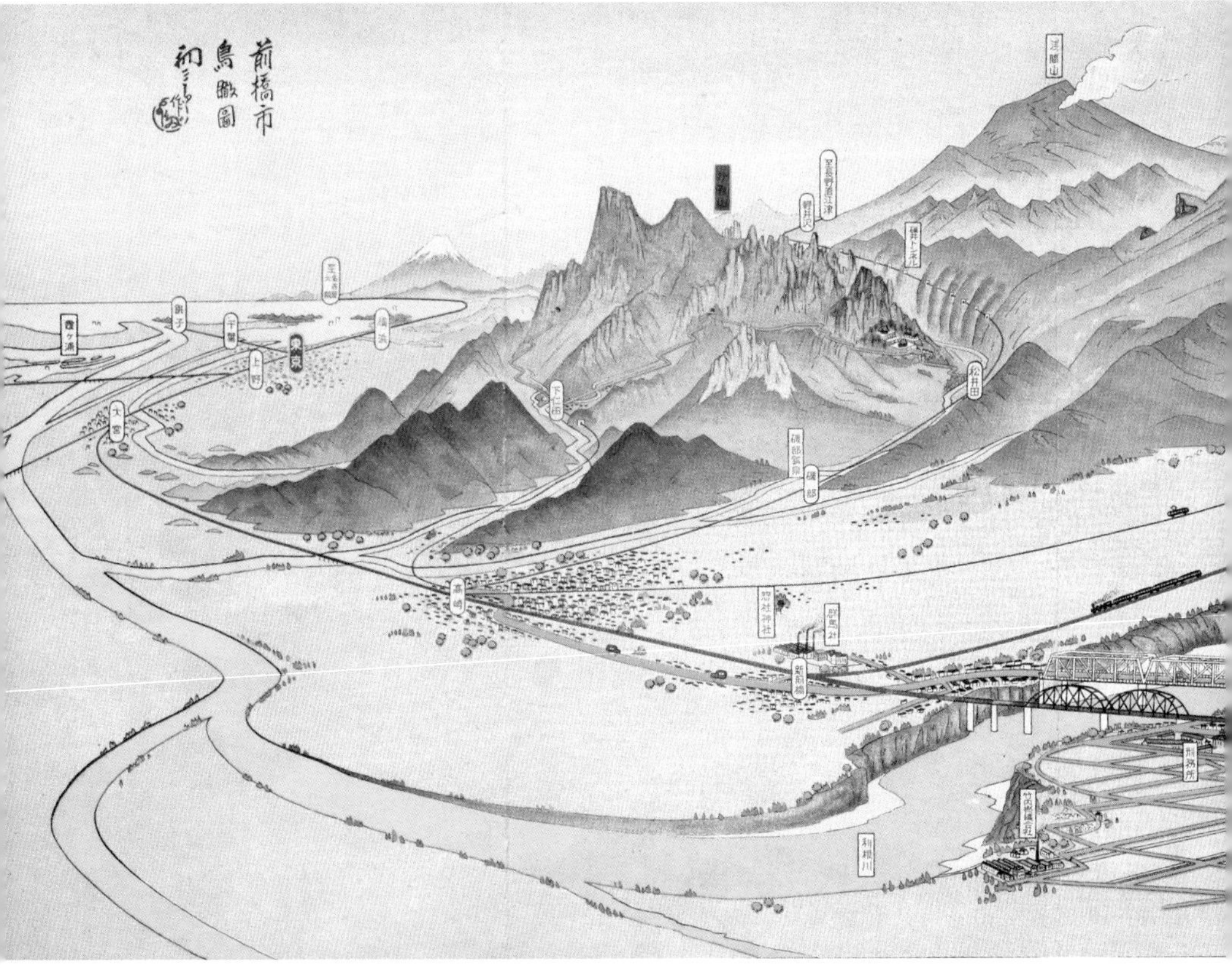

前橋市鳥瞰圖

初三郎作

小野子山
子持山
水上
沼田
渋川
前橋
中学校
浅間山
妙義山
松井田
高崎
新前橋
利根川
大宮
上野
東京
千葉
銚子
横浜
霞ヶ浦

を飾り、そぞろ歩きにふさわしい公園であった。クロマツが生い茂る敷島公園は、群馬県で最初に林間学校が開かれた地である。大正一〇年、小学校の虚弱児の体質を向上させるために学校医の狩野壽平が敷島公園に林間学校を開設し、昭和一九年まで続いた。野球場・プール・貸ボートは、豊かな自然の中に現存する。また公園の一角にお艶なる女性が岩から身を投げたという悲恋の伝説を秘めた「お艶ヶ岩」があり、戦後お艶観音像が建立（昭和三四年）された。戦前からある前橋の二つの公園は、今も市民の行楽地として親しまれている。

（三）赤城山

前掲「前橋市」〈図1〉は、前橋市街地の背後に赤城山を大きく描く。のどかな田園風景の中、山頂近くの箕輪集落まで自動車道が延びる。箕輪には放牧場があって、山上のカルデラ湖大沼にかけて「ツツジ名所」と示す。大沼の周囲に黒檜山（くろびさん）・地蔵岳・鍋割山・鈴ヶ岳が聳え、スキー場もある。赤城山は、最高峰の黒檜山（一、八二八m）や地蔵岳・鍋割山・鈴ヶ岳などの溶岩ドームの火山体の総称である。案内文を見よう。

　悠然として聳ゆる霊峯赤城山は『キャンプ』の最良地として喜ばれ、近時『スキー』の絶好地として讃へらる、殊に初夏に於ける躑躅（つつじ）の美観に至りては海内無比と称され都（と）鄙（ひ）なべての憧憬の的となれり（中略）登山道路の改修と自動車の運転とはよく老幼婦女をして容易に山嶽の美を満喫せしむる

古来、祖霊が宿る山として崇められた赤城山は、昭和になると自動車が通い、誰もが簡単に山岳美を満喫できる山となった。赤城山に秩父宮・閑院宮・朝香宮各殿下が登山されたことにも触れる。赤城山はキャンプ・スキーの好適地で、初夏にツツジが咲き誇る。昭和六年、前橋から箕輪集落まで乗合自動車の路線が延長された。

自動車の終点箕輪（海抜九六〇m）から木立の中を進み、新坂を登ると外輪山山頂に達する。その先は新坂平である。新坂平から大沼畔の赤城神社にいたる風景を、昭和初期の旅行案内書から引こう。

　これより先は火口原に向ひ緩傾斜をなす草原で、新坂平と称する。赤松の疎生し、つつじの群落のある間に放牧せる牛馬の群が見られる。六月初旬には赤色のつつじの花が咲き乱れる。草原を東北に下れば岳樺（だけかんば）の林に入り大沼の畔に出る。更に湖畔に沿ひ右に進めば大洞に達する。ここに赤城神社がある。（『日本案内記』関東篇、昭和五年）

鳥瞰図の光景が目に浮かぶ記述である。明治以降、箕輪集落から山頂にかけて牛馬の放牧がおこなわれ、新坂平には白樺牧場がある。オレンジ色の花をつけるレンゲツツジは群馬県の花に選定されている。

大洞の赤城神社は小鳥ヶ島に移転（昭和四五年）し、旧地の湖畔に元宮と摂社弁天宮が残る。弁天宮から北東に望む黒檜山・駒ヶ岳の眺めが素晴らしい。大洞では青木屋（明治八年創業）と猪谷（いがや）旅館（明治初年創業、昭和八年赤城旅館）が古くから宿を営んでいた。明治以降、赤城山は東京から最も近い避暑地として文人墨客に愛され、与謝野鉄幹などが来訪（明治三七年）した。大沼では明治末期から大正期にかけて天然氷を切り出した。両旅館では新潟方面から人夫を雇って採氷をし、氷室に積み置かれた氷は、夏に東京・横浜方面に売り出された。

猪谷旅館の当主六合雄はスキー指導者であり、地蔵岳北面にシャンツェを整えて競技会を開催（昭和四年）するほどであった。なお子息の千春は冬季オリンピック（イタリア・一九六一年）スキー回転競技で銀メダルを獲得した人として知られる。『日本案内記』には、赤城山スキー場・スケート場の記述もある。

雪質が良好で東京から最も近いスキー地として知られて居る。大沼を中心として随所に好練習場があるが、林間のスキーが興味がある。付近に大小三つのジャムプ台があり、地蔵岳南東面のジャムプ台が最も大きく、現在では日本で最も理想的なものと云はれ、…

合宿練習に特に適し、湖畔の旅館には貸スキーや乾燥室を備えていることを述べる。また大沼は一一月初旬から全面氷結し、四月上旬までスケートが楽しめた。箕輪から徒歩一時間半で大沼に達することができるので、東京から週末のスキー・スケートには最も便利な地である、と来訪を勧める。東京から近いといっても、雪の季節に箕輪から約一時間半の道程をスキーを履いて向かうのは苦行である。昔の人はこの程度は普通であったのだろう。

戦前の赤城山はいたって不便なところで、湖畔の大洞地区に電燈が灯ったのは昭和二九年のことである。翌年には赤城山分校が開校、やがて前橋から大洞までバスが直通し、赤城登山鉄道（昭和三二年開業、昭和四三年廃止）も敷設された。赤城山が観光地化していくのは、赤城有料道路開通（昭和四一年）後のことである。

赤城山は大沼もさることながら、湿原がひろがる覚満淵や、静寂な湖岸一周が楽しめる小沼の散策など魅力を秘めている。

二、高崎

群馬県内第一の人口を擁する都市が高崎である。政治・文化の中心地前橋に対し、交通・商業の拠点が高崎である、とよくいわれる。高崎は江戸時代、高崎藩の城下であるとともに、中山道と三国（みくに）街道の分岐する宿場でもあったが、本陣はなかった。江戸寄りの倉賀野宿（高崎市）が中山道と日光例幣使街道の宿場、利根川支流烏川の河岸として賑わった。また京都寄りの板鼻宿（安中市）が中山道上州路最大規模を誇る宿場であった。

高崎の姿を「高崎市」（昭和九年一〇月、吉田初三郎画、高崎市役所発行）〈図2〉から見ていこう。表紙は広重の「木曾海道六拾九次之内高崎」の模写及び清水寺（せいすいじ）と観音山公園の絵柄である。鳥瞰図は高崎駅東方から西を望む構図で、左に利根川と烏川の合流点、中央に市街地を描き、右に前橋をおく。市街地背後に烏川が流れ、千代橋付近で碓氷川が合流する。遠景は中央やや左寄りに特異な山容を見せる妙義山、右に榛名山と赤城山で、遠方に噴煙を吐く浅間山や白根山を望む。この鳥瞰図から、高崎もまた山紫水明の地であることが目に浮かぶ。この風景は、今では高崎市庁舎二一階展望ロビーから楽しめる。

高崎は鉄道の要所で、早くも明治一七年に日本鉄道（現・高崎線）高崎駅が開業する。また高崎駅から信越本線・両毛線・上越線・八高線が延びるほか、上信電気鉄道（現・上信電鉄）が高崎—下仁田駅（明治三〇年開業）を結ぶ。高崎から伊香保に向かう東武伊香保軌道線もあったが廃線（昭和三一年）になった。

市街地を見よう。高崎駅前通りを進むと、烏川に臨む掘割の中に歩兵第十五聯隊・衛戍病院が建つ。ここが高崎城址で、堀を隔てて高崎市役所・裁判所が見える。歩兵第十五聯隊の南西は桜の木が多い高崎公園で、英霊殿が建つ。

高崎城址三の丸には、高層建築の高崎市庁舎が聳える。城址は三の丸外囲の土居と堀がわずかに昔の面影をとどめ、城址公園に復元移築された乾櫓と東門が残るのみである。本丸は和田橋東に位置し、一帯に専門学校・裁判所・検察庁などが並ぶ。廃藩置県後、高崎城址は兵部省、次いで陸軍省の管轄となり、兵営や練兵場建設に伴い城内は整地され、本丸・二の丸の土塁や堀は消滅した。

郊外を見よう。聖石橋を渡って西に向かうと、山の上に清水寺が伽藍を構え、周囲は観音山公園になっている。また君ヶ代橋を渡って碓氷川を遡ると、少林山達磨寺が見える。高崎では高崎公園と清水寺、近郊の達磨寺などが名所であった。まず高崎公園の案内文である。

園内多く桜樹を植え崖下に梅林あり、池には噴水虹を噴く

> 花時は掛茶屋等出でて市民唯一の歓楽境と化す。

高崎公園は、明治初年に廃寺となった大染寺の跡地を拡張して設置（明治九年）したもので、池の噴水は今も残る。桜の頃は、園内に掛茶屋が出るほどの賑わいを見せた。公園内にあった英霊殿は観音山北麓に遷座して、群馬県護国神社となった。高崎城主が一七世紀前期に植えたと伝えるハクモクレンが唯一往時を偲ばせる。次いで清水寺のある観音山である。

> 烏川を隔てて旧市街を瞰下し榛名・妙義の秀嶺指呼の間にあり遥に浅間の噴煙を望む所風物雄大（中略）春到れば金山（ママ）花に埋まり行楽の男女織るが如し。毎年陰暦十月十日清水寺の縁日にして「十日ン夜」と称し遠近の賽者蟻集して徹宵の賑ひを呈す。

観音山は高崎市街などを望む見晴らしの良いところにあり、春は行楽の人で賑わった。観音山には坂上田村麻呂が開いたと伝え、千手観音を祀る清水寺が木立の中にひっそりとたたずむ。ここで注目されるのは、十日夜の行事である。稲作儀礼として、春に田の神が降臨して稲の生育を見守り、収穫を終えると田の神が去っていくという信仰があった。この田の神送りの行事がトオカンヤである。その民間行事がお寺の収穫祭としておこなわれ、人々が群参したのである。その雑沓ぶりは錦絵に描かれるほど有名であった。戦前は遠近の参詣客がお籠りをする風習があったが、十日夜の賑わいも戦後はすたれてしまったという。次いで少林山達磨寺である。

> 一月六日夜から七日へかけての縁日は星祭と称へ遠近の参詣者幾万なるを知らず、路傍に張子の達磨を売る店が並び人争て之を買ふ。

少林山達磨寺は一七世紀後半、行者が霊木で達磨大師の座禅像を彫って祀ったのがはじまりといい、元禄一〇年（一六九七）、酒井雅楽頭により曹洞宗の寺院として開創された。のちに隠元禅師を中興開山に仰ぎ、黄檗宗に改めて今日にいたった。本尊に北斗七星を神格化した北辰鎮宅霊符尊が祀られており、星祭とはその祭礼であろう。

少林山で見落とせないのが洗心亭である。ナチスの台頭を避けてドイツから来日（昭和八年）したブルーノ・タウト（Bruno Julius Florian Taut）が昭和九年八月から二年余り居住した家屋である。地場産業育成のため工芸品のデザインの指導に当たったタウトは、六畳・四畳半二間のささやかな平屋で過ごした。隣接して「私は日本文化を愛する」（碑文はドイツ語）と刻んだタウトの記念碑が立っている。しかし「高崎市」〈図2〉の案内文は、当時居住していたタウトについては触れていない。

〈図2〉「高崎市」
(昭和9年10月、吉田初三郎画、高崎市役所)

浅間山
白根山
碓氷峠
松井田
安中
碓氷川
千代橋
八千代橋
中央小學校

三、桐生

関東平野の北端、足尾山地の南西端にある桐生は、古くから絹織物の産地として知られた。地元では「桐生は日本の機どころ」などと誇る。桐生には群馬大学前身の旧制桐生染色高等学校が設置され、鋸屋根の織物工場があちこちに建てられた。桐生新町に残るその町並みは、国の「重要伝統的建造物群保存地区」に選定（平成二四年）された。そのような近代の産業遺産も保存対象となり、観光資源になる時代を迎えたのである。

桐生の姿を「桐生市」（昭和九年一〇月、吉田初三郎画、桐生市役所発行）〈図3〉から見ていこう。表紙は地機をつかって機織りする女人であるが、桐生の地に機織りを伝えたという伝説の白滝姫であろうか。鳥瞰図は渡良瀬川右岸から北を望む構図で、左に伊勢崎方面、中央に市街地、右に足利をおく。市街地背後に吾妻山が聳え、渡良瀬川上流に足尾銅山があり、桐生川が渡良瀬川に注ぐ。また遠く西方に上毛三山・浅間山、北方に男体山・中禅寺湖を望む。この鳥瞰図から、桐生は渡良瀬川や足尾山地から流れ出す桐生川の谷口に発達した水辺の街であることがよくわかる。

鉄道は、両毛鉄道（現・両毛線）桐生駅が開業（明治二一年）し、大正元年には足尾鉄道（現・わたらせ渓谷鉄道）も足尾に延伸する。さらに東武鉄道桐生線新桐生駅（大正二年開業）や上毛電気鉄道西桐生駅（昭和三年開業）もできた。鳥瞰図を見ると、桐生駅から西桐生駅にかけては市街地化しているが、渡良瀬川対岸にある新桐生駅付近は桜並木の続くのどかな風景がひろがる。

市街地の中心は西桐生駅の東一帯であろう。ここには市役所をはじめ織物同業組合・織物検査所・織物取引所が建ち、付近に税務署・郵便局も見える。西桐生駅の北は水道配水場（現・水道山公園）で、山麓に旧制桐生中学校（現・桐生高等学校）があった。水道配水場から谷を挟んだ東の丘陵は桐生が岡公園で、桜で彩られる。公園の麓に延喜式内社の美和神社、傍らに西宮神社が鎮座する。この辺りが古い時代の桐生の中心であろうか。

鳥瞰図を眺めると、渡良瀬川に架かる西桜橋から一筋の大通りが桐生川に並行して北東に延びていることに気づく。道路の突き当りに鳥居が立ち、桐生天満宮が鎮座する。この通りは、近世初期に町割りされた桐生新町（現・本町及び横山町）で、天満宮境内では絹市が立ち、市場町として栄えた。桐生新町に工場がいくつか見えるが、織物工場であろう。近代の織物工場が残る保存地区はこの界隈である。天満宮の脇に旧制高等工業学校（現・群馬大学）や工業学校（現・桐生工業高校）が校地を構え、南に高等女学校（桐生女子高等学校を経て桐生高等学校と統合）も見える。まず桐生が岡公園の案内文である。

> 桜、躑躅の名所として世に聞え、造園の巧を極め配するに仮山奇石四阿を以てし四季の花木妍を競ふて行楽の人を慰め各種の禽獣など飼ひて一入の感興を添へり。

鳥瞰図には四阿や動物の檻も描かれており、市街を一望する公園は市民の行楽地になっていた姿が伝わる。公園麓の美和神社境内に西宮神社（明治三四年勧請）があり、一〇月一九、二〇日の両日、恵比寿講がおこなわれた（現在は一一月）。これは一九日の宵祭りの情景である。

> だんだら登りの参道数町の両側一ぱい「お宝」を商ふ張り店が立ちならぶ。縁喜（ママ）を祝ふ福祭、このお宝が百万両二百万両と景気の好い呼び声で買はれて行くのも流石に人情で面白い。遠近から集る善男善女無慮十万と呼ばれ参道は歩まずして宮まで押し上げられると云へばその雑踏振りは想像に難くあるまい。

お宝とは招福の縁起物で、それを商う露天商の威勢のよい呼び声が参道に充満する。桐生の恵比寿講は、今日、神楽・えびす太鼓・福まきほか各種余興を伴う一大イベントとなっている。この日、恵比寿講の大売出しがおこなわれ、街は賑わいをみせた。

> この日全市恵比寿講の大売出し、お宝をかついだ多くの人々が外套の襟を立ててショウウインドを覗き込んでゐるなぞ洵に珍らしい風景である。

赤城おろしが吹きすさび、上州に冬の到来を告げるころ、恵比寿講の日を迎える。昔は恵比寿講を目安に炬燵を出し、足袋を履いたという。この日、街往く人々の多くは外套の襟を立ててショーウインドウを覗き込む。縁起物をかついだオーバー姿の身なりが珍奇に映ったのであろう。

ほかに、桐生の夏の行事として祇園祭と盆踊りを紹介する。祇園祭は七月二一〜二三日の三日間おこなわれた八坂神社の祭礼で、御輿渡御に長い行列が続いた。江戸時代は牛頭天王を祀った衆生院のお祭りであったが、神仏分離で衆生院が廃寺となり、八坂神社の祭礼として受け継がれた。八坂神社はやがて美和神社に合祀（明治四一年）されて今日にいたる。祭の賑わいをこのように描写する。

> 本町通りには壮麗な屋台や山車が飾られ夜を徹して各種の余興が催される。老若男女数里の遠くより来り集ひ市中は雑踏と人いきれにむせび乍ら明けやすい夏の夜は白む。

江戸時代は六台の屋台が曳き出されて祭を賑やかしたというが、それも明治末期頃までであった。昭和初期は通りに屋台を飾って余興を楽しむように、祭の在り方も変わっていった。

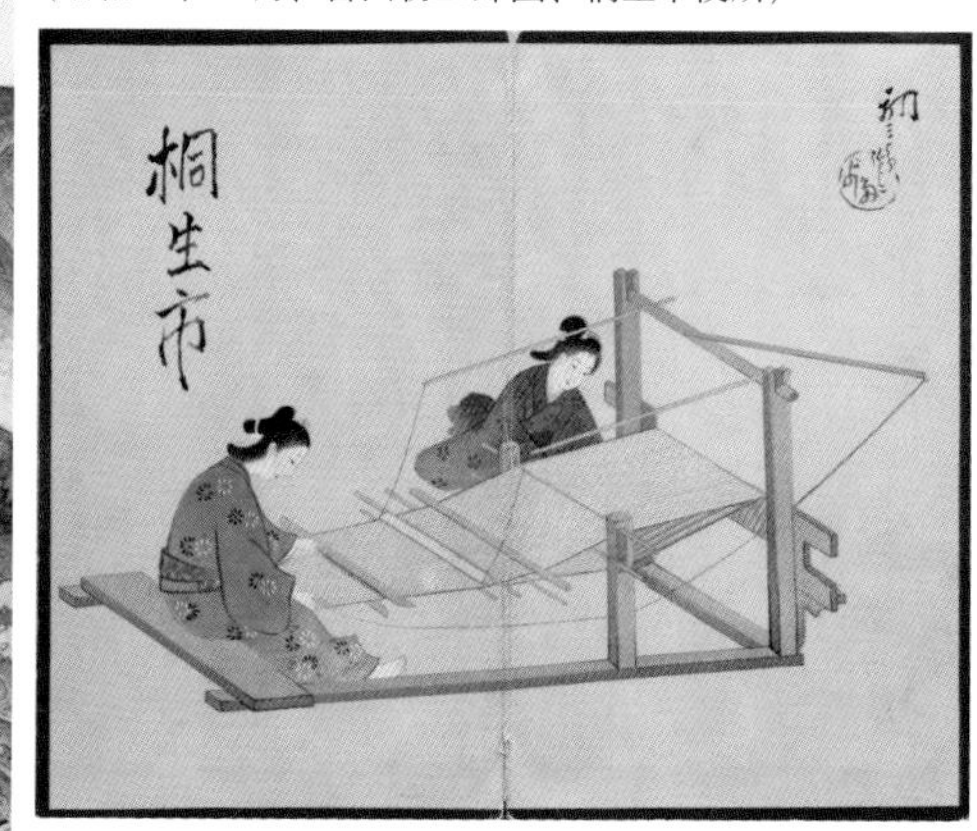

〈図3〉「桐生市」
（昭和9年10月、吉田初三郎画、桐生市役所）

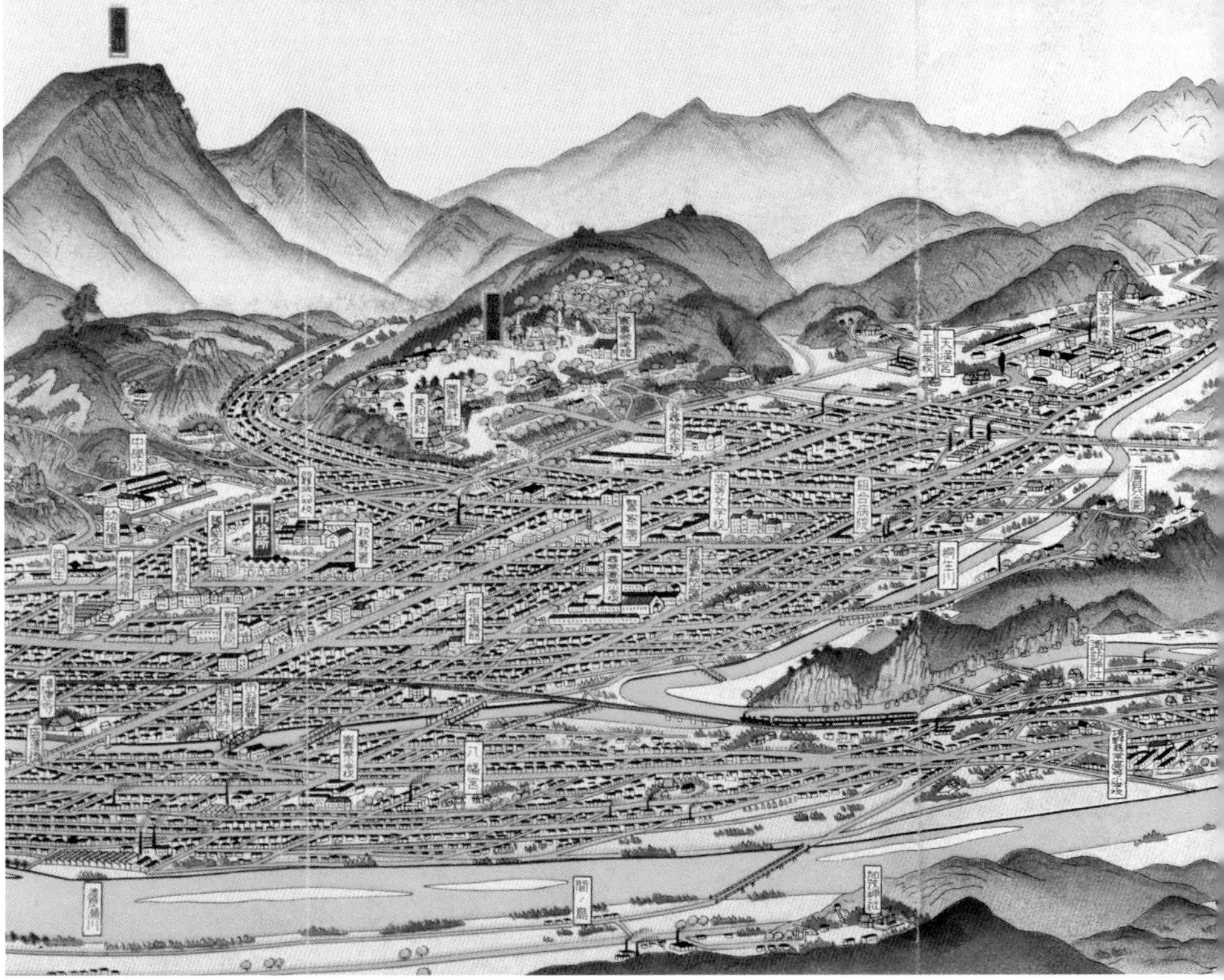

中學校
市役所
警察署
八幡宮
渡良瀬川
間ノ島
加茂神社
天満宮
工業學校
高等女學校
組合病院
桐生川
赤城山
榛名山
至新潟
浅間山
妙義山
日本ライン
名古屋
京都
大阪
下関
横濱
東京
大宮
杉戸
久喜
高崎
新前橋
前橋
伊勢崎
飛行場
新大間々
大間々
高津戸
貯水池
赤岩橋
貯水池
新桐生
茶臼山
薮塚

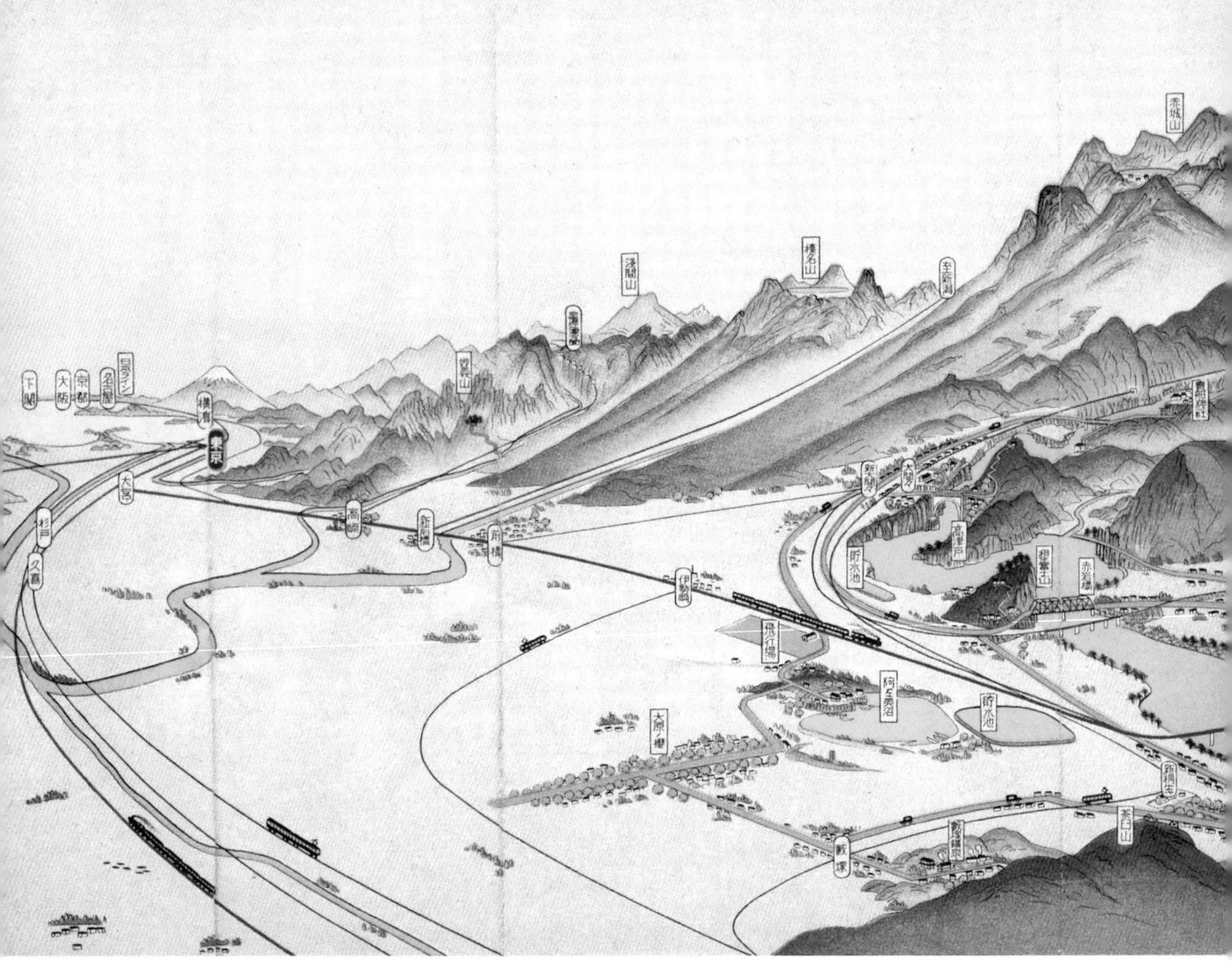

祇園祭を終え、昼の暑さがやわらいで幾分か凌ぎやすくなるころ、お宮やお寺の境内で盆踊りがおこなわれる。

紅白の布や造花や提灯で器用に飾られた俄造りの櫓の上で声自慢の音頭取りが調子高く唄ふ八木節や、笛や太鼓の陽気な囃子に和して下では老ひも若きも夜の更けるを忘れて手振り足どり面白く踊りぬく、

赤や桃色の襷鉢巻をキリっと結んだ若い衆が菅(すげ)の花笠や綺麗な傘（八木節傘）を揃えて鈴の音さわやかに踊る姿は、えもいわれぬ風情があった、とも記す。

八木節は、群馬・栃木両県で歌い継がれた俗謡で、大正初年にレコードが発売されるや大いに流行した。その軽快なリズムは盆踊りの歌としてうってつけで、全国にひろまった。戦後、桐生では各種行事・祭礼が統合された「桐生まつり」が生まれ（昭和三九年）、やがて「桐生八木節まつり」に改められた（昭和六三年）。これは八月上旬の金土日の三日間おこなわれる桐生最大の夏祭りである。そこに祇園祭や盆踊りが統合されたが、平成に入ると祇園祭が分離復活する。

祭礼行事も、時代ごとにやり方が変わっていく。この観光パンフレットの記録は、今日、新たに創始された祭礼行事の基をなすものとして読んでみると面白い。

四、伊香保温泉と榛名山

（一）伊香保温泉

渋川の西方、榛名山東麓に伊香保温泉がある。温泉の歴史は、一六世紀初頭に連歌師の宗祇が杖を曳いたといい、また明治以降は竹久夢二・徳富蘆花・夏目漱石など多くの文人が訪れた。昭和初期の旅行案内書は、伊香保温泉をこのように紹介する。

榛名山の東腹海抜八五〇米の高所を占め、前に吾妻川を隔てて利根、吾妻両郡の諸峰を望み、斜に赤城の秀容に接し、東南遠く前橋、高崎の市街を見渡し景観雄大である。夏は二十七度を超えず、避暑によく秋は紅葉が美しい、湯街は段地に階段をなす通路に沿うて建てられてあるので、従って各家とも眺望を遮られる憂ひがなく、その眺望美を満喫することが出来る。（鉄道省『温泉案内』昭和六年版）

伊香保神社（標高約八〇〇ｍ）下にひろがる伊香保温泉は眺望に恵まれ、夏は涼しく、秋の紅葉も美しい地であった。温泉は、昔から「女の湯治場」として知られ、不妊症に効くと効能を説く。また伊香保に遊ぶものは必ず榛名山に登るのを常とし、一日の逍遥によいと紹介する。

榛名山に登る途中の長峰展望台（八三四ｍ）や高根展望台（一、〇二九ｍ）から伊香保を俯瞰すると、山の中腹にホテルが

林立する今日の温泉街の姿が目に入る。温泉街を歩くと、伊香保神社に向けて三六五段の石段両側に飲食店・土産物屋・旅館などが建ち並ぶ独特な景観が展開し、石段中央を湯元から湯樋で引いた温泉が流れ落ちる。

伊香保の姿を「伊香保御案内」（大正一五年、吉田初三郎画、観光社発行）〈図4〉から見ていこう。鳥瞰図内題に「木暮旅館を中心とせる伊香保榛名の名所交通図絵」とあるように、伊香保の老舗・木暮旅館が主題で、あいにく石段の温泉街は片隅に追いやられている。

表紙は欄干を背にした女人の一筆書きに近い絵柄である。鳥瞰図は伊香保の温泉街下から南西方向に榛名山を望む構図で、中央に木暮旅館の諸施設を大きく描くため、温泉街の全体像は捉え難い。背後に榛名富士の麓に榛名湖が水を湛え、御姿岩の前に榛名神社が鎮座する。高崎や前橋から伊香保電気軌道が伊香保駅（明治四三年開業）に通じる。

ここでは、木暮旅館の諸施設に焦点をあてて見ていこう。伊香保温泉の湯元は伊香保神社の背後にあり、神社下に石段が続き、その左手に木暮旅館本館が三層の楼閣を構える。本館下に八千代園（庭園）・グラウンドがあり、傍らに劇場が建つ。本館横の道を進んで橋を渡ると総帳場の赤い屋根の洋館が見え、付近に千人風呂もある。この洋館から下り坂に沿って三つの別館と貸別荘が階段状に建ち並ぶ。坂道の下に旅館の養魚場や釣堀も見える。まず案内文を要約しよう。

本館は街の中央にあり、昔ながらの温泉情緒を味わうことができる。別館は電車停留所近くの三万坪の土地を拓いて建設したもので、眺望に優れる。貸別荘は一四棟あり、湯治療養や家族の滞在向きである。旅館の設備として「高級ラヂオを特設し、東京、大阪、名古屋の放送を充分御ききに達することが出来ます」と謳う。ラジオ放送開始（大正一四年）翌年発行のパンフレットらしい一文である。遊客の目を引くのが千人風呂である。

> 他に類例のない温泉プールで、従って多人数一時に御入浴も出来、御子供衆は悦んで游泳されます。場内には湯滝、蒸風呂、水浴、潅水浴の設けもあります。

千人風呂といっても千人入れるわけではない。巨大なという飾り言葉である。水を注ぎかけて身体を洗う潅水浴もでき、どちらかというと癒しの施設を付帯した温泉プールに近い。別館付属庭園が八千代園である。

> 老樹大石渓流の間を縫ふて、約十町に渉る運動場あり。休憩所、茶店、大弓場、玉突、楽焼、テニスコート、グラウンド等の設備もあり、朝夕の散策に好適の遊園地で、（中略）

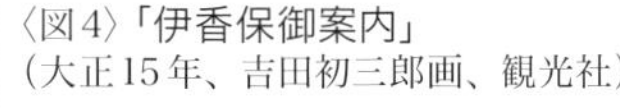
〈図4〉「伊香保御案内」
（大正15年、吉田初三郎画、観光社）

掃部嶽
硯岩
御姿岩
天神峠
湖畔亭
榛名富士
九折岩
天目山
千本松
縣立榛名公園
魚止瀧
物聞山
スルス岩
相馬山
二ツ嶽
瀧澤稲荷
御用邸
郵便局
天宗寺
劇場 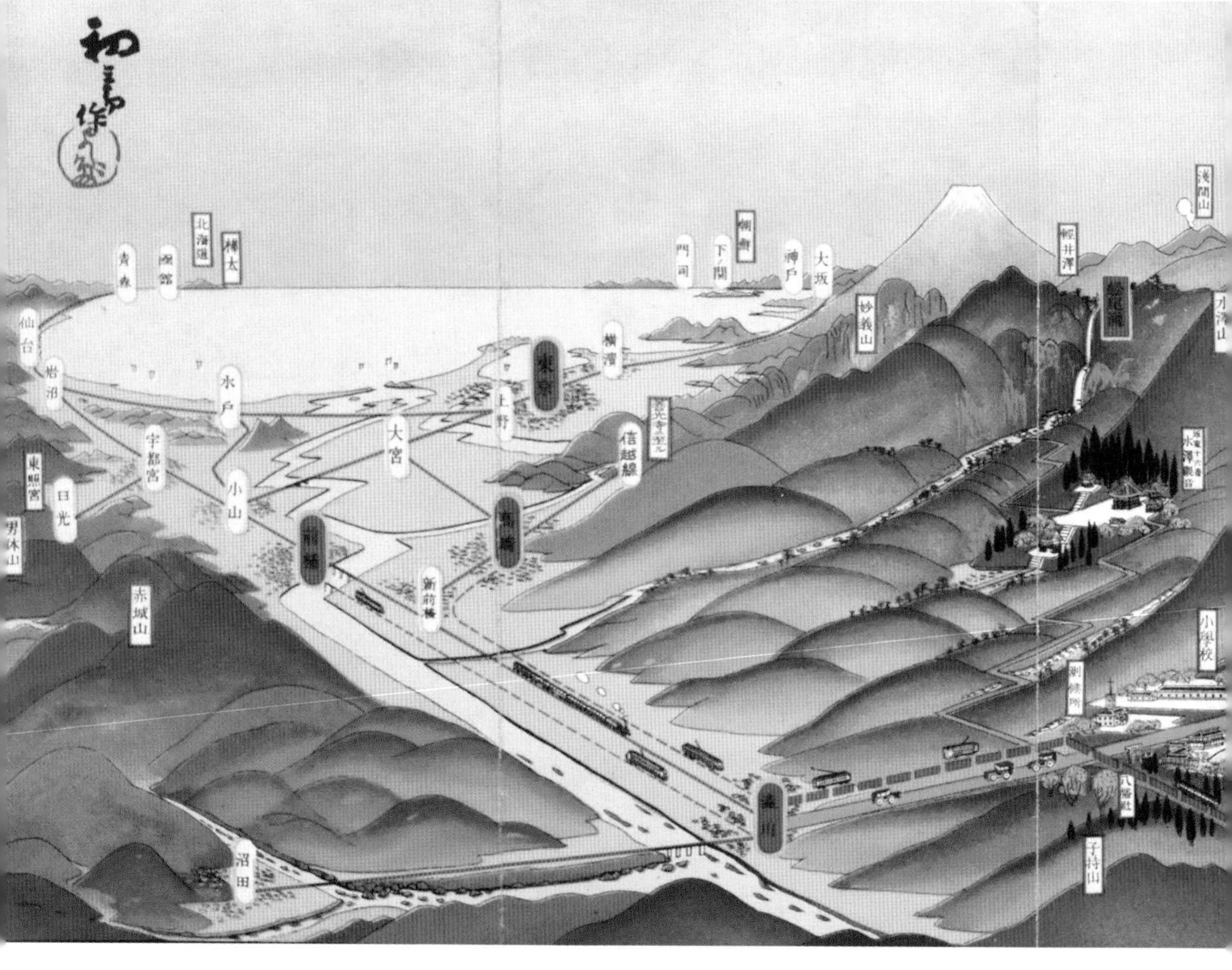
北海道
樺太
青森
函館
仙台
岩沼
水戸
宇都宮
東照宮
日光
男体山
赤城山
小山
大宮
上野
東京
横濱
門司
下関
神戸
大坂
妙義山
軽井沢
浅間山
信越線
新前橋
沼田
子持山
水澤観音
小学校

春は山吹躑躅、秋は萩紅葉の名所であります。

この庭園には大弓場や玉突の遊興施設もあって、遊ぶ場に事欠かなかった。料理についてこんな記述が目を引く。

> 毎日東京魚河岸の一番河岸よりピチピチとした魚類を入荷し、料理人の腕と相俟って、安くて美味しい江戸前生粋の御料理を調進することが出来ます。

海のない群馬県ではあるが、すでに大正期、毎日東京の魚河岸から魚を仕入れて客に提供することを売りにしていたのである。ほかに、鯉料理が木暮旅館の自慢であった。

伊香保を歩いて興味を覚えるのは、伊香保神社の燈籠である。それは上州新田郡阿久津村の白石栄左衛門が、万延元年（一八六〇）に奉納したものである。燈籠の竿に、天保四年（一八三三）から明治一五年の半世紀にわたり六〇回入湯した旨が刻まれているが、追刻であろう。白石家は米穀・肥料・油・蚕種などを扱った豪商という。霊山に何度も登拝したことを記念する石塔はよく見かけるが、入湯を繰り返したことを記念する奉納物はじつに珍しい。心身を蘇らせるには湯治も霊山登拝に共通する、といえなくもない。伊香保入湯が人生の目標、励みになっており、その達成感が伝わる燈籠である。

（二）榛名山

伊香保の背後に榛名山が聳える。榛名山は、寄生火山の掃部ヶ岳（一、四四九m）を最高峰とし、中央火口丘の榛名富士、外輪山など複数の峰から成り、火口原にカルデラ湖の榛名湖が水を湛える。古来、榛名山は山岳信仰の山として崇められ、南西麓に榛名神社が鎮座する。

一の鳥居（榛名町室田）から山道を進むと、榛名神社門前の家並みとなる。今日、善徳坊・般若坊・本坊など一四軒の宿坊があるが、江戸時代の最盛期には約百軒の御師の宿坊が建ち並んだという。榛名神社は、中世以降は満行権現、近世には榛名山巌殿寺・満行宮とも称し、神仏混交であった。そして御師が榛名信仰をひろめ、関東・甲信越の農民に信仰された。

御師は、年四回、御札などを持って旦那場をめぐった。一回目は年始に、筒粥神事（後述）の御札をもって行く。二回目は小麦の収穫後、三回目は大豆の収穫後、三回目は米の収穫が終わった年末で、御札のお礼に穀物やお金（お初穂）を受けてきた。

村々では「榛名講」をつくり、代参者（一〜二名）を榛名神社に送り出した。代参は二〜五月の農閑期におこなわれた。御師は旦那場の参詣者の祈禱や神楽奉納の手配をするとともに、宿を提供した。代参者が持ち帰った御札を配るとき、酒や食事を共にする「お日待ち」をして、講員は親睦を深めた。代参が一巡すると、榛名講全員で参詣する慣わしもあった。

宿坊の家並みを過ぎると二の鳥居・随神門が建ち、みそぎ橋を渡ると、千本杉などの樹林に覆われた参道が御本社に向けて続く。途中、鞍掛岩・朝日岳・夕日岳・行者渓・鉾岩などの奇岩怪石が現れ、山岳修行の行場の空気が漂う。御姿岩を背後に拝殿・本殿が建つ姿は、まさに自然崇拝そのものである。

榛名神社は雨乞いに霊験あらたかで、参道に年中涸れることのない万年泉がある。日照りが続くと、関東一円の村々から榛名神社に雨乞いに訪れ、竹筒に万年泉や榛名湖の水を詰めて持ち帰り、田んぼに注いだ。すると、雨が降ると信じられていた。ただし竹筒を持ち帰る途中に休むと、そこに雨が降ってしまうとの言い伝えがあるため、村まで休まずリレー方式で持ち帰ったという。榛名山は稲作に必要な雨をもたらす山である、と関東一円の農民から信じられていたのである。

榛名神社では、一月一五日の小正月に筒粥神事がおこなわれる。小豆粥に三二本の葦をいれて、それぞれの葦につく粥の量でその年の農作物の出来具合を占う神事である。毎年、その結果を刷り物にして参詣客に頒布しており、新年のお参りかたがたこれを買い求める人も少なくない。

（三）榛名湖

榛名富士の麓にある榛名湖は神秘的な湖であり、氷結亀裂する。湖岸に湧水があるため、湖心から氷結していく湖である。氷の亀裂の情景を大正後期の旅行案内書は、このように記す。

> 面白いのは此湖の氷盤が寒気の為めに収縮亀裂を生ずる際奏する音響のオーケストラである。知らぬ人は妖怪の奏楽とでも思ふであらう。遠雷の如く、鼓をうつ如く琵琶を弾ずる如く時には大砲をうつ様にひびく。空の晴れた寒夜には特に其音色が冴えて聞える。（鉄道省『スキーとスケート』大正一二年）

その神秘的な音もまた、榛名湖や榛名山への畏敬の念をもたらしたのではないだろうか。同書は、スキー場・スケート場の案内書であり、榛名湖のスケート場も取り上げる。当時の榛名湖は、榛名町の小児が一山越えて滑りに来る程度で、まだひろく利用されていなかった。ほかに注目すべき記述として、切り出した湖氷が保存され、夏季に伊香保湯治客の飲用氷となる、とある。また冬季に氷を切り開いて鯉（こい）・鮒（ふな）・姫鱒（ひめます）釣りがおこなわれる、と記すが、なぜか榛名湖の風物詩ワカサギ穴釣りについては触れていない。次いで昭和初期の観光案内書に榛名湖を見よう。

> 榛名富士の姿を水面に映じて風景がよい。（中略）十二月

下旬から四月上旬まで結氷してスケートに適する、湖畔に湖畔亭、富士屋などの旅館がある。ここを根拠としてスケートの練習に適する。また榛名湖の東北岸に聳ゆる榛名富士のスロープは一、二月中はスキー家の訪れる時もある。積雪は少いが、草地であり、雪質が良いのでスキー練習に適する。（『日本案内記』関東篇、昭和五年）

榛名湖でのスケートが有名であるが、榛名山にはスキー場も開かれた。昭和四年、伊香保から榛名山へ関東鋼索鉄道（昭和九年、伊香保ケーブル鉄道）のケーブルカーが通じると、信仰の山であった榛名山はウインタースポーツを楽しむ山としての性格を帯びる。いくつかの観光パンフレットがそれを物語る。

一例として、「スキースケートの榛名高原」（昭和四～九年、関東鋼索鉄道・伊香保スキー振興会・伊香保温泉組合発行）〈図5〉を挙げよう。これは、ケーブルカーが関東鋼索鉄道の時代（昭和四～九年）に発行されたもので、表紙に榛名山を滑り降りるスキーヤー、遠景に榛名富士と榛名湖でスケートを楽しむ人々を描く。信仰の山がスキーやスケートを楽しむ場に変わったことを象徴する絵柄である。案内文によると、当時、スキー場は相馬ヶ岳及びスルス岩付近、榛名富士一帯にあって、榛名高原スキー場と呼ばれ、第一、第二スキー場に分かれていた。榛名高原スキー場は週末の家族連れ、日帰り練習の初心者向きで、初心者には伊香保スキー振興会が無料で指導をしていた。

ケーブルカー終点のヤセオネ峠からの眺望はよく、小野子の白峰、奥利根の連峰、遠く浅間山の噴煙まで見渡すことができた。また榛名湖のスケート場には、ケーブルカーが開通してからスケートファンが参集して年と共に盛況を見せている、と昭和初期の賑わいを示す。伊香保スキー振興会は、渋川―伊香保間の電車・乗合自動車、及び伊香保―榛名高原スキー場間のケーブルカー割引証を頒布して誘客を図っていた。

伊香保ケーブル鉄道時代のパンフレットもある。「スキースケート公魚（わかさぎ）穴釣榛名の冬」（年代不明、伊香保ケーブル鉄道発行）〈図6〉は、その一例である。伊香保ケーブル鉄道は戦時中休止になり、戦後運行を再開（昭和三六～四一年）したものの、間もな

〈図6〉「スキースケート公魚穴釣榛名の冬」（年代不明、伊香保ケーブル鉄道）＊

〈図5〉「スキースケートの榛名高原」（昭和4～9年、関東鋼索鉄道・伊香保スキー振興会・伊香保温泉組合）＊

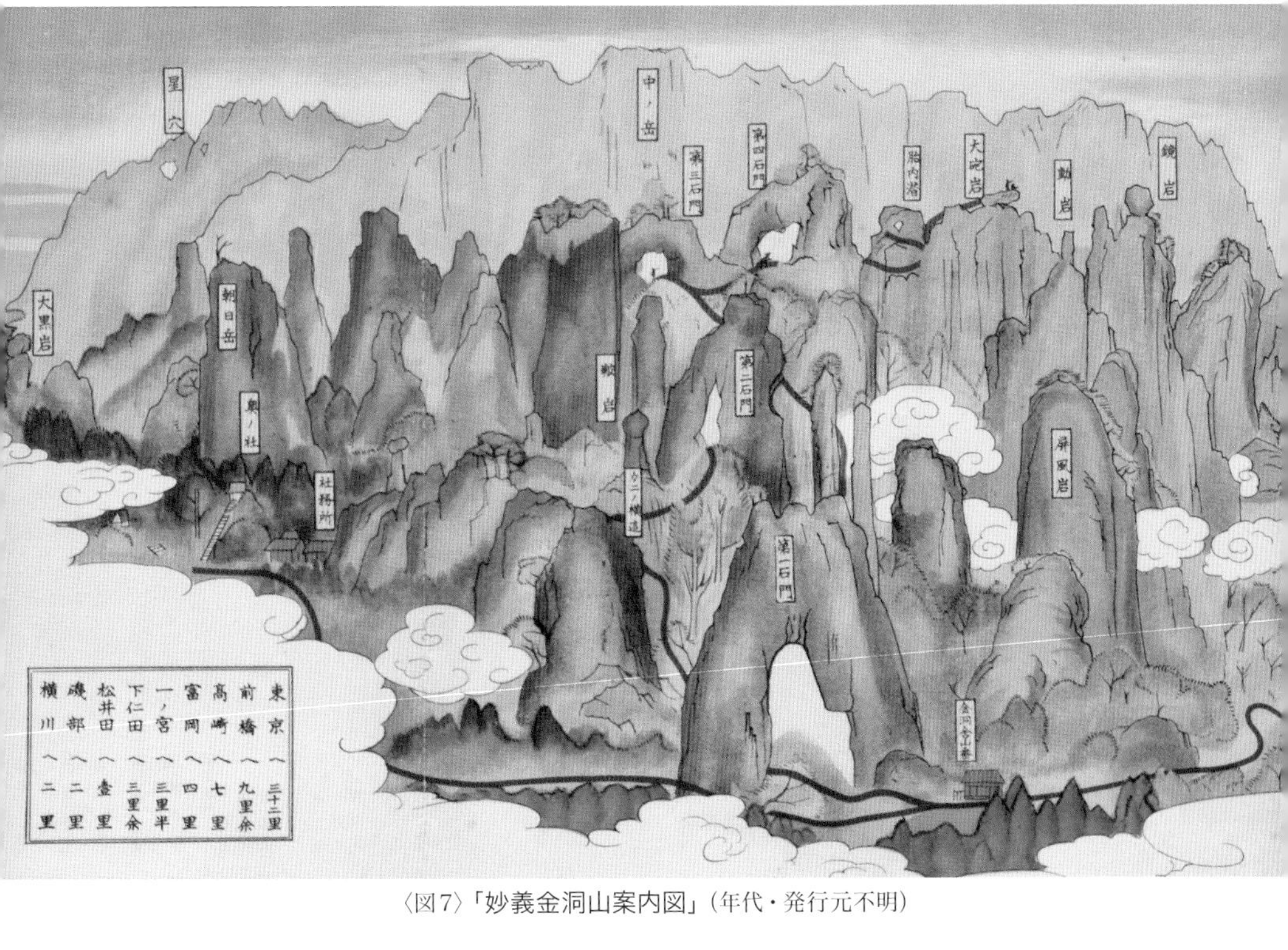

〈図7〉「妙義金洞山案内図」（年代・発行元不明）

く廃止となった。このパンフレットは、旅館の宿泊料からして戦前のものと思われる。この時代、第三スキー場も整備されていた。このパンフレットでは、ワカサギ釣りを「氷結した湖面に穴を穿って糸を垂れる珍しい穴釣りが関東山中で手易く試すことができる」と、宣伝する。榛名湖においてすでに明治期にワカサギの養殖がはじまったというが、昭和に入って穴釣りが盛んになった様子がうかがえる。

五、妙義山

妙義山は「上毛三山」ではもっとも西に位置し、信州境に近い。信越本線が磯部から松井田に差しかかると、車窓左手に碓氷川を隔てて妙義山が目に映る。峰々が屹立する山容は異様で、九州の耶馬渓（大分県）、小豆島の寒霞渓（香川県）とともに「日本三大奇勝」とも称された。まさにその感を深くする山塊である。

松井田付近から見ると、手前に白雲山（一、一〇四m）、やや遠方に金鶏山（八五六m）、白雲山の左後に金洞山（中之嶽、一、〇九四m）が聳える。地図を開くと、山塊北東部が白雲山、南東部が金鶏山、その西部が金洞山となっており、白雲山東麓に妙義神社が鎮座する。その奇異な山容は、岩山の周囲の堆積層が風雨で浸蝕されて溶岩体が露出したものという。石門が連なる金洞山を描いた「妙義金洞山案内図」（年代・発行元不明）〈図7〉は、その妙義山の山容を象徴的に示す。

妙義山の姿は、「妙義山大観」（昭和三年四月、金子常光画、妙義神社社務所発行）〈図8〉が圧巻である。これを描いた金子常光は、北海道の層雲峡・北陸の黒部峡谷なども手掛け、山岳風景を描く技量の高さに感服する。表紙は藍色の妙義山、その背後に噴煙を吐く浅間山をおき、妙義山の前を碓氷川が流れる。程よく抽象化しつつ詩情あふれる絵柄である。

鳥瞰図は中山道松井田宿付近から西に妙義山を望む構図で、左に磯部、中央に松井田・妙義山、右に横川をおく。煙を吐いた信越本線が碓氷川に沿って松井田に向かう。八城集落（松井田町）から列車が川を渡ると左岸に松井田駅があり、駅の西側に松井田宿の家並みが続く。現在、松井田駅は碓氷川右岸にあって宿場との位置関係が違うことに気づく。この絵は、松井田駅で列車がスイッチバックしていた時代のもので、現駅舎はスイッチバック廃止の頃に東約二kmの対岸に移転（昭和三七年）している。磯部から碓氷川右岸を自動車道が八城集落を経て妙義神社門前まで延び、松井田駅からの近道も示す。

自動車終点の妙義神社門前には、東雲館・ひしや旅館が建ち、羊羹を商う芳泉堂も見える。山麓の石垣を築いた社地に、妙義神社が鎮座する。神社裏に聳え立つのは白雲山で、「大の字」を経て天狗ヶ岩のある頂上に向けて登山道がつく。

妙義神社を訪ねると、白雲山を背後に巨大な丹塗りの総門が聳え建つ。これは、白雲山石塔寺仁王門として建立されたもので、当時は神仏混交であった。銅鳥居を潜り、石段を登って随神門を抜けると、唐門の奥に豪華な彫刻をちりばめ、黒漆を施した権現造の社殿（宝暦六年〈一七五六〉建築）が鎮まる。過剰とも思える装飾、黒づくめの建物は、関東の美意識だろうか。

再び鳥瞰図に目をやると、妙義神社から山腹のブドウ園を経て、金洞山へ道が延びる。一本杉を過ぎると、四つの石門や大砲岩があり、これらを巡る小径がついている。石門からしばらく往くと中之嶽神社が鎮座する。金洞山の左手前に金鶏山も見え、一本杉から筆頭岩を経て登山道がつく。

当時、妙義山へは信越本線磯部駅や松井田駅から人力車・自動車の便があったが、徒歩による近道を案内文に示す。

> 松井田駅より直ちに南行して碓氷川を渉れば僅々二十余町にして妙義町に達する捷径あり、秋季は村民仮橋を架して観風(ママ)客の便を図る、今この捷径をとり悠々清流を渉り岸辺花月園の梨果に渇きを医し、パノラマの如き四辺の風光に送迎せられ静かに歩を運べばいつか早や妙義の地を踏むに至る。

松井田駅から妙義神社門前までの自動車道は一里（約三・九km）余りあったが、二十余町（二・一八km余り）の近道を、川越えをして歩く人もいたのであろう。秋は紅葉見物客のために村人が仮橋を架けたとは、心温まる話である。当時、川岸に梨園があったのだろう。梨をかじって喉の渇きをいやし、あたりの風景を味わいつつ妙義山まで歩く。なんとも楽しい旅ではないか。いよいよ妙義神社の門前である。

> 旧時は善光寺への裏街道にあたり且妙義より三峰山参詣者の順路たりしを以て往来盛んに戸口二百余、旅館妓楼も各十指を超ゆるの賑ひありたるも、維新後時勢の推移に伴ひ一時衰頽に傾きしが近時登山熱の勃興に連れ、四季の観光避暑の士人殊に秋期紅葉の節に至れば観楓客の往来織るが如く、漸次旧態を復する

妙義神社門前は善光寺や秩父の三峯神社参詣の順路にもあたっていて、昔は人々の往来が盛んで宿屋などが建ち並んでいた。明治以降衰退したが、近年登山熱が高まり、観光・避暑に訪れる人が増えた、という記述が目を引く。まさに昭和初期の観光旅行ブームを表す一文である。次いで妙義の四季である。

> 春風ゆるやかに吹き初むる頃、千々の若草は山骨を縫ひ、

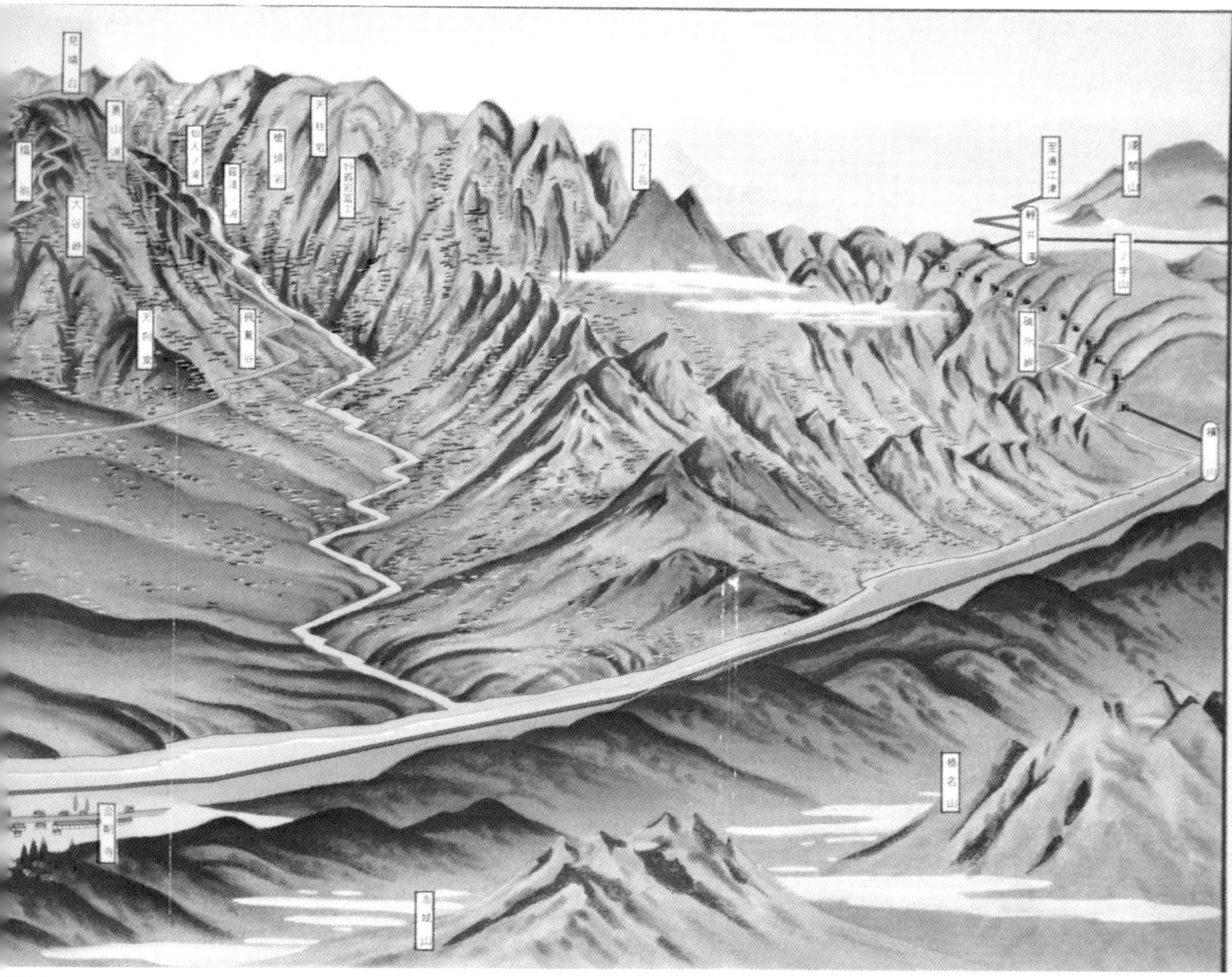

〈図８〉「妙義山大観」
（昭和３年４月、金子常光画、妙義神社社務所）

金洞山
第二石門
ローソク岩
第三石門
第四石門
第一石門
大黒岩
妙義山
白雲山
天狗ケ岩
玉石
大の字
頂上東社
ブドー園
妙義神社
波古曽社
社務所
東雲館
桜ケ岡
ひしや
行田村
八城村
松井田

高崎
磯部
小坂村
御岳神社

遠近の山々は或は青く或は紫に末は靄霞の海に消え、何処からともなく聞ゆる鶏犬の声には一しほの長閑さを増し何時しか画中の人となる。やがて葉桜の期も過ぎて青葉がくれに杜鵑の啼く頃ともなれば緑したたる其中に真紅の躑躅咲き交り、削り立ちたる断崖に紫ゆかしき藤波の覗くも更に優美なり。

春ののどけさが漂う一文である。夏、緑したたる中に真紅のツツジが咲き誇り、切り立つ岩山に紫の藤がゆれる。妙義山の背後に抜けるような青空がひろがれば、さぞ鮮やかな光景であろう。

桐の一葉の涼しさを覚ゆれば、全山紅葉して峰と云はず渓といはず織りなす錦繍の粧ひはまた比ひなき美観にて此期登山するもの日に数千人を下らず。

桐の葉が落ちるのを見て秋の訪れを知れば、やがて全山は美しい紅葉に染まる。この季節、多くの登山者が妙義を訪れた。

前日来の降雪やんで野も山も白皚々の銀世界、白衣着けたる妙義の岩山、いと厳そかに突きたてるにうらうらとさしのぼる旭影の映ずるさまはまさに俗塵のものにあらず。

真っ白な岩山に朝日がさしこみ、言葉で表現できないほど荘厳な雰囲気に包まれたであろう。妙義の三峰をこのように記す。

白雲山　妙義三峰中最高にして幽邃を極め東麓に妙義神社あり、

金洞山　妙義の中岳にして山勢の秀抜と石門の奇を以て鳴る。

金鶏山　三山中最も低くして最も嶮、筆頭山、子持岩、御嶽、樋等の奇勝あり、就中樋は本山の東端御嶽の奥宮に至る間にあり、左右断崖絶壁馬の背の如く而かも峻嶮にして僅かに岩瘤に頼りて登ることを得、一たび足を滑べらせば千仞の谷底に陥つ、登る者腋下に汗す。

奇景絶勝に富む妙義山は、同時に危険な場所が少なからずあった。金鶏山の一例を挙げるが、腋の下に汗して登るのは白雲山も金洞山も変わりない。現在、妙義山では危険が多い上級登山道への一般登山者の立ち入りの自粛を呼びかけるとともに、金鶏山は立入禁止になっており、山腹や石門を巡る遊歩道「関東ふれあいの道」が整備されている。

六、奥利根の温泉

（一）上越線車窓の展望

上越国境に聳える谷川岳北の茂倉岳（一、九七八ｍ）の直下を潜り抜けるのが清水トンネル（延長九、七〇二ｍ）である。大正一一年八月の着工以来、難工事の末に貫通（昭和四年一二月）し、約九年の歳月を費やして昭和六年三月に完成、九月一日に上越線が開通した。

高崎から渋川・沼田・水上と利根川を遡る路線は、湯檜曾川の渓谷からループ隧道となって高度を加え、土合から清水トンネルに入る。土樽でもう一度ループ隧道となって越後湯沢を経て魚野川沿いを越後平野へくだり、宮内駅（長岡市）で信越本線に連絡する。この高崎―宮内間一六二・六kmが上越線で、清水トンネル内に分水嶺・県境がある。

上越線開通を祝賀して新潟県長岡市で上越線全通記念博覧会が開催された（昭和六年八月二一日～九月三〇日）。「上越線車窓の展望」（昭和六年頃、東京鉄道局発行）〈図9〉は、発行年はないが文面からこの博覧会に合わせて、上野から長岡まで約八時間の汽車旅を楽しむ旅の栞として作成されたものと考えられる。横長六折の紙に高崎―宮内間沿線の車窓に映る山々を線描きしたパノラマ絵図には、利根川と魚野川流域の温泉も書き入れる。彩色はないが、茶色の路線・山、水色の河川、朱の山岳名・温泉印と、三色で清楚に仕上げる。色刷りの見栄えのする鳥瞰図が続々と作成される中で、簡素ながらも爽やかな印象を受ける個人的に好きな一枚で、ぜひ取り上げてみたい。

絵図を見よう。高崎から渋川にかけて「上毛三山」や浅間山が車窓に映る。沼田を過ぎると、右手に日光白根山・迦葉山・武尊山、左手に三国山脈の山々を望み、清水トンネルに差しかかる。トンネルを抜けると、越後湯沢の飯士山を眺め、五日町付近から右手に八海山や越後駒ヶ岳を仰ぎ見て宮内駅へいたる。携行すると旅の楽しみが倍増する栞である。裏面の案内文も旅心を誘う。

> 秋風の夕、上越線沿線の山々は紅葉、波斯模様の美しさに燃え立ちませう。紅葉郷は又温泉郷でもあります。木の葉ちる朝、上越沿線の山々は早くも新雪で輝きませう。年を越えて三、四月、尚スキーを用ゐるに足ります。林間紅葉を焚いて酒を暖ためる風流と、縦横、雪を蹴って滑走するスキーの快味とが皆様を待ってゐる上越の二国であります。

秋に紅葉に燃える山々はまた温泉郷でもあり、冬は雪山を爽快に滑り降りるスキーの楽しみに満ちている、そのように上越二国の魅力を説く。清水トンネル大工事の物語からはじまる案内文は、沿線の温泉・紅葉の見所・スキーの適地を紹介し、上越線全通記念博覧会の入場案内を結びとする。博覧会はもとより、沿線の車窓風景を存分に楽しんでもらおう、と作成した栞であろう。

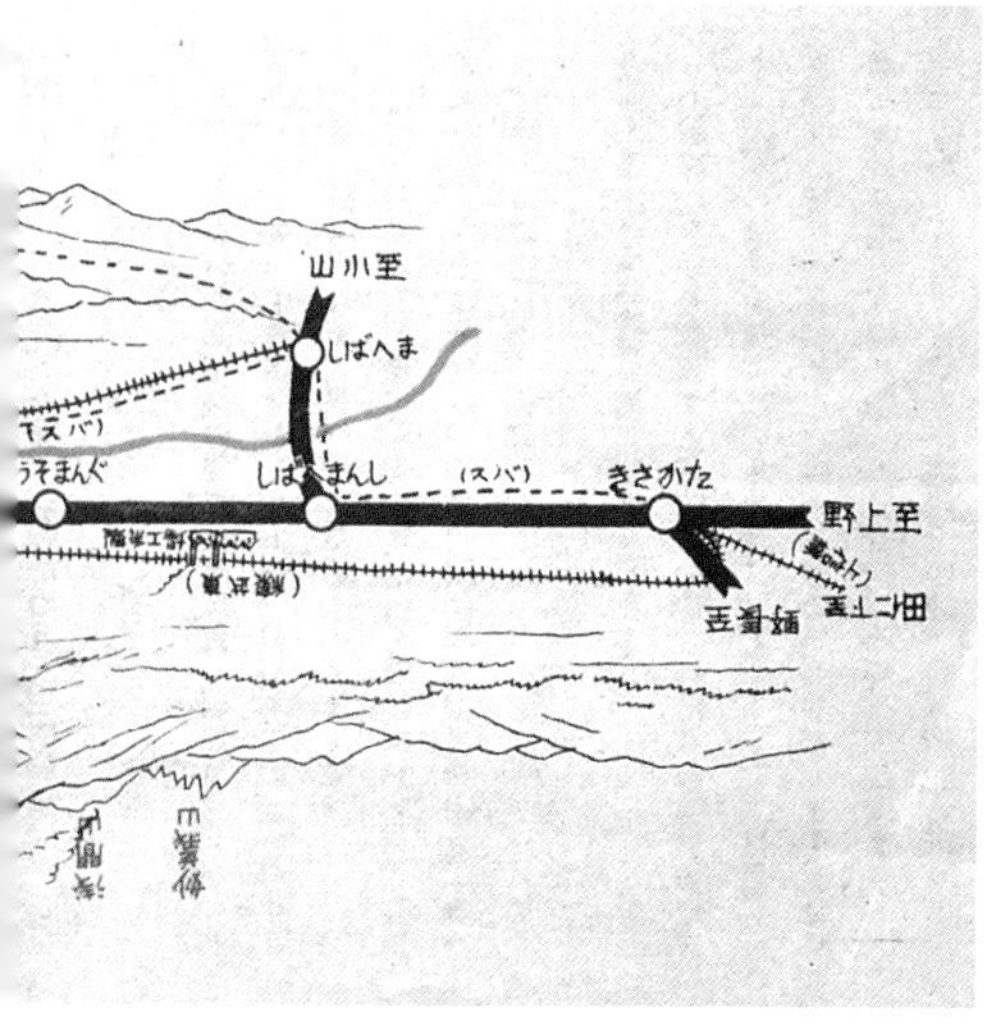

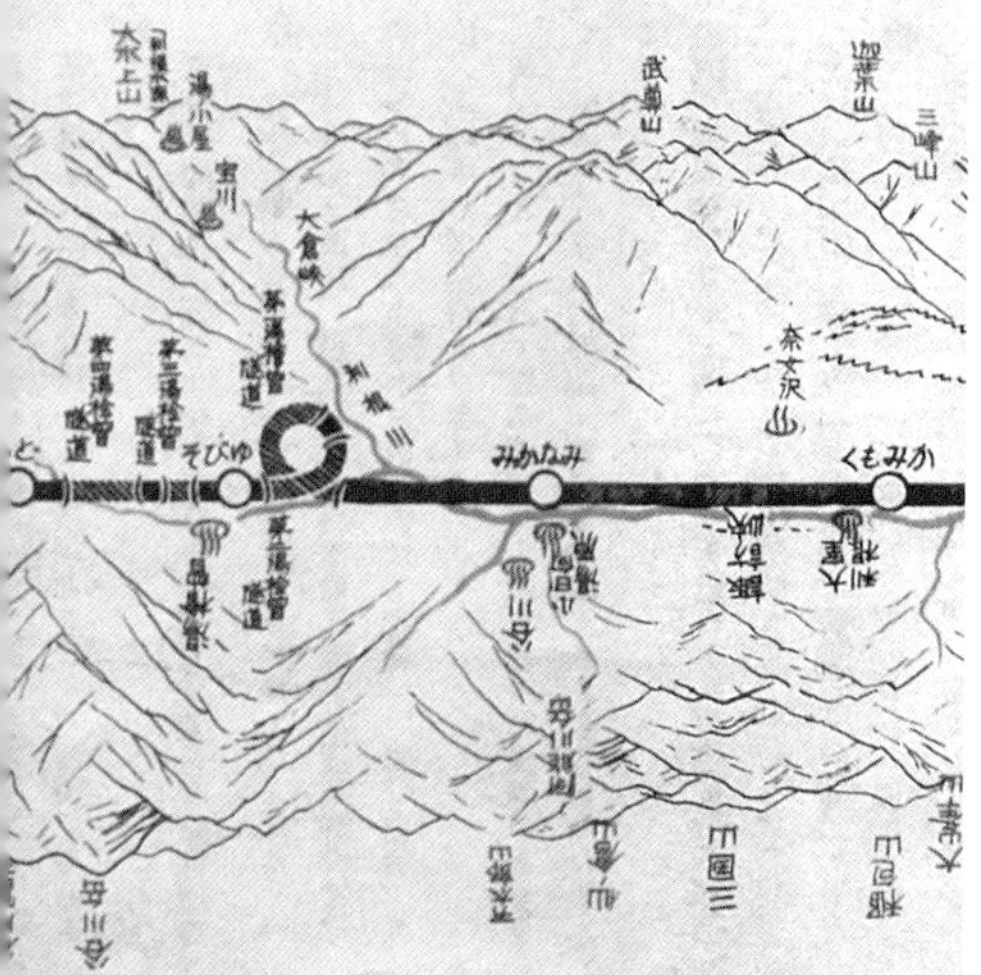

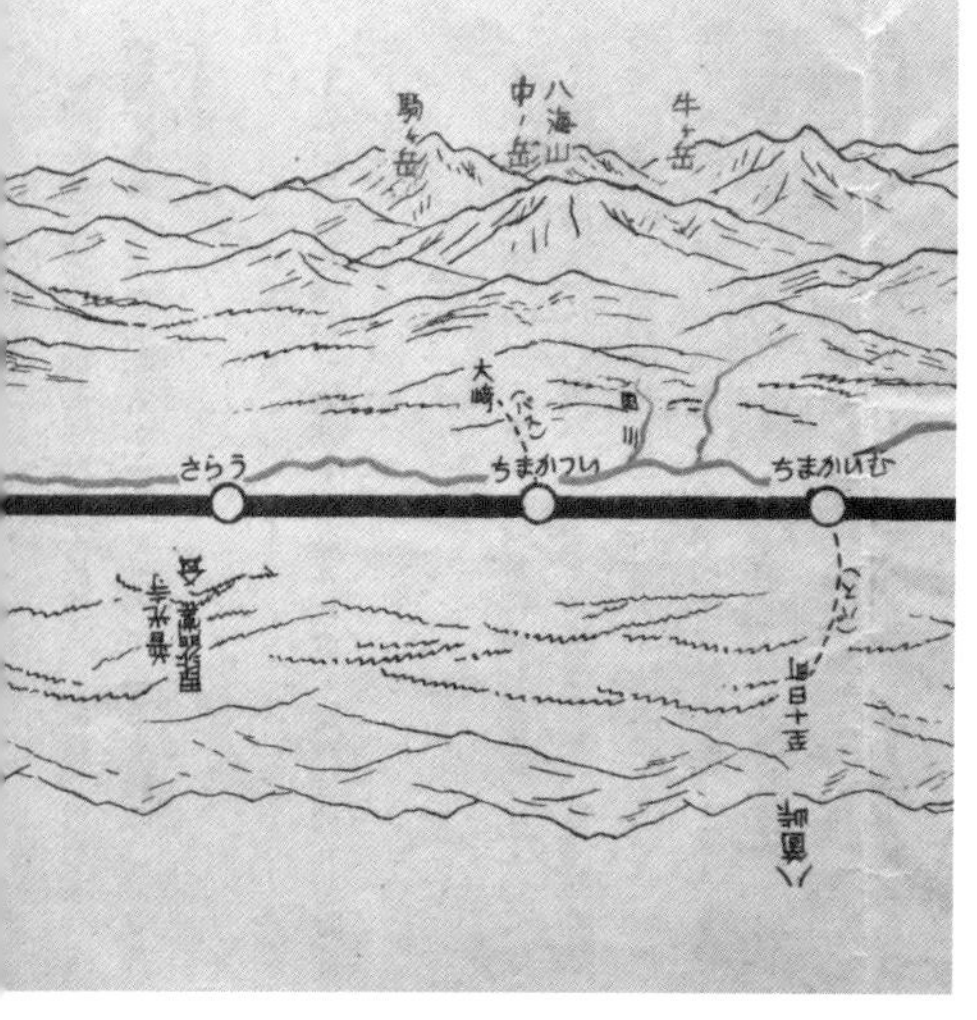

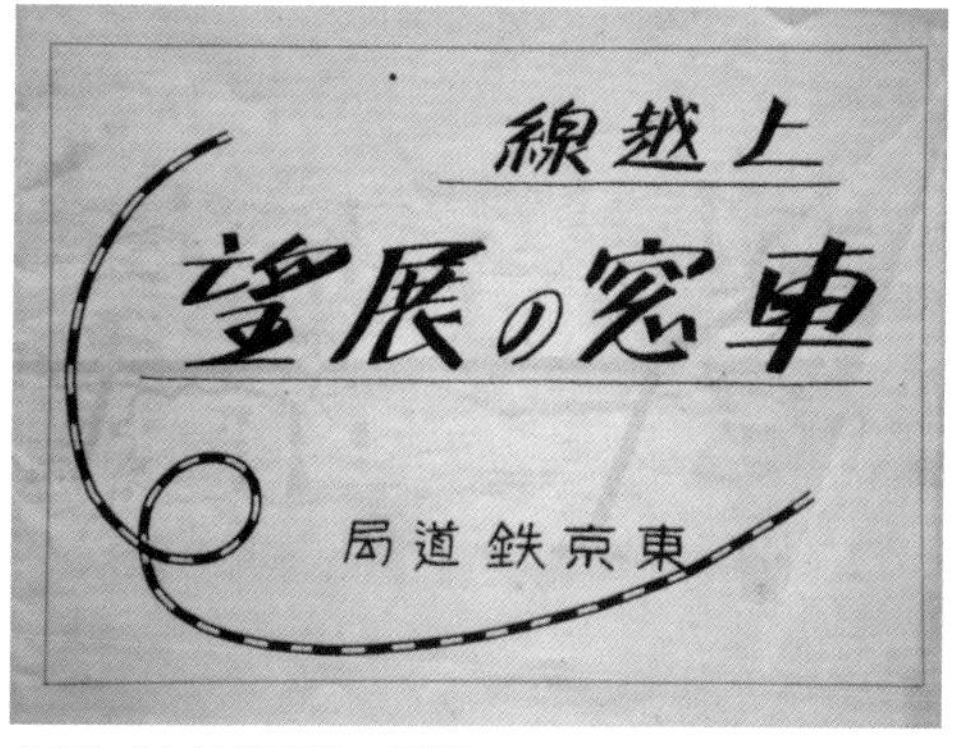

〈図9〉「上越線車窓の展望」
(昭和6年頃、東京鉄道局)＊

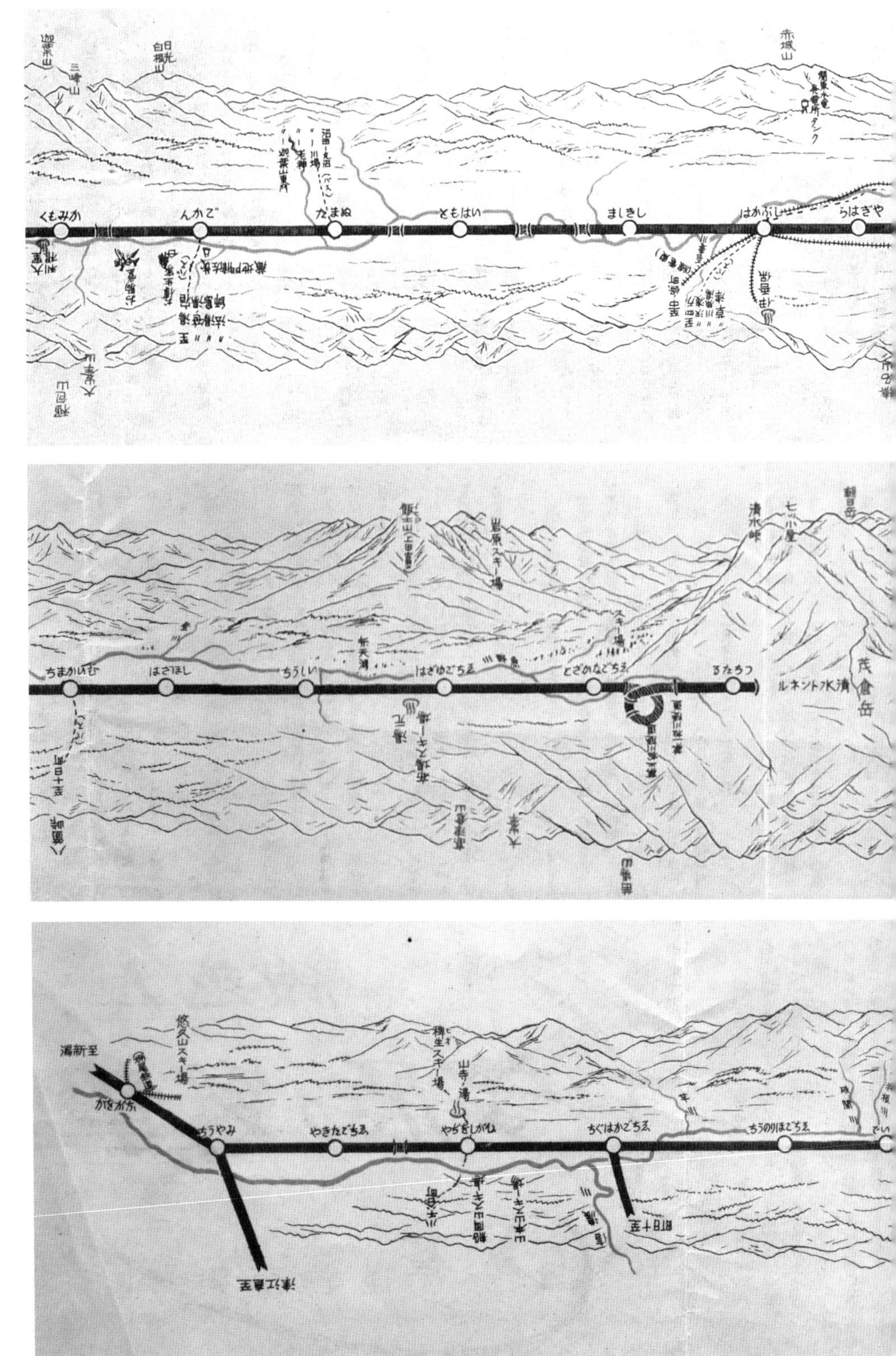

赤城山
日光白根山
三峰山
関東水電発電所タンク
かみもく
ごかん
ぬまた
いわもと
しきしま
しぶかは
やぎはら
飯士山
岩原スキー場
清水峠
七ツ小屋
朝日岳
茂倉岳
むいかまち
しほざは
いしうち
ゑちごゆざは
ゑちごなかざと
つちたる
清水トンネル
至新潟
悠久山スキー場
ながをか
みやうち
ゑちごたきや
山寺ノ湯
ゑちごかはぐち
ゑちごほりのうち
至直江津
至十日町

（二）水上温泉郷

上越線沿線で目につくのは、利根川源流部に近い谷川岳と武尊山の間にある水上温泉郷（奥利根温泉郷）である。その中心は湯原温泉（水上温泉）で、小日向温泉（向山温泉）・谷川温泉・湯檜曾温泉・宝川温泉・湯の小屋温泉などが点在する。

水上温泉郷の歴史は新しく、大正七年に若山牧水が水上・湯檜曾温泉を訪れる以前は、話題にのぼることも少なかった。ところが上越南線の後閑―水上間が開通（昭和三年）し、清水トンネルが完成して上越線が全通すると、駅に近い湯原温泉や湯檜曾温泉が脚光を浴びはじめた。鉄道の開通した昭和初期の旅行案内書に、水上温泉郷がこのように現れる。

湯原温泉　利根川の右岸にあり、水上橋を以て左岸の小日向と相通じてゐる。利根の渓谷もこの辺から両岸相迫って、奇景を現出し、水勢或は湍となり、淵となり、潭となる。

小日向温泉　上越南線開通後発展して来た所で、利根川の東岸なる水上橋畔の断崖にある。

谷川温泉　上越国境の谷川嶽の麓に源を発する谷川の上流に臨み、（中略）冬はスキーの根拠地となるのがここの強味であらう。

湯檜曾温泉　清水峠の入口で昔は山越の旅人が骨を休める所であった。利根の支流湯檜曾川に臨み後方には上越国境の群山連り、空気清く、盛夏二十七度を越えぬ冷涼の地である。

宝川温泉　土地高く、空気清鮮、夏尚肌を刺すやうな冷涼さで盛夏も二十一度を超えることなく絶好の避暑地である。

湯ノ小屋温泉　宝川温泉から尚四粁ばかり溯ったところで一層深山幽谷の気に満ち、山峡の景が美しい、

（鉄道省『温泉案内』昭和六年版）

特色として、湯原（水上）・小日向（向山）・谷川の各温泉が行楽客に向いていたが、湯檜曾・宝川・湯ノ小屋の各温泉は療養客向きであった。

清水トンネル開通二か月後に発行された「奥利根温泉郷」（昭和六年一一月、金子常光画、水上副業組合発行）〈図10〉をたよりに水上温泉郷を見ていこう。表紙は水上峡に架かる水上橋、裏表紙は谷川岳スキー・大倉峡立岩・湯に浸る女人の絵柄で、封緘葉書として作成された。

鳥瞰図は水上駅と上牧駅の中間辺りの利根川左岸から北に湯檜曾方面を望む構図であるが、画面下に利根川をおくため、図の中心を占める諏訪峡・水上峡は西を望む構図となっている。

図は左に沼田方面、右に水上駅を配し、水上駅下流の水上温泉を目立つ姿で描く。図の中央に谷川岳麓の谷川温泉、その奥に湯檜曾温泉が見える。源流に近い宝川温泉や湯ノ小屋温泉は図の右上に小さく示すにすぎない。ほかに利根川と湯檜曾川合流地付近に島神峡や鶉の瀬温泉もある。また宝川温泉下流に大倉峡と立岩があるが、そこは戦後、藤原湖となった。案内文を見よう。

蜿蜒(えんえん)百里関八州を潤ほす、大利根川が其の源を上越国境に発し、武尊山、朝日岳、谷川岳の諸峻峯の間を縫ひ、幽邃(ゆうすい)なる千古の原生林、奇岩怪石の間、懸りて滝となり、阻(はば)まれて淵となり、湯檜曾川、谷川、温湯川、小日向川の諸流を集めて、南へ南へと行く、この辺り渓谷に沿ひ、到る所に温泉の湧出を見る、

水上駅東方に山岳信仰の霊場でもある武尊山（二、一五八ｍ）、北に三国山脈の谷川岳（一、九七八ｍ）や朝日岳（一、九四五ｍ）が聳え、これらの山岳から流れ出た渓谷に温泉が湧き出ていた。

其の利用方法はいたって幼稚で川岸の岩の間から湧出するものを集めて、浴槽に引き利用するに過ぎず、僅かに近郷の者の農閑期に来浴するのみだった、近年上越線が敷設され、交通機関の発達に刺激されて、処々に温泉掘鑿(くっさく)が行はれ、其の数に於て、其の量に於て、従前に倍加するに至った。

近郷の農民がわずかに利用していた温泉は、上越線開通により、盛んに利用されるようになった様子を記す。そして、単に療養温泉にとどまらず、四季の遊覧に適することを強調する。

峨々(がが)たる其の山容、豪快なる其の水態、四時変幻の妙を極め、四季いづれもよく、春は山ざくら、つつじ、ふじが咲き、わらび、うど、ぜんまい等が萌え新緑眼(ママ)瞠むる頃避暑によく、渓流に岩魚(いわな)、山魚(やまめ)を釣り、登山に剛健の気を養ひ、夜気冷々とした頃、野天湯(のてんゆ)に浸りながら河鹿(かじか)を聞くのも一興だろう、

春から夏にかけて山菜採り・渓流釣り・登山と、楽しみは尽きない。

秋万(ママ)山紅葉して、碧潭(へきたん)にうつろう時、川風に酒杯を傾けるのもよく、山に栗を拾ふのもよかろう谷川岳の頂(いただ)きより冬は訪づれ、満目白皚々(はくがいがい)のスロープに、スキーの妙技を揮(ふる)ふのもよく、猟銃を肩に、山鳥雉、兎を山野に狩り、夜は湯豆腐に浅酌低唱、又は美人を侍らせて、温泉情調を満喫するのもよかろう。

紅葉の秋は栗拾い、冬はスキーや狩猟も楽しめる。近郷の人がわずかに利用するに過ぎなかった温泉も、傍らに美人を侍ら

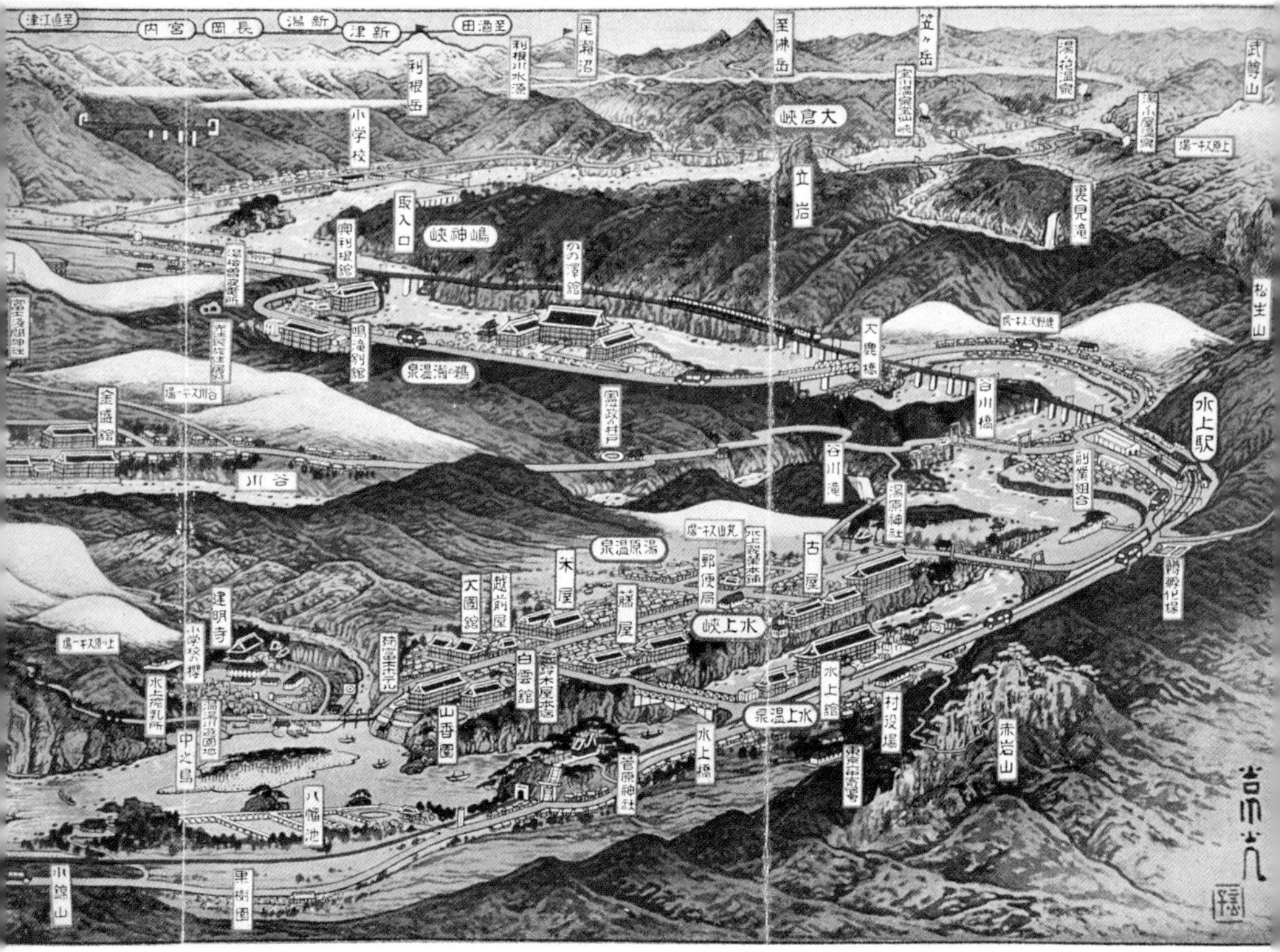

〈図10〉上・下「奥利根温泉郷」
（昭和6年11月、金子常光画、水上副業組合）

〈図11〉下・左「スキーと温泉の奥利根へ」
（年代不明、東京鉄道局）＊

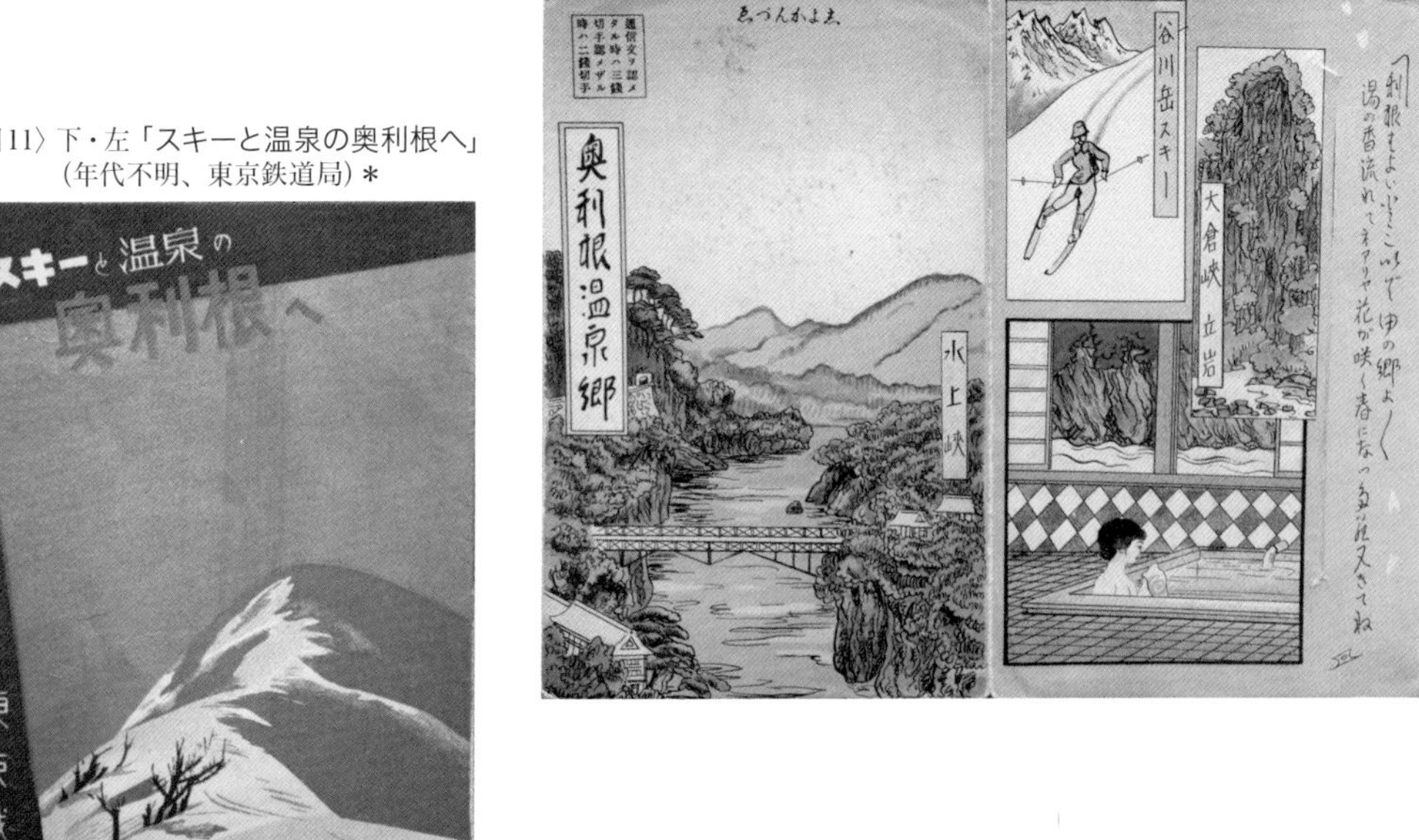

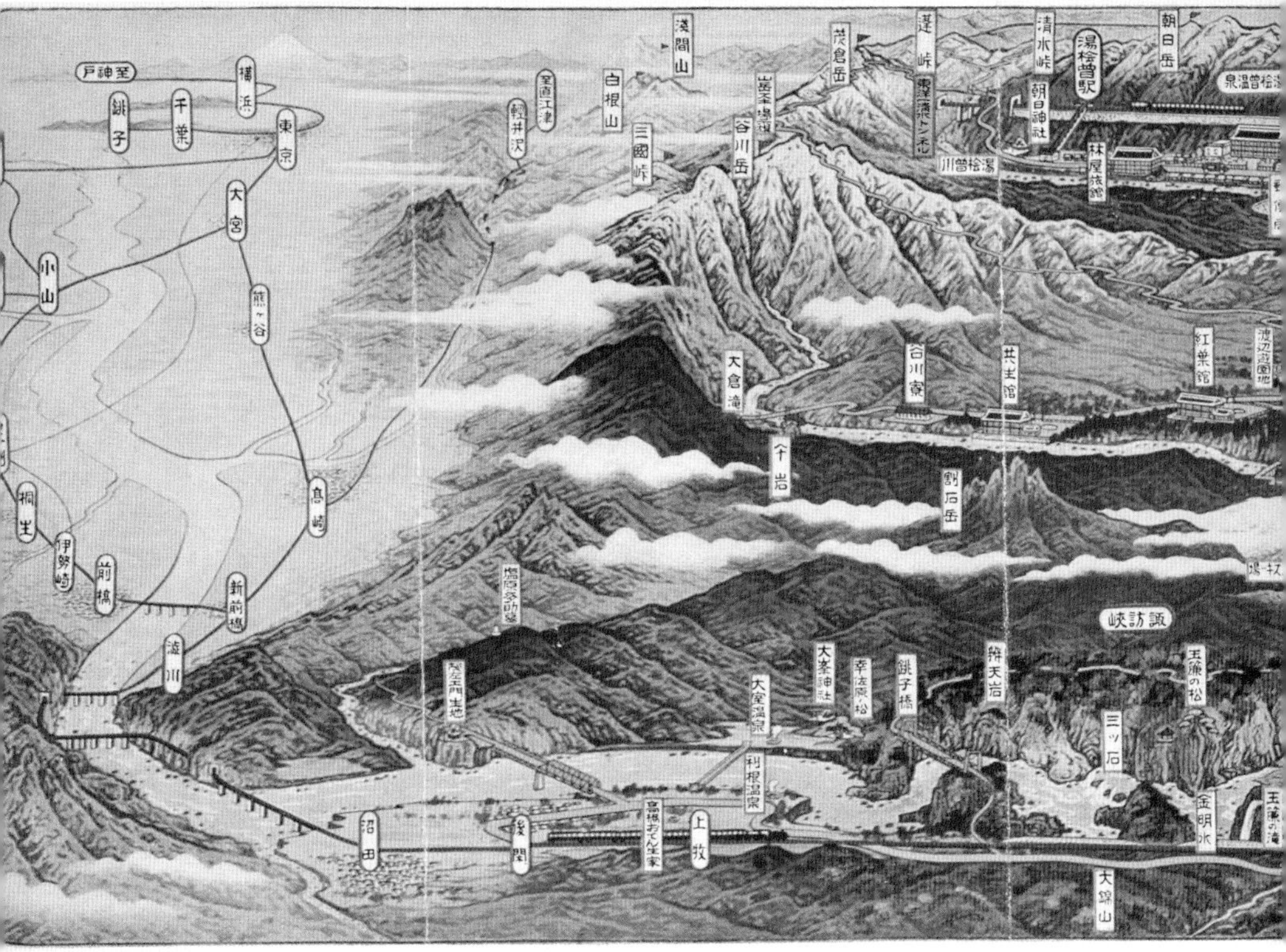

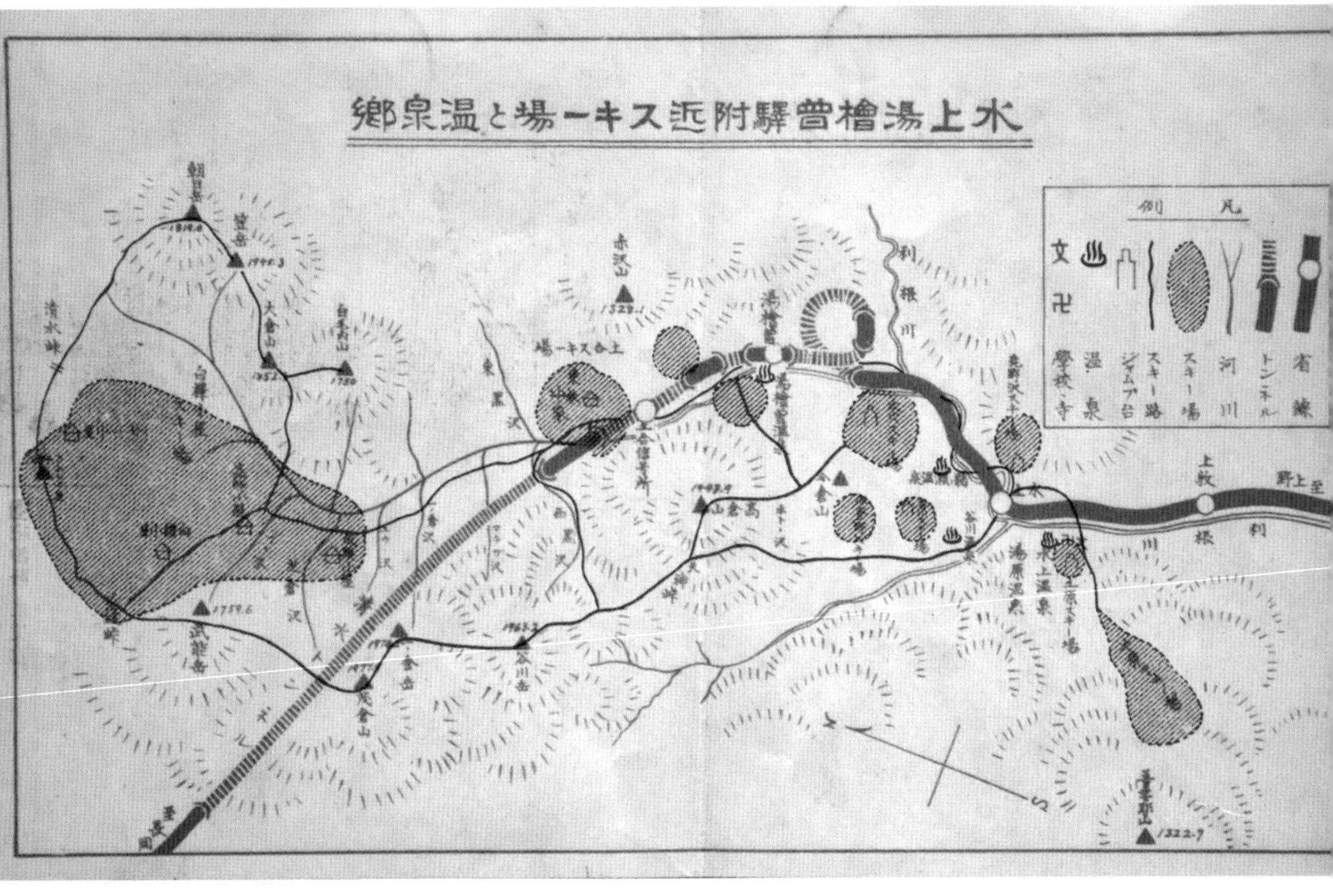

至神戸
横浜
千葉
銚子
東京
大宮
小山
熊ヶ谷
高崎
新前橋
前橋
伊勢崎
桐生
渋川
沼田
後閑
上牧
浅間山
白根山
軽井沢
三國峠
茂倉岳
蓬峠
清水峠
湯檜曾駅
朝日岳
朝日神社
湯檜曾温泉
湯檜曾川
林屋旅館
谷川岳
大倉滝
谷川寮
共生館
紅葉館
千岩
剣石岳
諏訪峡
弁天岩
銚子橋
大峯神社
玉簾の松
三ッ石
金明水
大室温泉
利根温泉
大鋒山

水上湯檜曾驛附近スキー場と温泉郷

凡例

省線
トンネル
河川
スキー場
ジャンプ台
温泉
學校、寺

朝日岳
清水峠
武能岳
茂倉岳
谷川岳
赤沢山
利根川
上牧
至上野
水上温泉
湯原温泉
小倉山

せ、程よく酒を味わい小声で詩歌を口ずさむところにまで変貌を遂げた。常光描く水上峡に楼閣を構える温泉街の絵は、脂粉の香る温泉地に変わりゆく情景を彷彿とさせる。

水上温泉を訪ね、水上峡の水上橋界隈を散策する。常光が描いた水上橋はコンクリートアーチ橋（昭和一一年）に架け代わったが、それでも戦前の姿をとどめている。峡谷の崖上に軒を連ねた旅館のいくつかが現存するものの、廃絶したものが少なくない。水上峡を挟んで巨大なコンクリートの塊が立ちはだかる高度経済期の団体客向きに建てられたホテル群は、峡谷の景観を見るも無残に壊し、その幾棟かが廃墟となっている。

上越新幹線開通（昭和五二年）後、上毛高原駅を起点に猿ヶ京方面の温泉が注目を集めると、在来線沿いの水上温泉への客足は遠のいた。高度経済成長が終焉をつげ、男性を中心とする団体客から家族・グループ客へと旅行形態が変わる中、過ぎ去った時代の空気が漂う街、それが水上ではないか。

（三）スキーと温泉

水上温泉郷へ誘う各種パンフレットが次々に作成された。「スキーと温泉の奥利根へ」（年代不明、東京鉄道局発行）〈図11〉、「♨とスキーの水上温泉郷へ」（年代不明、水上村観光課・水上温泉組合発行）〈図12〉、「群馬湯檜曾♨」（年代不明、本家旅館・林屋旅館・土合山の家発行）〈図13〉、「湯元谷川館案内」（年代不明、谷川館発行）〈図14〉を簡単に紹介しよう。いずれも発行年はないが上越線全通以後、戦前のものである。

東京鉄道局が発行した「スキーと温泉の奥利根へ」〈図11〉は、白銀を滑り降りるスキーヤーの表紙、裏面に上越線汽車時間表を載せ、中に水上・湯檜曾駅付近スキー場と温泉郷の地図及び旅館案内のパンフレットである。

クリスマス近くなると愈（いよいよ）懐しい雪便りが山より冬の都へそれぞれにぎやかにお訪（ママ）れます。紅葉で染めた奥利根の山々も白雪に蔽はれて幾多のゲレンデは絶好のスロープと限りない雄大の山嶽はスキーマンのあの勇敢の滑走振りを御待ち申上げて居ります。

雪山が都の人を呼ぶ、そんな冒頭文である。水上駅または湯檜曾駅へ降りるとすぐに、粉雪を蹴ってゲレンデである。スキーの後は出湯に浸って溶け入るような温泉気分を味わう。日帰りさえ楽々できるのが奥利根である、と誘う。

水上村観光課・水上温泉組合の「♨とスキーの水上温泉郷へ」〈図12〉は、スロープを登る温泉マークのゼッケンをつけたスキーヤーの表紙、裏に水上温泉組合加盟旅館（湯檜曾二・大穴六・

湯原七・谷川二・藤原二）の名と電話番号を刷り込む。中はスキー場及び旅館案内である。初心者には水上スキークラブの指導員が無料でコーチすること、省線・電車・環状線から上越各スキー場へ臨時列車割引があり、冬期中毎週土曜日に新宿駅から「温泉列車」を運転することなどを紹介する。

湯檜曾の旅館や山の家が発行した「群馬湯檜曾♨」〈図13〉は、表紙に「東京から一番近いスキー場」と謳う。スキーヤーが手にする竹製ストックが微笑ましい。背後の雪山に吹き抜ける風が澄みきった空気を感じさせる絵柄である。

> 雪は山々に輝き爽快極まるスキーのシーズンとなりました完備せる理想的のスキー場を各所に持ち軒下からスキーを穿いてあの銀盤に滑り帰っては滾々（こんこん）と湧く温泉につかることの出来るのは当温泉境独特の誇りであります。

湯檜曾では温泉宿の軒下からスキーが楽しめる、とその魅力を説く。湯檜曾川に沿った街道の両側に木造二階建ての素朴な町並みが今も残されている。

谷川温泉の旅館・谷川館が発行した「湯元谷川館案内」〈図14〉は、小ぶりな鳥瞰図入りのパンフレットである。利根川の谷川橋を渡って谷川を遡ると、渓谷沿いに谷川館が建ち、背後に谷川岳が聳える。浅間神社の裏山がスキー場になっていて、集落外れに帝大谷川寮もあった。山紫水明な静かな山峡に建つ谷川館付近では、春は近くの山野にワラビやゼンマイが萌え出て、夏にはヤマメやイワナ釣りが楽しめた。こんな記述が目を引く。

> 上越線全通の結果日本海方面の新鮮低廉なる魚菜類は天下一品の称ある利根川の鮎と共に皆様の食膳を賑はせる事が出来る様になりました。

上越線開通は、奥利根の山峡の宿が日本海の魚を提供するような変化をもたらしたのである。この谷川館（現・旅館たにがわ）は、その昔川久保屋といい、太宰治が滞在（昭和一一年）した宿である。山中にある清楚な宿の前に記念碑が立ち、館内には太宰治ミニギャラリーや谷川岳写真展示室があって、快く見学させてくれる。ペンション村もある谷川温泉は家族向きの温泉地で、谷川岳俎嵓（まないたぐら）の眺めが楽しめる。

七、草津温泉

（一）湯畑界隈

群馬県の北西端、上信国境に近い草津温泉は、有馬温泉（兵庫県）・下呂温泉（岐阜県）とともに「日本三名泉」に数えられ、俗に「恋の病のほかはなんでも効く」などといわれるほど薬湯として知られた。日本一の自然湧出量を誇る草津温泉の温泉街

〈図12〉「♨とスキーの水上温泉郷へ」
（年代不明、水上村観光課・水上温泉組合）＊

〈図14〉下・左
「湯元谷川館案内」
（年代不明、谷川館発行）

〈図13〉「群馬湯檜曽♨」（年代不明、本家旅館・林屋旅館・土合山の家）＊

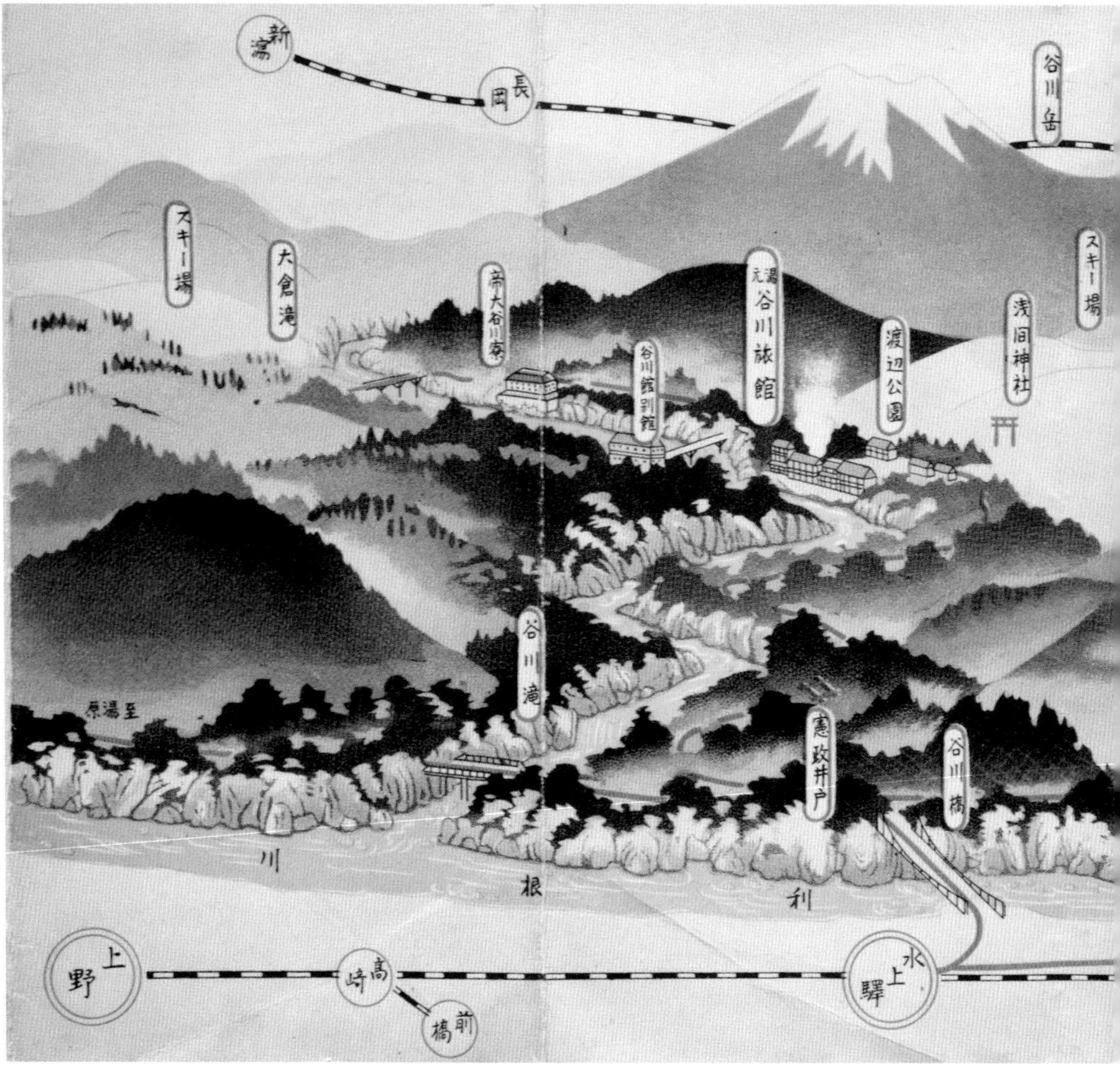

は、「湯畑」と呼ばれる源泉を中心にひろがりを見せる。

温泉の歴史は、行基あるいは源頼朝が開いたともいうが、これは伝説である。江戸時代に湯宿六十軒を数えるほど栄えたといい、明治期にはドイツ人医師のベルツ博士らが温泉の効能を高く評価し、湯治場としての名がさらに高まりを見せた。付近一帯は上信越高原国立公園に指定（昭和二四年）されている。

昭和初期の旅行案内書を開こう。

> 海抜約一、二〇〇米の高原で、白根山西に峙ち、渋峠は北に聳え、岩菅、四阿、万座、浅間の諸山蜿蜒として繞り、東北は入山村を隔てて越後に界し、東南は一望広漠とした高原に接し、遠くに八州の山岳の起伏を望み、中にも白根、浅間の噴煙が大空に漲る壮観は目覚ましいものである。（鉄道省『温泉案内』昭和六年版）

上信国境近くに聳える白根山麓の高原の街からの展望が目に浮かぶ記述である。温泉街と入浴法をこのように紹介する。

> 旅館は八代将軍吉宗の御汲上の湯を中心として、高楼四方に連って一市街を形づくってゐる。温泉の湧出量も非常に多く、湯の熱度も高く、時間湯といって草津名物の入浴法がある。これは毎日三回、時刻を限って軍隊式に湯長の命令によって入浴するので入浴時間は三分間を超えぬことになってゐる。（同書）

吉宗御汲上の湯は湯畑の源泉の中にあり、木製井桁の湯枠が残る。ここから汲み上げた湯を樽に詰めて江戸城に運ばせたことは有名であるが、運ぶ人もさぞ大変であろう。「時間湯」とは、湯もみ・かけ湯・入湯を三分間、日に四回繰り返す草津の伝統的な湯治療法である。近年、「湯長」制度廃止（令和二年）に伴い、「伝統湯」と名称変更（令和三年）された。軍隊式とは、いかにも時代の空気を感じさせる喩えである。昭和に入ると、この湯治場も変わりつつあった。

> これまで純湯治場のやうに思はれてゐたのであるが、最近は遊覧地としての施設も整って居り又冬はスキーの適地としても知られてゐる。（同書）

昭和初期、草津が遊覧地としての性格を帯び、スキー場として知られるようになったことを物語る記述である。その頃の草津の様子を「草津温泉御案内」（昭和三年八月、金子常光画、旅舎草津館発行）〈図15〉から見ていこう。表紙は湯畑を取り囲む高楼の旅館街、裏表紙はスキーを楽しむ人の絵柄である。

鳥瞰図は嫗仙の滝付近から北西を望む構図で、左に軽井沢・浅間山、中央に草津の温泉街、右下に湯ノ平温泉をおく。市街地背後に本白根山が聳え、遠景として白根山や横手山が見える。

常光描くこの鳥瞰図はあっさりした印象を受けるが、丁寧な短冊の書き込みがあって、温泉街とその周辺を知るのに役立つ。二両の客車を引く電車が、軽井沢から浅間山の東麓を走り、やがて四阿山（あずまやさん）を遠くに仰ぎながら草津に向かう。どこか懐かしさを覚える列車の絵は、草津電気鉄道（昭和三七年廃線）である。新軽井沢―草津温泉間が全線開通したのは、大正一五年のことであった。このような案内文が目を引く。

此間の三十五哩（まいる）は海抜四千余尺の高所を通りますので浴道（ママ）の山や谷や森林や平原はすべて大高原の気分を含んでをって、一瞬一転雄大なる自然の風光美に接する爽快味は到底忘れがたき所であります。

「三五哩（約五六・三km）は四千余尺（一、二一二m余り）の高所」と記載されているが、新軽井沢―草津温泉駅の路線総延長は五五・五kmである。細かいことはさておき、ほぼ全線高所を走る風景のよい高原電車といってよいだろう。二回のスイッチバックを繰り返し、平均時速一八・五km／時、三時間余りで走るのどかな電車であった。

鳥瞰図から温泉街の姿を探ろう。草津駅から温泉街に向けて一筋の道を進み、町役場・学校を過ぎると丘の上に光泉寺が建ち、その下に湯煙立ち込める広場がある。ここが温泉街中心の湯畑で、周囲に今も共同浴場として現存する白旗の湯・千代の湯・地蔵の湯、湯もみを実演する熱の湯のほか、松の湯・鷲の湯が見える。湯畑北の丘には白根神社が鎮座する。

共同浴場で味わい深いのは地蔵の湯界隈である。地蔵の湯に隣接して地蔵堂があり、蓮華座に座った石造地蔵菩薩が温和な表情を見せる。地蔵尊は安永四年（一七七五）、甲州巨摩郡宮澤村万人講中により奉納されたものである。「万人講中」とあるから、大勢の庶民が少しずつお金を出し合い建立したものであろう。松の湯は昭和二九年に取り壊され、跡地に足湯が楽しめる「湯けむり亭」が建つ。また鷲乃湯は傷ついた鷲が発見した草津温泉で最も古い共同浴場というが、早い時期に廃止された。

当時、草津は戸数約六百を数え、年間数十万人の浴客が訪れた、と案内文にある。また温泉街の湯畑をこのように紹介する。

町の中央にある一大熱湖をいふ、沸々と絶えず湧出する豊富な霊泉は、八代将軍吉宗公の試浴にも供されたもので爾来御汲上げの湯とも云ふ。柵内数十条の木樋は湯の花採取の為（た）めで「草津湯の花」と名声の高いものである

湯畑は草津を代表する源泉地で、五二度の温泉が毎分四、〇〇〇ℓ湧出する。木樋は湯樋ともいい、明治二〇年にはじめて設置された。数十条あった木樋は、今は七本である。こ

の湯樋に温泉を流すことで高温の源泉を加水せずに冷やし、併せて湯の花を採取する。源泉から湯樋を通って勢いよく流れ落ちる湯滝は迫力に満ち、湯煙立ち込めるエメラルド色の滝壺は神秘的である。江戸中期にはじまった湯の花採取は、今も年三回おこなわれている。

湯畑の北の丘に鎮座する白根神社は草津の産土神で、閑寂な境内は囲山公園になっていた。

> 北西は近く信越の諸山を望み、東南は遠く甲武東野の連峰を望む、園内には池あり丘あり大小松樹や桜樹程よく之をつづり、テニスも野球も出来るグラウンドもある、朦々と罩て込む湯煙に包まれた市街は脚下に展開して見えかくるる様はまるで墨絵の様である。

囲山公園から見た連山の眺めもさることながら、湯煙に包まれた温泉街の姿をまるで墨絵のようだと形容する。また公園南の丘には一茶亭という茶店があり、姥の運ぶ汁粉やみつ豆を味わいながら草津のパノラマを楽しむのも一興である、と記す。

草津白根神社に参ると、境内に芭蕉句碑・十返舎一九碑・高村光太郎碑・草津鷲湯碑などを見かける。社殿右手のグランドは現存し、近くに遊具を備えた小公園がある。今日、付近一帯は木立に覆われて眺望はすぐれず、姥のいた茶店もない。

湯畑を挟んで囲山公園と相対するのが光泉寺である。湯畑から本堂に向って石段が延びる。境内に古風な茅葺の釈迦堂が建ち、芭蕉句碑・小林一茶句碑などがある。当時、お寺の鐘が温泉街に時を告げていたという。

（二）温泉街の周り

「草津温泉御案内」〈図15〉の冒頭に、草津の四季がこのように紹介されている。

> 春は桜梅桃李を始め、石楠花、つつじなどの研花（ママ）は、眼もさめる新緑を綴り愛らしき高山植物の珍花は晩春初夏を装ひ、老鶯や杜鵑は軒端をかすめて啼くをきく。之の蕨萌え郭公啼く頃から御保養の絶好季節に這入ります。

雪が消えて残鶯などの鳴き声が山河に響く頃、草津は保養シーズンに入る。春から初夏にかけての草津の自然が人々の目や耳を楽しませてくれる。

> 真夏は非常に清涼で凌ぎ易い事他所に類がありません従て夏でもセルや羽織の御携帯の必要があります。秋になりますと烏桕の紅葉野に山に満ちて燃えるが如く、雉子、山鳥、鳩、兎などの狩物の多数なる、其道の士が楽みに待たるる所であります。

草津は夏でも春秋用の毛織物を必要とする気候である。また蚊帳を用いることもないほど過ごしやすい、とも記す。烏柏とはナンキンハゼで、山々は紅葉に染まり、狩りの楽しみもあった。

　冬季の紫外線は強力ですから寒湯治と申して効果更に多いもので御座います。当地の雪は粉質で格好なスロープは無数ですからスキーには好適地で御座います。（中略）造化の巧緻をつくした無限の広原で数時の快走の後(の)ち陶然として湯にひたさる気持ちはとても禿筆(とくひつ)のつくす所ではありません。

草津は十二月末から三月まで雪に閉ざされるが、交通の便も絶えることなく、宿には防寒設備があるから心配無用、と謳う。「寒湯治」とは、農閑期の冬に一年の疲れを癒し、春からの農作業に備えるために広くおこなわれた風習で、とくに草津で紫外線を浴びる効能を説く。

再び鳥瞰図を見よう。温泉街の湯畑・熱の湯から本白根山に向けて登山道が通じる。町並みが途切れたあたりに琴平社が建ち、付近は湯煙立ち込める賽の河原となり、ゆるぎ石がある。また草津駅近くの町並み入口に運動茶屋があり、その背後の丘がスキー場になっている。

案内文を要約すると、賽の河原は、温泉がいたるところに湧出する場所で、硫気に浸された奇石が無数に散在し、不動尊を祀る。賽の河原に注ぐ湯川を遡ると、温泉が湧く場所に「ゆるぎ石」という巨石が立つ。指で押しただけでグラグラと動き出す石である。周辺には鬼の相撲場、殺生河原など数々の名所があった。現在、一帯は西の河原公園として整備されている。

運動茶屋は、浅間山の噴煙を遠望する好適地で、杖を曳く浴客が跡を絶たなかった。その背後のなだらかな丘は大正公園という名の記念公園で、スキー競技に利用された。そこは大正三年開設の草津スキー場であり、同年に草津スキークラブも創立されている。

運動茶屋の傍らに「泣き燈籠」、茶屋から旧道をしばらく行くと「涙橋」という土橋があった。

　泣き燈籠　永らく居宅と同様な心地で湯治した客の帰りに宿人や出入商人知己の者に此処まで見送られ互に泣きの涙で袂別(けつべつ)せらるるので之の名がある。

　涙橋　湯治中に出来た楽しみを追想して泣くといふので涙橋といふ、

湯治客を宿の人だけでなく出入り商人も見送った、とある。自炊客に品物を提供した商人までも名残を惜しんで見送りに来たのであろう。また湯治客も滞在中の思い出を振り返って涙を

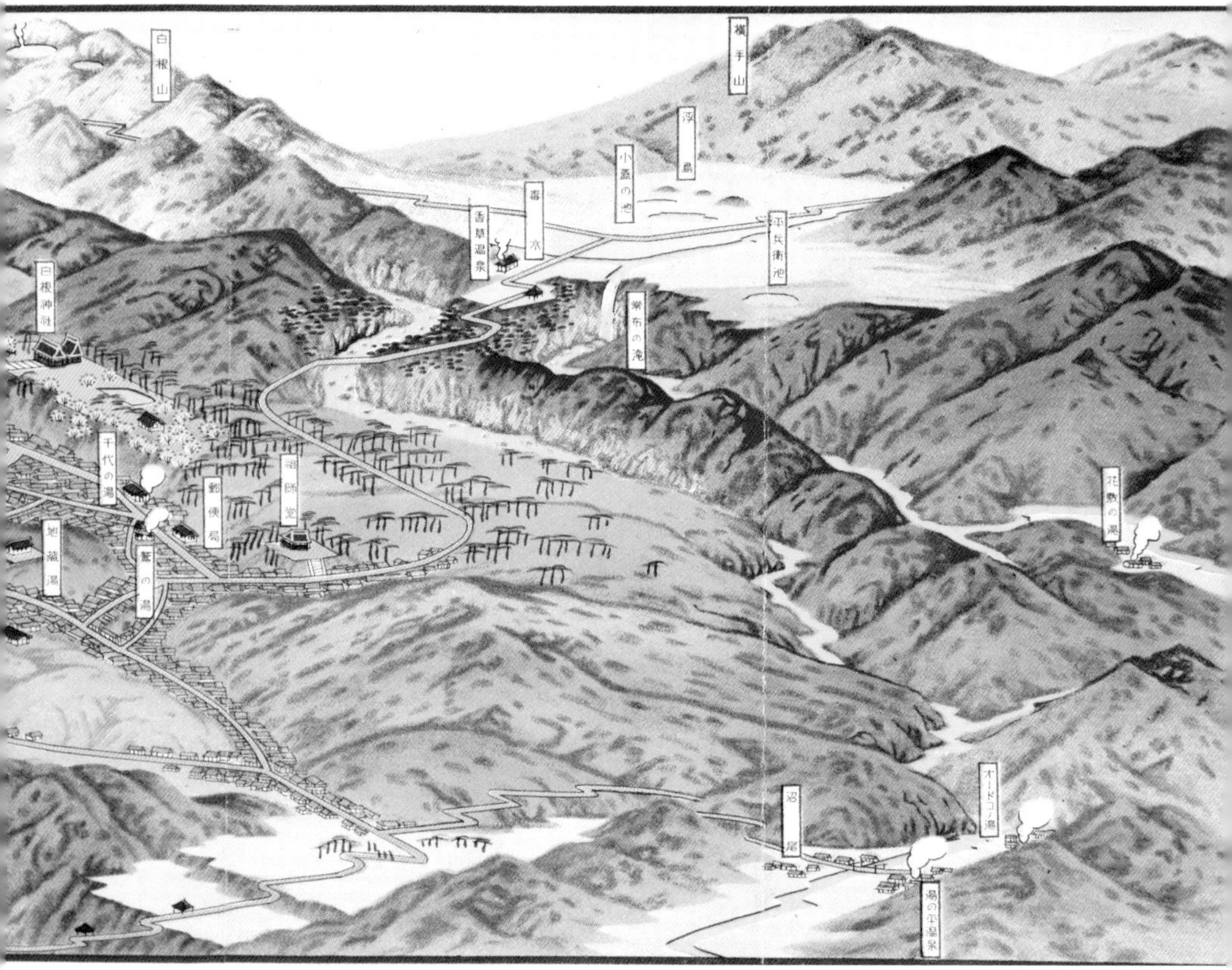

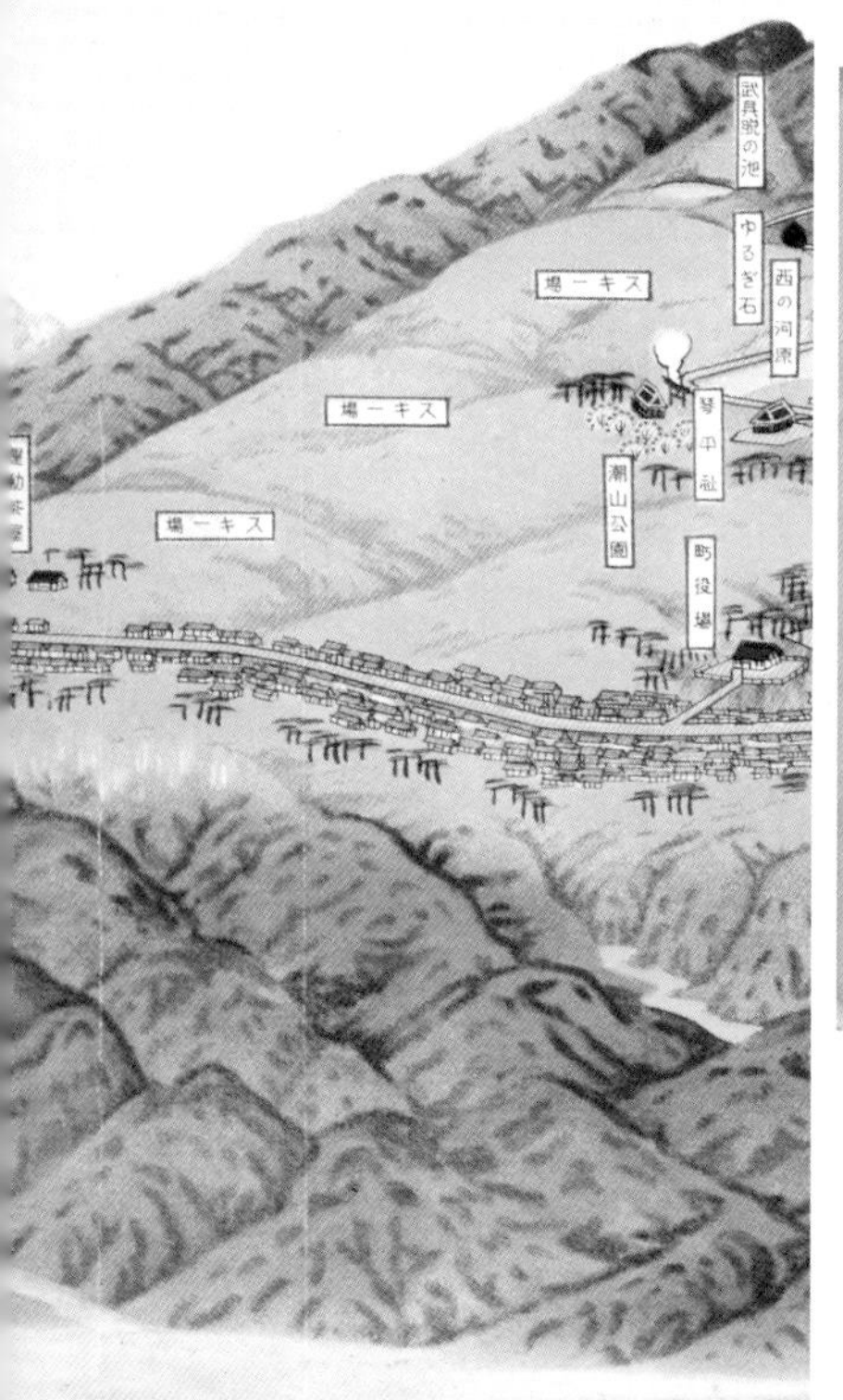

〈図15〉「草津温泉御案内」
(昭和3年8月、金子常光画、旅舎草津館)

本白根山
武具脱の池
獅子岩
ゆるぎ石
西の河原
スキー場
スキー場
スキー場
運動茶屋
琴平社
湯山公園
町役場
學校
光泉寺
白旗の湯
熱の湯
草津
東京

至直江津
篠の井
淺間山
四阿山
日本アルプス
不動瀧
軽井澤
高崎

流すとは、なんとも心温まる話である。

江戸道と沢渡道の分岐点に立っていた「泣き燈籠」は、すこしだけ位置をずらして現存する。燈籠は新田郡阿久津村の白石栄左衛門が奉納したもので、竿に「當温泉四十度入湯　萬延元年庚申林鐘穀旦」と刻む。栄左衛門が若かりし頃、この付近で行き倒れになり終夜泣き明かしたことを思い出しつつ、四十回の入湯を記念して奉納したのでこの名がついたという他説もある。なお燈籠の形態と奉納年月の銘文の一致から、白石栄左衛門は、伊香保神社に入湯六十回記念の燈籠を奉納した人と同一人物と思われる。

草津の産物に、湯の花・ろくろ細工・湯もみ細工・木葉石・栗羊羹・みすず飴・わらび・山うど・椎茸・栗・雉子・山鳥・兎が現れる。「湯もみ細工」は草津温泉の「湯もみ」をモチーフにした細工物だろうか。木葉石は賽の河原近くにある木の葉の化石で、これを土産に買い求めた人もいたのであろう。みすず飴は果汁に水飴など加えて寒天で固めたゼリー菓子で、大正八年に長野県上田市の商店が売り出した。もはや昭和初期、これが草津温泉の土産になっていたとは驚きである。

第五章　奥武蔵・秩父・甲斐

一、武蔵の遊覧地

(一) 武州埼玉の風景

武蔵国の中・北部に位置する埼玉県は、西に秩父山地をひかえ、東に関東平野がひろがる。関東平野には利根川・荒川・入間川などが流れ、流域に台地や丘陵も発達する。東京都に隣接する埼玉県東南部は住宅地と化すが、北部は近郊農業などで暮らしを営む地も少なくない。埼玉県は観光地が多いとはいえないが、それでも荒川上流部の秩父地方や、入間川・高麗川流域の奥武蔵に、戦前から遊覧地として親しまれた地がいくつかあった。

「埼玉県」(昭和九年一一月、吉田初三郎画、埼玉県発行)〈図1〉を開こう。表紙は大河を隔てて富士山を望む烏帽子姿の貴人の絵柄、笏を手にするその人は東下りの殿上人であろうか。鳥瞰図は春日部の東辺りから西に関東平野・秩父山地を望む構図で、左に東京、中央やや左に大宮、右に本庄をおく。背後の秩父山地に武甲山・三峰山が聳え、遠景に富士山や浅間山も見える。

関東平野には、秩父山地から流れ出た荒川が東京湾に注ぎ、大河の利根川が水を湛える。東京赤羽から荒川を越えた東北本線沿いに川口・浦和・大宮、高崎線沿いに熊谷の街が発達し、池袋から延びる東武東上本線沿いに川越の街がひらける。ほかにも平野部に小さな街が点在するが、市街地周辺はのどかな農地がひろがる。何の変哲もない景色であるが、そのありふれた風景こそ昭和初期の埼玉県の姿であろう。

それでも鳥瞰図に赤い短冊でいくつかの名所が示されている。まず狭山丘陵から奥武蔵周辺である。武蔵野鉄道(現・西武鉄道)所沢駅近くに村山貯水池や山口貯水池があり、付近が遊覧地になっている。武蔵野鉄道が飯能を経て吾野まで延び、終点吾野駅から正丸峠を越えて道が秩父に通じる。飯能郊外の天覧山が名所で、付近に高麗神社・高麗王墓がある。

次いで秩父方面である。荒川を遡ると寄居の玉淀(たまよど)、その上流

〈図1〉「埼玉県」
(昭和9年11月、吉田初三郎画、埼玉県)

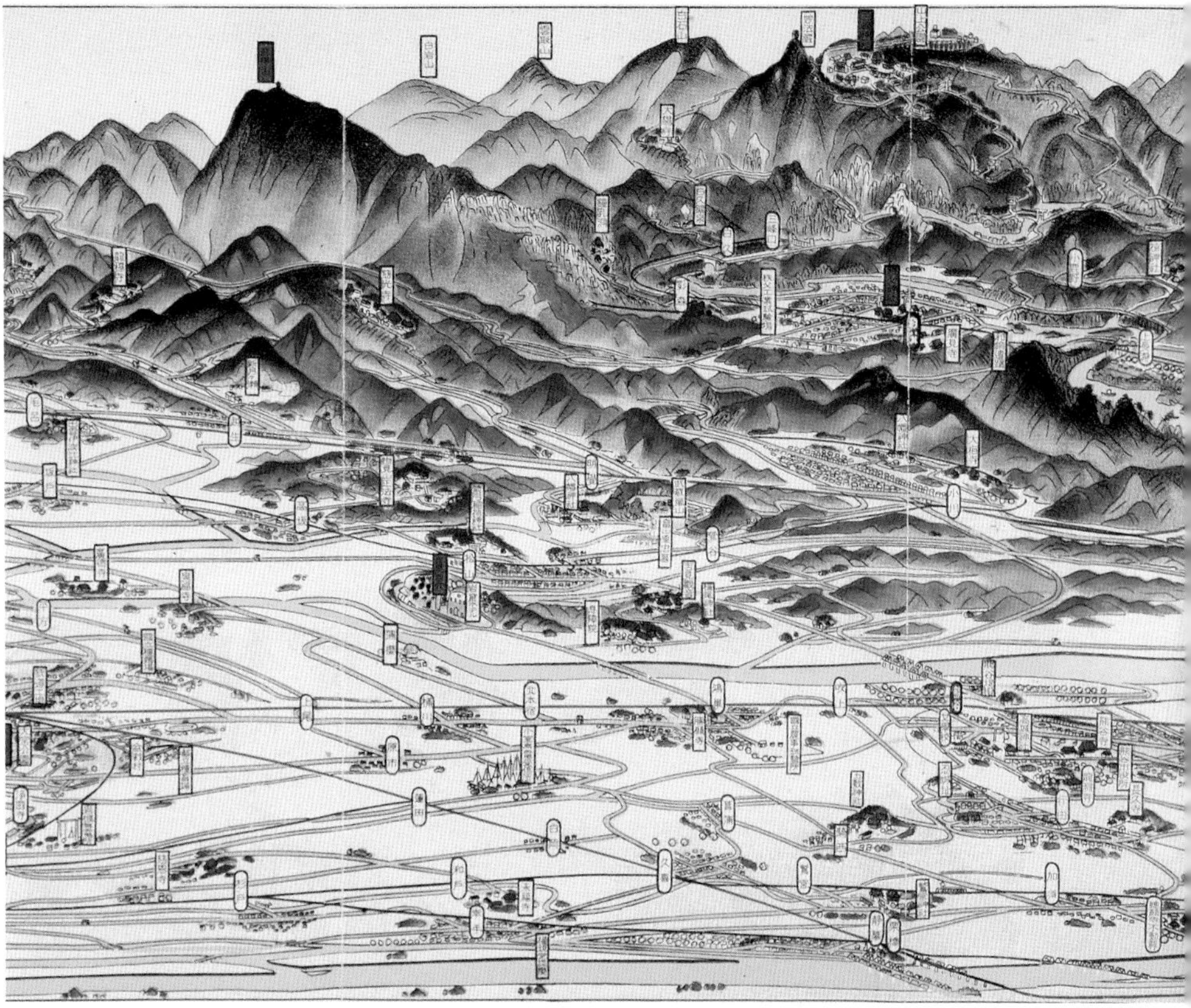

初三郎

東京

川口

浦和

の長瀞が名所で、秩父盆地の秩父神社、秩父山地の三峰山や中津渓谷に印がついている。平野部の名所は、大宮の氷川神社（武蔵国一宮）、児玉郡の金鑚神社（武蔵国五宮）、松山の吉見百穴と少ない。案内文から埼玉県のあらましを見よう。

> 西半は山岳と丘陵地帯にして山林と畑地多く植樹養蚕に適し、東半は水田遠く連りて地味肥沃、五穀豊饒の地である。（中略）近時、県南の地帝都に接し、交通の利便発達すると共に益々住民増加の傾向を示せり。

西の山地と丘陵は養蚕・畑作地帯、東は肥沃な水田地帯で、南部は住宅地に変わりつつある埼玉県の姿を簡潔に言い表す。このように暮らしを立てるに何不自由のない土地柄では、観光地を売り出そうという気持ちも起こりにくいのではないか。

ここでは、奥武蔵と秩父の名所に絞って簡単に紹介しよう。まず飯能天覧山と高麗村である。

> 天覧山は風光明媚にして眺望絶佳、明治十六年近衛諸隊演習の際、明治天皇登臨御統監遊ばされし所なり、（中略）此付近は旧と高麗郡の地にして奈良時代、霊亀二年東国に在住せる高麗帰化人を置きて一郡を形成せしもの、

愛宕山・羅漢山などと呼ばれていた小山（一九七m）は、奥武蔵や奥多摩の山々の眺望に優れ、明治天皇行幸以来、天覧山と称すようになった。また旧高麗郡は入間郡となった（明治二九年）が、高麗王若光を祀る高麗神社が古代の歴史を偲ぶところとして注目されていた。次いで秩父の三峯神社である。

> 古くより山岳修験の信仰の中心地にして、東国人の信仰厚く、年々の参拝者四万人を下らず。本三峰山を含む奥秩父の山岳跋渉は、その山姿の幽と渓流の美と相恃ち（ママ）て広く世間に紹介せられ、その登攀者は三峰神社の参拝者と共に年々多きを加へ帝都に近き関東に於ける遊覧地として雄飛するに至れり。

妙法ヶ岳・白岩山・雲取山の三つがいわゆる三峰で、三峯神社に多くの参拝者が訪れるとともに、奥秩父の山野を歩き回る登山者が増えていた。長瀞もまた秩父名所である。

> 両岸絶壁を為し碧水其間を流れて勝景の地たると共に、よく其の岩質を露出し、種々の褶曲断層を示して、関東に於ける代表的のものとして、大正十三年名勝天然記念物の指定を得たり。付近の宝登山神社と共に賽者観客常に踵を接す。

結晶片岩から形成された荒川の峡谷が長瀞である。付近の宝登山神社とともに、次から次へと来訪者が続いていた。また下流の玉淀（寄居町）も象ヶ鼻の奇岩や鉢形城の岩壁が水面に映じ、風景のよい名所であった。

(二) 武蔵野鉄道沿線

東京池袋から飯能駅(大正四年開業)を経て、秩父と奥武蔵の境に位置する正丸峠麓の吾野駅(昭和四年開業)に向かう路線に、武蔵野鉄道(武蔵野電車、昭和二一年西武鉄道)があった。埼玉県南西部を走る武蔵野電車は、各種観光パンフレットを発行する。沿線の名所をイメージしやすいので紹介しよう。

「秋」(昭和一一～一六年、武蔵野電車発行)〈図2〉は、ススキ野の名月に三羽の雁の絵柄で、東京を含めた沿線遊覧コース一三を紹介する。発行年はないが、路線図に仮駅から移転後の村山貯水池駅(昭和一一～一六年、現・多摩湖駅)がある。遊覧地を列記すると、豊島園・石神井公園・大泉市民農園・平林寺・所沢飛行場から山口貯水池へ・山口及び村山貯水池・稲荷山公園・天覧山・高麗神社・東郷公園・伊豆ヶ岳・高山不動より奥武蔵高原へ・子の権現である。案内文から見所を要約しよう。

東京の豊島園(令和二年閉園)・石神井公園は説明が要らないだろう。大泉市民農園(現・練馬区立区民農園の一つ)は、富士山を望む閑静な地に百万坪余りの広さを誇り、分区園のほかに行楽客を迎える直営園や、遠足・校外教育の児童生徒が農作業を体験する学校園もあった。

埼玉県の平林寺(臨済宗)は周囲に野火止用水が流れ、雑木林に包まれた武蔵野の面影を残す古刹である。所沢飛行場(現・航空記念公園)には航空隊・測候所・格納庫があって、爆音を立てて妙技や練習をおこなう飛行訓練の見学ができた。

山口貯水池(狭山湖・昭和九年完成)・村山貯水池(多摩湖・昭和二年完成)は狭山丘陵にある人造湖で、いずれも東京市民に飲料水を供給するために築造された。水辺に探勝道路・休憩所・公園・展望台などが設置され、遊覧地として親しまれた。稲荷山公園(入間市)は入間川に臨む全山ツツジの公園で、家族連れの散策や、小学生の遊覧・ピクニックの適地であった。

飯能の天覧山は山腹に十六羅漢の石仏が安置され、秩父連峰を見渡せ、四季を通じて遠足やピクニックに最適であった。高麗神社付近は史跡に富み、青少年や婦人団体の「史跡遍歴」にふさわしい地であった。

東郷公園は吾野駅近くの秩父御嶽神社境内の公園で、園内に東郷平八郎元帥の銅像(大正一四年除幕)が立つ。小中学生や女学生の校外学習によいと勧めるが、今日では紅葉の名所として知られる。吾野から登る伊豆ヶ岳(八五一m)は雄大な展望が楽しめ、ロッククライミングの練習ができた。吾野の北に位置する高山不動は常楽院(真言宗)の通称で、成田不動・高幡不動とともに「関東三不動尊」の一つとして信仰された。吾野の西に位置

〈図2〉「秋」（昭和11～16年、武蔵野電車）＊

〈図3〉左・右下「秋は武蔵野電車で」
（昭和11～16年、武蔵野電車）＊

〈図4〉左・下「沿線案内」
（昭和11年頃、多摩湖鉄道）＊

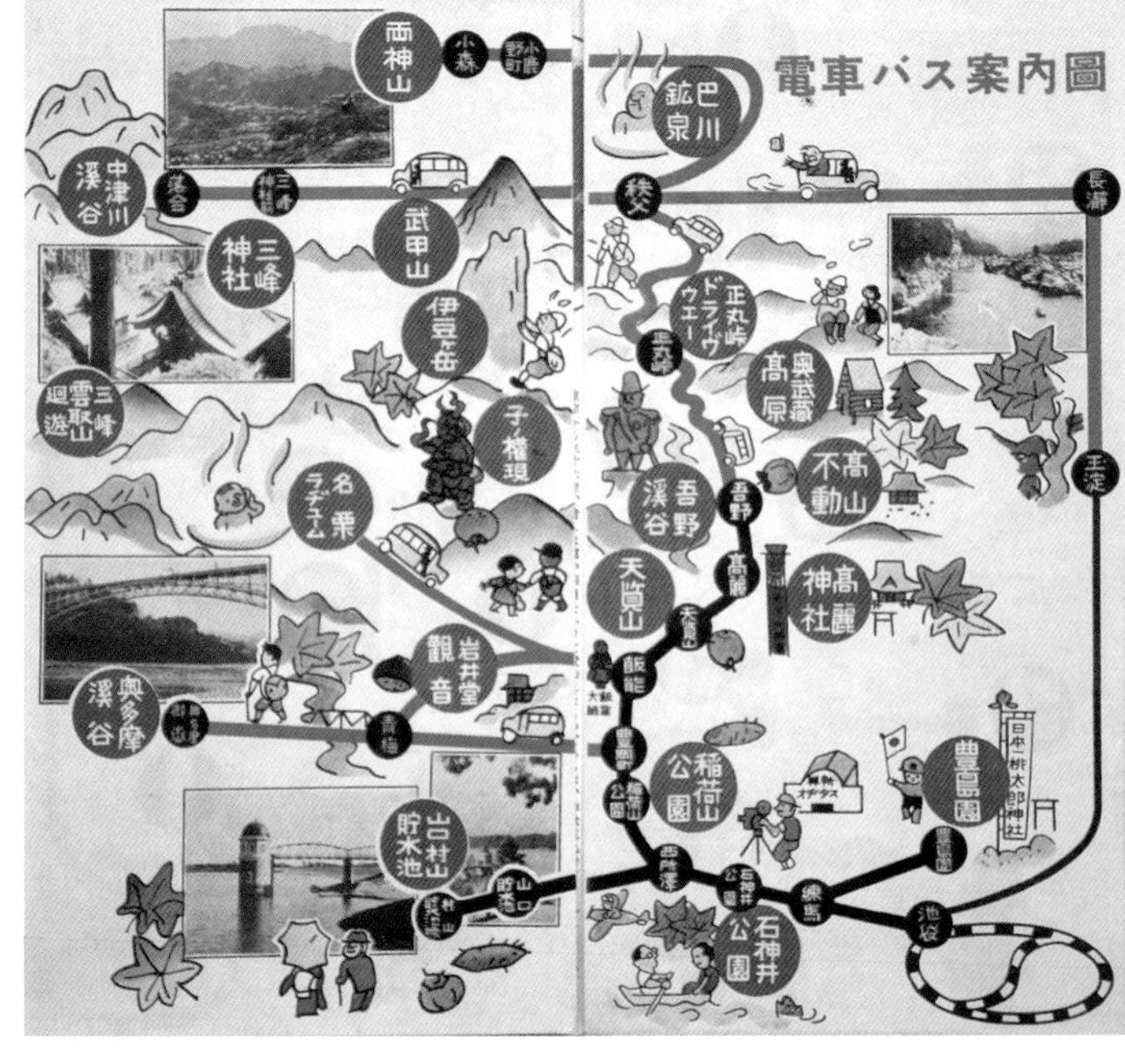

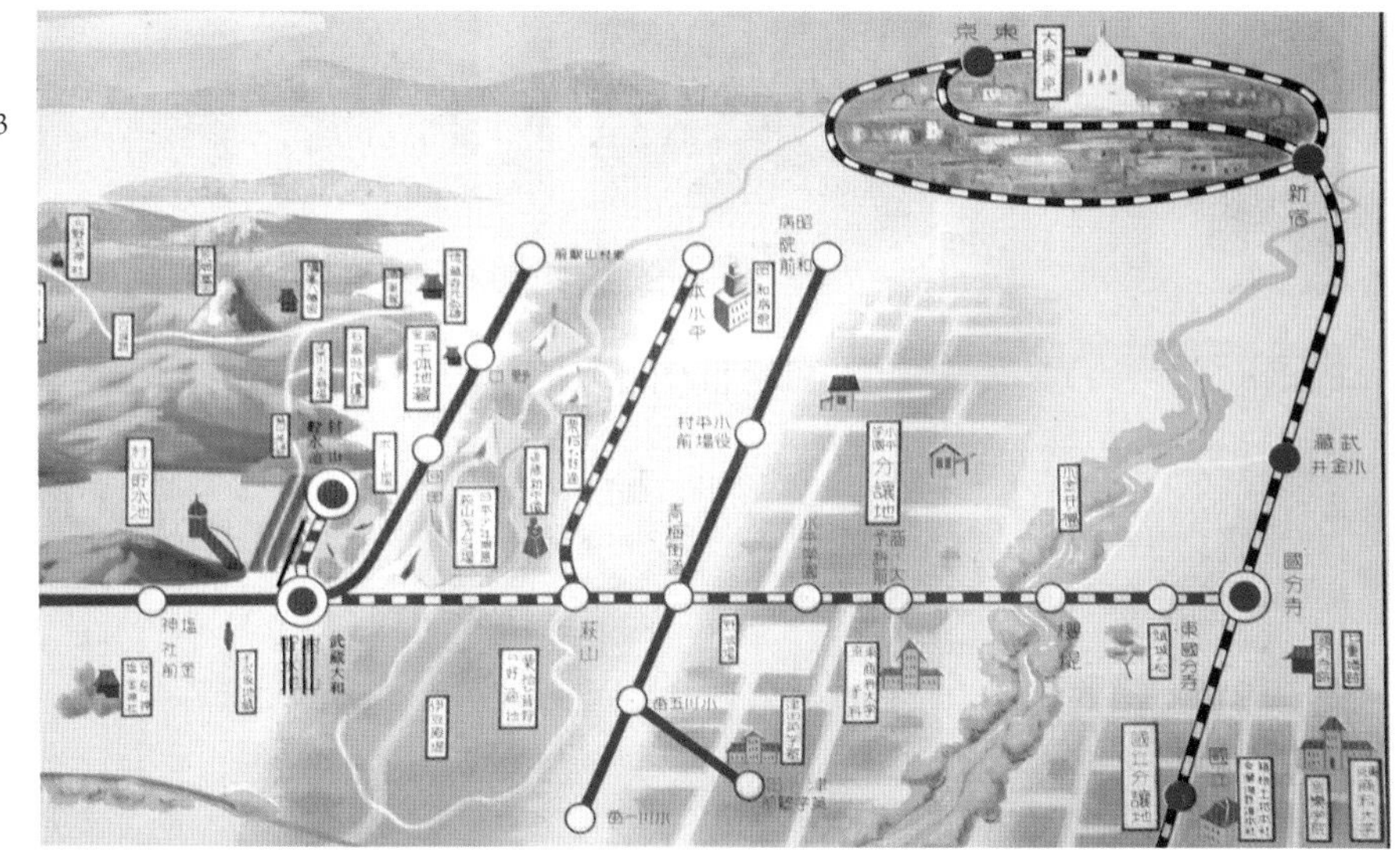

東京
新宿
國分寺
武蔵大和
萩山

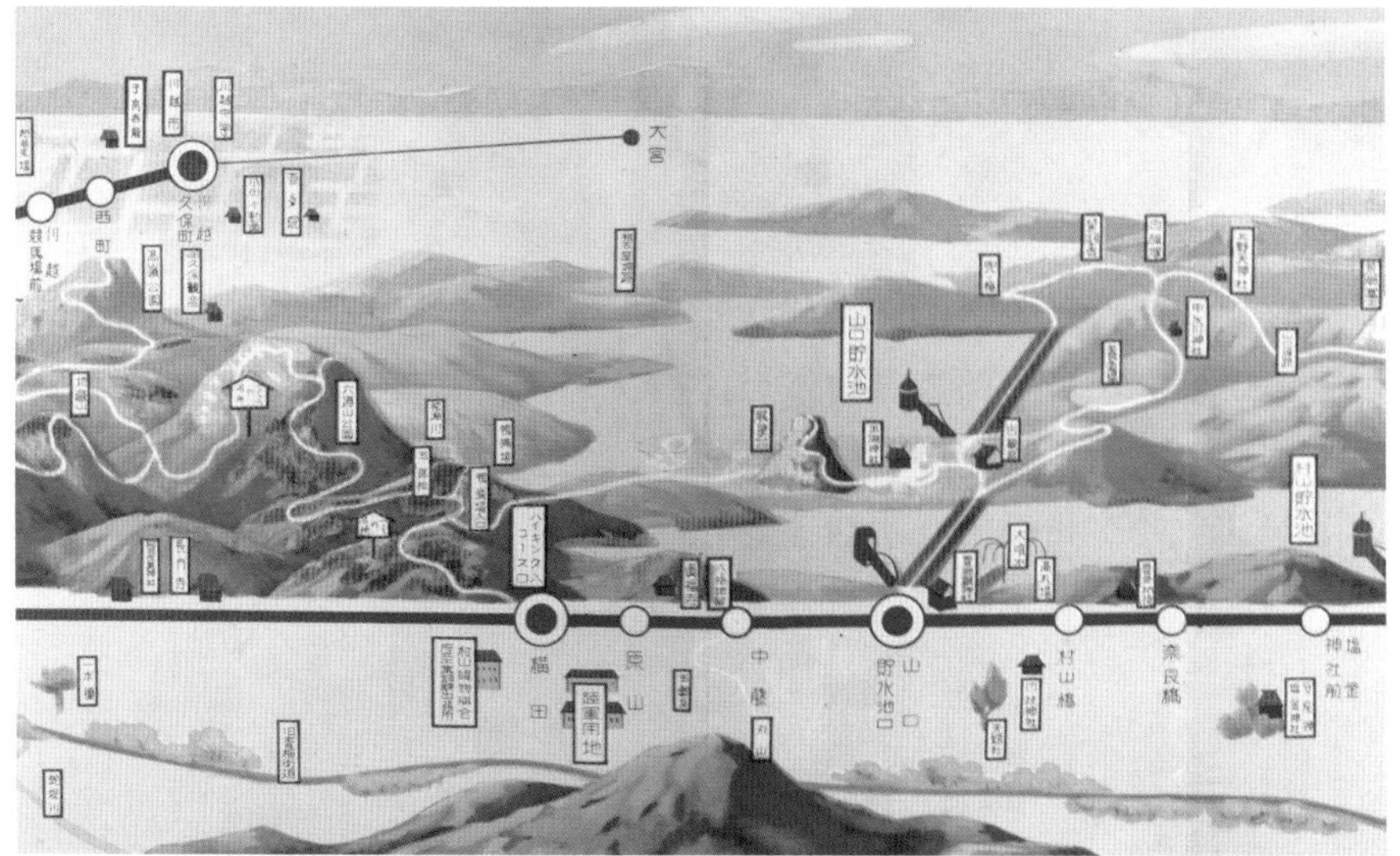

大宮
山口貯水池
村山貯水池
横田

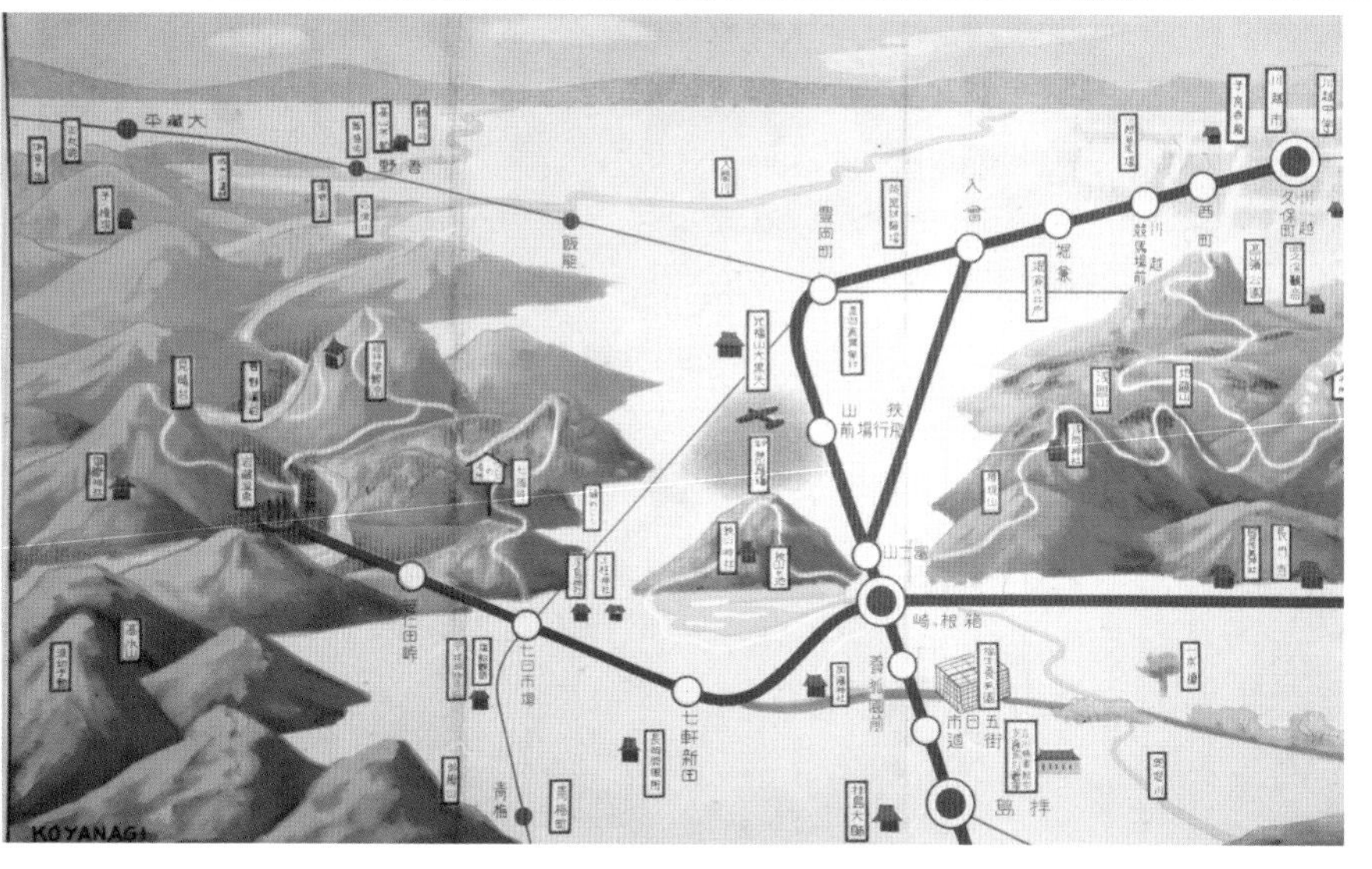

飯能
KOYANAGI

する子の権現は天龍寺（天台宗）の通称で、足腰を強くする庶民信仰が厚い。いずれもハイキングかたがた参る寺院であった。「秋は武蔵野電車で」（昭和一一〜一六年、武蔵野電車発行）〈図3〉もまた、沿線案内である。穂を垂れた稲田に立つ案山子の絵柄が郷愁を誘う。裏表紙に「護れ銃後！鍛へよ体躯！」と書き込む。田んぼの案山子の絣の着物は継接ぎだらけで、窮乏生活に耐えようというメッセージなのだろうか。前述の村山貯水池駅も見えるが、戦時体制に入った昭和一三年以降のものであろうか。内容は沿線の名所史跡案内で、きわめて明快な「電車バス案内図」があるので参考までに掲載する。

(三) 多摩湖鉄道沿線

武蔵野鉄道の前身の一つに多摩湖鉄道（昭和一五年武蔵野鉄道に合併）があり、昭和三年に国分寺—萩山の旅客営業を開始した。「沿線案内」（昭和一一年頃、多摩湖鉄道発行）〈図4〉は、狭山丘陵の山口貯水池（狭山湖）・村山貯水池（多摩湖）を中心に据える。発行年はないが、仮駅名であった村山貯水池の文字を線で消して武蔵大和（昭和一一年移設改称）に訂正しているため、その頃のものであろう。また印刷された「延長線」の文字を消し、北方に設置された新駅に「村山貯水池」と駅名のスタンプを押す。

表紙は緑の丘陵に囲まれた山口貯水池の絵柄である。鳥瞰図は横田（武蔵村山市）辺りから北東を望む構図で、左に岩蔵温泉（青梅市）、中央に山口・村山両貯水池、右に国分寺をおく。電車線が国分寺から萩山を経て本小平へ、武蔵大和を経て村山貯水池に延びる。また自動車線が武蔵大和から山口貯水池・箱根ヶ崎（瑞穂町）を経て川越・拝島・岩蔵温泉へ通じる。路線図周辺に緑の丘陵や青い湖がひろがる清楚な一枚である。湖畔や丘陵を巡るハイキングコースの見所も示され、週末が待ち遠しくなる鳥瞰図である。冒頭文を見よう。

山紫水明の仙境を現出し、都人士が一日の清遊を恣にする絶好の地となり、近時四季を通じて散策に遊覧に、その行を楽しむ人が増加した。（中略）当社の鉄道はこの両貯水池即ち多摩湖の遊覧を目的として居る。冷瓏鏡の如き湖畔に一日をいそしみ、清浄玉の如き水を愛でると共に、吾等祖先の遺蹟を探りて太古を偲ふも亦興趣深いことであらう。

山口・村山両貯水池が出現して都会人の清遊の場になり、散策や遊覧を楽しむ人が増えた。多摩湖鉄道は湖畔の遊覧を目的にしており、玉（宝石）のように透き通った湖を愛でるとともに周囲の遺跡探勝も興味深い、と謳う。なお第十二回オリンピック大会（昭和一五年）が東京で開催されることが決まり、この地がオリンピック村候補地に挙がっていたことにも触れるが、この大会は日中戦争などの影響から実現にはいたらなかった。

二、奥武蔵

（一）天覧山とその周辺

再び、武蔵野鉄道沿線を見ていこう。入間川流域にある飯能の天覧山とその周辺は「飯能天覧山」（昭和一二年〜、武蔵野電車発行）〈図5〉、「奥武蔵野遊覧コース御案内」（昭和七年〜、武蔵野電車発行）〈図6〉が参考になる。内容は、いずれも天覧山から高麗神社にかけての見所三八か所を示す地図、及び名所案内である。次の「奥武蔵野遊覧コース」の案内文も共通する。

> 奥武蔵野の絶勝天覧山、関八州の展望多峯主（とうのす）パノラマ台、美川名栗川をこめての天然遊園地です。廻遊所要一時間、坂はなだらかで御婦人お子様でも平気です。桜に、つつぢに、新緑に、水泳に、舟遊びに、紅葉に雪に、四季おりおりの情趣ゆたかで、お花見に、ピクニックに、校外教授に最も適（ふさ）はしい塵外境です。

地図を見ると、飯能の入間川岩根橋付近に水泳・舟遊場があり、上流は吾妻峡という豊かな自然環境に包まれている。

「飯能天覧山」〈図5〉は、表紙が天覧山から望む山なみ、脚下に入間川が流れ、遠く雪化粧した富士山も見える。発行年はないが、昭和一一年に高麗駅構内に「将軍標」が、昭和一二年に天覧山麓に飯能戦争の事跡を刻んだ「振武軍碑」が建立されたことが案内文に見える。

将軍標とは、朝鮮半島の村落入口に立てる魔除けの柱（ジャンスン）で、パンフレットに「天下大将軍」「地下女将軍」と記した高麗駅構内の一対の木柱の写真を掲載する。現在、高麗神社で見る石の将軍標（平成四年、大韓民国から寄贈）は異形の男女の顔が彫刻されているが、これとは違う素朴な将軍標である。

案内文に高麗神社を「内鮮融和の精神的聖地」と記す。満州事変勃発（昭和六年）以降、朝鮮同化を目的とする内鮮融和運動が提唱され、昭和一一年にはそれがさらに強く打ち出された。これが将軍標建立の背景と考えてよいであろう。

飯能戦争とは、慶応四年（一八六八）、彰義隊を離れた渋沢成一郎を首謀とする振武軍が官軍と戦った戊辰戦争の一つである。本営であった天覧山麓の能仁寺に、七十回忌の節目に戦死者・遭難者の霊を弔うために「唱義死節」と刻んだ石碑が建立された。徳川家に縁をもちつつ新政府の近代国家建設に尽力した先人ゆかりの人々は、七〇年の歳月に如何なる思いを馳せ、揮

〈図5〉「飯能天覧山」(昭和12年〜、武蔵野電車)＊

〈図7〉「ハイキング」(昭和11〜16年、武蔵野電車)＊

〈図6〉「奥武蔵野遊覧コース御案内」(昭和7年〜、武蔵野電車)＊

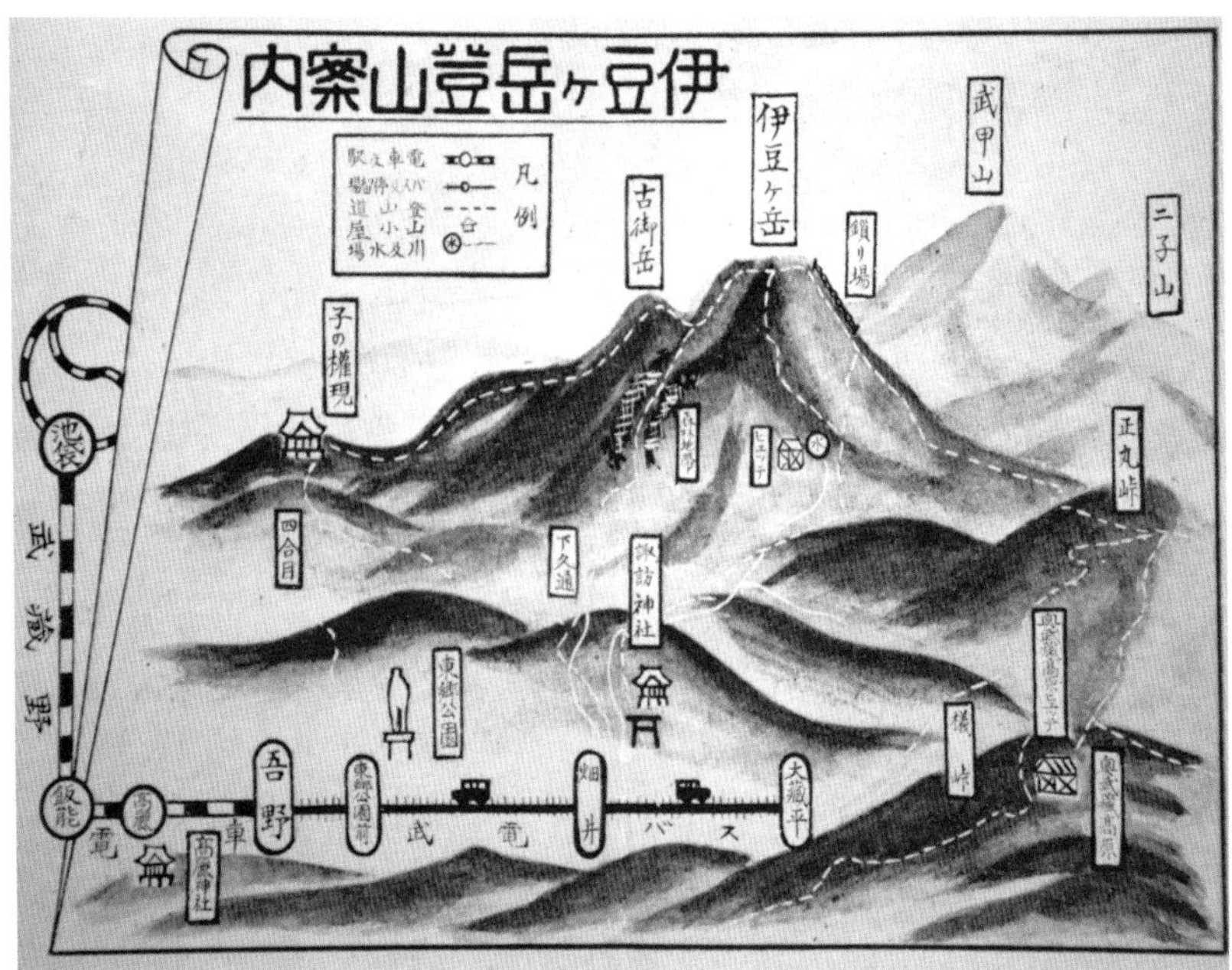

〈図8〉「伊豆ヶ岳」（年代不明、武蔵野電車）＊

〈図9〉「正丸峠ドライブウエー」（昭和11年〜、武蔵野電車）＊

〈図10〉「日帰りのスキー奥武蔵高原」（年代不明、武蔵野電車）＊

毫・建碑したのであろうか。パンフレットは、その行間に時代の空気が漂う。

「奥武蔵野遊覧コース御案内」〈図6〉は、天覧山麓の料理旅館東雲亭を大きく取り上げ、昭和七年の「アサヒグラフ」の記事を引用するので、それ以降の発行である。山家の料理をこのように紹介する。

> お通しものがアケビの味噌焼に銀杏の塩煎り、いなごのから煮に野びるの酢味噌、覧山汁に、きく菜の小茶碗、鳥肉とモツの田舎かまぼこ、べんべらっこの田楽、雑魚の竹やき、鯉の細式、きのこ豆腐等々、野趣満々たる珍味ばかりだ

東雲亭には、居ながらにして武蔵野を見渡せる百畳敷きの大広間や小座敷数十室、離れもあって、宴会や招待旅行などに利用されていた。ここに紹介された田楽や鯉の細式がどのようなものか不明である。雑誌に取り上げられたことを鼻高々に紹介することが戦前からおこなわれていたのである。

（二）奥武蔵ハイキング

奥武蔵では、ハイキングやドライブなど多様な楽しみがあり、正丸峠近くの奥武蔵高原にスキー場まであったことは今となっては想像しがたい。

「ハイキング」（昭和一一～一六年、武蔵野電車発行）〈図7〉は、ニッカーズボンに小型のリュックサックを背にした五人のハイカーの楽しそうな絵柄で、「いざいかん奥武蔵野　いざ登らん伊豆ヶ岳へ」をキャッチコピーに挙げる。発行年はないが、掲載する時刻表に村山貯水池駅（昭和一一～一六年）が見え、次の冒頭文をおく。

> 沿線到る処、四季を通じての眺めと天与の景勝に恵まれ、太古の面影を偲ぶ伝説史蹟に富み騒音と煤煙に感覚麻痺せんとする都人の一日の清遊探勝に又日帰りのハイキングに頗る興趣深いものがあります。

記載するハイキングコースは、おおむね前掲「秋」〈図2〉と重なる。秩父を含めた多様な登山コースも紹介するが、とりわけ伊豆ヶ岳の案内に力を注ぐ。

> 東京から日帰りで登れる山としては、高尾山、筑波山等が遊覧地化した今日、都塵に染まざる純朴な自然美と豊かな興趣に恵まれた山として、最近帝都岳界に頗る人気を博し、

高尾山や筑波山は俗化してしまったが、都会の塵に染まらない伊豆ヶ岳は純朴で、東京の人たちに人気の山である、と語る。また日帰りハイキングコースとして最も理想的なコースで、変化に富んだ約一二kmの行程は終始旅情を慰め、山頂はロックク

ライミングの練習場として有名である、と述べる。さらに武甲山・箱根の山々・富士山の眺めはもとより、武蔵野の平野を俯瞰する展望の雄麗さは近郊無比、と誇る。

「伊豆ヶ岳」（年代不明、武蔵野電車発行）〈図8〉には、「伊豆ヶ岳登山案内」の絵図が掲載されているので示そう。ここには三つのコースがあるが、畑井から登る一例（概略）を挙げる。

池袋駅―吾野駅（バス）―畑井―花桐の諏訪神社―伊豆ヶ岳―古御嶽―子の権現―東郷公園前―吾野駅―池袋駅

子の権現には、地面に差した杉の箸が巨木になったと伝える二本杉があった（一本は平成二六年落雷で焼失）。この伝説に因み、当時、天龍寺（子の権現）では杉を象った高盛飯を名物として参詣客に提供していた。今は忘れられてしまったお寺の料理であるが、この高盛飯の昼食と電車賃をセットにしたクーポン式遊覧券まで発売するほどであった。

昭和初年にはハイキングブームが起こり、ほかにも東京鉄道局などがハイキングに誘う各種パンフレットを発行する。そこには、「颯爽とハイキング」という標語や、「♪空は青いぞホーイホイ　うちつれゆかうよラララ　緑輝く野に山に…」というハイキングの歌まで載っている。当時、鉄道省・日本旅行協会（ビューロー）・東京日日新聞社・大阪毎日新聞社が主催して懸賞標語やハイキングの歌を募集しており、右は懸賞一等当選標語と歌である。昭和初年にはハイキングやピクニックのほかに、ドライブも流行した。

「正丸峠ドライブウエー」（昭和一一年～、武蔵野電車発行）〈図9〉は、峠道を行くボンネットバスの表紙が郷愁を誘う。正丸峠ドライブウエイが開通（昭和一一年七月）すると、秩父行きが便利になった。この観光道路には「シークな武蔵野電車直営バスが疾駆…」とあるが、写真からは、これが砂利道の観光道路を駆け抜ける粋（シック）なバスかと思ってしまう。裏面の地図は、秩父が近くなったことを実感させる。

「日帰りのスキー奥武蔵高原」（年代不明、武蔵野電車発行）〈図10〉は、小紙片である。吾野駅からバスに乗換えて大蔵平で下車、それより四kmの道を歩くと、刈場坂峠付近の尾根と斜面に奥武蔵高原スキー場があった。武甲山・両神山に対面する展望絶佳の高原で、三つのゲレンデとヒュッテを備えていた。スキー場には初心者を手引きするコーチもいたし、近所の農家への宿泊の便もはかっていた。一二月下旬から三月下旬まで一m前後の積雪があり、四kmの雪道を往く女性の手助けをする人足もいた。しかしながら、昭和一〇年代初頭に開設されたというこのスキー場は、数年しか続かなかったという。

武甲山
御嶽神社
十一番
十五番
十四番
十六番
廿四番
廿六番
廿七番
今宮神社
銘仙主要産地

〈図11〉「秩父観光案内」
（年代不明、皆川月承画、鹿ノ湯温泉）

三、秩父

荒川上流域にある秩父は、秩父盆地とそれをとりまく秩父山地から成る山国である。武蔵国の一郡となる以前の秩父は、知知夫国（ちちぶのくに）と称する独立した一国をなしており、今も独自の伝統文化や習俗が息づいている。

秩父の姿を「秩父観光案内」（年代不明、皆川月承画、鹿ノ湯温泉発行）〈図11〉から見ていこう。表紙は、川舟で峡谷美を楽しむ長瀞の風景、秩父の山なみを背後に一両の電車が川を渡る。発行年はないが、鳥瞰図に三峰口駅（昭和五年開業）があり、三峰索道（昭和一四年開業）は未設置である。

鳥瞰図は小鹿野辺りから南東に荒川上流域を望む構図で、左に長瀞、中央左寄りに秩父市街地、右に三峰山をおく。秩父市街地背後に武甲山が聳え、秩父山地が秩父盆地を囲む。画面はほぼ緑の山に覆われ、川沿いの平地を黄色で示すが面積はわずかである。その姿から秩父は山国であることを改めて思い知る。

まず長瀞付近に目をやろう。寄居駅を過ぎた電車が波久礼（はぐれ）駅に差し掛かる辺りから荒川両岸に岩肌が露わになった渓谷がはじまる。長瀞駅から上長瀞駅にかけて見所が多くあり、右岸に「秩父赤壁」の岩が立ちはだかる。左岸に遊園地があって岩上に四阿（あずまや）が見え、遊覧客を乗せた川舟が往き交う。左岸の山の中腹に宝登山神社が鎮座し、付近はつつじ山である。

皆野を過ぎると、電車は秩父の市街地に入る。市街地の中心に秩父神社が鎮座し、「銘仙主要産地」と示す。銘仙とは、屑繭（くずまゆ）・玉繭から引いた絹糸を使った平織の絹織物で、大正から昭和初期にかけて銘仙の着物が流行する。秩父は、伊勢崎・桐生・足利・八王子とともに銘仙の産地として栄えた。街中に織物工業組合も見える。また木炭組合もあり、周辺の山村で生産する木炭の集散地であったこともわかる。山の麓に大野原へ移転前の秩父セメント（大正一二年設立）工場も立地する。市街地やその周辺、及び横瀬川流域に点在する秩父三十四箇所観音霊場を丁寧に描き込むので、霊場巡りにも役立つように作成したのであろう。

秩父鉄道終点が三峰口である。ここから荒川左岸の山道をたどり、大輪から登龍橋を渡って鳥居を潜ると、三峯神社に向けて参道が延びる。清浄の滝を過ぎると山上に三峯神社が鎮座し、妙法ヶ岳・白岩山・雲取山の三峰三山へ尾根道が続く。

鳥瞰図裏面は、写真とごく短い案内文で構成されていて、目を引く記述は見当たらない。ここでは秩父の名所の一例として、三峯神社を昭和初期の観光案内書から引こう。

> 境内広濶にして展望が広い。（中略）古来火防盗難除のために御眷属（けんぞく）拝借と称し神符を受けるものが多い。御眷属

とは祭神の使者として信仰されて居る狼のことである。毎年四五月の頃は参拝者殊に多く日々数百人に及ぶと云ふ。

（『日本案内記』関東篇、昭和五年）

伊弉諾尊（いざなぎのみこと）・伊弉冊尊（いざなみのみこと）を祀る三峯神社は、神仏分離以前は三峯大権現といい、関東地方における修験（天台系）の拠点で、修験者により三峯信仰がひろがったという。関東一円から甲州・信州にかけて、門口に山犬（狼）のお札を貼った民家を昭和の終り頃まで見かけたものである。山犬は三峯神社のお使い（眷属）で、猪・鹿などから作物を守る「お犬さま」として崇められていた。また山犬は火伏・盗賊除けに霊験あらたかとされ、人々は三峯講を組んで三峯詣をし、この御札をうける風習が生まれた。昭和初期も大勢の参詣者が訪れていたことを示す記述は、その信仰が息づいていたことを物語る。

四、甲府盆地

（一）甲斐の風景

甲斐国の山梨県は、西に赤石山脈（南アルプス）・身延山地、北に八ヶ岳、北から東にかけて秩父山地、南に御坂（みさか）山地・富士山と、四方を山に囲まれている。県央に甲府盆地がひらけ、盆地の西を釜無川、東を笛吹川が流れ、市川大門で合流して富士川となり駿河湾に注ぐ。一方、東方の山々からの水は桂川となって相模湖に注ぎ、やがて相模川となる。

御坂山地南の富士山麓に富士五湖が点在し、一帯は富士箱根伊豆国立公園（富士・箱根地域は昭和一一年指定）である。加えて「富士山—信仰の対象と芸術の源泉」が世界遺産に登録（平成二五年）され、多くの訪日外国人観光客を集めるようになった。北部の秩父山地から御嶽昇仙峡にかけて秩父多摩甲斐国立公園（昭和二五年指定）、西部の赤石山脈は南アルプス国立公園、北部の八ヶ岳は八ヶ岳中信高原国定公園（共に昭和三九年指定）であり、山梨県は豊かな自然に包まれている。

これらの山々に囲まれた山梨県の姿は「甲府市を中心とせる甲斐大観」（昭和四年一一月、金子常光画、朗月堂書店発行）〈図12〉から手に取るようにわかる。表紙は甲府市街地から笛吹川・御坂山地を隔てて富士山を望む遠近感ある絵柄である。鳥瞰図は甲府市街地北の湯村温泉背後の和田峠辺りから南に甲府盆地を望む構図である。左に大月、中央に甲府盆地と甲府市街地、右に南アルプス赤石岳や八ヶ岳をおく。御坂山地を隔てて富士山が聳え、彼方に箱根山・伊豆半島も見える。甲府盆地を流れる笛吹川・荒川・釜無川が富士川となって駿河湾に注ぐ姿もわかりやすい。図の右下、荒川上流の峡谷は、山梨県を代表する景

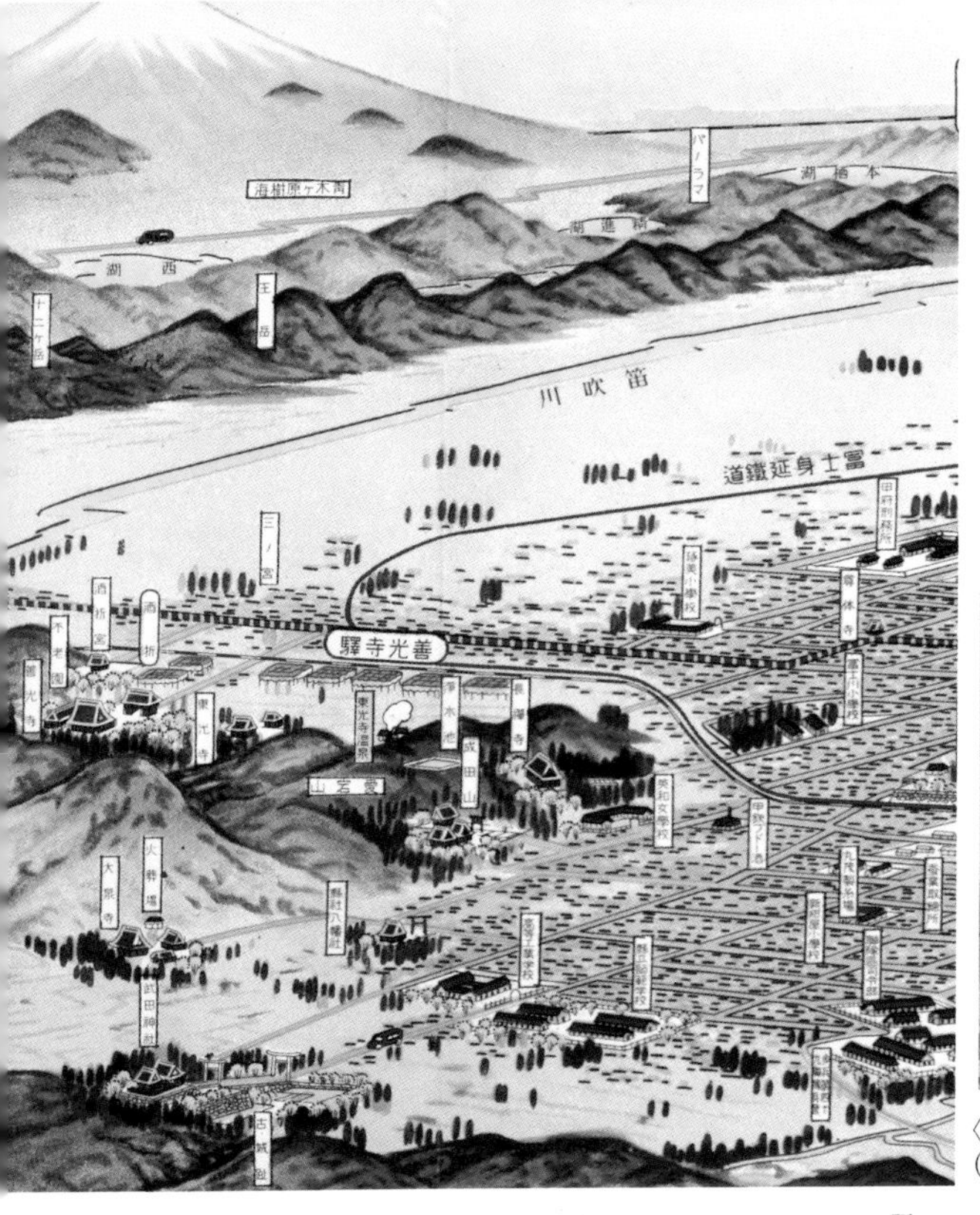

〈図12〉「甲府市を中心とせる甲斐大観」
(昭和４年11月、金子常光画、朗月堂書店)

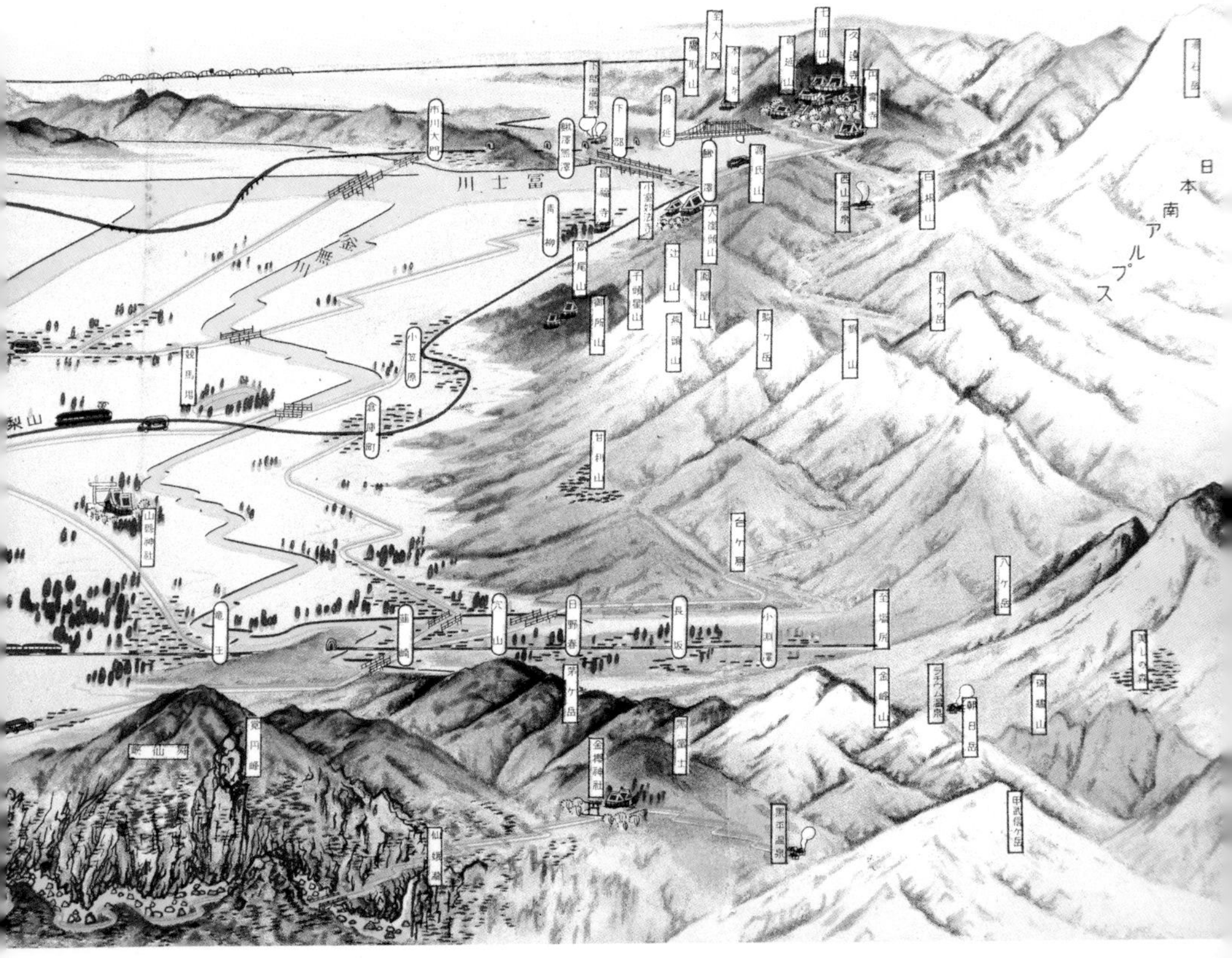

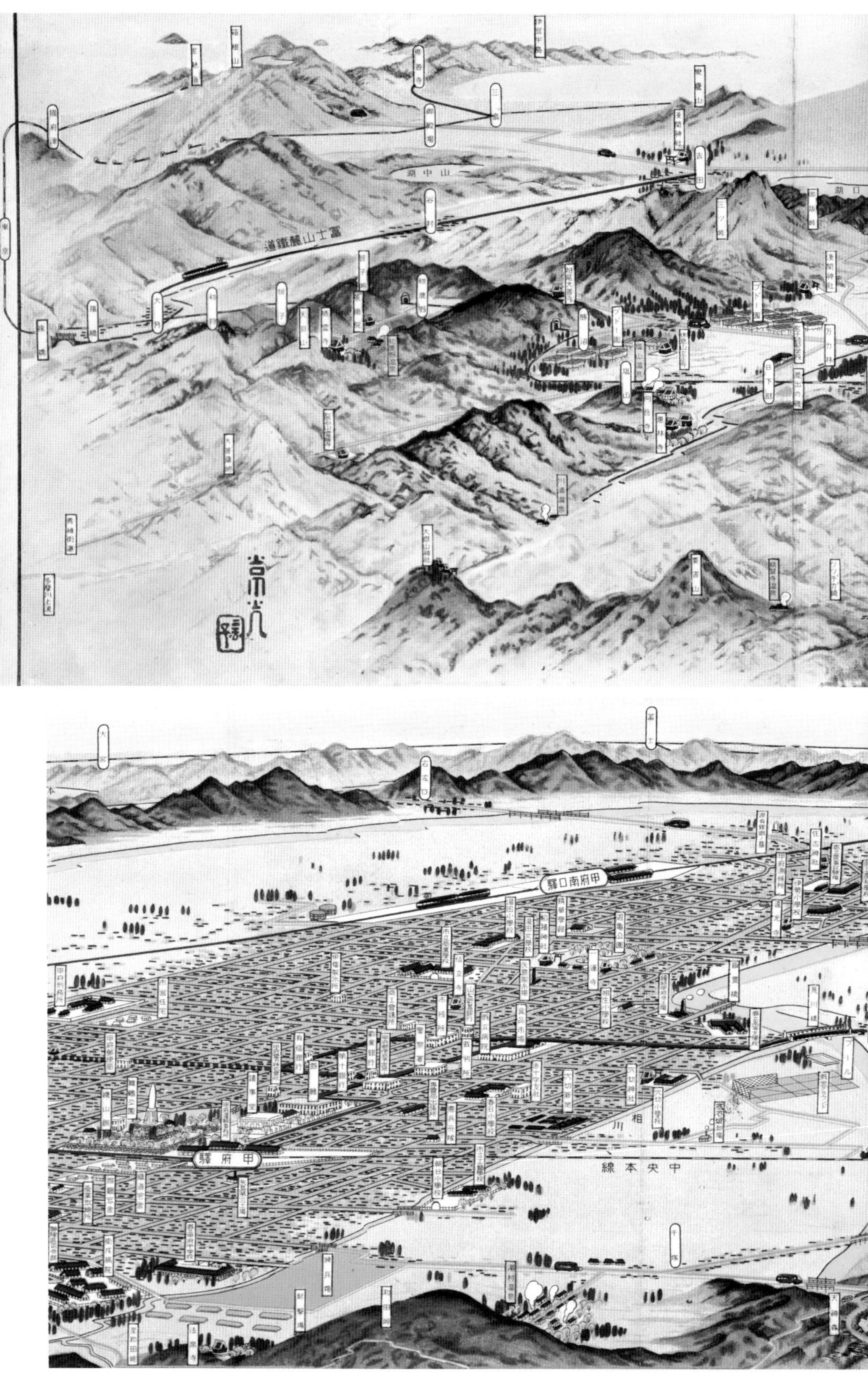

富士山麓鐵道
山中湖
箱根山
谷村
大月
吉田
三ツ峠
甲府南口驛
甲府驛
中央本線
相川
富士

勝地昇仙峡である。

大月から八ヶ岳麓の小淵沢方面へ中央本線が走り、街中に甲府駅（明治三六年開業）がある。東に目をやると、大月から富士吉田に向けて富士山麓電気鉄道（昭和四年大月―富士吉田間開業、現・富士急行）が走る。また南は富士身延鉄道（昭和三年全通、現・身延線）が中央本線甲府駅につながる。さらに山梨電鉄（現・山梨交通電車線）が甲府から青柳を経て鰍沢に向かうが、この鳥瞰図が描かれた頃、起工式（昭和四年）が済んだばかりであった。その後、甲府駅前―青柳間が全通（昭和七年）するが、青柳―鰍沢間の軌道敷設特許は失効した。このように昭和初期の山梨県は、桂川や富士川流域に鉄道が延び、山国に近代化の光明が差し込む時代の波をうけていた。

御坂山地の南の富士山北麓には富士五湖が点在し、甲府盆地から御坂峠や右左口を経て峠道が通じる。富士五湖については前著『日本の観光』で触れたので参照いただきたい。

甲府盆地の東、笛吹川を遡ると塩山（甲州市）の街がある。山麓に武田信玄の菩提寺恵林寺や、臨済宗の古刹向岳寺が伽藍を構える。塩山東の勝沼周辺にブドウ園が見える。水はけのよい扇状地の勝沼周辺は、江戸期から在来種のブドウ栽培がおこなわれ、明治期にはワイン醸造業も興った。ブドウ園は、善光寺駅背後の愛宕山山麓にまでひろがりをみせる。

甲府市街地から荒川を遡り、天神森上流が昇仙峡である。円覚峰・仙娥滝の絶勝を過ぎると山中に金桜神社が鎮座し、彼方に御神体と仰ぐ金峰山（御嶽）が聳える。金桜神社は江戸末期まで蔵王権現と呼ばれ、甲斐国の山岳信仰の拠点であった。

金峰山の西は八ヶ岳で、中腹に「美しの森」と示す。赤石山脈や清里高原の眺望に優れる美し森は、戦後、人気の観光地となったが、すでに戦前から注目されていた。八ヶ岳の南には、鋸岳・甲斐駒ヶ岳・仙丈ヶ岳・赤石岳などの南アルプスの山々が聳える。甲府盆地を取り囲む山々はこの鳥瞰図では脇役ではあるが、山岳の描写に長ける常光の筆が平板な盆地を引き立てる。

（二）甲府

甲府市街地の様子をより詳しく見ていこう。常光も甲府の街を丁寧に描き込むが、「甲府市鳥瞰図」（昭和一二年頃、吉田初三郎画、全日本産業観光甲府大博覧会発行）〈図13〉がさらに詳しい。信玄が愛用したという諏訪法性兜と武田菱の表紙に、「市制五十周年記念全日本産業観光甲府大博覧会　会期自昭和十三年三月二十五日至同五月十三日五十日間」と記す。ところが昭和一二年に盧溝橋事件がおこって日中戦争に突入したため、同年八月に博覧会開催は中止が決定した。その準備に向けて昭和一二年頃に作成・発行したものであろう。博覧会の案内文はなく、鳥瞰図に会場予定地も示していないので、詳細が決まらないまま大急ぎで仕上げたものかもしれない。博覧会開催はさておき、甲府市街地の姿を克明に描いている。

鳥瞰図は現在の緑が丘スポーツ公園の裏山辺りから南に甲府盆地を望む構図で、画面いっぱいに市街地がひろがる。右手前に昇仙峡、やや遠方に富士山や甲斐駒ヶ岳などの南アルプスや八ヶ岳を描き込むのは、常光の構図に似る。

市街地東方に甲斐善光寺が建ち、付近に酒折宮も見える。市街地北郊の山麓には武田城址（躑躅ヶ崎館跡）があり、掘割に囲まれて武田神社が建つ。甲府駅から武田神社に向かう道の両側にある師範学校・高等工業学校は、戦後、山梨大学となったが、校地は変わっていない。師範学校の西に歩兵第四十九聯隊兵舎・衛戍病院・旧制甲府中学校（現・甲府第一高等学校）があり、荒川対岸に練兵場がひろがる。明治期の煉瓦造りの聯隊糧秣庫（食糧庫）が唯一残り、山梨大学教育学部の歴史資料室として活用されている。また練兵場跡地は緑が丘スポーツ公園となった。

甲府駅南が市街地の中心で、駅前の石垣を築いた甲府城址は舞鶴公園となり、オベリスクのような柱が天を衝く。これは水害防止の目的で明治天皇から御料地を下賜されたことに感謝する謝恩碑（大正一一年建立）である。舞鶴公園に隣接して県会議事堂・県庁・図書館があり、付近に郵便局・警察署・裁判所・市役所などが建ち並ぶ。街中には公共建築を除いて大きな建物は見当たらず、県都といえども地味な町並みである。市街地南の遊亀公園の一角は動物園で、その北に一蓮寺が建つ。

昭和初期の旅行案内書は、甲府の廻覧順序をこのように紹介する。

駅―柳町通―商品陳列所―遊亀公園―善光寺―酒折宮―甲府城址―武田城址―駅（『日本案内記』関東篇、昭和五年）

これより甲府城址（鶴舞公園）・遊亀公園・武田城址（躑躅ヶ崎館跡）や、東郊の甲斐善光寺・酒折宮が甲府の主だった遊覧地であったことがわかる。「甲府市鳥瞰図」〈図13〉の案内文を要約し、若干の補足をしよう。

甲府城址は、古くは一条小山と称す一条忠頼（平安末～鎌倉初期の武将）の館跡であった。一六世紀後半にその地に築城、徳川氏・柳沢氏などが城主となるが、その後は幕府直轄地となって城代・勤番がおかれた。鉄道開通により城地の一部は破壊されたものの旧観をとどめる。

甲府城址を訪ね、再建された鉄門から本丸跡へ石段を登る。

〈図13〉「甲府市鳥瞰図」
(昭和12年頃、吉田初三郎画、
全日本産業観光甲府大博覧会)

七面山
身延山
富士川
名古屋
静岡
身延
下部
富士
大宮
精進湖
本栖湖
笛吹川
武徳殿
図書館
議事堂
甲府
甲府市鳥瞰図
東京
横濱
箱根
御殿場
山中湖
三ツ峠
御坂峠
大月
笹子峠
船津
河口湖
西湖
鵜飼橋
石和
酒折
酒折神社
善光寺
東光寺
淨水池
金手町
大泉寺
八幡社
武田神社
武田城址

本丸南西端の謝恩碑を仰ぎ見て、石積みの天守台に立つ。南に富士山、西に甲斐駒ヶ岳・鳳凰山などの南アルプスの展望がひらける。本丸西には武徳殿（昭和八年建築）、県庁舎・議会議事堂（共に昭和五年建築）が戦前の姿を残す。

遊亀公園は、明治初年に一蓮寺の境内を公園としたもので、動物園を付設して市民唯一の行楽地になっていた。一蓮寺は、古くは一条小山に創建された由緒ある時宗の寺で、鎌倉・室町期には門前が形成されるほどであったという。武田氏滅亡後、一条小山に甲府城が築城されると一蓮寺は現在地に移転し、甲斐国の時宗の拠点として存続した。明治に入って旧境内地の一部が山梨県に移管され、大正八年に我が国四番目の動物園が開園した。昭和初年、この動物園にやってきた珍しいアジアゾウに、人々は目を見張ったに違いない。

市街地東に位置する甲斐善光寺は、武田信玄が長野善光寺より本尊・諸仏・寺宝などを招来した巨刹であるが、武田氏滅亡後、本尊は遷座された。宝暦四年（一七五四）の大火後に再建された山門と本堂が威容を誇っていた。近くの酒折宮は日本武尊の東征伝説のある古跡で、隣接して甲府近郊随一の梅林がある。不老園と名づけた梅林は、明治三〇年に甲府の呉服商奥村氏が別荘地としてひらいたもので、園内の長生閣（大正七年建築）に観梅客を招いて春の訪れを愛でたという。梅林を逍遥して高台に立つと、甲府盆地を取り囲む山なみや富士の雪景色も味わえる。

五、御嶽昇仙峡

山梨県の名所として御嶽昇仙峡（昇仙峡）が知られる。甲府駅北方の天神森長潭（ながとろ）より、荒川の清流に沿う奇岩怪石の続く約四㎞の峡谷である。「御嶽昇仙峡」（昭和二年九月、金子常光画、朗月堂書店発行）〈図14〉を見よう。表紙は峡谷に架かる橋、右手に巨岩が聳え立つ。昇仙峡を訪ねてその風景を探ると、昇仙橋から覚円峰を眺めたものではないか、と思われる。ちなみに覚円峰はその昔、覚円なる僧がこの巨岩の上で修行したことに因む、昇仙峡きっての絶勝である。鳥瞰図は荒川左岸から西を望む構図で、左に甲府、中央に覚円峰、右に金峯山をおき、瑞牆山（みずがきやま）や八ヶ岳も見える。左上遠方には南アルプスの山なみがかすむ。山岳風景を得意とする常光、会心の作であろう。

甲府から自動車道が桜橋・長潭橋を経て天神森にいたる。天神森には小さな天神社が祀られている。ほかに和田峠越えの山道もあり、甲府からこの道を歩いた人もいたのだろう。図に描かれたアーチの長潭橋（大正一四年架橋）は現存する。橋の袂に

「名勝昇仙峡」と刻んだ石柱が立つが、大正一二年の名勝指定に伴い、昇仙峡の名はますます高まった。

長潭橋を振り出しに、図に示す見所をたよりに昇仙峡を探ってみよう。最初の見所は大砲石・ラクダ石・不動岩で、背後に猿岩がそそり立つ。現地ではその名の花崗岩の巨石が川の中に横たわっており、山上の愛嬌ある岩を猿に見立てたのは愉快である。対岸の崖に流れ落ちる不動滝・ロクロ滝や富士石・臥龍松を見ながら前に進むと、羅漢寺山に細長い登龍岩が見える。輝石安山岩の柱状節理がなす鱗状の岩肌を龍に見立てたのだろう。

天鼓林を経て羅漢寺橋を渡ると、小さなお堂が建つ。そこは五百羅漢一五四躯を祀る羅漢寺で、応永三一年（一四二四）銘の像もある。羅漢寺はもと羅漢寺山の中腹に建つ修験の霊場であったが、一七世紀半ばに火災に遭って山麓の現在地に移った。奇岩怪石をいたるところに見る峡谷は、まさに山岳修行の場にふさわしいところであろう。

羅漢寺から上流に進むと、覚円峰が聳え立つ。その下の岩肌に松の木らしきものが点々と生え、「夢ノ松島」と示す。海もないのに松島とは微笑ましいが、松島の名はそれほどまで有名であった。近くに茶店らしき建物が三軒見えるが、探勝客が足を止めて風景を楽しむに格好な場所であろう。ここには今も旅館・蕎麦屋・土産物店の三軒が店を構えている。

近くに円翁碑があるが、昇仙峡の道を開削した長田円右衛門を称える記念碑（嘉永四年〈一八五一〉建立）である。昇仙峡上流にある猪狩村の農民円右衛門は、天保五年（一八三四）から九年の歳月をかけて荒川沿いの道路を切り開く。猪狩村の薪炭を甲府の街に運び出すことが目的であった。天狗岩の下のアーチ状の石門を見ると、道路開削の苦労がしのばれる。昇仙峡に道がつくと文人墨客が訪れるようになり、しだいに昇仙峡が名所として知られていく。明治三六年の甲府駅開業は、昇仙峡探勝をますます容易にしたのは言うまでもない。

昇仙橋を渡ると仙娥滝で、落差三〇ｍの滝が飛沫を上げて花崗岩の岩肌を流れ落ちる。付近の切り立った崖は屏風岩という。昇仙峡はこの仙娥滝までである。

仙娥滝上流に猫の額ほどの平地があるが、そこが長田円右衛門が生まれた猪狩村である。ローソク岩を過ぎて上流に行くと金桜神社が鎮座し、門前は御嶽集落である。御嶽集落から覚円峰背後の弥三郎岳に山道が延び、展望道路と示す。弥三郎岳にパノラマという展望台も見える。

弥三郎岳に延びる昇仙峡ロープウェイ（昭和三九年開業）を降りてパノラマ展望台に立つと、北に黒富士・茅ヶ岳、その背後

〈図14〉「御嶽昇仙峡」
(昭和2年9月、金子常光画、朗月堂書店)

パノラマ
展望台
カブト岩
覚円峯
天狗岩
石門
カマ岩
八ヶ岳
茅ヶ岳
展望道路
下道
ローソク岩
屏風岩
通天門
浮石
大阪
京都
名古屋
塩尻
上諏訪
長野
直江津
新潟
韮崎
竜王
荒川
甲府
甲府城趾
武田神社
勝沼
ブドー園
富士山
大月
八王子
東京
長潭橋
吉沢村
人面石
ラクダ石
不動滝
富士石

に金峰山・瑞牆山が聳え、北北西に八ヶ岳も見える。目を西に転ずれば、甲斐駒ヶ岳をはじめとする南アルプスの山なみが連なる。常光描く左右に南アルプスと金峰山をおく鳥瞰図の立ち位置は峡谷対岸であるが、この山頂の風景から着想を得たのではないかとさえ思えてくる。案内文に昇仙峡の遊覧旅程が出ている。

長潭橋より仙娥滝、金桜神社まで往復　三里十四町　五時間
長潭橋より仙娥滝、金桜神社展望道路を経て帰還　三里三十四町　七時間
長潭橋より仙娥滝、板敷川まで往復　四里十六町　七時間
長潭橋より板敷川、野猿谷を経て黒平温泉、金桜神社、パノラマ廻り　七里　二日間
長潭橋より黒平、金峯、瑞牆山、増富ラヂュムを経て中尾より自動車にて甲府帰還　十八里　四日又は三日

日帰りの場合、昇仙峡探勝後に金桜神社に参る、時間に余裕があったら展望道路を弥三郎岳に向かう。あるいは猪狩村から荒川支流の板敷川を探勝する。一泊する場合は荒川上流の野猿谷を遡って黒平温泉（現在廃湯）に泊り、帰路、金桜神社に参り、弥三郎岳からのパノラマを楽しむ。さらに金峯山や瑞牆山に登り、増富ラジウム温泉に浸って数日を費やす旅もあった。昇仙峡とその周辺を巡る各種旅程を提案して、誘客を図っていた姿が伝わる。

六、富士川と身延山

（一）富士身延鉄道

南アルプス北部の鋸岳に源を発する釜無川は、笛吹川と合流して富士川となって駿河湾に注ぐ。最上川（山形県）・球磨川（熊本県）とともに「日本三大急流」に数えられる富士川は、角倉了以の開削工事により水運がひらけた。そして上流の山梨・八代・巨摩方面の米が河口の岩渕に下り、駿河湾の塩や海産物が甲斐国に運ばれた。甲斐には鰍沢・黒沢・青柳に河岸が設けられた。

この富士川に沿って、これまでの馬車鉄道に代わって富士身延鉄道（現・身延線）が敷設された。大正二年に富士—大宮町（現・富士宮）間が開通、大正九年には身延駅まで延伸し、身延山参拝が便利になった。大正後期の旅行案内書に、このような記述がある。

> 身延詣も今は此鉄道の開通により、東京から夜汽車を利用すると一夜泊で行けることとなった。（中略）又身延駅から三里常葉川に沿うて下部温泉もあるから三四日の旅行に恰好な処である、（『鉄道旅行案内』大正十年版）

富士身延鉄道敷設により、富士登山ばかりか身延詣が便利になったのである。加えて沿線に久遠寺のほかにも日蓮宗の巨刹が多く、信玄の隠し湯として名高い下部温泉もあるので、数日の旅行には恰好な地であった。当時、東京からの身延詣は夜行列車一泊の、今では想像しがたい旅であった。

昭和三年三月、富士身延鉄道が甲府駅まで全通する。全通一週間後に「富士身延鉄道沿線名所図絵」（昭和三年四月、吉田初三郎画、富士身延鉄道発行）〈図15〉が発行された。表紙は川を隔てて三つの山塊を描くが、身延山と七面山であろう。裏表紙は吊橋の背後に富士山が聳え、富士川に白帆の小舟が浮かぶ。この吊り橋は、形状から最初の身延橋（大正一一年架橋）と思われる。身延駅が開業した頃は橋もなく、身延山参詣客は渡し舟で対岸に渡る不便を強いられていた。

鳥瞰図は太平洋から北東に富士川を望む構図で、左に七面山・身延山、中央に身延橋・身延駅、右に富士浅間神社・富士駅をおき、浅間神社背後に秀麗な富士が聳える。海や山の青と緑が爽やかな色づかいである。この構図は、すでに初三郎は『鉄道旅行案内』（大正十年版）で確立している。

富士川左岸を富士身延鉄道が延びるが、山際を往くトンネルの多い路線である。沿線に富士浅間神社・身延山久遠寺・下部温泉などが見え、鰍沢に富士川下りと示す。富士川下りの案内文に目をやろう。

> 鰍津には古くより富士川通船の発着所がある、峡間に七面山、笊ヶ岳を連亘（れんこう）して峰巒重畳（ほうらんちょうじょう）たる日本北（ママ）アルプスの壮観を望み、身延の裏山を目睫（もくしょう）の間に眺めつつ、波高島の激流、屏風岩の奇景等を送迎する爽快さは到底筆舌の尽す処でない。

「鰍津」という地名を耳にしないが、富士川水運の鰍沢河岸を船着場の意味でこのように記したのであろう。小見出しには鰍沢と明記されている。その鰍沢にも触れる。

> 峡南第一の市街地である、昔は甲州の上納米悉（ことごと）く此地に集まり、維新後も富士川に依って百貨を呑吐（どんと）し、東海道岩淵まで十八里間を半日にして達せしむるを得た。

鰍沢は富士川舟運の主要な河岸であり、ここから富士川下りの舟も出ていた。大正後期の旅行案内書は、富士川下りをこのように紹介する。

> 最好季ハ九月及十月ノ交（こう）デアルガ五月―八月ノ中梅雨期ヲ除ケバ何時デモヨイ。但シ風雨ノ激シイ時又ハ雨後増水甚ダシク舟行危険ト思ハルル時ハ定期船運航セズ。（『旅程と費用概算』、大正一五年版）

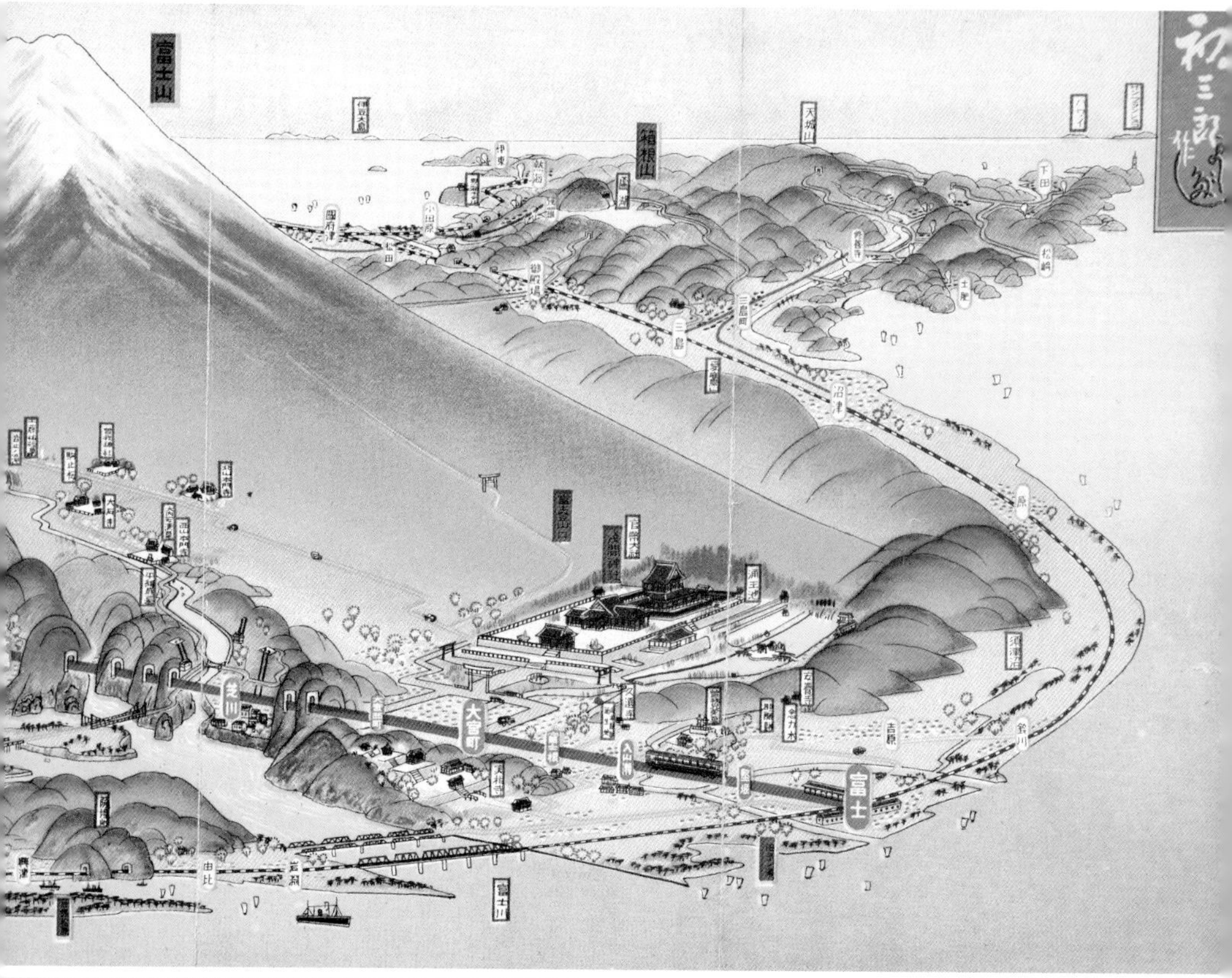

〈図15〉「富士身延鉄道沿線名所図絵」
(昭和3年4月、吉田初三郎画、富士身延鉄道)

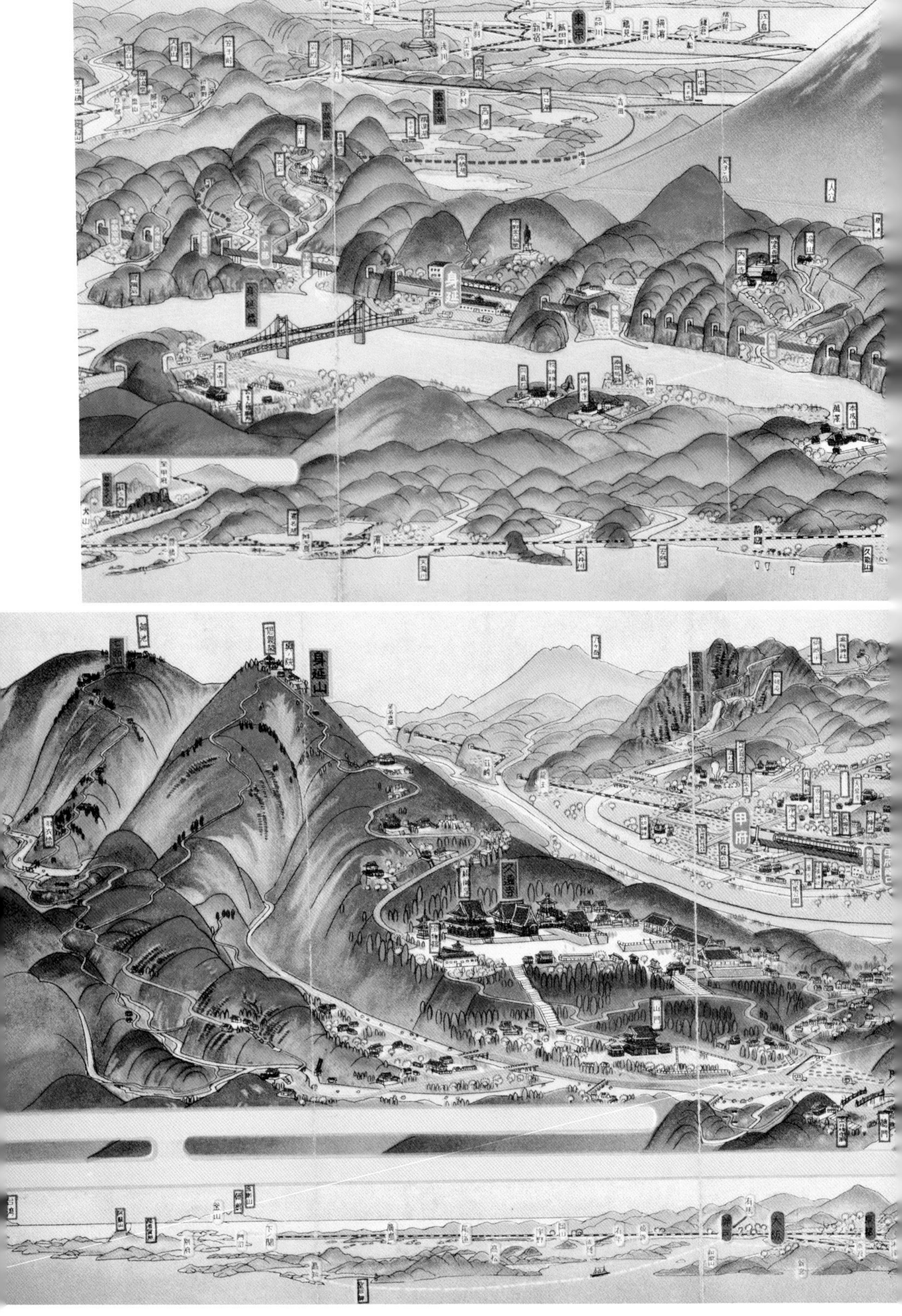

千葉
大宮
新宿
上野
東京
品川
横濱
下部
身延
南部
静岡
大井川
身延山
久遠寺
山門
甲府

当時、富士川下りは、鰍沢から波木井（身延町）までの一五里（約五八・五km）を、早舟三時間半、飛行艇（プロペラ船）二時間で下った。早舟は定期のほか貸切舟（二十人乗り）もあった。波木井で舟をおり、久遠寺門前までの二哩（まいる）（約三・二km）は自動車や馬車の便があった。次いで昭和初期の同書の記述を見よう。

> 昭和四年（ママ）身延鉄道ガソノ東岸ニ開通セラレテカラハ、彼ノ名高イ川舟ハ殆ド影ヲ没シ、川下リ探勝者モ船頭ヲ得ルニ困難トナッタ。（『旅程と費用概算』、昭和六年版）

昭和三年の富士身延鉄道全通により富士川水運が衰えて、貨客の輸送にあたっていた川舟が姿を消したのである。また川下りをしたくても船頭を探すのに困難をきたすようになった状況が表れている。この記述から富士川下りは、遊覧にも増して交通手段としての要素が強かったのではないか、と思えてくる。

（二）身延山と七面山

身延山は、日蓮宗信徒にとって聖地ともいえるべきところで、総本山久遠寺が伽藍を構える。流刑地の佐渡から鎌倉に戻った日蓮は、文永一一年（一二七四）、甲斐国波木井郷の地頭波木井実長の招きにより、鷹取山麓の西谷に草庵を営んだ。間もなく堂塔が整い、弘安四年（一二八一）、身延山久遠寺が創建された。翌年、身延山を下った日蓮は旅先の武蔵国で入滅するが、遺言により遺骨は身延山に納められた。室町期の文明七年（一四七五）、西谷から現在地に移り伽藍が造営された。以後、久遠寺は武田家の庇護や、徳川家・諸大名の崇敬をうけて大寺院として発展を遂げる。

富士身延鉄道全通一年前、「参詣要覧身延山図絵」（昭和二年六月、新美南果画、身延山久遠寺発行）〈図16〉が発行された。表紙は久遠寺祖師堂の絵柄で、右上に井桁に橘（日蓮宗紋）、左下に芙蓉に牡丹（久遠寺紋）を添える。鳥瞰図は身延川右岸から北東に身延山を望む構図で、左に七面山、中央に久遠寺の伽藍、右に富士山をおき、甲府方面から流れる富士川が駿河湾に注ぐ。全通前ではあるが、富士と甲府を鉄道が結んでいる。鳥瞰図は、緑豊かな山々が連なる色づかいである。

身延駅から身延橋を渡った自動車が久遠寺門前に向かう。総門傍らの小さな丘に逢島発軫堂（ほっちんどう）（発軫閣）が見える。そこは日蓮と波木井実長との出会いの場である。付近に身延村役場が建つ。大平橋を越えてしばらく行くと、久遠寺三門が甍を聳える。三門前に人家が連なり、郵便局・駐在所・銀行・電燈会社・自動車会社があり、ささやかながらも町場をなす。

三門から谷を越え、霊山橋を渡ると、鷹取山の麓に宗祖御廟所があり、御草庵旧跡と示す。そこは身延山に赴いた日蓮が九年間を過ごして法華経を読誦（どくじゅ）、弟子や信徒の教化にあたったところで、聖地として崇められている。

三門まで戻り、解脱橋を越えて菩提梯（ぼだいてい）と呼ぶ長い石段を登ると、日蓮を祀る祖師堂が建つ。祖師堂横を本堂跡地と示すが、久遠寺は明治八年の大火で焼失し、図が描かれたときは本堂が再建されていなかった。祖師堂は、廃寺となった寺院を移築（明治一四年）したものである。祖師堂隣に拝殿と日蓮の遺骨を安置する御真骨堂や信徒の位牌を収める納牌堂が並ぶ。ほかに歴代法主の住まいである水鳴閣や、大客殿・大書院などが建ち並ぶ。今日、本堂や五重塔が再建されて寺観が整ったが、図に描かれた種々の建物はおおむね現存する。

本堂裏から身延山（一、一五三m）山頂にある奥の院思親閣に向けて、表参道の山道が延びる。本地仏を祀る上行堂、一丈六尺（約四・八五m）の釈迦如来を安置する丈六堂、三光天子を祀る三光堂（大光坊）を経て、御水屋・東照宮を過ぎると奥の院に到達する。本堂の建つ地が標高約四〇〇mであるから、標高差七五〇余mである。思親閣は日蓮がこの見晴らしの良い地に立ち、故郷の安房小湊に住む親や師を追慕した場所で、ここも聖地として大切にされている。身延山ロープーウエイ開業（昭和三八年）以前は、五十町（約五・四五km）の急坂を二時間半かけて喘ぎつつ登ったのである。

奥の院から裏参道を下り、早川流域の追分から赤沢を経て羽衣橋から七面山に登る山道が続く。身延山の西に聳える七面山（一、九八九m）は日蓮の高弟日朗がひらいた山で、法華経を守護するとされる七面大明神（七面天女）を祀る。山頂下（約一、七〇〇m）に久遠寺に属する敬慎院が建つ。

羽衣橋付近には白糸の滝が流れ落ち、それより表参道が神力坊・肝力坊・中通坊・晴雲坊を経て、総門に到達する。神力坊は祈禱・参籠所、ほか三坊も休憩所などとしてその名が受け継がれている。随神門を潜ると七面大明神の社殿や客殿が建ち、境内に御池・二の池・影嚮石（ようごうせき）が見える。客殿は、現在の参籠所であろう。影嚮石は、七面天女が現れたという伝説の磐座（いわくら）である。

昭和二八年に登山口の羽衣橋まで自動車道が通じたが、それから先の敬慎院までは今なお徒歩四～五時間の難路である。昔は、久遠寺参拝後に奥の院思親閣を拝し、下山して赤沢宿に一泊、翌日、七面山に登るのが順路であった。

七面山登拝客で賑わったのが赤沢宿であり、標高五～六〇〇mの山中に人家約三十軒がたたずむ。この鄙びた集落は、国の重要伝統的建造物群保存地区に選定（平成五年）された。明治

身延山
奥の院
東照宮
御水屋
軍神杉
富士見岩
常唱堂
三光堂
丈六堂
五重塔跡
鬼子母神
八幡宮
上行堂
連理杉
風穴
西谷
宝物館
鐘楼
三門
仁王滝
深敬病院
身延自動車會社
栄久橋

富士五湖めぐり
大月
秩父連山
多摩御陵
浅川
八王寺
東京
横濱
大船
鎌倉
國府津
小田原
箱根
御殿場
裾野
三島
沼津
原
鈴川
田子浦
富士驛
入山瀬
フジネ
大宮
芝川
十島
南部
大島
内船寺
実相寺
愛鷹山
天子岳
熱海
修善寺
湯ケ島
岩間
三沢
身延鉄道
常葉
下部
下部温泉
波高島
身延自動車會社
身延驛
波木井
波木井橋
本成寺
妙浄寺

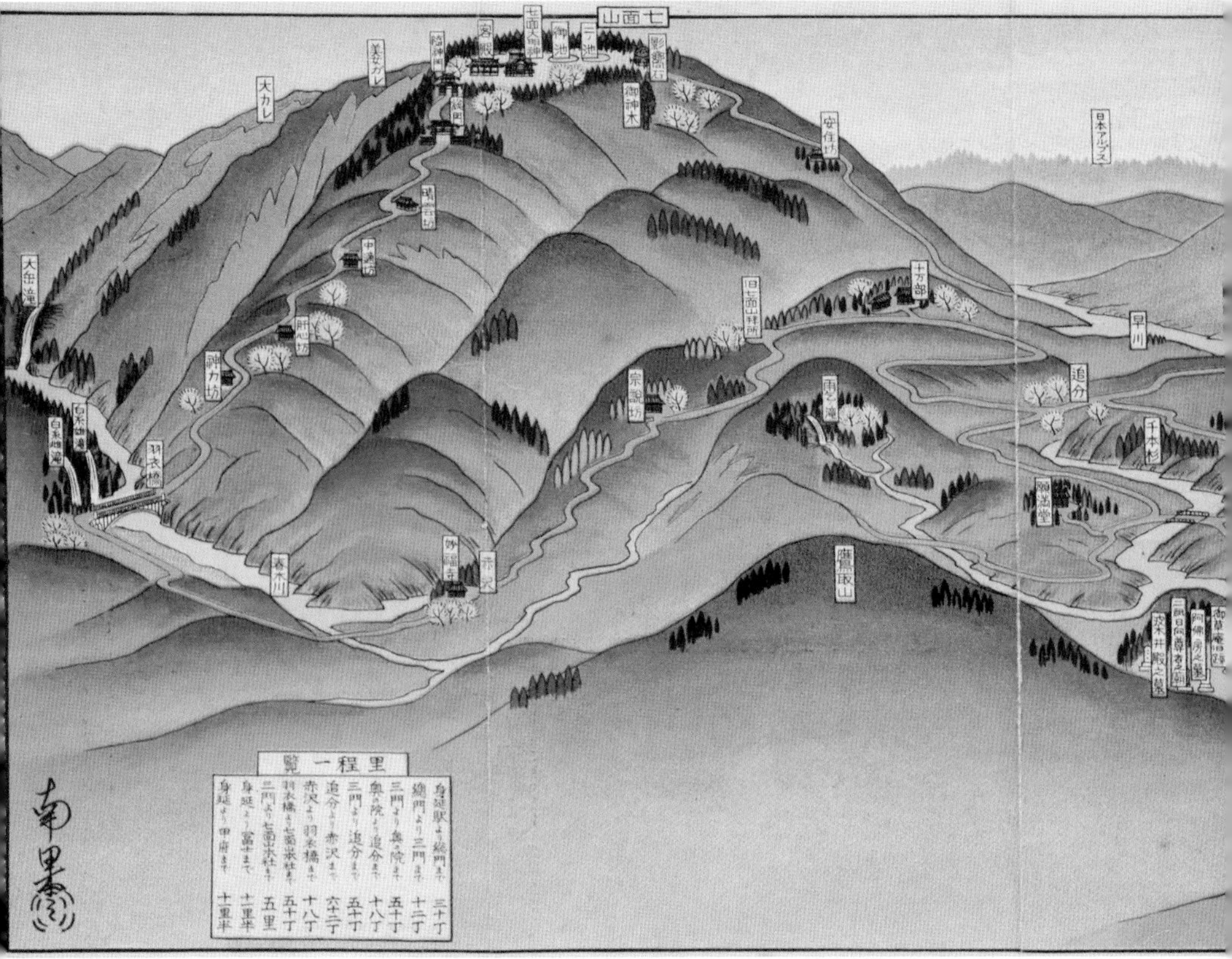
七面山
七面大明神
御池
一之池
影嚮石
御神木
安住坊
日本アルプス
大カレ
美女カレ
大鹿滝
白糸滝
羽衣橋
神力坊
肝心坊
中適坊
晴雲坊
春木川
妙石坊
赤沢
宗説坊
旧七面山遥拝所
十万部
雨乞滝
鷹取山
早川
追分
千本杉
感井坊
里程一覧
身延駅より総門まで 三十丁
総門より三門まで 十二丁
三門より奥之院まで 五十丁
奥之院より追分まで 十八丁
三門より追分まで 五十丁
追分より赤沢まで 六十二丁
赤沢より羽衣橋まで 十八丁
羽衣橋より七面山本社まで 五十丁
三門より七面山本社まで 五里
身延より富士まで 十二里半
身延より甲府まで 十二里半
南果

〈図16〉「参詣要覧身延山図絵」
(昭和2年6月、新美南果画、身延山久遠寺)

参詣要覧
南果

三光堂
至塩尻
西嶋
常永
小井川
鰍沢
飯富
五重塔
下山
上沢寺
本國寺
寺だいら
大平橋
総門
三門

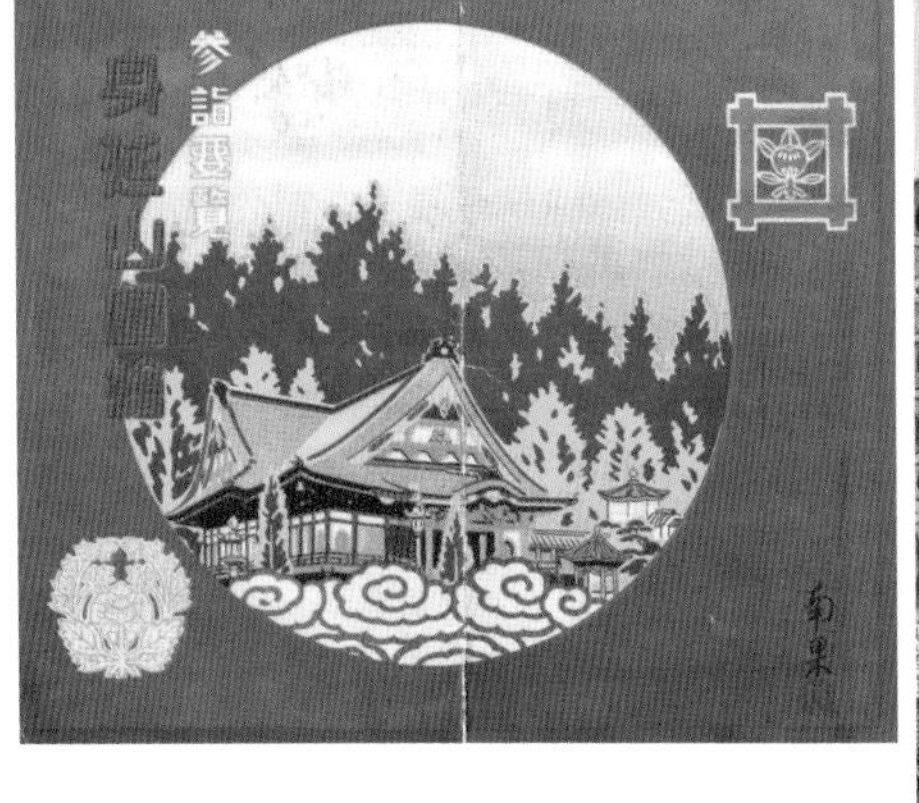

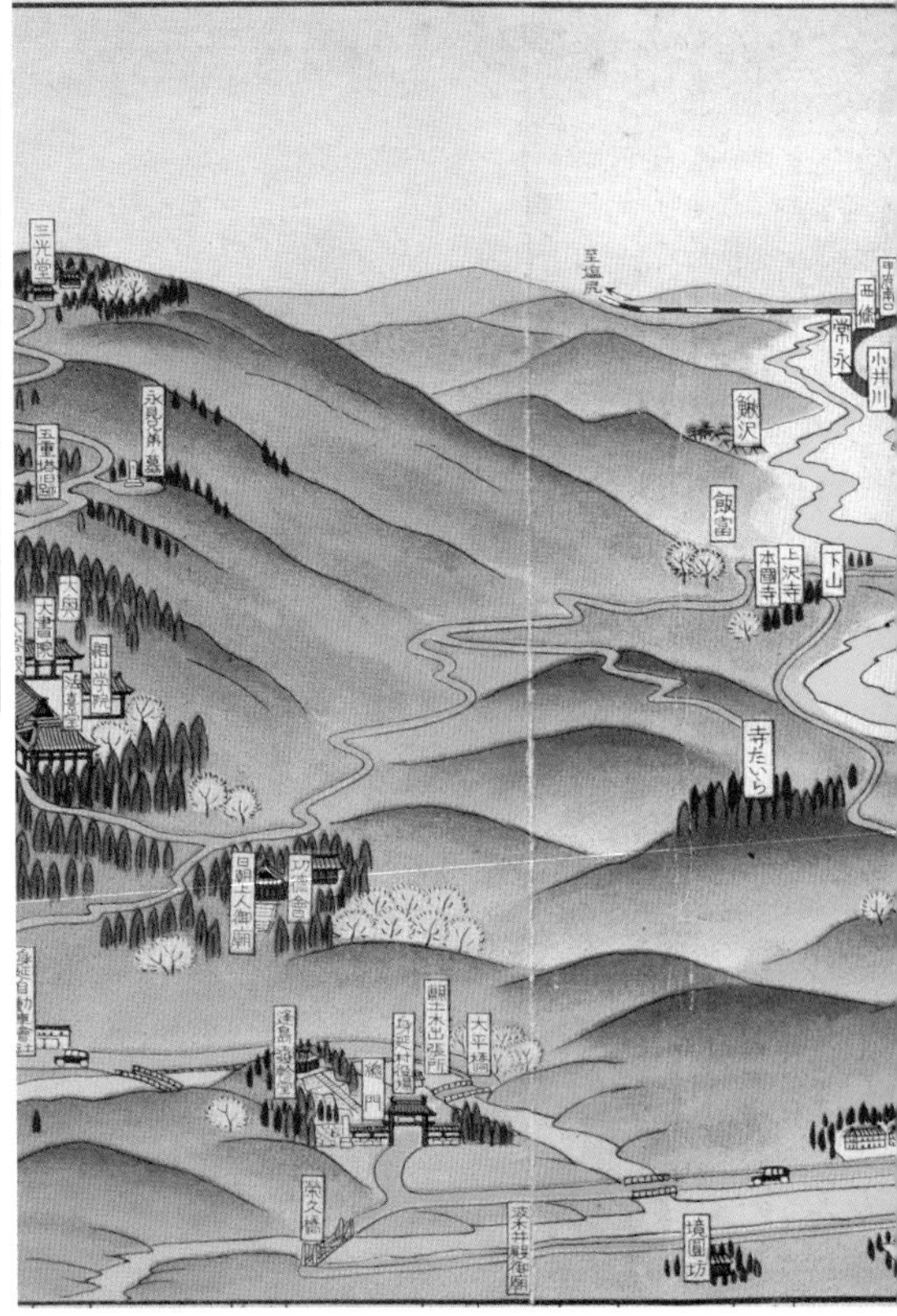

初年、九軒の宿屋を数えた赤沢宿は、羽衣橋まで自動車道が延びると、灯の消えたように寂しくなった。軒下に講中札をびっしり並べた昔の建物が残る赤沢宿で、後々まで宿屋を営んでいた大黒屋・万屋も廃業（平成六年）し、唯一江戸屋が七面山登拝客を迎えている。

常光描く鳥瞰図には、手甲脚絆姿の登拝者が踏みしめた七面山にいたる山道が克明に記されている。

第六章　善光寺とその周辺

一、信濃国の風景

信濃国の長野県は、山々に囲まれた盆地や谷に街や村がひらける。旅行案内書では、今も信州という表記が一般的である。信州の民家を訪ねると、座敷の鴨居の上に表装した横長の額を目にすることが多い。そこには長野県歌「信濃の国」（明治三二年、浅井洌作詞）が綴られている。

信濃の国は十州に　境連ぬる国にして
聳ゆる山はいや高く　流るる川はいや遠し
松本伊那佐久善光寺　四つの平は肥沃の地
海こそなけれ物さわに　万ず足らわぬ事ぞなき

十州とは、東は上野（群馬県）・武蔵（埼玉県）・甲斐（山梨県）、西は美濃・飛騨（岐阜県）、南は駿河・遠江（静岡県）・三河（愛知県）、北は越中（富山県）・越後（新潟県）である。東は北部に三国山脈（越後山脈）、南部に南アルプスの赤石山脈、西は北部に北アルプスの飛騨山脈、木曾山脈が連なり、これらの山岳に源を発した河川が遠くまで流れ出る。山々に囲まれた松本平・伊那盆地・佐久平・善光寺平は土地が肥えていて、海こそないが産物は豊かで不足はない、そのような歌詞である。

長野県はこのほかにもいくつかの盆地や谷があって、通常、長野盆地（善光寺平）・佐久盆地（佐久平）・諏訪盆地・伊那盆地（伊那谷・伊那平）・上田盆地（上田平・塩田平）・松本盆地（松本平）・木曾谷の七つに区分されている。険しい山々に隔てられた盆地・谷ではそれぞれ気風が違い、昔は往き来も大変であった。平成の初め頃に聞いた話であるが、県南の南伊那山間部から県庁所在地の長野市までの出張は泊りがけであったという。

ほかにも北信（北信地域・長野地域）、東信（佐久地域・上田地域）、中信（松本地域・木曾地域・北アルプス地域）、南信（上伊那地域・南信州地域・諏訪地域）の四区分もある。県の東西ではおのずと文化が違い、信越本線沿いの北信・東信は東京とのつながりが深く、中央本線沿いの中信は東西両方、飯田線沿いの南信は名

〈図1－1〉「観光信州」（昭和10年5月、吉田初三郎画、長野県観光協会）

古屋圏との交流が深い。

もう少し細かく見ると、峠を境に文化圏がわかれるともいう。たとえば同じ木曾谷でも分水嶺の鳥居峠を境に、北は信濃毎日、南は中日新聞を購読する傾向があるという話を新聞店の方から聞いたことがある。野球の応援もこの分水嶺をもって二分され、鳥居峠の南は中日ドラゴンズのファンが多くなるという。その地域ごとの個性的な人々の心を一つにする歌が「信濃の国」である。二番を続けよう。

四方（よも）に聳ゆる山々は　御嶽乗鞍駒ヶ岳
浅間は殊に活火山　いずれも国の鎮めなり
流れ淀まずゆく水は　北に犀川千曲川
南に木曾川天竜川　これまた国の固めなり

木曾の御嶽山、北アルプスの乗鞍岳、木曾山脈の木曾駒ヶ岳、上信国境に噴煙を上げる浅間山、と数々の名山を挙げる。北アルプスに源を発する梓川は、犀川・千曲川・信濃川となって日本海に注ぐ。鳥居峠北の木祖村を源流とする木曾川は、木曾・美濃を流れて濃尾平野を潤し伊勢湾に注ぐ。また諏訪湖から流れ出た天竜川は伊那谷を南下し、三河・遠江の山中をぬって太平洋の遠州灘へ流れ出る。

美しき山河に恵まれた信州には、数多くの自然公園がある。北アルプスを中心とする中部山岳国立公園（昭和九年指定）、千曲川東方に上信越高原国立公園（昭和二四年指定）、善光寺平北部に妙高戸隠連山国立公園（平成二七年分離指定）、山梨県境に秩父多摩甲斐国立公園（昭和二五年指定）、南部の天竜川東方に南アルプス国立公園（昭和三九年指定）の五つの国立公園がある。ほかにも東方に八ヶ岳中信高原国定公園（昭和三九年指定）や妙義荒船佐久高原国定公園（昭和四四年指定）、南に天竜奥三河国定公園（昭和四四年指定）、近年仲間入りした木曾山脈の中央アルプス国定公園（令和二年指定）の四つの国定公園もある。

ここでは、「観光信州」（昭和一〇年五月、吉田初三郎画、長野県観光協会発行）〈図1〉から信州のおもな観光地を見ていこう。表紙は広重の「木曾海道六拾九次之内軽井沢」を掲載する。鳥瞰図は噴煙上げる浅間山辺りから西方やや北寄りに長野南の篠ノ井方面を望む構図で、左に諏訪湖、中央左手に松本平、中央右手に善光寺平、右に野尻湖をおく。背後には雪化粧した北アルプスが連なる。木曾谷・伊那谷や北信の地は描かれているものの、その扱いは大きくはない。遠近感を出すためにあえて描き込みを省略したのであろう。しかしながら、左上奥に下関・門司まで図に収めるのは、いつもながらの初三郎の手法である。

まず善光寺平に目をやろう。千曲川流域の長野市を中心に盆地がひろがりをみせる。善光寺の門前町を中心に発達した県都が長野である。県都の多くが城下町を基礎に発達する中で異例である。千曲川と犀川が合流するあたりに武田信玄と上杉謙信の戦いで有名な川中島古戦場が見える。善光寺平背後に戸隠山・飯縄山が聳え、山なみは黒姫山・妙高山へと続き、野尻湖の東に斑尾山が聳立する。これらが「北信五岳」である。千曲川を下ると平穏温泉（現・湯田中渋温泉郷）や野沢温泉があり、平穏温泉背後の琵琶池周辺の平地・丘陵地一帯が志賀高原である。

善光寺平の南に千曲川に沿って上田盆地・佐久盆地と続く。上田の郊外に別所温泉があり、小諸近くの断崖に布引観音が祀られている。小諸から八ヶ岳方面に向けて小海線が延び、山中に松原湖が見える。

田毎の月で名高い姨捨では棚田を描く。善光寺平から姨捨山のある筑摩山地を越えると松本盆地となり、松本市街地に松本城が建ち、郊外に浅間温泉がある。松本から島々を経て乗鞍岳や上高地に道が通じる。上高地付近に焼岳・穂高・槍ヶ岳が聳え、山なみは蓮華岳・鉢ノ木岳・白馬岳へ連なる。

松本盆地南の塩尻から塩尻峠を越えると諏訪盆地で、諏訪湖畔に諏訪神社上社・下社が鎮座する。塩尻から木曽谷を往くと御嶽山が聳える。諏訪湖から流れ落ちる水は天竜川となり、天竜峡の峡谷を刻む。

鳥瞰図を眺めていると、山水美に恵まれた信州は、行く先々に景勝地が展開し、観光資源が溢れる地であることを実感する。

二、善光寺

善光寺は、一光三尊阿弥陀如来をご本尊に祀り、宗派の別なく人々に信仰されている寺院である。昔から男女を分け隔てなく迎えたので、とりわけ女性の参詣者が多いことでも知られ、厚い庶民信仰をうけている。

「牛に引かれて善光寺参り」という話が有名である。ある強欲で信仰心が薄い老婆がさらしていた布を、牛が角にかけて走っていった。牛を追いかけた老婆がたどり着いた先が善光寺で、老婆は改心して信心深い人に生まれ変わった。牛は小諸近くの布引観音の化身であったという。また「一生に一度は善光寺参り」という諺もあるように、善光寺は庶民にとって一度は訪れてみたいところであった。

善光寺へは善光寺街道（北国街道）や善光寺西街道（北国西往還）が通じる。善光寺街道は、中山道追分宿で分岐し、小諸・上田の城下を経て善光寺へいたる道で、途中、海野宿に古い町並みを残す。この街道は、善光寺からさらに北に延び、直江津で北陸道に合流するが、佐渡の金を江戸に運ぶ道としても利用された。もうひとつの善光寺西街道は、中山道洗馬宿で分かれて、松本・立峠・麻績宿・猿ヶ馬場峠を経て篠ノ井追分で北国街道に合流する。山中をたどる細道は、旧街道の面影を残す。

善光寺への信仰は、宗派を超えて全国にひろまりをみせた。善光寺を正式名称とする寺院は一一九か寺を数え、ご本尊の一光三尊阿弥陀如来と同じお姿の善光寺仏も四四三体現存する（平成二七年調査）。また善光寺ゆかりの寺院が集い「全国善光寺会」を結成（平成五年）して交流をはかっているが、これは善光寺への信仰をより高揚させ、将来に受け継ぐ試みであろう。

善光寺や周囲の善光寺平の姿を、「信州善光寺及付近名所案内」（昭和七～一一年、百田重雄画、塩入知吉発行）〈図2〉から見ていこう。表紙は先の「牛に引かれて善光寺参り」、裏表紙はスキーの絵柄である。鳥瞰図は千曲川右岸の信濃川田辺りから

〈図1-2〉「観光信州」（昭和10年5月、吉田初三郎画、長野県観光協会）

〈図2-1〉「信州善光寺及付近名所案内」（昭和7～11年、百田重雄画、塩入知吉）

北西に長野市街地を望む構図で、左に戸倉温泉、中央に長野駅、右下に平穏温泉をおく。発行年はないが、大糸南線が信濃大町から四ツ谷駅（昭和七年開業、現・白馬駅）に到達していること、善光寺白馬電鉄（昭和五年着工、同一一年一部開通、同一九年休止）の計画路線を示し、文中に「目下建設中」とあるため、ほぼ年代が推定できる。

長野市街地背後に飯縄山・黒姫山が聳え、黒姫山の北に妙高山を遠望する。飯縄山麓はスキー場になっている。善光寺付近から山道が戸隠山に通じ、戸隠連峰が戸隠裏山の高妻山・乙妻山へ続く。戸隠山麓に奥社・中社・宝光社・火之御子社が鎮座する。長野市郊外の安茂里（あもり）の村里に花が咲き誇るが、杏であろう。図の左上に白馬岳・鹿島槍ヶ岳など北アルプスの山なみも見える。長野市街地は、長野駅から善光寺に向けて大通りが延び、門前町として形づくられた姿が一目でわかる。

善光寺境内については、「善光寺境内図絵」（年代不明、善光寺保存会発行）〈図3〉が詳しい。あいにく発行年を知る手がかりがない。鳥瞰図は城山小学校付近から西に善光寺山門を眺める構図で、左下に大本願をおく。仁王門を潜り石畳の道を行くと左手に大勧進、正面に山門が見え、その先に本堂の大屋根が聳える。案内文は、本堂（宝永四年〈一七〇七〉）・山門（寛延三年〈一七五〇〉）・仁王門（大正七年）の由来のほか、源頼朝寄進の駒返し橋、伊勢白子出身の平兵衛なる人が奉納した参道石畳、参道脇にある濡れ仏の伝説などを紹介する。これらがとりわけ参詣者の目を引いていたのであろう。

特定の宗派に属さない善光寺は、大勧進（天台宗）と所属二五院、及び大本願（浄土宗）と所属一四院により運営されている。大勧進は「善光寺別当職にて住職は比叡山、東叡山より推挙さる」、大本願は「代々尼公を以て住職を定められる」と案内文にあるが、参詣の善男善女はそのようなことに頷きながら参道を歩いたものであろう。

これら三九院が参道両側に集まり、参詣者の宿坊を営む姿は今も変わらない。ところで宿坊はどのような役割を果たしていたのだろうか。

「善光寺案内」（年代不明、威徳院発行）〈図4〉は宿坊の役割がよくわかるパンフレットで、宿泊者向けに印刷したものと思われる。発行年がないが、長野駅前から善光寺まで乗合自動車運賃が一〇銭の時代のものである。

三十九ヶ寺は何れも善光寺の寺務職として本堂に勤め、日夜如来に奉仕すると同時に一方古来の慣例に従ひ、宿坊として夫々（それぞれ）定められた受持市郡の信徒の休泊及び霊牌の保

〈図2-2〉「信州善光寺及付近名所案内」（昭和7～11年、百田重雄画、塩入知吉）

〈図3〉「善光寺境内図絵」（年代不明、善光寺保存会）

管を掌り、兼て参拝の案内を擔当するのが任務となって居ります。

宿坊は四八坊あったうち三九坊が存続し、ご本尊に奉仕するとともに、信徒の休泊・参拝の案内をするのがその役目であった。また信徒の位牌の保管もした。昔、遠国の参詣者の便を図るため、全国を郡別にわけて四八坊に割り当てたのが宿坊のはじまりであったという。

宿坊は善光寺を代表し又善光寺に関する一切の権能と責任とを賦与せられて夫々自己の受持信徒地に出張し、常に如来の霊徳顕揚、信心の啓発、社会教化に之れ務め、信徒も亦奮って此の趣旨に賛じ、宿坊の維持興隆を援け、以て善光寺参拝の際は其の宿坊に休泊すること恰も親戚縁家

〈図4〉「善光寺案内」（年代不明、威徳院）

> に到るが如く心を安んじて旅の疲れを休め、特別の待遇及び案内に皆満足を感ぜられて居るのであります。

宿坊は受け持ち信徒の地に出張してご本尊の霊験・威光をひろめ、かつ高めて信徒の教化にあたるのが任務であった。そして善光寺詣に訪れた信徒を親戚同様にもてなすことを旨とした。

> 善光寺御参詣の際は、宿泊の方は勿論、たとへ日帰りの方でも御遠慮なく、直ちに宿坊威徳院をお尋ね下さい。人数の多少に拘らず、本堂法要参拝、戒壇廻りは元より宝物拝観其他名所旧蹟等総て懇切叮重（ていちょう）に御案内を致します。旅館又は市井の案内者の様に決して参拝料案内料等を要求致しません。

本堂法要参拝とは、毎朝営まれる「お朝事法要」のことであろうか。これは導師が参拝者の頭を数珠で触れ、功徳をいただく善光寺の恒例行事として有名である。また戒壇廻りは、本堂内々陣から階段を下りて暗闇の回廊を壁伝いに進み、「極楽の錠前」に触れることによりご本尊との結縁を果たして極楽往生を願う宗教的行為を指す。

宿坊ではこれらの導きをするほか、宝物拝観、さらには名所旧跡の案内まで受け持っていた。この記述から宿坊は旅館と張り合っていたことや、不案内の参詣者を狙う不心得者がいたこともわかる。ほかにも大人数の場合は他の宿坊と協力して宿泊の便を図ること、参詣の日時の通知があれば「院旗」をもって長野駅まで出迎えに行くことなどを謳う。当時、長野駅前に善光寺の宿坊の名を記した旗が靡いていた光景が目に浮かぶ。

三、戸隠

善光寺の北西部に位置する戸隠一帯は豊かな自然環境に包まれ、妙高戸隠連山国立公園に指定されている。まるで鋸の歯のような山容を見せる戸隠山は、古来、豊かな水をもたらす農業神として崇められていた。一一世紀後半、三院（奥院・中院・宝光院）が設けられ、平安中期、修験道の一大霊場として全国に知れ渡ったという。

鎌倉期にはこの三院が整備され、修験の衆徒が周囲に僧房を構えた。戦国期に武田氏と上杉氏の争いに巻き込まれた戸隠は一時衰退したが、上杉景勝によって再興、江戸期には徳川家の庇護をうけて戸隠山顕光寺（天台宗）として栄えた。

江戸期、顕光寺に属した衆徒（御師）は、信濃はもとより越後・江戸、遠方は東北・近畿まで戸隠信仰をひろめ、戸隠講の結成をすすめた。その信仰が及んだ地の人々は、戸隠講を組んで戸隠に参詣するようになった。すると衆徒は、中院や宝光院参道に参詣者を宿泊させる宿坊を構えた。また宿坊の外縁に農民や職人の家も建ち、戸隠は門前町として大いに繁栄した。

明治の神仏分離後、戸隠山顕光寺は戸隠神社、中院は中社、宝光院は宝光社へと姿を変え、衆徒は神官になった。今日、戸隠神社奥社付近には宿坊は見られず、奥社にいたる長い参道沿いに廃絶した坊跡が草に埋もれている。

戦後、戸隠有料道路が開通（昭和三九年）すると、戸隠は急激に観光地化し、名物の戸隠そばを提供する店や、竹細工品などを商う民芸品店が増えた。移り変る時代の中で戸隠の宿坊群は、昔の面影を色濃く残しており、国の重要伝統的建造物群保存地区に選定（平成二九年）された。

戸隠の姿を「信州戸隠名所」（年代不明、百田重雄画、みすず同人社発行）〈図5〉から見ていこう。表紙は漆黒の中に二羽の鶏と踊りを踊る巫女のような女神を描く。天手力雄命（戸隠奥社の祭神）がこじ開けて投げ飛ばした天岩戸が戸隠山であるという神話に因む天鈿女命であろう。あいにく発行年代を知る手がかりがない。鳥瞰図は左上に戸隠山、右下に長野の街をおき、下に裾花川が渓谷をなす。戸隠連峰から流れ出る川が刻んだ裾花渓谷は、戦前、景勝地として知られていたが、裾花ダム完成（昭和四四年）により一部がダム湖となった。

戸隠山（一、九〇四m）には、蟻の戸渡り・剱の刃渡り・八方睨などの峰があって、背後に高妻山（二、三五三m）・乙妻山（二、三一八m）が聳える。この戸隠連峰と笠山・瑪瑙山・飯縄山に囲まれた高原に奥社・中社・宝光社が建ち、長野からの道が一の鳥居を経て通じる。宿坊三七軒（中社前二一、宝光社前一六）を図示するが、その数は今も変わっていない。中社と宝光社の間に火之御子社があり、境内に西行桜を描く。善光寺詣を終えて戸隠に向かう西行が、桜の木に登った子供にやり込められて引き返したという故事に由来する桜である。戸隠山の麓に奥社が建ち、境内に水神として崇められる九頭竜神社も見える。案内文にご神徳をこのように記す。

奥社　五穀の神、養蚕の神、開運の神、武人の神
中社　開運の神、学徳の神
宝光社　農作の神、養蚕の神
日之御子社（ママ）　家内円満、和楽福徳の神

とりわけ奥社・宝光社が五穀豊穣や養蚕満足を祈る農業神として信仰されていた。戸隠詣をした熱心な信者は、蟻の戸渡りなどの表山の峰々や、高妻山・乙妻山の裏山へ登拝した。これを「御山登り」といい、案内人を必要とした。このような一文も目を引く。

〈図5〉「信州戸隠名所」
（年代不明、百田重雄画、みすず同人社）

山紫水明の地にして蚊の居ない別天地たり。白樺の高原、谷間に咲く姫百合、思ふだに恋しきは夏の戸隠である。

戸隠は信仰の山であるとともに、避暑地としての魅力に満ちていた。戸隠名産品として蕎麦・竹細工・白樺細工・蕎麦羊羹・うど漬・わさび漬などが紹介されており、戸隠を訪れる遊覧客がいたことを物語る。

四、長野電鉄沿線

善光寺平を流れる千曲川の東に、屋代・松代・須坂・中野などの街が点在する。長野から須坂・中野を経て湯田中にいたる長野電鉄は、河東鉄道と長野電気鉄道が合併（大正一五年）した会社である。河東鉄道は大正一一年に屋代―須坂間が開業、

〈図6-1〉「長野電鉄沿線温泉名所案内」
（昭和5年、吉田初三郎画、長野電鉄）

同一二年に須坂―信州中野間が延伸した。また長野電気鉄道は大正一五年に権堂―須坂間が開業する。合併後の長野電鉄は昭和二年に信州中野―湯田中間が開業し、翌三年に権堂―長野間が繋がり、路線網が整った。沿線に平穏温泉など豊富な温泉が湧き、背後に志賀高原などの上信越高原国立公園をひかえる路線である。

「長野電鉄沿線温泉名所案内」（昭和五年、吉田初三郎画、長野電鉄発行）〈図6〉をたよりに沿線を巡ろう。表紙は桜を背に市女笠に虫の垂衣の女人の絵柄である。この旅姿は善光寺詣の高貴なお方だろうか。鳥瞰図は戸隠辺りから東に平穏温泉方面を望む構図で、左に木島・野沢温泉、中央に上林温泉、右に屋代・長野をおき、下を千曲川が流れる。背後に白根山・横手山・笠岳・岩菅山などの山なみが見え、長野電鉄沿線の風景が凝縮された一枚といえよう。案内文を見よう。

> 車窓の風光がとても素破らしい。蜒蜿銀蛇の如き千曲川が千古の詩趣と史趣を漂へて、遥るかに北溟に流れゆくところ、善光寺平の東一帯には白根・横手・志賀・岩菅の東アルプス連脈が鏘々として聳ち、右手遥るかにくゆる浅間の夕けむり、而も顧れば仏都長野の背後を蔽ふて、右より斑尾、妙高、黒姫、飯縄、戸隠の、所謂北信五岳が、思ひ思ひの姿を展ろげ、其の左手に連なって、名にし負ふ日本アルプスの連峰、白馬より槍、穂高に至るまで、ただ一眸の銀冠を頂いて、巨匠の筆もかくやとばかり、ズラリと並んでゐるではないか。

この記述は、まさに鳥瞰図の風景そのものである。「北溟」とは北の大海、日本海を指す。「東アルプス」という呼称は、東秩父山塊に対して一部の人がつかうほか、ほとんど耳にすることはない。当時、志賀高原背後の山々をこのように名づけているが恣意的な命名で、その後つかわれることもなかった。この素晴らしい風景の中を、「東京の省線電車にでも乗ったような、軽快無比な最新式電車」が馳せる、と宣伝する。沿線は、風光の絶佳を誇るだけでなく、数多の温泉があった。

> 沿線一帯は実に両手では数へ切れない温泉場とスキー場で執りまかれ、此の雄大明麗な風光を、まるでお景物扱ひにしてゐる。寔に以てもったいないやうな次第で、昔から「牛に曳かれて善光寺参り」とは言ふが、昭和五年以降は正に「お湯に曳かれて善光寺参り」…弥陀の浄土から此の世の極楽へ、ほんの一時間あまりで急行することが出来るのである。

長野電鉄が省線長野駅乗り入れ（昭和三年）後は、牛が温泉に代わってしまったのである。一光三尊阿弥陀如来さまも、さぞ苦笑いしておられることだろう。

権堂花街を吹く女まじりの風は、駘蕩（たいとう）として是等（これら）の湯場にも乱れ咲き、小唄の数々、踊りの数々、それはやがて忘れられないいでゆ情緒となり、幾度も心ひかれる善光寺土産となるであらう。

権堂は、善光寺詣の精進落としの花街として江戸時代から栄えた所である。その、なまめかしい風が沿線の温泉地にもおよび、湯のまち情緒は忘れられない善光寺土産なるだろう、と思わせぶりな一言を投げかける。

全国でも第一流の名所と史蹟を沿線一歩の所に持ってゐる上に、春は山の霞とまがう花盛り、秋は山渓皆紅（くれない）ひに織り出す錦のとばり、夏は避暑に、登山に、キャンピングに、冬は名にし負ふスキーの本場、そして一年を通じて嬉しがられるのが此の清爽広濶な山野を埋めるいでゆである。

善光寺・川中島古戦場・月の名所姨捨山と、よく知られた名所や史跡に加え、桜・紅葉・避暑・登山・キャンプ・スキーと、沿線での楽しみは尽きない。当時、東京・新潟・富山・名古屋から約八時間で到着、夜汽車を利用すれば東京・北陸・名古屋から楽に往復できる交通の至便性を強調する。

まず沿線に点在する街を要約しよう。屋代は東京方面からの省線乗換の河東線始発駅で、月の名所姨捨に自動車が出ていた。松代は信州第一の大藩真田氏十万石の旧城下で、製糸業が盛んであった。長野線と河東線の分岐点の須坂は北信第一の製糸工業地で、山田温泉の玄関口でもあった。平穏線と木島線の分岐点の信州中野は製糸業と杞柳（きりゅう）竹細工があって、平穏温泉・野沢温泉や、上林スキー場・木島スキー場の門戸をなしていた。

次いで温泉の特徴を見よう。沿線には平穏八湯をはじめ山田温泉・野沢温泉があるが、ここでは平穏八湯を紹介しよう。

湯田中温泉　星川の河原に沿った美しい湯町で、大湯を囲んで十五軒の旅館が櫛比（しっぴ）し、…

安代（あんだい）温泉　大湯を中央に風雅な大旅館が松や楓の植込みにとりまかれて立ならび、いかにものんびり静養の出来る所、

渋温泉　山と川との間に二十余軒の内湯旅館と数ヶ所の浴場と、土産物日用品等の商家がビッシリ立ならび、いとも華やかな湯町情緒を織りなしてゐる。

角間（かくま）温泉　いかにも質朴閑雅、野趣満々たる湯治場で大湯を囲んで五六軒の旅館がのんびりとささやかな湯町

上林（かんばやし）温泉　五岳、日本アルプス、善光寺平、千曲川、並（ならび）に麓の諸温泉街が帯の如く長く、ただ一望に展開されてゐる。

長野電鉄沿線温泉名所交通鳥瞰図

〈図6-2〉
「長野電鉄沿線温泉名所案内」
（昭和5年、
吉田初三郎画、
長野電鉄）

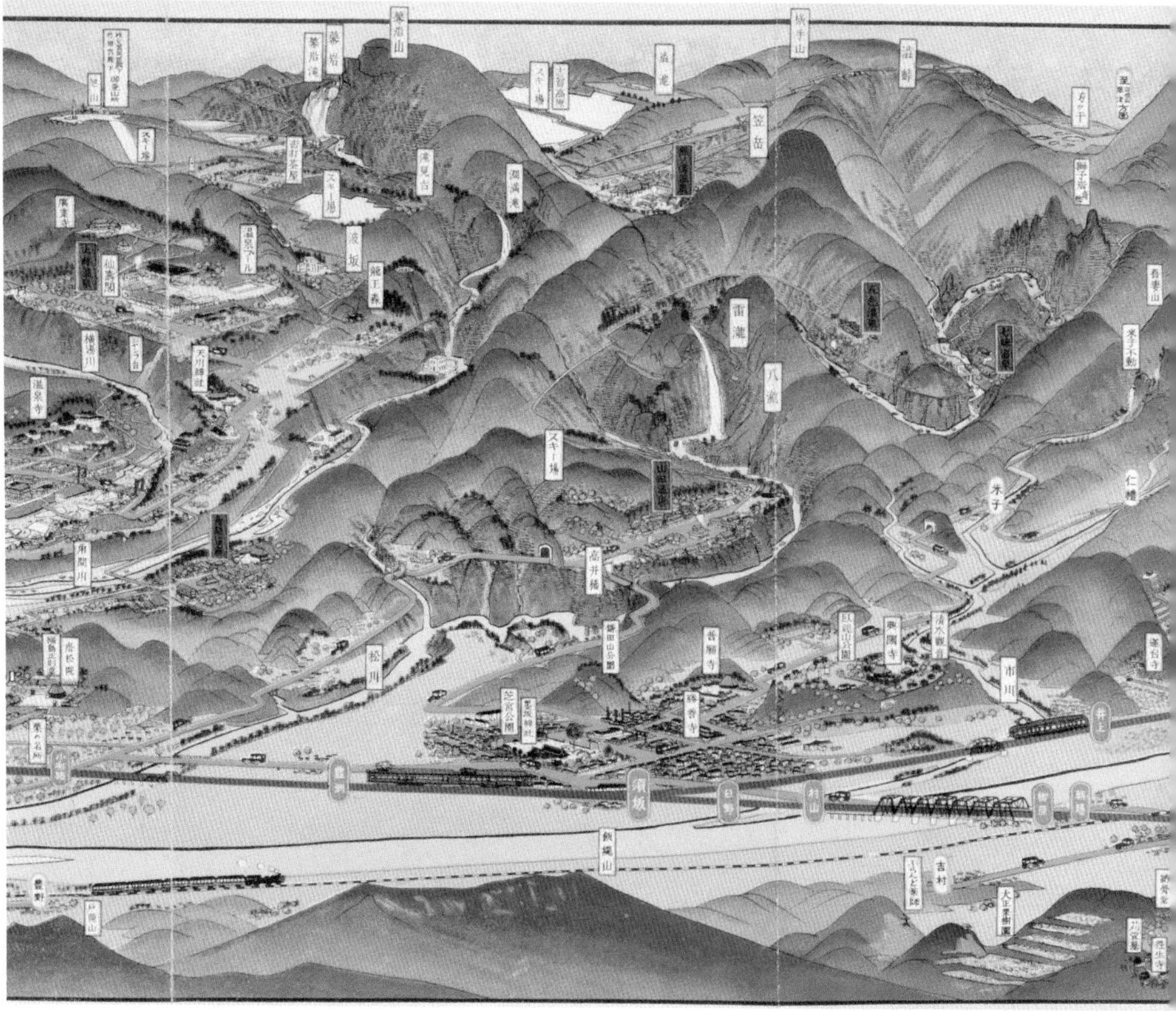

蓬莱山
蓬莱滝
スキー場
笠岳
雷滝
八滝
波坂
スキー場
松川
高井橋
米子
市川
井上
角間川
吉村
烏帽子岳
高社山
三子山
不動滝
田口

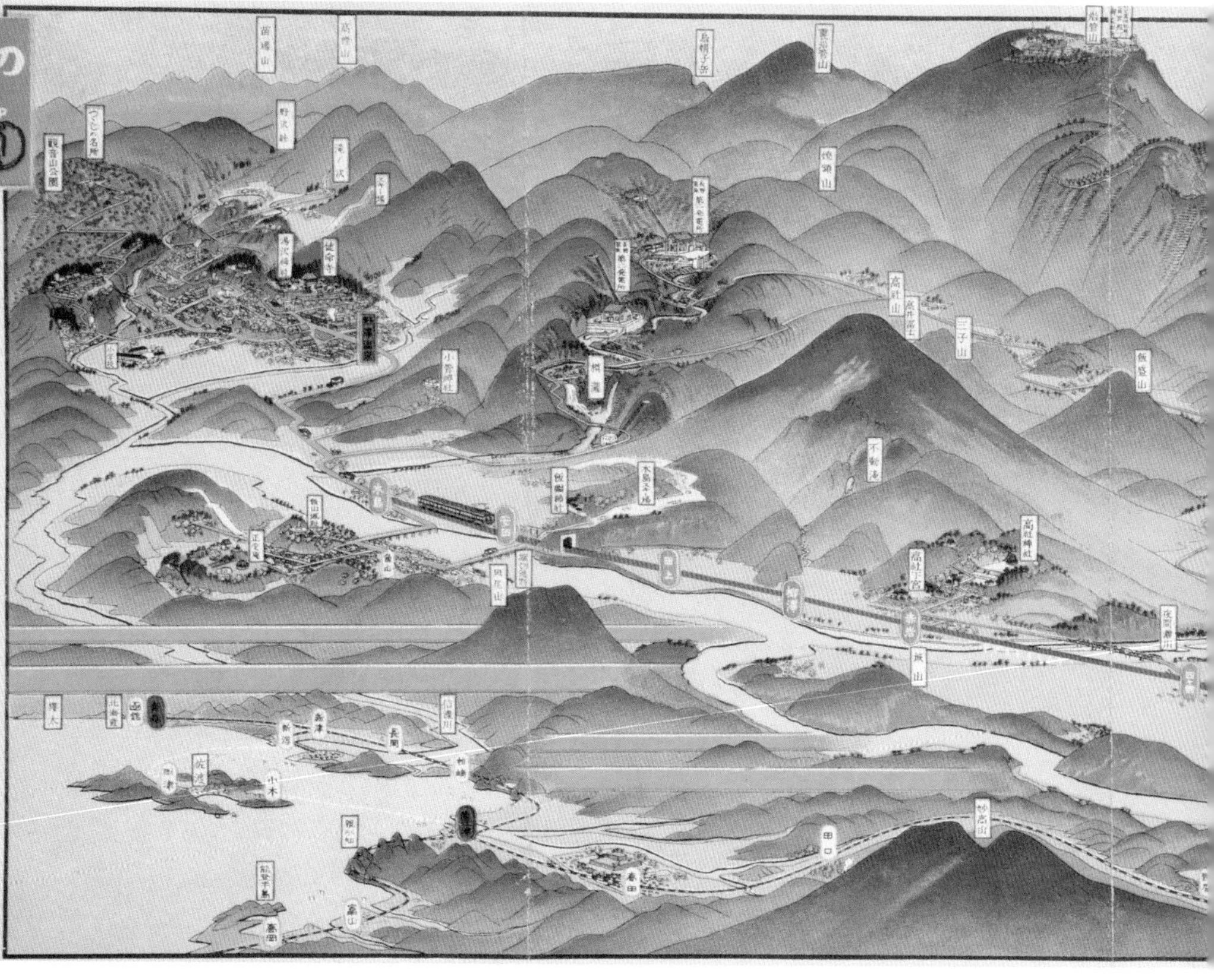

地獄谷温泉　川床より濛々たる湯けむりと熱湯を数十尺の高さにふきあげ、轟々のひびきを山渓にこだまさせてゐる

発哺温泉　全く俗界を離れた山のいでゆで、（中略）眺望広濶、避暑と保養の好適地で、又冬は高天原スキー場の根拠地となる所、

熊の湯温泉　全く塵外の仙境で、（中略）巨岩の根元から滾々と霊湯が溢れてゐる。（中略）冬は即ちスキーマン活躍の根拠地である。

駅と至近距離の湯田中温泉から、山奥の発哺温泉・熊の湯まで、それぞれ特色ある温泉地の様子を記す。湯田中温泉には長野電鉄経営の遊園地や、遊廓・劇場もあった。また上林温泉にも長野電鉄直営の遊園地兼旅館の仙壽閣があって、大温泉プールを備えていた。地獄谷温泉は野猿の入湯が有名であるが、このことには触れていない。なお現在、発哺温泉・熊の湯温泉は湯田中渋温泉郷から除外されている。

東京や関西には電車沿線郊外に集客施設つくる例が多いが、これと同じ方式が昭和初期に長野電鉄にも見られたことが読み取れる。

五、渋温泉

石畳の道に木造の楼閣が温泉情緒を漂わせ、九つの外湯巡りが人気の渋温泉を取り上げよう。昭和初期の旅行案内書は、渋温泉をこのように紹介する。

海抜約七五〇米、星川の清流に臨み、内湯旅館や土産物日用品などの商店が道を挟んで屏立し、一小市街をなしてゐる。この温泉郷の中心地ともいふ所で、大湯、初湯、笹ノ湯、神明ノ湯、七操湯、目先湯（ママ）その他の浴場が設けられ、いとも華やかな湯治場情調を織りなしてゐる。（鉄道省『温泉案内』昭和六年版）

石畳の道を挟んで旅館や土産物屋が所狭しと建ち並び、湯治場情調を織りなすのは今も変わりがない。星川と表記するが、普通は横湯川と呼ぶ。ここに紹介された六湯に、綿の湯・竹の湯・松の湯を加えた九湯が外湯（共同浴場）である。温泉は行基の発見と伝え、なかでも大湯が有名である。大湯から石段を登ると唐破風向拝欄間に見事な竜の彫刻を施した薬師庵（昭和六年再建）が建つ。また町並み東に伽藍を構える温泉寺は武田信玄の開基による名刹で、本堂大棟に武田菱を組み込む。

渋温泉の姿は、「信州善光寺郊外渋温泉案内」（昭和一一年頃、渋温泉旅館組合発行）〈図7〉に詳しい。発行年はないが、昭和

一〇年一二月の乗物運賃が掲載されている。表紙は二本のアカマツの向こうに煙出し屋根・唐破風玄関の建物の絵柄で、煙出しからして外湯の一つであろう。

鳥瞰図は背後の山から南東に温泉街を俯瞰する構図である。温泉街南側に横湯川が流れ、左に地獄谷温泉、右に湯田中・信州中野・善光寺をおく。角間川上流には澗満滝や幕岩が見える。横湯川に架かる和合橋を渡ると、上林温泉を経て山道が沓掛茶屋・旭山・丸池・琵琶池方面へ延びる。笠岳を眺めつつ上信国境の渋峠を越えると白根山となる。また山道は沓掛茶屋で分岐して、岩菅山方面に通じる。志賀高原一帯がよく描かれた一枚である。

これときわめて類似する鳥瞰図があるが、その違いは鳥瞰図の中の和合橋が吊橋であり、渋ホテル得月荘（昭和一〇年創業、同一一年ホテルに改名）が示されていない点である。和合橋は昭和七年にコンクリート橋に架け替えられているので、昭和七年以前の版下に、微修正を加えて再版したものと見てよいだろう。

温泉街を見よう。横湯川北岸の山麓に渋湯神社や温泉寺があり、山と川に挟まれた狭い平地に金具屋旅館をはじめ多くの温泉宿が建ち並ぶ。温泉寺から渋湯神社にかけての山際に目洗湯・七操湯・神明湯・大湯と続き、川の近くに松の湯・竹の湯も見える。ほかにも渋湯神社から安代温泉境の山際に初湯・笹ノ湯・綿の湯があり、いずれも湯煙が立ち上る。大湯の山側には薬師堂、温泉寺にも上薬師堂が建つ。笹ノ湯付近に撞球場、横湯川対岸に遊園地やプールがあり、浴客の遊楽の場も整えられていた。

温泉街を歩いてひときわ目を引くのは、大湯付近に建つ金具屋斉月楼であろう。昭和一一年完成の木造四階建ての楼閣は、いかにも堂々とした造りであり、風格が漂う。今では目に触れることが少ないが、旧玄関の「日本一金具屋」と記す看板は吉田初三郎が揮毫したことが読み取れる。和合橋袂の遊園地からプール一帯は、現在、駐車場となり、一角に志賀高原を長野電鉄と共に開発した和合会の沓野区和合会館が建つ。案内文を見よう。

> 地方の素朴を失はず贅沢に流れず富者の占有でなく社会各階級の人を迎ふるに適し悠長にヒシャク片手に湯手拭肩に散歩も出来れば共同浴場の入浴も自由である、又散策探勝する所に富み時に一日の清遊を試むるも容易で時代相応の設備が調（ととの）ってゐるから退屈する事はない。

渋温泉は素朴さを大切にし、贅沢はしない。一握りの裕福な人のためだけの温泉ではない、と謳う。その節度をわきまえた

〈図7〉「信州善光寺郊外渋温泉案内」（昭和11年頃、渋温泉旅館組合）

心映えが好ましい。宿泊料は一円五十銭からであるが、「御伺い」が五十銭からある。

御伺ひは御滞在には一番御便利で御家庭そのままの延長と思召し下さい（中略）尚御召し上り物の凡(すべ)ては女中が御伺ひしてお好みのものを差上げます又自炊も出来ます。

あらかじめ旅館が準備した贅を尽くした料理とセットになった宿泊料とは別に、予算に応じて好みの料理を提供する「御伺い」という宿泊料金の設定があった。

温泉情緒を楽しみつつ散策の地が付近に多く、時代相応の設備が整っていたのが渋温泉である。遠近の散策地を抜粋しよう。

地域内にあるもの、渋遊園地、名刹温泉寺、薬師堂、和合橋、神明山、渋温泉スキー場

遊園地にはミニチュアゴルフ・玉突・大弓・麻雀・ピンポン・児童運動器具などが備わっていた。薬師堂は昭和六年秋に再建されたばかりで、神明山は眺望絶佳であった。

近距離にあるもの、天川神社、上林温泉、太古岩、地獄谷噴気孔、果亭文庫、象山先生楳仙禅師の碑、湯田中温泉、安代温泉、角間温泉、劇場、遊廓

天川神社は鬱蒼たる森に鎮座し、上林温泉は温泉プールが人々を惹きつけていた。果亭文庫は渋温泉に生まれた画家児玉果亭の南画を蔵していた。

遠距離にあるもの、琵琶池、澗満滝、幕岩、志賀高原、岩菅山、発哺温泉、熊の湯、大沼池

志賀高原一帯も渋温泉からの清遊地で、とりわけ澗満滝や柱状節理の絶壁をなす幕岩が名所で、鳥瞰図にも描き込む。名産として湯の花・ロクロ細工・蔓細工・農民美術・ふき糖・キャラブキ・乾蕨・ゼンマイ・リンゴ・花梨ジャム・練りアンズ・岩魚・ハヤ・鯉などを紹介する。大正期、上田を拠点として展開した農民美術運動からうまれた民芸品が渋温泉の土産物の一つになっていることが注目される。

表題にもあるように、渋温泉は善光寺郊外にある温泉で、「善光寺詣りの方はいづれも長野駅にて下車（中略）本堂より東南

五丁なる善光寺下駅より湯田中行の電車に乗るのが便利である」と、善光寺からの順路案内を掲げる。また宿泊料について「善光寺参詣の講中スキー等大勢様御来遊の節は一円から御相談申します」ともあり、通常一円五十銭からの宿銭の料金割引に応じることを示す。善光寺参詣客にいかに足を運んでもらうかを、温泉旅館組合が考えていたことが伝わる記述である。いずれにしても、善光寺さんあっての渋温泉であった。

第七章 松本・諏訪・伊那

一、北アルプスを望む松本

（一）松本盆地

西に北アルプス、東に筑摩山地の山なみを望む地に松本盆地がひらける。北アルプス槍ヶ岳に源を発する梓川が上高地から盆地に注ぎ、木曾谷から流れる奈良井川と合わさり犀川となり、千曲川へ合流する。一方、槍ヶ岳の北から大町を経て安曇野を南流する高瀬川が犀川に注ぐ。松本盆地は梓川の南が松本平、北が安曇野で、複数の扇状地から成る。

松本平には、国宝松本城を中心に松本の城下がひらける。常念岳など北アルプスの連山を背後に黒々とした天守閣が聳え建つ松本城の姿は、山国松本を象徴する風景であろう。松本市街地に女鳥羽川（めとばがわ）が流れ、界隈に風情ある家並みも残る。北アルプスの登山基地や避暑地として有名な上高地の玄関口である松本は、郊外に浅間（あさま）温泉をひかえる観光都市でもある。

近代に入ると篠ノ井線松本駅が開業（明治三五年）し、塩尻駅・長野駅への交通の便が整えられた。また松本から安曇野を経て北へ信濃鉄道（現・大糸線）が延び、松本―信濃大町間が全通（大正五年）する。加えて大町から大糸南線（現・大糸線）が信濃四ツ谷（現・白馬駅）・信濃森上まで延伸（昭和七年）し、白馬岳方面への便がよくなった。さらに筑摩電気鉄道（筑摩電鉄、昭和七年松本電気鉄道）の松本―島々間が全通（大正一一年）し、上高地入口の島々が近くなった。

松本平と西に連なる北アルプスの姿を、「松本市を中心とせる日本アルプス大観」（昭和五年七月、金子常光画、松本商工会議所発行）〈図1〉から見ていこう。表紙は北アルプスを背後にした松本城、裏表紙は上高地から望む穂高岳の絵柄で、下に浅間温泉の家並みを添える。

鳥瞰図は旧制松本高等学校の地（現・あがたの森公園）辺りから北西に大天井岳方面を望む構図で、左に塩尻、中央に松本、右に浅間温泉をおく。松本市街地の西に奈良井川・梓川・犀川

〈図1〉「松本市を中心とせる日本アルプス大観」
（昭和５年７月、金子常光画、松本商工会議所）

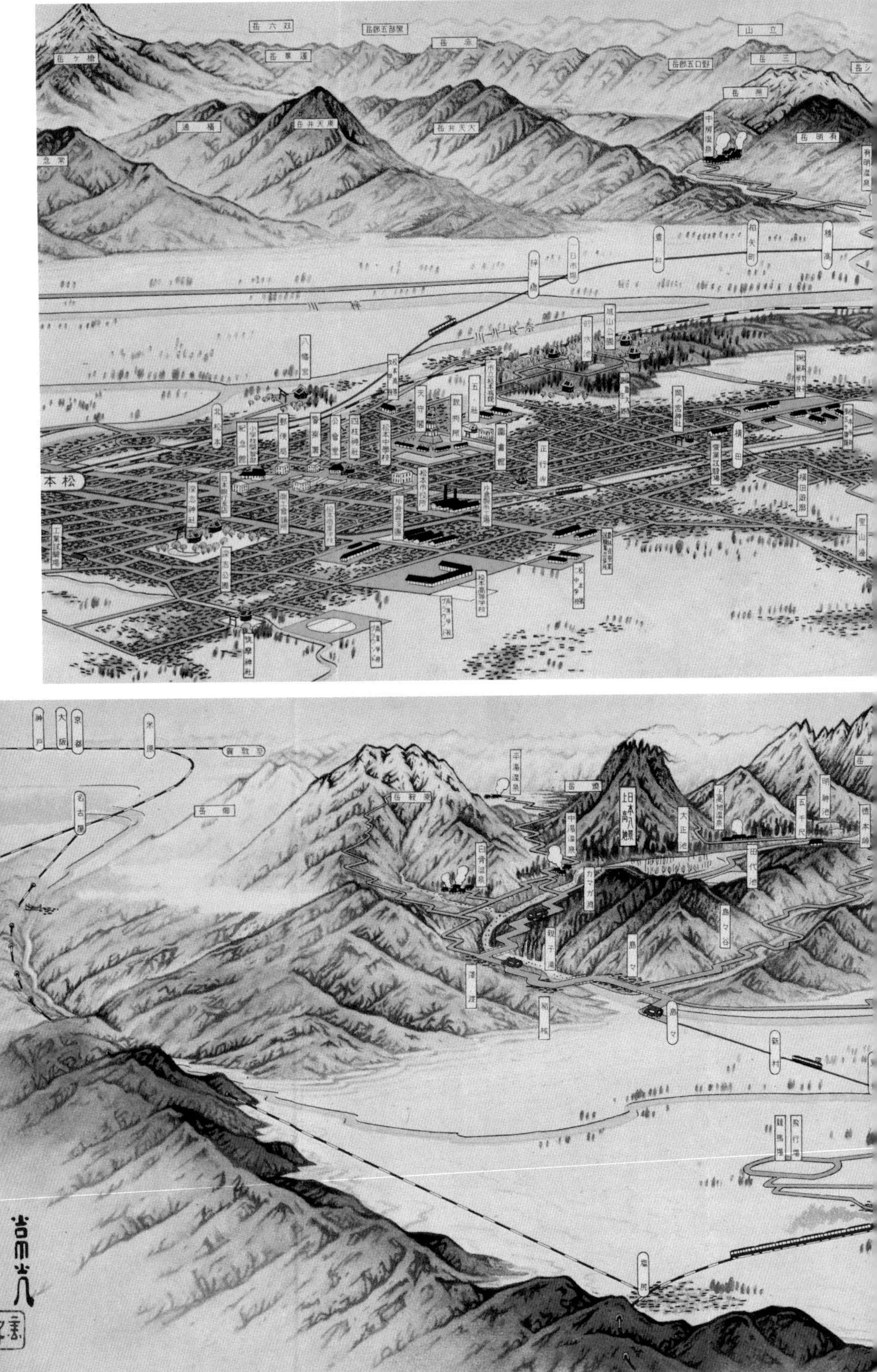

槍ヶ岳
双六岳
黒部五郎岳
蓮華岳
立山
野口五郎岳
燕岳
有明岳
中房温泉
有明温泉
横通岳
東天井岳
大天井岳
豊科
一日市場
柏矢町
穂高
城山公園
八幡宮
北松本
松本
天守閣
郵便局
警察署
公会堂
四柱神社
松本中学校
裁判所
図書館
正行寺
岡ノ宮神社
横田
松本市役所
深志神社
深志公園
松本高等学校
工業試験場
筑摩神社
横田遊郭
神戸
大阪
京都
米原
至敦賀
名古屋
乗鞍岳
平湯温泉
焼岳
日本八景上高地
白骨温泉
中湯温泉
大正池
上高地温泉
明神池
五千尺
徳本峠
田代池
カマガ淵
島々谷
島々
親子滝
沢渡
稲核
新村
競馬場
飛行場

が流れ、背後に常念岳・東天井岳・大天井岳・燕岳が連なる。これらの山なみの後に乗鞍岳・焼岳（やけだけ）・穂高岳・槍ヶ岳が聳え立ち、その北に蓮華岳・黒部五郎岳・野口五郎岳・烏帽子岳・鹿島槍ヶ岳・唐松岳・白馬岳と高峰が続く。

乗鞍・上高地方面には松本から島々まで筑摩電鉄が延び、自動車道が島々から沢渡（さわんど）を経て中ノ湯温泉手前まで通じる。乗鞍岳方面へは沢渡から白骨（しらほね）温泉を経て登山道が延びる。また上高地へは中ノ湯温泉から谷沿いの道が大正池を経て到達するほか、島々から徳本峠（とくごうとうげ）越えの山道が古くから通じる。

上高地には焼岳の麓に大正池、霞沢岳の裾に田代池、穂高岳の下に明神池があり、上高地温泉や五千尺（旅舎）も見える。焼岳噴火（大正四年）による堰止湖の大正池には、立ち枯れになった樹木が林立する。図中に「日本八景上高地」と目立つ文字で示しており、当時、上高地は話題の観光地となっていたことが伝わる。

北に目を転じると、信濃鉄道有明駅西方の有明山麓に有明温泉、燕岳中腹に中房温泉が見える。大町から木崎湖・中綱湖・青木湖の「仁科三湖」を過ぎると簗場駅で、図が描かれた当時（昭和五年）、ここが大糸南線の終点であった。簗場から自動車が四ツ谷まで向かい、その先に白馬岳・白馬温泉がある。

（二）城下町松本

同鳥瞰図の松本市街地に目をやると、松本城を中心に城下の町並みがひらける。移転前の旧制松本中学校（現・松本深志高等学校）が松本城二の丸にあり、松本城の南を流れる女鳥羽川に沿って市役所・公会堂・警察署・郵便局・小学校開智部記念館が建ち並ぶ。市街地はずれの松本城南東に旧制松本高等学校（現・信州大学）、北に松本歩兵第五十聯隊を配置する。市街地に深志公園、北西の丘陵地に城山（じょうやま）公園が見える。

旧制松本高等学校跡地は、あがたの森公園として整備され、大正期の校舎（本館は大正八年、講堂は大正一一年建築）が、あがたの森文化会館として活用されている。また戦後、松本歩兵第五十聯隊跡地に松本医学専門学校が移転し、信州大学キャンパスとなった。校内に明治期の煉瓦造りの聯隊糧秣庫（食糧庫）が残り、信州大学医学部資料室として活用されている。

小学校開智部記念館（明治三十七、八年戦役紀念館）は、日清日露戦争の記念品や皇室・宮家からの御下賜品四万余点を蒐集した施設で、松本尋常高等小学校に付設されていた。やがて松本記念館として松本城二の丸に移転（昭和一三年）し、戦後、松本市博物館となった。松本尋常高等小学校は、明治初期の疑洋風建築として有名な開智学校（明治九年建築・国宝、昭和三九年移築）

の伝統を受け継ぎ、この開智学校もまた教育博物館として活用されている。松本は昔の建物を活かす街である。

案内文を見よう。松本市内の名勝として松本城・千歳橋（せんさいはし）・縄手・城山公園などを挙げる。まず松本城である。

北深志の地に苔むした姿を聳え立たせてゐる。（中略）外観五層内部六層の偉容を北に連らね三層楼東南二層の月見櫓と共に力強く整った美しさを保ちつつ銀峰日本アルプスを背景として静けく昔を語ってゐるのである。

松本随一の名所松本城は、古くは深志城と呼ばれており、今日の松本城に改称したのは天正一〇年（一五八二）であった。一六世紀後半に城郭が整備されたが、天守閣の建築年については諸説がある。千歳橋からシナノキ並木の大名町通りを北に進むと、外堀や内堀に囲まれた松本城が北アルプスの常念岳などを背後に凛々しい姿を見せる。天守閣・小天守をはじめ渡櫓・辰巳附櫓・月見櫓が建築当初の建物を残し、石落し・矢狭間・鉄砲狭間が黒々とした漆塗りの外壁にアクセントを添える。黒漆の塗り替えは、毎年秋におこなわれる。

松本城大手門枡形南の女鳥羽川に架かるのが千歳橋である。

昔は松本城の大手に当って木橋であったが明治八年今の石橋に代った。（中略）すぐ東に松本の銀座縄手通りにつづき昼夜とも殷賑（いんしん）第一のところ。行客（こうかく）よ、もしこの橋畔にたたずむこと半時（はんとき）ならば松本の特色も地方色も倦（あ）かぬ興趣の中にその真相を伝へるであらう。

千歳橋は松本城大手橋にあたり、明治九年に大手門石材をもって架橋した由来を傍らの石碑に刻む。この石橋は架け替えられたが（昭和三九年）、松本城と中心市街地をつなぐ重要地点に変わりなく、今も人通りが絶えない。橋際にたたずむと、その地の特色がわかる、とは面白い指摘である。昭和初年当時、松本の街は地方色を色濃く残していたのであろう。

かつて大手門の東西に惣堀があって、女鳥羽川と惣堀に挟まれた縄のように細長い土地が縄手である。

賑かな市場通り夜店露店に眩しい光が交錯して売買の声散歩の群、喫茶店、酒場のざわめきに一（ひとつ）の歓楽境を現出してゐる。

昔は老松が枝を張っていた縄手も繁華な歓楽境に変わったことに触れ、近くに市役所・郵便局・警察署の公官庁が並び建つのも面白い光景である、とその風景を対比する。今日、縄手には武家屋敷長屋風の建物が再現され、土産物屋などが大勢の客を集めて賑わいをみせる。その景観を創出したまちづくりは、平成一三年度「手づくり郷土賞」地域整備部門を受賞した。

松本の風物詩として飴市に触れる。

本町、中町、伊勢町の街頭に市神の社殿を組み立てて町の子供が小さな紙包の塩を呼び売るのが吉例となった。そして何時頃からかその塩の外に飴を売る様になった。だから今露店で購ふこの日の「市飴」は塩叺の形をかたどった「袋飴」なのである。松の内から幾日も経たぬこの日の市は床しいこの昔話に里人の心を包んで和やかに威勢よく初春の景気を賑はせるのである。

飴市は、一月十日の宵から十一日（現在、一月第二土日）にかけておこなわれる初市である。起源は、上杉謙信が武田信玄に塩を送った温情を記念して立った塩市に由来する、と説く。奥床しい昔話とは、この伝説を指す。市神を祀る慣わしも古風で、その前で商人たちが公正な取引を誓ったのであろう。

飴市の立つ町並みの一つが、女鳥羽川の南に東西に延びる中町である。そこは善光寺西街道沿いに商家が連なり、明治二一年の大火後に再建された土蔵造りの町並みが目を引く。中町は電線を地中化し、石畳の歩道など景観に配慮した街が創出され、松本城下の雰囲気を味わえる一画となっている。

市街地北西、奈良井川東岸の丘陵にある城山公園は、古くから市民の行楽地であった。

春の桜秋の紅葉に市人の最も親しい行楽の場所となってゐる。山上の果樹園には香り勝れた葡萄に桃に苺に味覚の享楽に清新の風趣は亦一入である。しかも此公園の生命とも云ふべきは眺望の秀絶なるところに存する。

城山公園は、中世の犬甘山城を利用した公園で、一ノ郭から六ノ郭にかけての六つの郭と空濠が遺る。この山城はすでに江戸後期、松本城主が君民遊業の地として開放、明治八年に松本市最初の公園となった。

六ノ郭にある展望台に登ると、西に乗鞍岳、北西に常念岳を望み、白馬岳方面へ山なみが連なる。東に目を転じると、松本市街地の背後に美ヶ原の王ヶ頭・茶臼山・武石峰が目に入る。さらに南に松本盆地の彼方に南アルプスの山なみも遠望できる。ほかにも城山公園北の丘陵続きにアルプス公園があって、山と自然博物館五階三六〇度パノラマ展望室からも同様な風景を楽しめる。澄みわたる空の下に山なみが堪能できる街、それが松本である。

二、上高地

大正池上流の梓川に峡谷をなす上高地は、穂高連峰や槍ヶ岳の登山基地として知られる。昭和二年、「日本新八景」（後述）当選地への取材で、島々から徳本峠を越えて上高地を訪れた作家の吉田絃次郎は、目に映る風景の魅力を瑞々しく語る。それは碧玉のごとき梓川の流れ、霊峰穂高の雄姿、焼岳や大正池の奇観、岩魚が遊ぶ幽邃な明神池、静謐な田代池などである。田代池を例示しよう。

　六百山や霞沢岳の裾にからんで田代池がつめたくひろがっている。水は浅い。しかし如何にも清れつである。その白く静かなる池の面を見ればむしろ死の国とも名づくべきであろうか。どこまでが池であるか、或は草原であるか、沮洳地であるか、しらかばの森であるか、劃然たる境はきわめがたい。夕霧のこむるところ模糊として或は森となり、或は水となり、草となる。空山一鳥啼かず、頽唐の気冷たく漂うのみである。（「上高地」『日本八景』所収）

田代池は、大正池と同時期に焼岳の噴火（大正四年）が千丈沢を堰き止めてできた池で、周りが霞沢岳の湧水により湿原となっている。清冽な水を湛えた浅い池は、池であるのか、草原であるのか、湿地であるか見分けがつきにくい。静まりかえった山と冷えびえとした池の気配を描写する。

上高地は、後述する鉄道省『日本アルプス案内』（大正一四年）に詳細に取り上げられており、絃次郎がとりわけ先駆的な旅と上高地の紹介をしたわけではない。再び「松本市を中心とせる日本アルプス大観」〈図1〉の案内文に目をやろう。

　山を語り名勝を談ずる程の人でこの名を知らぬ者はない。海抜五千尺東西四里南北半里の渓谷、しかもめぐらすに穂高、焼岳、霞沢岳六百山等を以てしアルプスの精。梓川は明神池、大正池、田代池を湛へつつあくまで清く澄み極まって冴えた川音を立ててゐる。幾千年の憂鬱をこめた処女林は白樺のやさしき姿を交へ樹下に水を掬すれば眼前に岩魚が躍る。

これは海抜五千尺（約一、五一五m）にある清澄な空気が漂う上高地の魅力が表われた一文である。「山を語り云々…」に見るように、昭和初年、上高地の名は大いに鳴り響いていた。自然豊かな環境に恵まれた上高地一帯は、カモシカやイワナの宝庫であった。この人跡未踏の地に分け入り、明神池の畔に小屋を建てて狩猟・漁労にいそしんだ人、それが上條嘉門次（一八四七〜一九一七）である。小屋を建てたのは彼が三十歳頃というから、明治一〇年頃のことであろう。

嘉門次の名を有名にしたのは、明治二六年、前穂高岳に登ったウォルター・ウェストン（Walter Weston, 1861〜1940）の案内をしたことによる。蛇足になるが、イギリス人宣教師ウェストンは、『日本アルプスと登山』を帰国後にイギリスで出版（明治二九年）、日本アルプスや上高地を世界に紹介した我が国における近代登山の先駆者である。彼は三度来日するが、二回目の帰英（明治三八年）に際して小島烏水らに山岳会の結成を呼び掛けた。昭和に入り同書が岡村精一訳で出版（昭和八年）されるが、すでに登山が大衆化した時代であった。なお日本アルプスの名称を最初につかったのは、大阪造幣寮の技師として来日し、外国人として槍ヶ岳登山を最初に成し遂げた英国人ウィリアム・ガウランド（William Gowland, 1842～1922）である。

> 日本八景の一として、将た亦国立公園の一として推されてゐるのも当然であらう。だから此地はただに登山者の根拠地としてのみならず避暑地としては正しく理想的の郷である。

いわば秘境であった上高地が脚光を浴びるのは、大正が昭和に改まった直後におこなわれた、大阪毎日新聞社・東京日日新聞社主催、鉄道省後援の「日本新八景」選定の一大イベントを契機とする。広く国民の関心を集めたこの催事は、ハガキ投票による渓谷の部第一位の天竜峡を覆し、名士による審査員が上高地を選定したのである。なお「日本新八景」選定に伴い、著名な作家による紀行文が新聞に掲載されたほか、「日本八景名所図絵」（昭和五年八月、吉田初三郎画、主婦の友社発行）〈図２〉も発行された。

もっとも、焼岳の噴火（大正四年）により大正池や田代池が生まれた頃から上高地は登山の根拠地のみならず遊覧地・避暑地としての性格を帯びつつあったようである。案内文を続ける。

> キャンプ生活の学生も亦独得の趣を呈する。松本営林署では特に好学の人達の為に林木に標示を設け樹種樹名を知らせてゐる。旅館は「五千尺」と上高地温泉とがあって何れも湯量豊かに客室も数十を擁し設備も極めて具ってゐる。

昭和初期にキャンプが流行っていたこと、逍遥者のために木々に表示板をつけていたこと、設備のよい旅館や温泉があることなど、秘境の地が遊覧地に変わりゆく姿が彷彿とされる。島々から上高地へ向かう徳本峠越えを「往来の順路」としてこのように示す。

> 松本から筑摩鉄道に依り島々駅下車それより島々谷に沿ふて爪先上り三里余岩魚止の茶屋に到着、尤もこの間に軽便鉄路の便もある。更に峻坂を登ること一里徳本峠の茶屋に達する海抜七千尺穂高の雄峯は全く頭上に落るかと思はるる計り思はず山の威壓に心を打たるるであらう。銀蛇躍る梓川の渓流に眼を楽ましめつつ二里を下れば河童橋に出で「五千尺」旅館につく。更に八町を下って上高地温

泉に至る。

徳本峠越えは、昭和初年までの上高地にいたる経路で、上高地への峠道もまた心躍る旅路であった。ウェストンはじめ吉田絃次郎もこの経路をとっている。ところが、難所であった釜トンネル開削（大正一三年）により、中ノ湯まで自動車道が開通（昭和二年）したのである。

> しかし今は松本駅から松筑自動車会社の乗合に投ずれば二時間半にして中の湯に着くのである。ここから僅か一里一時間にして上高地着、（中略）松本から日帰りさへ出来る事となって我等の上高地は愈よ我等に近づいたのである。

嘉門次が岩魚獲りに分け入ったあの秘境の地も、日帰りができるようになったのである。間もなく乗合自動車は、中ノ湯から大正池まで延び（昭和八年）、河童橋に到達した（昭和一〇年）。

「上高地へ浅間温泉へ」（昭和一〇～一六年、松本電鉄・松本自動車発行）〈図3〉は、上高地までの順路を絵入りで示す案内図を掲載する。表紙は大正池から望む穂高岳である。図は大正池から仰ぐ焼岳及び大正池から眺める穂高岳の二枚の写真を中央に据え、周りに島々から上高地にいたる松本自動車路線の風景を魅力的に描く。発行年はないが、バス路線が河童橋に到達以降、河童橋袂の宿が五千尺旅舎（昭和一六年五千尺旅館に改称）を名乗っていた頃のものである。図を見ると上高地に五千尺旅舎・同別館・上高地温泉ホテル・清水屋ホテル・上高地帝国ホテルが建つ。ほかに郵便局・警察官詰所・赤十字支部派出所や二軒の売店もあり、上高地の賑わいが伝わる。

昭和四年、上高地は国の名勝及び天然記念物に指定され、同九年には中部山岳国立公園となった。明治期、ウェストンが森林にハンモックを吊り、月影と白露を被って一夜を明かした上高地にホテルが建つほどになったのである。これを嘆く岳人もいたが、便利で快適なパラダイスに性格を変えた上高地だからこそ多くの人が足を運ぶようになった事実も受け止めざるを得ない。

三、浅間温泉

松本の奥座敷と呼ばれるのが、浅間温泉である。昭和初期の旅行案内書にこのような記述がある。

> 地は海抜六七〇米、いはゆる松本平に面した高地にあり、東北には犬飼山の松林を負ひ、女鳥羽川の清流は西を走り、西南一帯の地は田圃開けて、梓、奈良井の両川を隔てて、雪に輝く乗鞍嶽、槍ヶ嶽、常念嶽　東天井、燕嶽など日本北アルプスの連峯に直面し、一望豁然として展望雄大

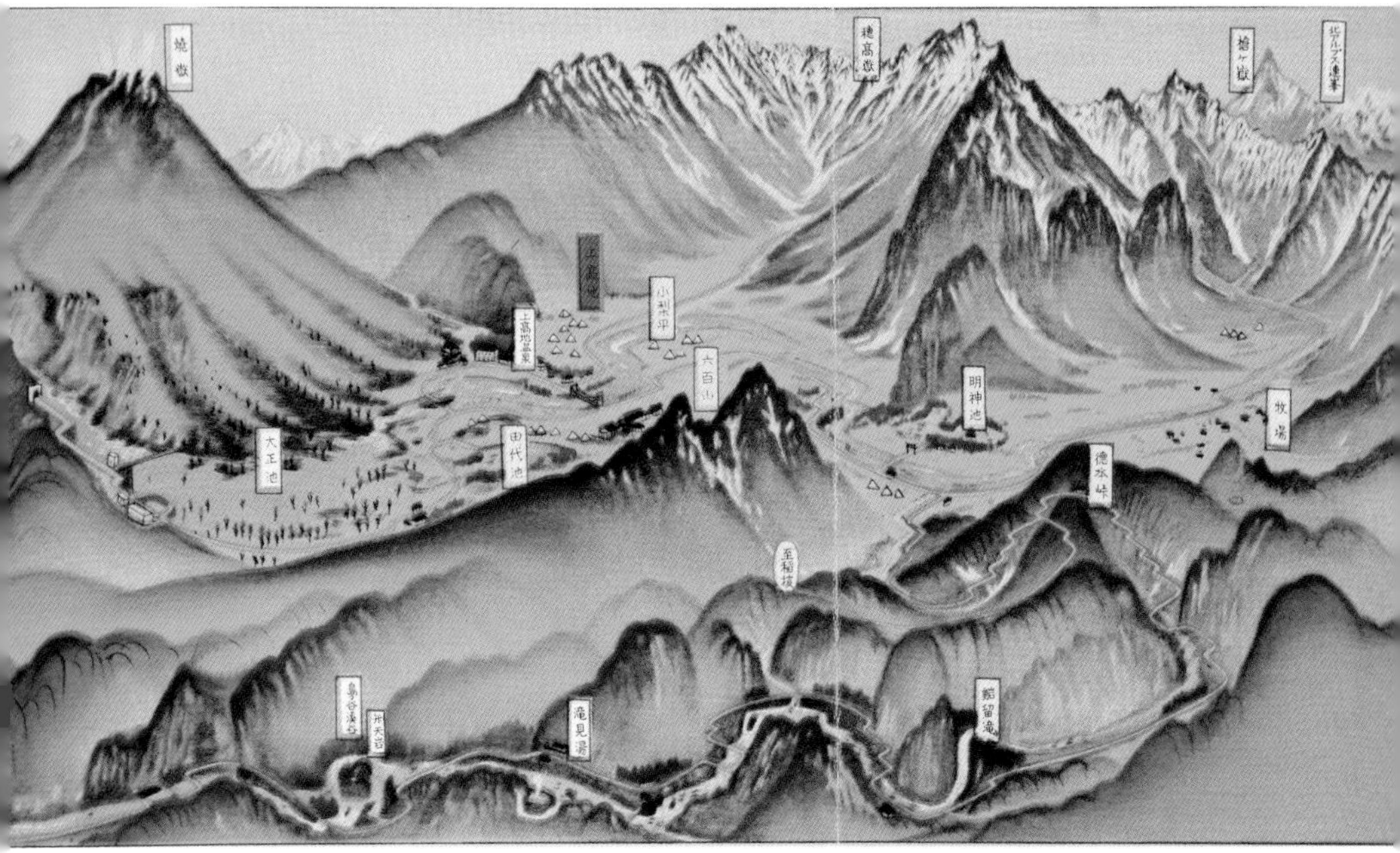

〈図2〉「日本八景名所図絵」
（昭和５年８月、吉田初三郎画、主婦の友社）

〈図3〉下・左「浅間温泉へ 上高地へ」
（昭和10～16年、松本電鉄・松本自動車）＊

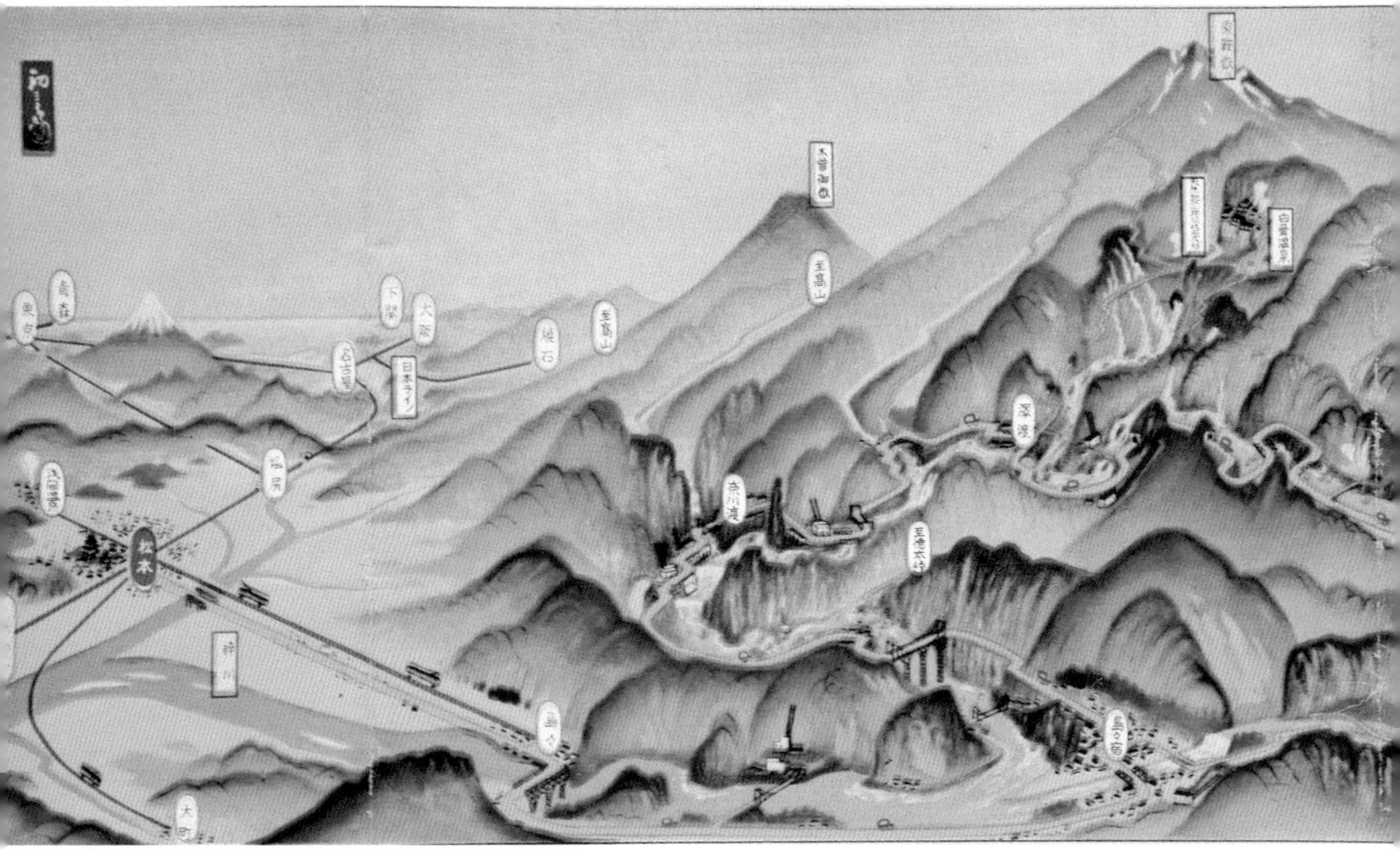

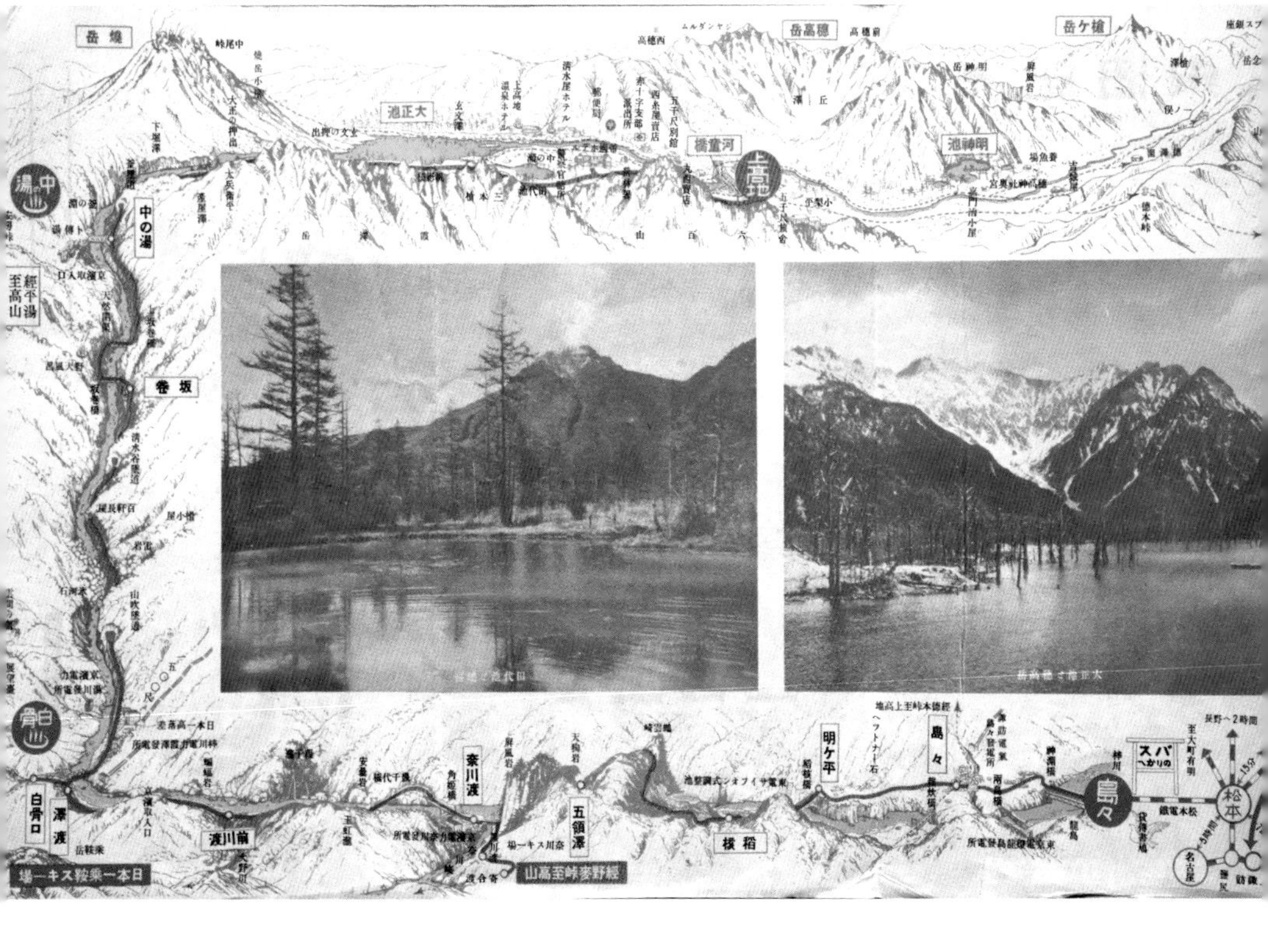
中の湯
巻坂
大正池
明神池
河童橋
白骨口
澤渡
渡川前
奈川渡
五領澤
稲核
明ケ平
島々
松本
名古屋

な温泉場である。且つ交通は便利であり、旅館の設備もよく、四時の行楽に適する。又松本人士の歓楽郷で、絃歌が湧き嬌音がなまめくことも盛んである。（鉄道省『温泉案内』昭和六年版）

この記述から、浅間温泉は北アルプスの展望がひらけ、かつ脂粉香る妖艶な温泉地であったことが伝わる。

「信州ノ別天地浅間温泉案内」（大正一三年〜昭和四年、新美南果画、浅間温泉組合発行）〈図4〉を開いてみよう。印刷は、名古屋の澤田文精社である。発行年はないが、筑摩電鉄の松本―浅間温泉間が開通（大正一三年）しているが、大糸南線の大町―簗場駅間はまだ開通（昭和四年）していない。文中に「電車は、近年筑摩電気鉄道会社によりて開通」とあるから、大正末期のものだろうか。なお浅間温泉にいたる筑摩電鉄は廃線（昭和三九年）になった。

表紙は浅間温泉から北アルプスを望む風景、裏表紙は松本城の絵柄である。鳥瞰図は温泉地の裏山から西に北アルプスを望む構図で、中央左寄りに松本市街地、右に浅間温泉をおき、その間を女鳥羽川が流れる。背後に常念岳や有明山などの山なみが連なる。女鳥羽川に架かる浅間橋から山懐に温泉街が発達し、村役場・小学校・郵便局・駐在所などがあって町場をなす。松本市合併（昭和四九年）以前の浅間温泉は本郷村にあり、その村役場がおかれていた。

温泉街北の茶臼山麓に神宮寺が建ち、近くに御射神社春宮が鎮座する。町並み北東に薬師堂（湯薬師）があり、その背後の御殿山に天神を祀る。また町並み東方の山は浅間公園となり、不動堂や大弓場がある。案内文を見よう。

一眸豁然、風光の明媚、展望の雄大なる、我帝国の温泉場として多く其の類を見ざるなり。旅客若し此の温泉に旅の疲を休め、浴し来りて欄に凭り、此雄大明媚なる山河の景に接せば、神澄み、気、漫に爽快を覚ゆ、是れ所謂天与の静養地として、天下の紳士、墨客は勿論、一般家庭の各位に推薦せんとする処也。

温泉に浸り、宿の欄干にもたれて雄大な美しい山河の風景に接すれば、なんとなく気が晴れる。まるで文人墨客が訪れた時代に誘い込む、いとも古風な文体である。

温泉の沿革を要約すると、この地の豪族犬飼半左衛門なる人が発見したと伝え、一名「犬飼の御湯」ともいった。のち松本城主石川玄蕃（康長）が別邸を設けて入浴場とし、藩士・民の慰安所として繁盛した、とある。

温泉街東の高台に延びる山の手通りから小路を往くと、御殿山の麓に湯薬師が祀られている。湯薬師から湧き出る湯は、松本藩主の浅間御殿に引湯していた。病気平癒祈願に遠近から参拝する人が多いお薬師さまであり、この辺りが昔の温泉地の中心地であったと思われる。当時、浅間温泉は旅館五十余戸、内湯四十余戸、外湯一三か所を数えた。

> 各旅館は、三層楼、四層楼の新式建築林立して、浴槽の改善、水道の布設、衛生の注意等文化的施設完備し、紳士淑女の入浴を迎ふると共に、又平民的滞在を望む浴客の為に、貸間、自炊、賄伺ひ制の旅館ありて、療養又は遊覧者の為に、誠実に歓待に力め居れり。

温泉街に大廈高楼が建ち並んでいた様子がうかがえる。しかし、安価に滞在する人のための貸間や自炊の宿もあった。「賄伺い制」とは、渋温泉でも触れたが、室料金と食事料金を別にして客が好みの食事を注文する方式である。

> 故に此温泉地を遊覧せんとして来る旅客のみならず、松本市を目的として用務を負へる官吏、会社員、商人、学者、文士、又は日本アルプス登山の紳士、学生等、必ず宿泊地と定め、旅塵を洗ひて浩然の気を養はるるの人、年と共に激増し来り、今や一ヶ年の浴客数四十万人を超ゆるに到れり。

多様な宿泊方法を準備し、出張で松本に来る人や、北アルプスの登山客まで呼び込もうとする姿勢が多くの人を引き寄せたのであろう。

名勝遊覧地として、御射神社春宮・神宮寺薬師堂・御殿山・浅間公園などを挙げる。まず御射神社春宮である。

> 境内広からずと雖、古松、老杉鬱蒼して閑雅幽邃なり、

温泉街の北、山を背にして御射神社春宮が鎮座する。古くは浅間社といい、三才山に鎮まる山の神の里宮であった。この山の神は春に里に下って田の神となり、冬には三才山に帰って山の神となるという信仰があった。浅間社は一四世紀前半に諏訪から御射山神社を勧請して社名を改めた。境内に四基の道祖神があるが、男女が酒を酌み交わす祝言の一体が微笑ましい。御射神社春宮に隣接して臨済宗神宮寺があり、境内山腹に薬師堂が建つ。

> 寺の境内に牡丹畑あり、春光艶を競ひ、又付近一帯には梅林あり、桜樹あり、春は観花に群集狂ひ秋は紅葉に行楽を恣にす、

神宮寺は、神仏混淆の時代は御射神社春宮の別当寺で、その境内の薬師堂付近は観梅・観桜・紅葉の行楽地として賑わいを見せた。神宮寺参道傍らに気品に満ちた穏やかな表情の延命地蔵が微笑むが、文政九年（一八二六）、高遠石工守屋貞治の作品

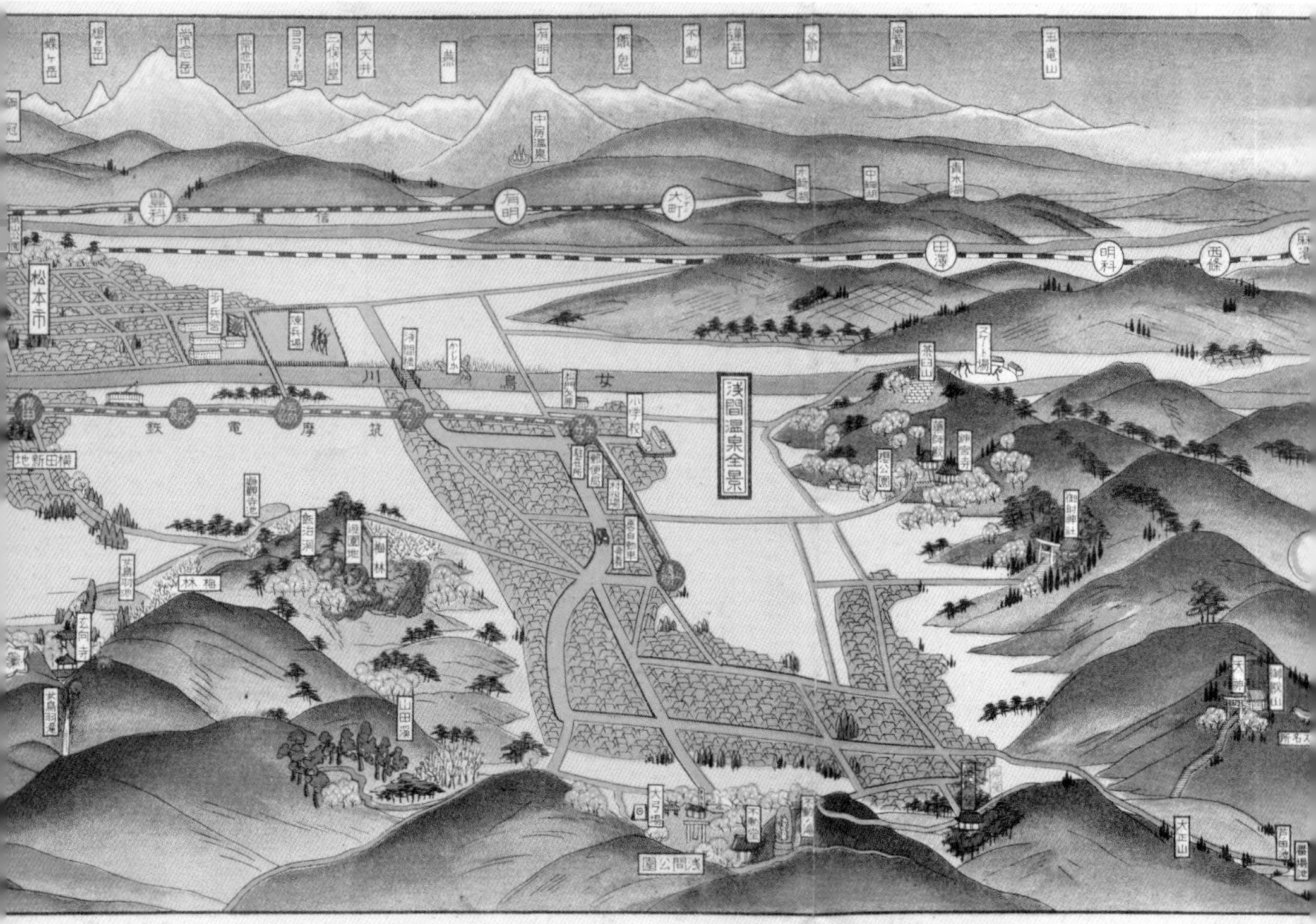

〈図4〉上・右「信州ノ別天地浅間温泉案内」
（大正13年～昭和4年、新美南果画、浅間温泉組合）

〈図5〉左・下「信州浅間温泉案内」
（昭和4～5年・発行元不明）

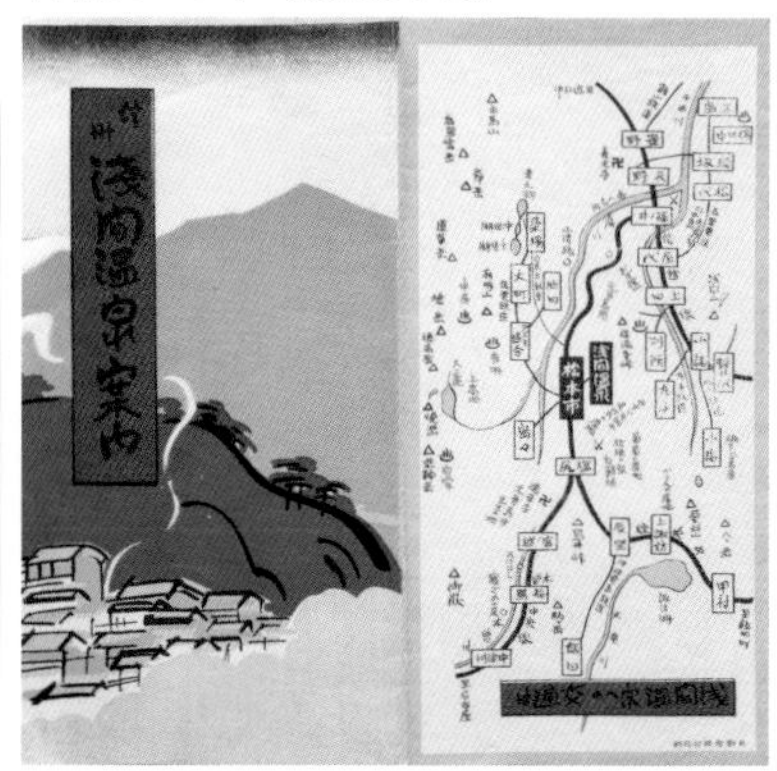

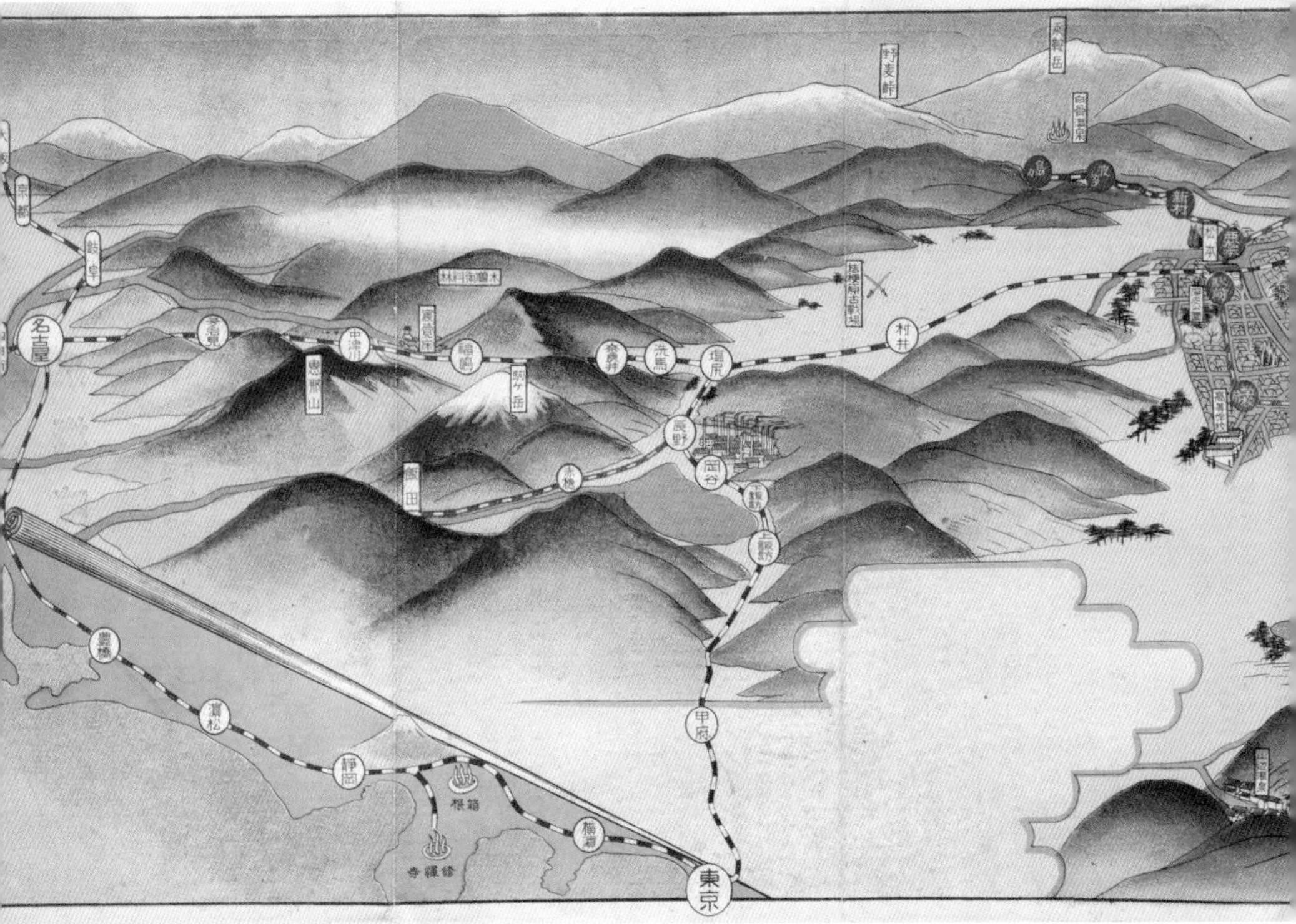

京都
岐阜
名古屋
中津川
恵那山
木曽街道
駒ヶ岳
奈良井
洗馬
塩尻
辰野
岡谷
飯田
上諏訪
村井
野麦峠
乗鞍岳
白骨温泉
新村
豊橋
濱松
静岡
箱根
修善寺
國府津
甲府
東京

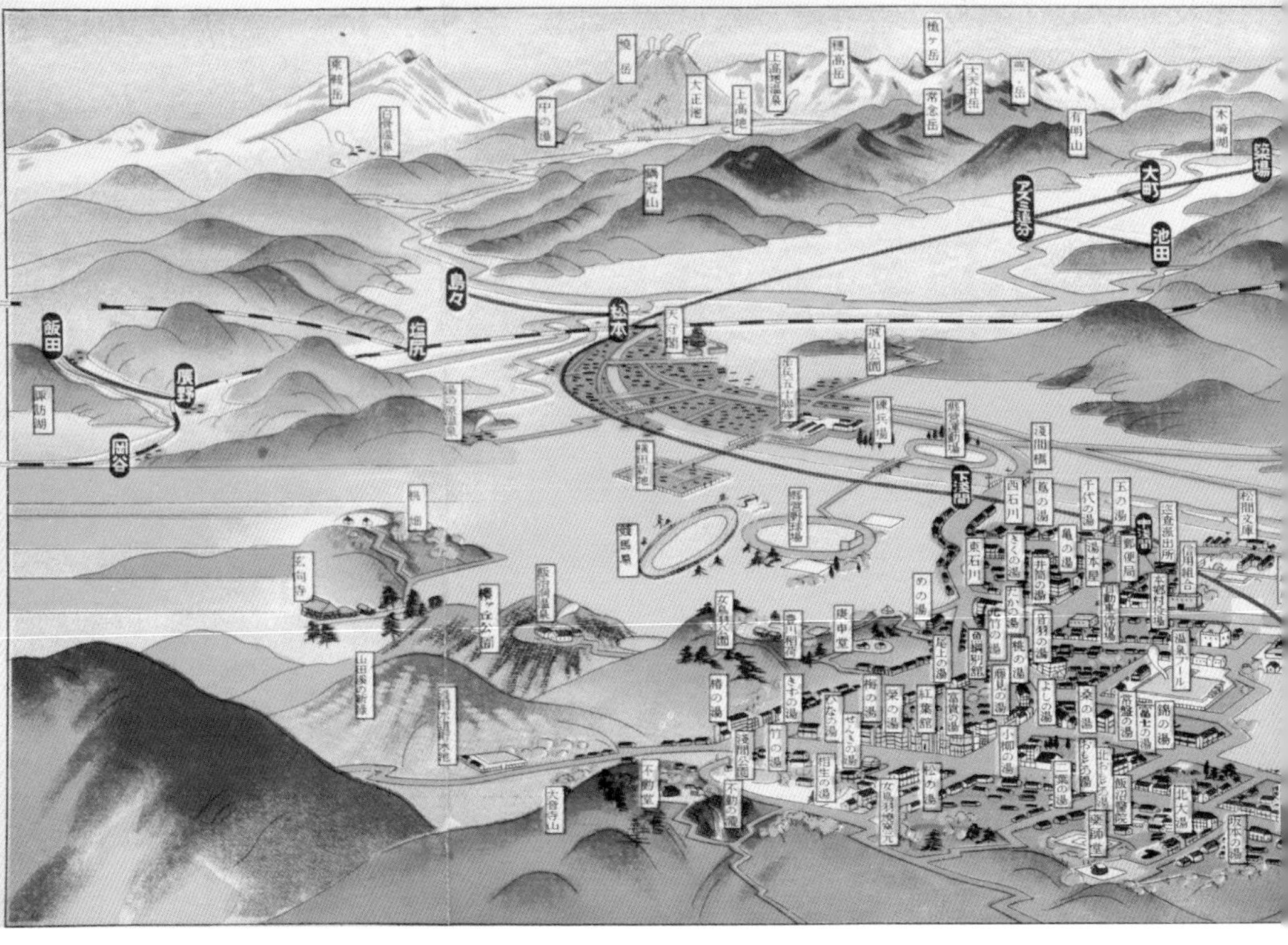

乗鞍岳
白骨温泉
中の湯
焼岳
大正池
上高地
穂高岳
槍ヶ岳
常念岳
大天井岳
燕岳
有明山
木崎湖
大町
池田
島々
松本
飯田
塩尻
辰野
岡谷
諏訪湖
城山公園
練兵場
淺間橋
下淺間
中淺間
西石川
東石川
玄向寺
競馬場

である。御殿山も清遊の場であった。

> 春は鶯の声、暁の夢に音（おと）づれ、秋は林中の茸に清遊すべく、若し夫（も）れ（そ）雪の朝頂上に登らば眺望濶然として絶勝を叫ばん、

天神が祀られている御殿山はアカマツに覆われ、秋は茸狩りが楽しめた。ほかにも御殿山には矢竹が多く、弓矢として利用された。町並みの東に、かつて浅間公園があった。

> 梅桜桃李一時に英（はな）を争ふの趣あり、園内に不動堂あり、不動の滝あり、大弓場あり浴後の散策に適す。

浅間公園は、西の宮恵比寿神社付近に整備された。西の宮恵比寿神社は、大正期に商売繁盛を祈って兵庫県西宮から勧請した歴史の新しい神社で、大正六年に松本商盛会などが奉納した玉垣がある。神社に隣接して「浅間公園之碑」が立ち、大正六年にひろく寄付金を募り大音寺跡地を利用して公園とし、不動の滝をつくったことなどを記す。当時、温泉地が賑わいをみせており、浴客の逍遥地として公園が整備されたのであろう。神社から観音石仏が並ぶ山道を登ると不動院が建ち、境内から不動の滝が流れ落ちる。この滝も、公園整備に伴ってつくったものである。浅間公園跡地は、現在、墓地になっている。温泉街は歓楽街の色彩が濃かった。

> 浴後浅酌の徒然に、団体の宴会に六十有余の紅裙（こうくん）ありて酒席に侍し、旅情を慰むるに足れり。

当時、浅間温泉では、六十人余りの芸妓が酒席に侍っていたのである。浅間温泉の名産として浅間焼・女鳥羽焼の陶器があり、産物として山葵（わさび）漬け・蕎麦・葡萄・桃・小鳥・雉・兎・松茸・蕨・山ウド・岩魚（いわな）・鰍（かじか）・あめ魚（アマゴか）・赤魚（ウグイ）・鯉・浅間豆腐を挙げる。

その後発行された「信州浅間温泉案内」（昭和四～五年、発行元不明）〈図5〉と見比べてみよう。表紙は浅間温泉から望む山なみ、裏表紙は浅間温泉への交通図である。鳥瞰図は浅間温泉裏山から西に女鳥羽川浅間橋方面を望む構図で、温泉旅館名を丁寧に書き込む。大糸南線が簗場駅（昭和四年開業）まで延びるが、神城駅（昭和五年開業）は記載されていないので、昭和四～五年のものであろう。ただしこの鳥瞰図には、温泉街南の田圃の中に県営野球場（大正一五年開業）のほかに、松本市笹部から移転する競馬場（昭和六年移転開業、同一四年廃止）も描く。

遊覧地の案内文に神宮寺の桜・茶臼山遊園・桜ヶ丘公園などを紹介する。神宮寺境内の薬師堂の桜が以前から知られていたが、西に連なる丘陵に多くの桜を移植し、松本の街から人々が花見に訪れる程になったという。また神宮寺裏の茶臼山に遊園をつくり、浴客の散策地とした。さらに新たに数千の桜を移植

した桜ヶ丘公園も生まれた。わずかの期間に温泉街周囲の散策地が整備されたことがうかがえる。しかし、今はその姿が変わり、当時の様子を確かめることは困難である。案内文に、七十人余りの芸妓がいるとあるから、わずかな間に温泉街がさらに歓楽色を強めていったことも読み取れる。

四、信濃鉄道と安曇野

松本から信濃大町に向けて松本平・安曇野を北上する路線に信濃鉄道があった。北アルプス東麓を犀川や高瀬川に沿って走る、車窓風景のよい路線である。昭和一二年の国有化を経て戦後、姫川の谷を日本海の糸魚川にいたる大糸北線とつながり、全線開通時（昭和三二年）に大糸線となった。

「信濃鉄道案内」（昭和五～七年、信濃鉄道発行）〈図6〉は、安曇野の案内が豊富である。表紙は起点にある松本城と北アルプスの絵柄、鳥瞰図は聖高原西麓の山清路付近から西に信濃大町方面を望む構図で、左に松本、右に大糸南線神城駅（昭和五年開業）をおく。信濃森上駅（昭和七年開業）にはまだ延伸していない。発行所を奥付に明記していないが、文中に「本社線…」の表記があるので、信濃鉄道発行と考えて差支えないだろう。

鳥瞰図の背後に連なる山脈は北アルプスである。南から乗鞍岳・焼岳・穂高岳・槍ヶ岳と続き、槍ヶ岳の手前に常念岳が見える。また燕岳の中腹に中房温泉、手前の有明山の麓には有明温泉がある。山なみは蓮華岳から針ノ木岳・爺ヶ岳・鹿島槍ヶ岳・五竜岳・唐松岳・白馬岳へ連なり、白馬温泉も見える。

沿線案内を見よう。松本駅を出発した列車は、奈良井川と梓川を渡ってのどかな松本平を北上して、豊科の街にさしかかる。豊科でも「飴市」が立った。柏矢町駅を降りると碌山美術館があり、荻原守衛（碌山）の生家に遺品を保存し、篤志者の観覧に供していた。安曇野の風景に溶け込む清楚な美術館（昭和三二年、今井兼次設計）が建築されたのは戦後のことである。重柳地区は万水川流域の水郷地帯であり、山葵や梨を産し、川沿いは蛍狩りの名所であった。同地区は安曇野わさび田湧水群として、今日、人気の観光スポットになっている。

穂高駅近くに穂高神社（本宮）が鎮座する。そこは奥穂高岳山頂の嶺宮や上高地明神池畔の奥宮に対する里宮で、穂高見命・海津見命などを祀る。穂高神社は海人族の阿曇犬養氏が創祀したとされ、安曇野の地名もまた阿曇氏に因むという。穂高神社を訪ねると、山深い神社境内に舟を据えている。海人族としてのかすかな記憶をとどめようとしているのであろう。案内文は三月のお奉射神事に触れ、「近郷の農事卜占の古式にして

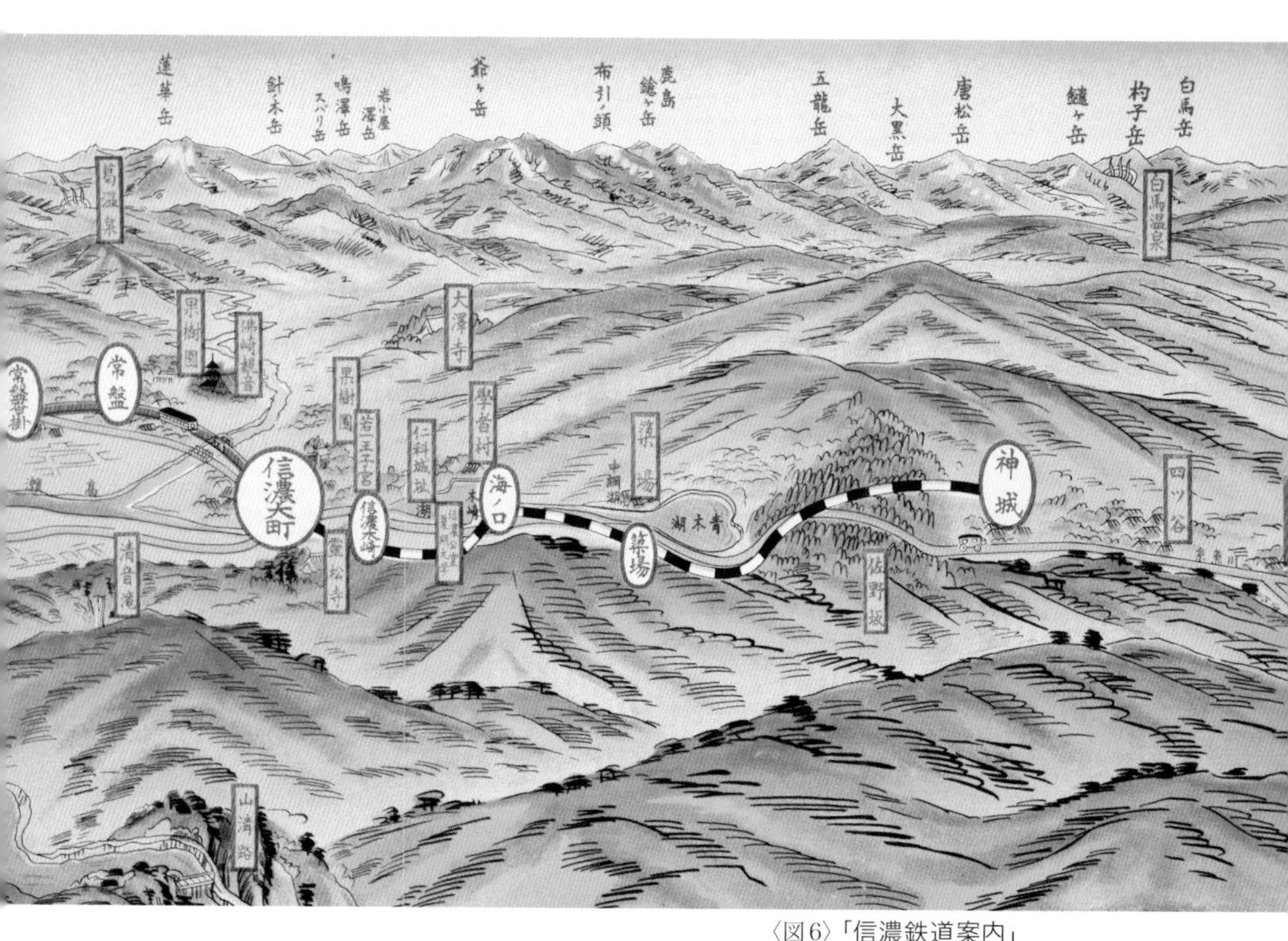

〈図6〉「信濃鉄道案内」
（昭和5～7年、信濃鉄道）

町内雑沓する」と記す。海の神様はやがて五穀豊穣を占い、豊作を祈願する神様に性格を変えたのである。

穂高川を渡ると有明駅で、中房温泉やその源泉を引いた有明温泉へ道が通じる。有明駅は北アルプス中部の登山口で、燕岳・大天井岳・常念岳登山は中房温泉を根拠地とした。燕岳は婦女子にも容易に短時間で登れる山で、アルプスの峰々の眺望を楽しむことができる、と記す。中房温泉から燕岳に登り、大天井岳を経て槍ヶ岳に一泊して上高地に下る経路（逆コースは後述）

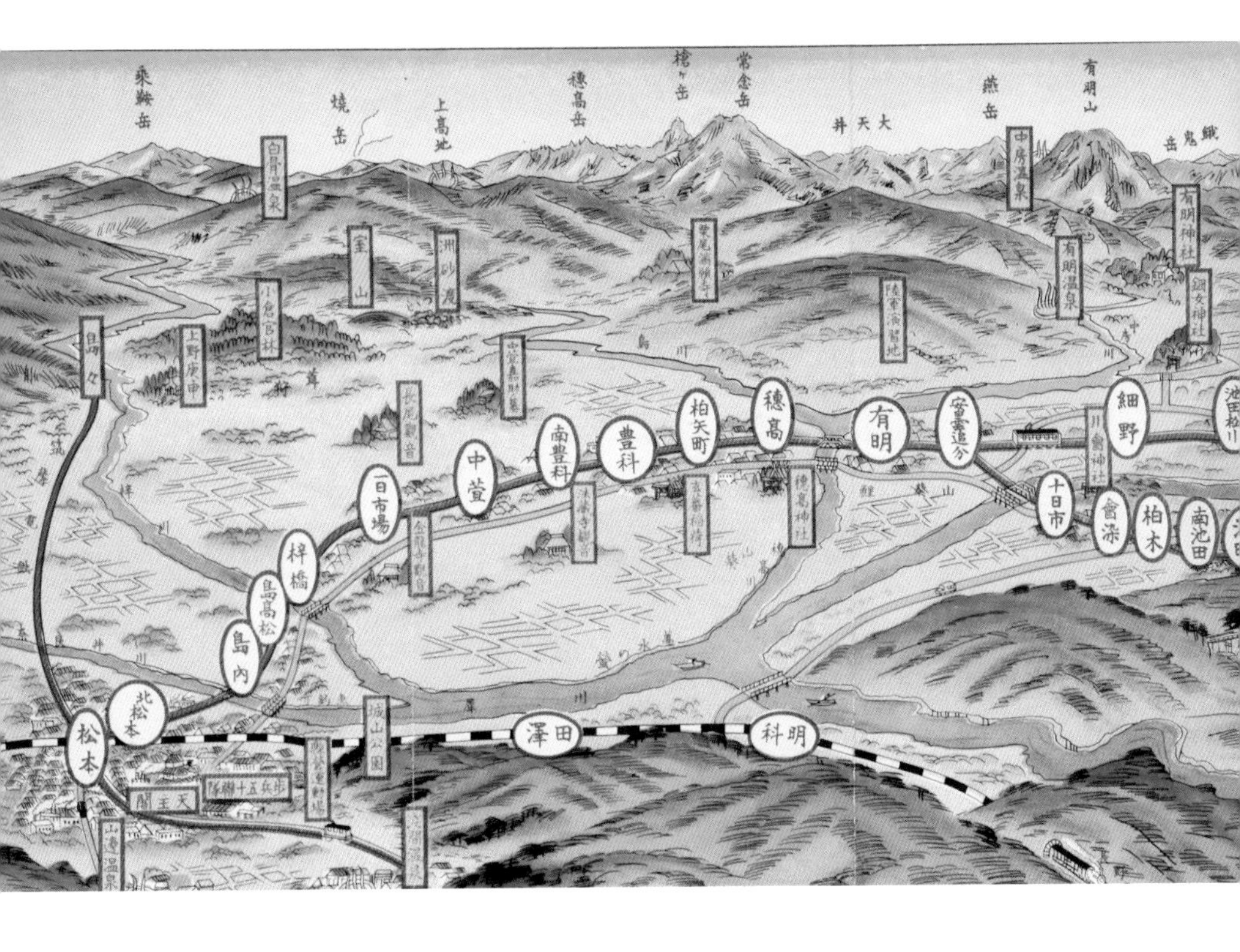

がよく利用された。

終点は信濃大町駅である。信濃大町は松本から北越へ通じる要路に位置し、町場をなしていた。信濃大町でも松本・豊科と同様に「飴市」がひらかれた。信濃大町は北アルプス登山口として重要な地を占めていた。

> 案内に関する諸設備最も完全なり。五竜連峰の縦走、高瀬渓谷より烏帽子岳方面へ、針の木峠越黒部渓谷及立山方面へ、其他速く飛騨方面に出づる大縦走には、此地を出発点又は帰着点とせざるべからず。

信濃大町は、山岳案内が整った登山基地であった。高瀬川上流に葛温泉があって、上高地・中房温泉とともに北アルプス登山の根拠地をなした。当時、大糸南線が信濃大町から神城駅まで延びていて、その先に白馬岳が聳える。

> 白馬岳は、日本アルプス中、最も高山的諸要素を具(そな)へ、雪渓及植物の美観によりて名あり。而(しか)も登山の容易なるによりて、近年著しく登山者を増せり。

白馬岳に多くの登山者が集まっていたことをうかがう記述である。信濃鉄道本社又は登山口各駅に問い合わせると便宜を図る旨も掲載されており、登山客誘致に向けたパンフレットと捉えてよいであろう。

五、北アルプス

（一）登山ブーム

松本駅が開業（明治三五年）し、信濃鉄道が信濃大町駅まで延び（大正五年）、筑摩鉄道が島々駅まで開通（大正一一年）すると、北アルプス登山が身近なものになった。日本の近代登山は、前述したウェストンから大いに刺激を受け、彼が二度目の帰英後間もなく日本山岳会が設立（明治三八年）された。それは、日露講和条約調印一か月後のことで、初代会長はウェストンと交流があった小島烏水が務めた。翌三九年には日本山岳会の機関誌『山岳』が創刊され、登山熱が高まりを見せる。

大正期の登山の普及を物語る旅行案内書として、鉄道省編纂の『日本アルプス案内』（大正一四年）〈図7〉を前述した。文庫本サイズ一八六頁の携行しやすい一冊である。前年刊行の『北アルプス登山案内』に中央アルプス及び南アルプスを増補・修正したものである。緒言に「近時登山趣味の勃興と共に日本アルプス登山者は年々激増…」「世の所謂登山家を対象とした案内書に非ざることを付言…」とあるように、この時期、登山ブームが一般人にまで及んでいた。内容は、日本アルプスの概説をはじめ、登山の準備・注意、登山口別の案内文ほか旅館・宿料・弁当代、案内人・人夫代、草鞋・白米・味噌の代金などを細々と記す。案内文は紀行文的な要素もあって読んでいて楽しい。

昭和期の旅行案内書からは、登山がますます普及していく姿が読み取れる。同じく鉄道省編纂の『日本案内記』中部篇（昭和六年）は、北アルプス登山の二つの旅程を紹介する。その一つは「北アルプス、上高地槍ヶ岳、燕岳縦走」である。

第一日　前夜新宿発篠井線松本駅下車、筑摩電鉄で島々に至るかまたは直接松本から自動車で梓川谷に沿ひ中ノ湯に至り、上高地まで約六粁徒歩、上高地温泉泊。

第二日　梓川に沿うて槍沢を登り、頂上付近殺生小屋または肩の小屋泊、山に経験深き人は上高地から直接穂高岳に登り穂高小屋泊、または肩の小屋まで穂高縦走を

〈図7〉「日本アルプス案内」（大正14年、鉄道省編〈著者蔵〉）

するもよい。

第三日　槍ヶ岳頂上を極め、東鎌尾根を下り、西岳小屋から大天井を経て燕岳小屋泊、または中房温泉に下り宿泊、この間常念岳登山をせんとすれば常念小屋一泊。

第四日　中房温泉から中房川に沿うて有明温泉に至り、自動車で信濃鉄道有明駅に出で、松本で乗換帰京。

逆コースをとることもできた。同書は、穂高岳についてこのように語る。

北アルプスの王座の如く、雄偉な山容を波打たせて居る。（中略）アルプス第一の嶮峻であるのみならず、日本に於ける唯一の峻峯で、北の劔岳と共に特異な形相を天に聳立（しょうりつ）して居る。

主峰奥穂高岳からの眺めは雄大で、南は脚下に上高地を俯瞰し、前穂高・西穂高が男性的な山骨を聳え、焼岳が噴煙を上げる。その先に乗鞍・御嶽が見え、南に八ヶ岳・蓼科山、北は槍ヶ岳の岩峰が屹立する姿が目の前に迫る。奥穂高岳と涸沢岳の鞍部にある穂高山荘（大正一三年創設、現・穂高岳山荘）は、当時、約八十名が宿泊できた。次いで北アルプスの最高峰槍ヶ岳（三、一八〇ｍ）の描写である。

その尖峯巍然（ぎぜん）として天に聳立し、他の群峯を壓（あっ）する如く、そのピークは約一〇〇米、槍の穂先の如く聳え、その肩から四方に尾根を曳いて居る。その雄偉な山容は正に北アルプス中の一大偉観で、北アルプスの盟主と云ふべきである。山頂は極めて狭い岩石帯で、約三十人で一杯になる。山頂から北アルプス全体の峰々が一望でき、遠く加賀の白山や富士山を望み、本州中部の高山大岳は手にとるようで、その眺めは雄大の極みである、と記す。江戸後期、播隆上人により開山された槍ヶ岳は、近代登山が勃興すると、岳人憧れの山となった。

もう一つの旅程は「日本北アルプス、白馬岳登山」である。

第一日　前夜新宿発、松本駅で信濃鉄道に乗換信濃大町駅で大糸南線に乗換神城駅下車、または大町から直接自動車で四ツ谷を経て、二股下車、白馬大雪渓白馬尻小屋または頂上小屋泊。

第二日　頂上を極め、白馬大池を見て引返し、鑓ヶ岳を経て鑓温泉泊。

第三日　鑓温泉から南股雪渓を下り、二股から自動車で大町に出て松本乗換帰京。

白馬岳について、同書に由来がこのように記載されている。引用が多くなるが、あえて引く。

普通「はくば」と読むが「しろうま」が正当で、古来暮春

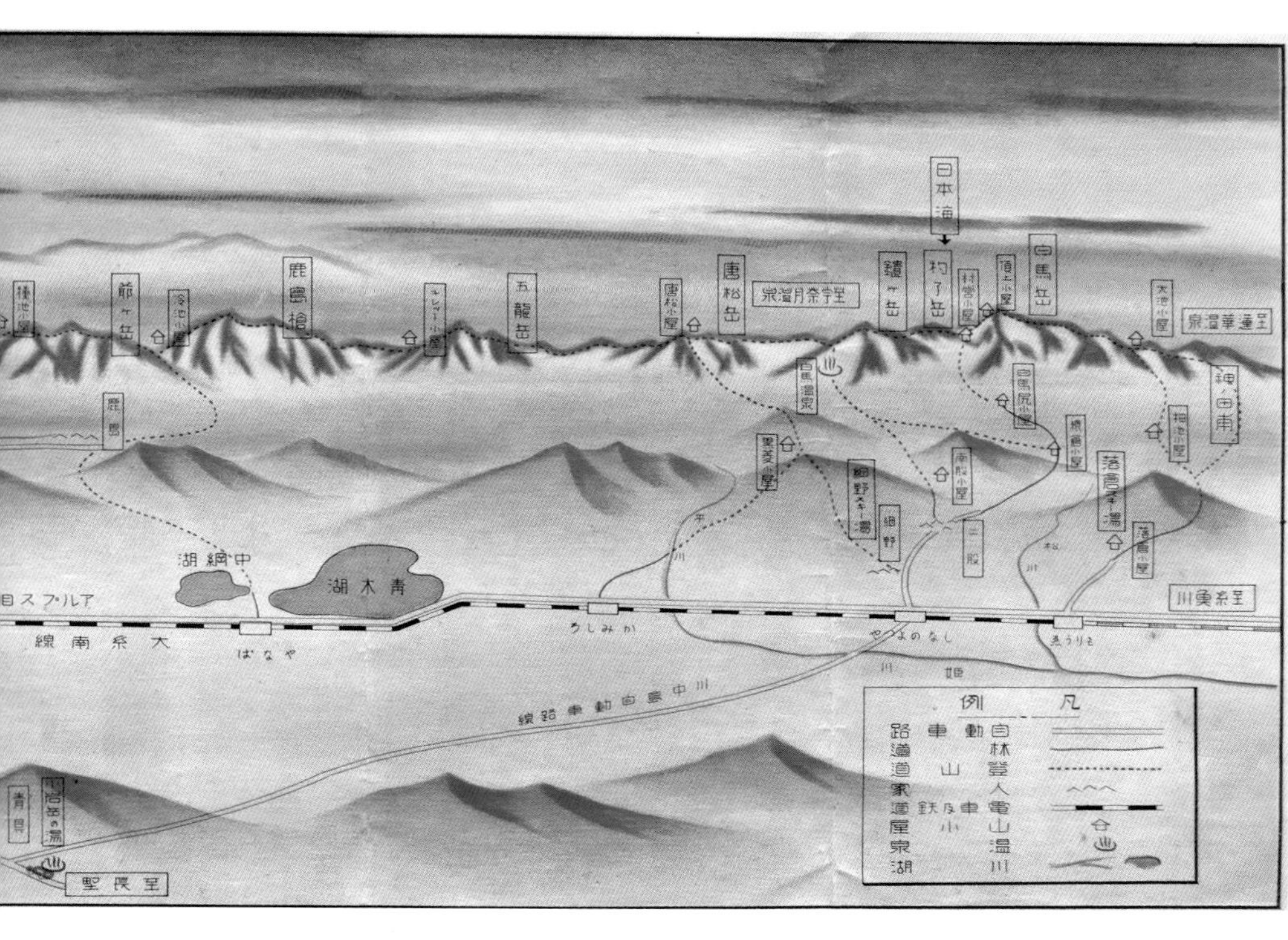

の頃になると頂上から北方に雪が消えて馬の形に岩が黒く現れる。信州側の里人はこれを農事暦として田の代掻(しろかき)をしたと云ふ。即ち代馬(しろうま)の意味が山の名の起源だと伝へられて居る。

この雪の消えた跡を「雪形」といい、山の神が農事の開始を知らせる兆し、と里人は信じていた。雪形が早く現れる温暖な年は早く農事に取りかかり、寒さが続いて雪解けが遅れる年はおそめに作業をはじめる。いかにも理にかなった自然暦である。

白馬岳は登山が比較的容易で日数を要しなかった。また小屋の設備が整っていて、大雪渓やお花畑、雄大な展望と魅力は尽きず、婦女子の登山者が多いことは北アルプス中随一であった。

(二) 登山案内パンフレット

北アルプス登山の各種パンフレットが残されている。山岳記事にそそられ、陸地測量部(後の国土地理院)地形図をたよりに山に登る人が、果たして観光パンフレットの類を必要とするのであろうか。ふと、そんな疑問が頭をよぎるが、事実、登山のパンフレットを見かけるのである。それらをいくつか紹介したい。

その一つが「日本北アルプス案内大町口及白馬岳方面」(昭和七～一二年、北アルプス協会発行)〈図8〉である。表紙は雪を戴く

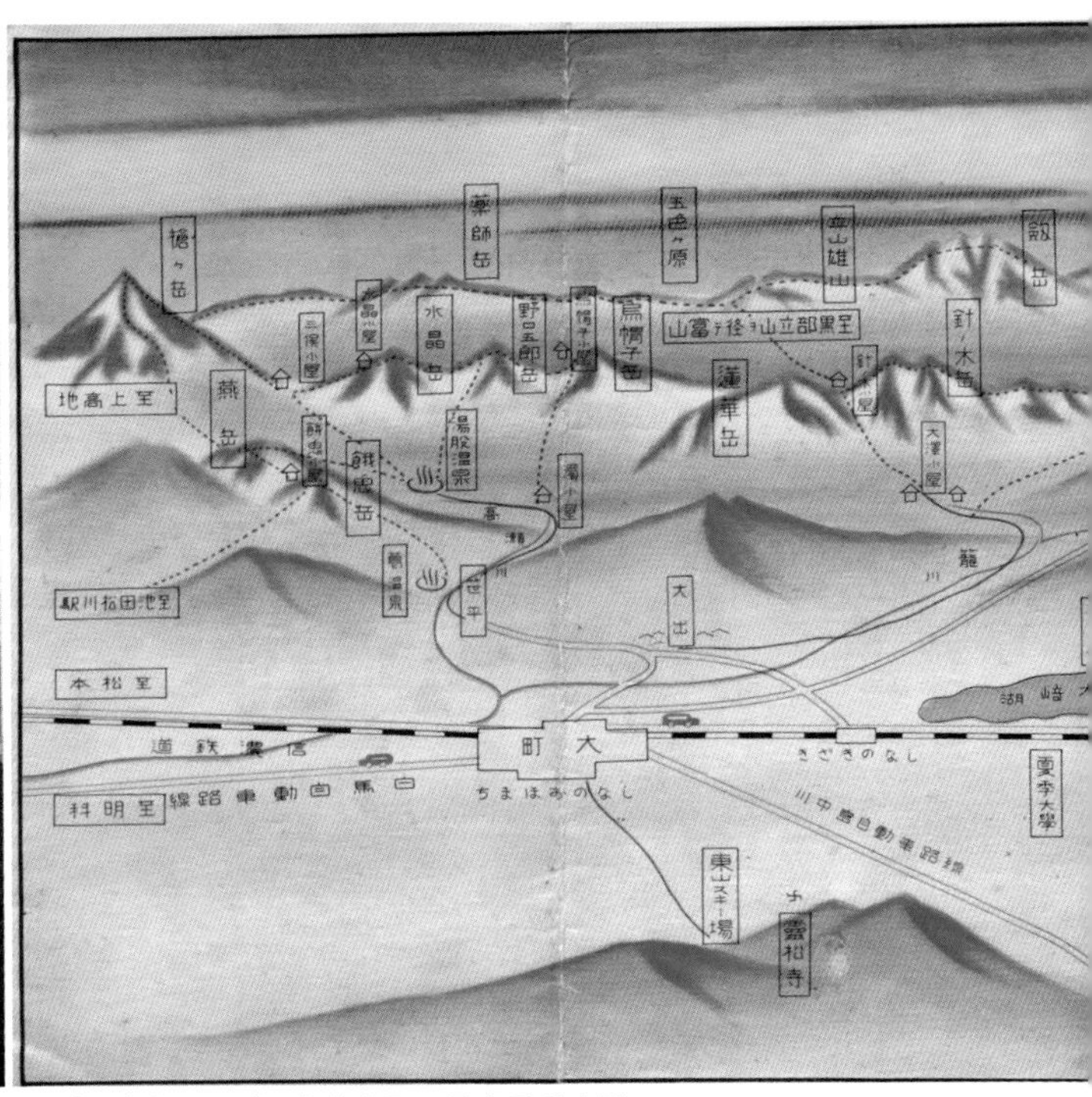

〈図8〉「日本北アルプス案内大町口及白馬岳方面」
（昭和7〜12年、北アルプス協会）

〈図11〉「日本アルプス案内」
（昭和9年〜、白馬観光協会）＊

〈図10〉「白馬岳登山案内」
（昭和9年頃、頂上村営小屋）＊

〈図9〉「白馬登山案内」
（昭和9年〜、北城村役場）＊

山岳の絵柄で、鳥瞰図は信濃鉄道及び大糸南線の信濃大町―信濃森上間の路線と背後に連なる山並みを描く。図中に山の名と登山口駅からそれぞれの山にいたる登山道・山小屋を示す、淡い色調の簡略なものである。発行年がないが信濃森上駅開業（昭和七年）後、信濃鉄道国有化（昭和一二年）前である。発行元の「北アルプス協会」がいかなる組織であるか明らかでないが、文末に大町・平村・北城村の三登山案内人組合名を大きめに記載する。

案内文は登山口別の登山行程と、山の特徴を記す。内容は、白馬岳方面（森上口・四ッ谷口）、爺ヶ岳・鹿島槍ヶ岳方面（大町口・平村口）、針ノ木越え・黒部立山方面（大町口）、高瀬入（烏帽子・湯股水股・餓鬼岳）方面（大町口）の四つに大別される。一例として白馬岳の案内文を示そう。

> 白馬も亦日本アルプスの北の王座を占めてゐる。大きな雪渓と艶麗極まりなきお花畑とはこの山の持つ最も大なる誇りであり魅惑でもあろう。黒部の谷を経て、遥か劔の彼方より吹き来るそよ風にお花畑のウルップ草やツガ桜が花首をふるはす中にきょとんとした雷鳥の姿も見受けられる（中略）大池に至って造花の神の作り出せし妙味に浸りつつ南京小桜の咲く池畔の芝生に転べば真に天界の楽園に遊ぶ懐ひがする。標高二千百米の岩間に湧く白馬温泉に疲れた身を浮べつつ眼近く行きかふ雲の流れを見つめてあれば山の幸はつくづくと身に泌（ママ）む思ひがする。

雪渓・お花畑の高山植物・雷鳥・大池、そして温泉と白馬の魅力をありありと記す。ここには登山の苦しみはみじんもなく、楽しい遊覧案内となっている。まさに登山が大衆・遊覧化している姿を物語る一文ではないか。このような登山の観光パンフレットが生まれるのも時代の流れであろう。

（三）白馬岳

白馬岳の登山案内パンフレットもいくつか発行されている。「白馬登山案内」（昭和九年～、北城村役場発行）〈図9〉、「白馬岳登山案内」（昭和九年頃、頂上村営小屋発行）〈図10〉、「白馬岳と後立山連峰」（昭和九年～、白馬観光協会発行）〈図11〉を例示しよう。いずれも発行年はないが、大糸南線信濃四ツ谷駅・信濃森上駅開業（昭和七年）以後、白馬への便が格段によくなった時代のものである。案内文から、「白馬岳登山案内」〈図10〉は頂上村営小屋改築時（昭和九年）、他の二つはやや後のものであると思われる。どれも「白馬連峰登山路略図」・「白馬頂上展望図」〈図12〉と題する共通の図版を掲載する。「白馬登山案内」〈図9〉の冒頭文を見よう。

> 私は大部分を白馬嶽で過ごす山男であります。昨日までスキーの白馬として過ごして来ました。漸く（ようや）また、リュックサックに、ピッケル片手に山頂に立ちて眺むれば前方に富士、秩父の山々を—後方に立山の峻峰と黒部渓谷よりの越中平野を縫ふて日本海に注ぐあたり、能登半島、佐渡の島影—白馬山頂の快味は只大自然のみが与ふる神秘霊感です。山岳と峻谷をそなへたる国立公園。大雪渓に御花畑に、そして雷鳥が皆様を待って居ります。

山が呼ぶとはよく聞くが、これは山男が呼んでいる誘いである。登山期は七月一日より九月初旬まで、山頂休泊所には小屋番もいて、この期間がもっとも快味を喫する時である、と誘う。一泊二日の登山行程二案を紹介する。

第一案（初日）四ツ谷発（自動車二十分）—二股（一里半二時間）—猿倉（一里半一時間半）—白馬尻（一里半四時間）—頂上村営小屋泊。（二日）頂上発（三十丁一時間）—杓子岳（十五丁四十分）—鑓ヶ岳（一里一時間半）—白馬温泉（二里二時間）—二股

第二案（初日）第一案に同じ（二日）頂上発（三十丁一時間）—大日岳（三十丁一時間）—白馬大池（一里半二時間）—

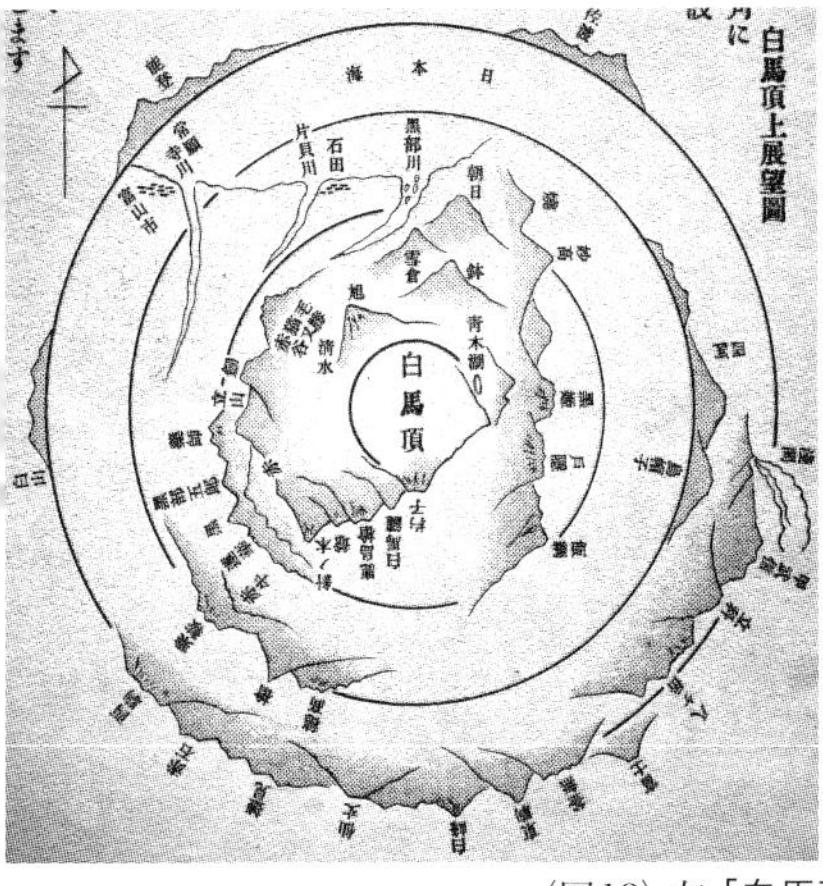

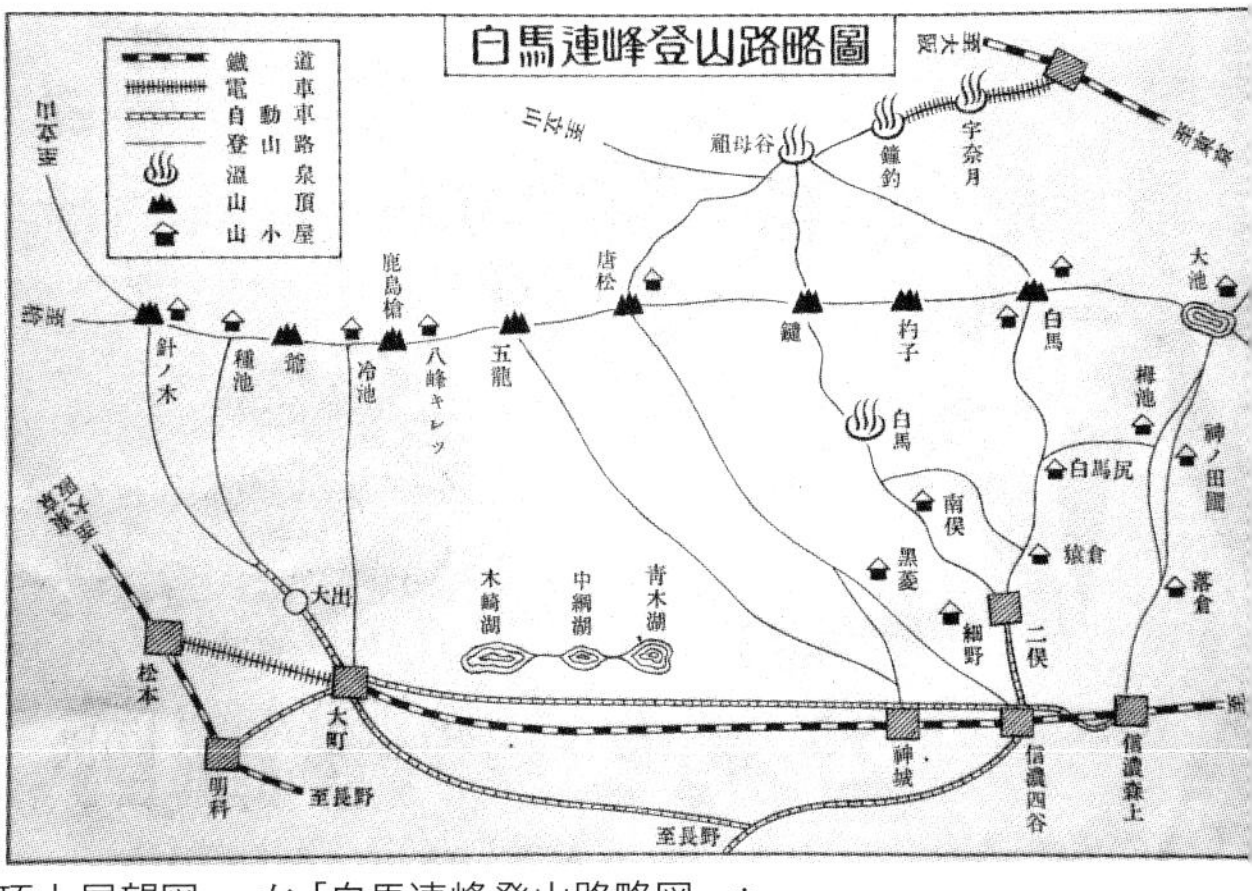

〈図12〉左「白馬頂上展望図」、右「白馬連峰登山路略図」＊

神の田圃（二里二時間）―森上登山口

第一案は猿倉・白馬尻を経て山頂を目指して山頂小屋に宿泊。翌日、杓子岳・鑓ヶ岳に登って白馬温泉に浸り、二股に下山するコースである。第二案は二日目に大日岳・白馬大池・神の田圃を経て森上登山口に下山するもので、この二つが白馬岳を代表する登山コースであった。案内文は大雪渓・氷河遺跡・小雪渓・お花畑・頂上村営休泊所・白馬山頂の展望・白馬温泉・白馬大池と多彩であるが、二つを例示する。まずは大雪渓である。

白馬尻迄の森林地帯に可愛い小鳥や鶯の声に春を味ひ（ママ）つつ大雪渓にかかります。冷風が汗ばんだ肌をかすめて千古の白雪を踏みつつ山嶺の美を眺め行く快感は白馬の大雪渓に於て始めて味はい（ママ）得るものと思ひます。

小鳥の囀りを耳に雪渓をゆくなど、きわめて情緒的な文章である。次いでお花畑を見よう。

小雪渓の上端から白雪と奇岩を背景に多種多様な高山植物が一帯を色どってゐます。多くの登山家は可憐な花に疲れた心身を慰し乍ら元気の恢復を求めます。村営休泊所からオーイと呼ぶ声と下方大雪渓からアルプスの唄の合唱が交響して雷鳥までヂャズ気分になります。

当時、多くのアルプスの唄がレコード化され、登山ブームを盛り上げた。登山客の歌声に身を揺らす雷鳥まで楽しげである。

白馬岳は、日本山岳会設立後間もなく訪れる人がいたと見え、北城村（現・白馬村）の旅館主松沢貞逸が白馬山荘を開設（明治三九年）する。その後、大雪渓付近に白馬尻山荘が建設（大正五年）され、四ツ谷登山案内者組合が組織（大正八年）された。大正一一年には白馬岳の高山植物群生地が国の天然記念物に指定されて注目を集めるが、当時、交通の便はよくなかった。

白馬山頂の村営休泊所（村営小屋、現・白馬岳頂上宿舎）は、昭和七年に建設された石室を前身とし、間もなく増設（昭和九年）され、「時代の要求に依り昭和九年に二階建モダン小屋を増築」とある。山小屋では、地元北城村の在郷軍人会員・青年団員が営利を抜きに奉仕していた。

他のパンフレットを併せ読むと、村営小屋（収容人員二百名）には登山期間中に白馬郵便局が併設されて、記念スタンプを準備するとともに急用連絡のための無線電話を備えていた。また民営の白馬山荘（収容人員四百名）には、昭和医専（現・昭和大学）診療所を開設し、山の相談所や大食堂も併設していた。白馬岳登山口の四ツ谷に鉄道が延びると、白馬山頂に六百人もが宿泊できる時代が到来したのである。若人の大合唱を耳にした雷鳥が「ジャズ気分」になるのも無理もない。

六、諏訪湖とその周辺

（一）諏訪湖畔

信州中部の諏訪盆地には、諏訪湖をはじめ上諏訪・下諏訪・岡谷・茅野などの街が点在する。諏訪湖畔に諏訪大社上社及び下社が鎮座し、豊富な温泉が湧く。諏訪湖東方やや北寄りに蓼科山、その南に八ヶ岳が聳え、蓼科山西方に霧ヶ峰高原がひろがる。一帯は八ヶ岳中信高原国定公園に指定（昭和三九年）され、今日、観光地として多くの人を魅了する。昭和初期の旅行案内書は、上諏訪温泉をこのように紹介する。

　諏訪湖の東畔を占め、後に鷲ヶ峯山脈を負ひ前に日本南アルプスの連山を望み、展望広濶である。（中略）湖は四季の眺めもよいが特に有名なのは冬のスケートである。厳冬いはゆる諏訪明神の御渡り（みわた）の後は湖面は六〇糎（センチメートル）位の厚さに氷結して人馬は自由に通行する。スケートの盛んな事は日本一といはれ、毎年飯田町駅から臨時列車を運転する程である。（鉄道省『温泉案内』昭和六年版）

温泉街そのものにさほど触れず、諏訪湖とスケートが紹介文の中心である。スケートシーズンには、東京の飯田町駅（明治二八年開業、昭和八年旅客営業廃止）から上諏訪駅（明治三八年開業）方面に臨時列車が出るほどであった。なお上諏訪駅開業翌年、下諏訪町の職人が下駄の底に鉄製の刃をつけた「下駄スケート」を考案し、下駄スケートによる諏訪湖一周スケート大会も開催（明治四一年）された。大正期は、スキーとともにスケートが流行した時代である。鉄道省編纂『スキーとスケート』（大正一三年）は、諏訪湖を日本第一の氷滑場と評し、このように記す。

　毎年氷滑大会が開かれ諏訪湖一周競争等が行はれる。そんな時は氷上に天幕張りの上家が出来たり、湖畔に携帯品一時預り所が出来たり。（ママ）貸スケート屋が開業したりする。

標高約七九〇ｍの諏訪湖は、当時は一二月上旬に湖面に長い氷の盛り上がりができた。この現象を御神渡り（おみわた）（御渡り）といい、作柄や吉凶を占うとともに、上社の男神が下社の女神に会いに行く道ともいわれた。御神渡りの頃から、諏訪の氷滑に人が群集する。貸スケートの料金（一時間）は靴スケート二十銭、下駄スケート十銭とあるから、大正後期も下駄スケートが健在であった。日本スケート会（本部東京）では、上諏訪・下諏訪に分宿して練習し、一月下旬に競技会を開催していた。諏訪湖で大勢の人が集まるのが上諏訪の鶴遊館前リンク、下諏訪の高浜湾リンクであった。また高島城址スケートリンクに帝大や慶応の学生が集まり、諏訪神社秋宮横特設リンクには早稲田の学生が多かったことなども記す。

　諏訪湖とその周辺を「諏訪大観」（昭和四年八月、金子常光画、諏訪神社社務所発行）〈図13〉から見ていこう。表紙は諏訪湖畔の温泉と諏訪神社、背後に八ヶ岳や南アルプスが連なる絵柄である。鳥瞰図は下諏訪温泉背後の山から南に諏訪神社上社方面を望む構図で、左に上諏訪温泉、中央に諏訪湖、右に岡谷をおく。

　諏訪湖北岸に、茅野方面から中央本線が上諏訪・下諏訪・岡谷を経て天竜川を下り辰野方面へ延びる。これは塩嶺トンネル開通（昭和五八年）以前の経路である。上諏訪には定期船発着所があり、諏訪湖南西岸の有賀・小坂・花岡へ航路が延び、湖上交通も利用されていた。佐久方面からの中山道が和田峠を越えて下諏訪宿へ下り、塩尻峠を越えて木曽路へ通じる。下諏訪は、中山道と甲州道中（裏街道）の宿場であった。

　上諏訪の湖畔に高島公園（高島城址）・片倉館（温泉浴場）があり、湖畔の街から湯煙が立ち上がる。下諏訪には諏訪神社下社（秋宮及び春宮）が鎮座し、慈雲寺周辺に桜並木が続く。下諏訪も上諏訪同様に多くの温泉が見える。

　高遠方面に向かう杖突峠登り口に諏訪神社上社（本宮及び前宮）が鎮座し、周囲にのどかな農村地帯がひろがる。諏訪湖が天竜川に流れ落ちる岡谷には煙を上げる工場の煙突が林立するが、これらは製糸工場であろう。上諏訪温泉の案内文を見よう。

　上諏訪温泉は湖岸一帯を中心として至る処に湧出し、殊に諏訪湖中より湧出せる温泉を誘導せるあり、旅舎料理店等内湯を有せざるなく其数約五百を算し…

湖岸のみならず諏訪湖中から湧出する温泉も利用し、旅舎・料理屋で内湯をもっていないものはない、との記述が興味を引く。諏訪は、それほど豊富な温泉が湧いていた地である。上諏訪では高島城址の桜が春の宵を飾り、湖岸の片倉館が慰安場として知られていた。温泉寺脇に特設リンクが新設（大正一四年）され、夜間照明の設備もあった。次いで下諏訪温泉である。

　下諏訪町は諏訪神社下社と豊富なる温泉とによりて夙に其名を知られ町の発展亦之を基礎とせり。温泉は湯田町、横町等数ヶ所に湧出し、新式洋風に改築せる宏壮なる共同湯の外、各料亭、旅舎に内湯の設けあらざるなく、従って花柳界亦大に発展し遊客四方より集り来りて、宛然歌舞の巷となれり。

下諏訪は歓楽境としての性格を帯びていたが、宿場の飯盛女の歴史がそうさせたのであろうか。湯田町に旦過の湯、横町には綿の湯・児湯があり、その由来を紹介する。

旦過の湯　昔雲水の僧此所に宿りて旦に出でて托鉢し、夕

> に帰りて湯に浴ししより此名あり、
> 綿の湯　八阪（ママ）刀売命が綿に浸して持ち来りし由の神話あり、
> 児湯　婦人此所に浴すれば身体よく温まりて児を孕むより
> 其名あり、

なるほどと思わせる温泉名の由来である。旦過の湯は慈雲寺雲水の旦過寮の湯を起りとし、児湯とともに共同湯として存続する。また下社の女神八坂刀売神（やさかとめのかみ）ゆかりの綿の湯は宿場の中心である問屋場にあった。慈雲寺裏山の水月園は見晴らしのよい遊覧地である。

> 一眸（いちぼう）の下に諏訪の全景を収め、脚下に諏訪湖を俯瞰して遥かに富嶽を望む、苑中に月見堂あり、月天心に懸りて銀波湖面に砕くるの景趣は、筆舌に尽すべからず湯田町より水月園に至る間、道の両側に数百本の桜樹を植栽し陽春三月の候となればさながら花の隧道をなし、丘腹一帯桜雲靆（たなび）きて忽（たちま）ち別天地をなす、

水月園は明治三五年に地元の俳人有志（水月会）が楓や桜を植えて句碑などを建立し、観月や観桜の句会を楽しんだところである。水月園は水月公園として現存し、諏訪湖や下諏訪の家並みを一望する桜の名所である。水月会の句会や植樹活動は今も続いている。地元の人々が手を入れ、愛した名所は心に響く。

（二）蓼の海

諏訪盆地の北方、美ヶ原から八ヶ岳にかけて霧ヶ峰高原・車山・白樺湖・蓼科高原がひろがる。白樺湖や蓼科高原は、蓼科有料道路（昭和四二年供用開始）・霧ヶ峰有料道路（昭和四三年霧ヶ峰線供用開始）のビーナスライン建設により、戦後、観光開発がすすんだ。前掲「諏訪大観」〈図13〉には、霧ヶ峰の入口に位置する蓼の海（たてのうみ）が唯一紹介されている。

> 市街を去る東へ四千米余り、角間新田（かくましんでん）村落を経て町有林地帯を右手に行けば天然の小湖あり（中略）夏はキャンピングに冬はスケートに適しさながら仙境にあるを覚えしむ…

天然の小湖とあるが、蓼の海は灌漑用水を溜める人造湖（大正一二年築造）である。スケート場は大正一四年に整備され、当時、上諏訪から自動車の便があった。しかしながら、これだけの案内文に過ぎない。

蓼の海湖畔の宿が、「上諏訪霧ヶ峰山麓蓼ノ海碧水荘御案内」（年代不明、碧水荘発行）〈図14〉と題するパンフレットを発行している。表紙は白銀の高原にスキーヤーのシルエットの洒落た絵柄である。湖畔に建つ和風二階建ての宿は、自家発電の電燈も灯った。発行年はないが、昼食の丼物を二五銭で提供していた頃のものである。春夏秋の魅力をこのように語る。

〈図13〉「諏訪大観」
（昭和４年８月、金子常光画、
諏訪神社社務所）

〈図14〉「上諏訪霧ヶ峰山麓
蓼ノ海碧水荘御案内」
（年代不明、碧水荘）＊

汽車時間表の一部

	新宿驛	八王子驛	上諏訪驛
AM	6.18發	7.18發	11.53着
急行	8.00〃	8.54〃	0.37〃
	8.31〃	9.29〃	2.03〃
	10.26〃	11.18〃	3.56〃
PM	0.30〃	1.27〃	6.30〃
	2.30〃	3.24〃	8.43〃
	4.48〃	5.44〃	10.51〃
	10.45〃	11.40〃	4.49〃
	11.55〃	1.13〃	6.59〃

名古屋驛		鹽尻驛		上諏訪驛
AM 5.41發	AM 10.33着		AM 4.35發	AM 5.36着
8.29	PM 1.18		6.37	7.43
10.15	3.02		8.40	9.52
PM 0.17	5.10		10.49	11.52
1.37	6.12		PM 1.56	PM 2.37
2.50	7.21		3.39	4.28
4.26	9.55		4.01	5.09
9.53	AM 2.52		5.26	6.28
11.30	4.21		7.35	8.45
			10.17	11.37

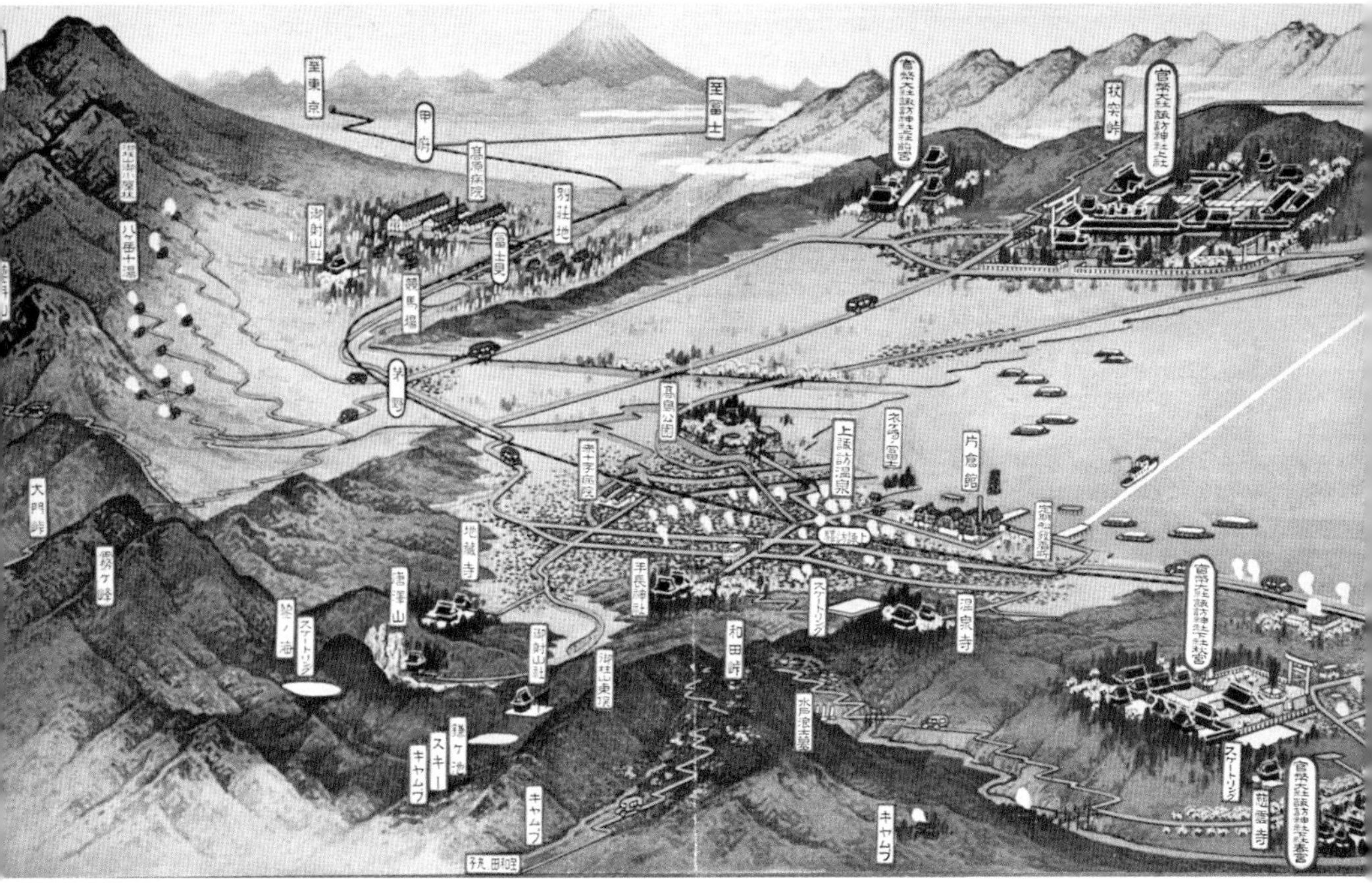

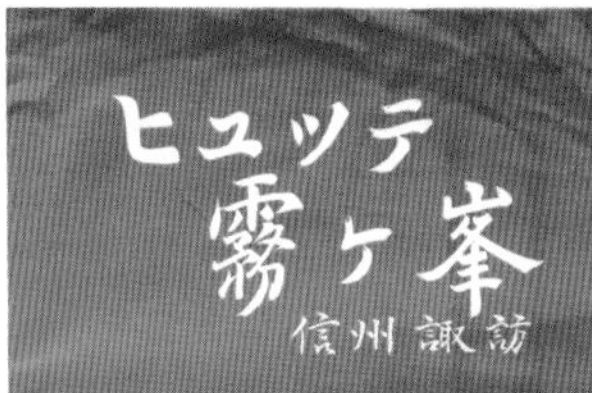

〈図17〉「ヒュッテ霧ヶ峯」
（昭和８年頃、ヒュッテ霧ヶ峯）＊

〈図16〉「白銀の王座霧ヶ峯」
（昭和10〜12年、上諏訪体育協会）＊

〈図15〉「霧ヶ峰のスキー
諏訪湖のスケート」
（年代不明、上諏訪体育協会）＊

春季　碧淡々たる蓼の海繞る山山の芽生の緑、鶯の声を遠近に聞いて酌み交ふ酒の香は他に求むるも難からむ…

言い回しもさることながら、まことに風流な楽しみ方をしたものである。緩やかな時間の流れを感じる一文でもある。

夏期　湖面を渡る涼風は肌に汗を覚ゆるを知らず（中略）民家を隔つる凡半里、青葉を揺く風の音千種に集く虫の声、小枝に囀ふ鳥の曲より他に耳を蔽ふものなき静澄の仙境、海抜一、二五〇ｍの蓼の海は夏の暑さを知らず、周囲に民家もなく学究に保健に好適の地、とその自然環境を誇る。

秋季　天晴れ気澄みたる蓼の海池畔は芒、尾花に包まれて学童の修学旅行に来るもの多く秋茸の発生に適したれば茸狩に好適、連山の紅葉は壁画とも見るべく…

湖面に映る秋の月もまた格別風情があった。冬はスケートが楽しめ、霧ヶ峰スキー場まで徒歩三〇分の距離にあった。

蓼の海を訪ねると、森に囲まれた湖畔に、静かな空気が流れている。周囲は森林学習体験館やフィールドアスレチックができる「冒険の森」などのある蓼の海公園として整備（平成三〜五年）された。今はなき碧水荘は、隠れ里の一軒宿という感を抱く。

（三）　霧ヶ峰

観光開発がなされる以前の霧ヶ峰はスキー地として知られ、戦前のパンフレットがいくつか残されている。「霧ヶ峰のスキー諏訪湖のスケート」（年代不明、上諏訪体育協会発行）〈図15〉、「白銀の王座霧ヶ峯」（昭和一〇〜一二年、上諏訪体育協会発行）〈図16〉、「ヒュッテ霧ヶ峯」（昭和八年頃、ヒュッテ霧ヶ峯発行）〈図17〉を例示しよう。「白銀の王座霧ヶ峯」には「万国オリンピック冬季競技候補地」と刷り込んであるので、オリンピックの準備開始（昭和一〇年）から日中戦争による中止決定（昭和一二年）間のものであろう。また「ヒュッテ霧ヶ峯」には文中に「一九三三年度に於けるスキーゲレンデの中心地は断然霧ヶ峰」の文言があるため、昭和八年頃のものと思われる。「霧ヶ峰のスキー諏訪湖のスケート」〈図15〉にはこのような案内文がある。

上諏訪駅前から自動車の便あり。角間新田、一の瀬を経て科の木に到着、スキーヤーは之より、スキーで一キロ程行けば池のくるみスロープに達する。此所から広い広い霧ヶ峯スキー場のカボッチョ、車山、八子ヶ峯のスロープの白銀の世界が展開されて居る。

上諏訪駅から定期自動車が角間新田・一の瀬を経て科の木まで通じていた（積雪が多いときは一の瀬止まり）。カボッチョ（標高一、六八一m）は、池のくるみ（踊場湿原）の東にある丸く盛り上がった小山である。霧ヶ峰スキー場のよさは、その広さと展望に優れることで、富士山をはじめ南アルプス・北アルプスの秀峰・浅間山が遠望できた。池のくるみに町営小屋があり、付近に売店が軒を連ね、強清水にはモダンな霧ヶ峰ヒュッテ（収容二五〇人）が建っていた（現存）。スキー場二km手前の角間新田の民家も低廉に宿泊に応じ、山橇を準備して人夫として働く里人もいた。

八島湿原がひろがり、その南東に旧御射山遺跡がある奥霧ヶ峰は、レンゲツツジやニッコウキスゲが草原を彩り、霧ヶ峰湿原植物群落の宝庫である。戦前、わずかにスキー地として利用されていた霧ヶ峰の姿がいくつかのパンフレットに記録されているものの、霧ヶ峰の自然については触れていない。豊かな自然があって当たり前の時代、わざわざ話題にしなかったのだろうか。

戦後、天然記念物に指定（昭和三五年）された霧ヶ峰湿原の見所の一つは、八島ヶ原湿原群落（標高一、六三二m）であろう。八島ヶ池から鏡ヶ池を経て湿原を巡る木道を一周（約一時間半）すると、西に車山、北に鷲ヶ峰の展望がひらけ、のびやかな気分になる。

七、伊那谷

（一）伊那電鉄沿線

中央本線辰野駅から天竜峡駅まで天竜川に沿って伊那谷を往く路線に、伊那電気鉄道（伊那電鉄、現・飯田線）があった。明治四一年に工事に着手、やがて飯田駅まで延伸（大正一二年）し、天竜峡駅まで全通（昭和二年）した。飯田駅開業二か月前、「伊那電気鉄道沿線案内」（大正一二年六月、金子常光画、伊那電気鉄道発行）〈図18〉が発行された。中央本線経由で東京や名古屋に繋がる喜びを込めて作ったものであろう。

表紙は天竜川に沿って伊那谷を走る一両の電車、背後に聳えるのは山容から木曾駒ヶ岳であろう。裏表紙に元善光寺と天竜峡を描く。鳥瞰図は南アルプス方面から西に伊那谷を俯瞰する構図で、左に天竜峡、右に辰野をおく。手前に南アルプスの甲斐駒ヶ岳・仙丈岳・白峰（北岳・間ノ岳・農鳥岳）・赤石岳が連なる。人家が集まった町場は、伊那町（伊那市）・赤穂（駒ヶ根市）・飯田の三つである。図のほぼ中央、赤穂の背後に木曾駒ケ岳が聳え立つ。天竜川の河岸段丘に街や村が点在している姿がよくわかる一枚である。鳥瞰図から沿線の風光を目に浮かべつつ、案内文を見ていこう。

辰野を出た電車が最初に差し掛かる町場が伊那町である。昔

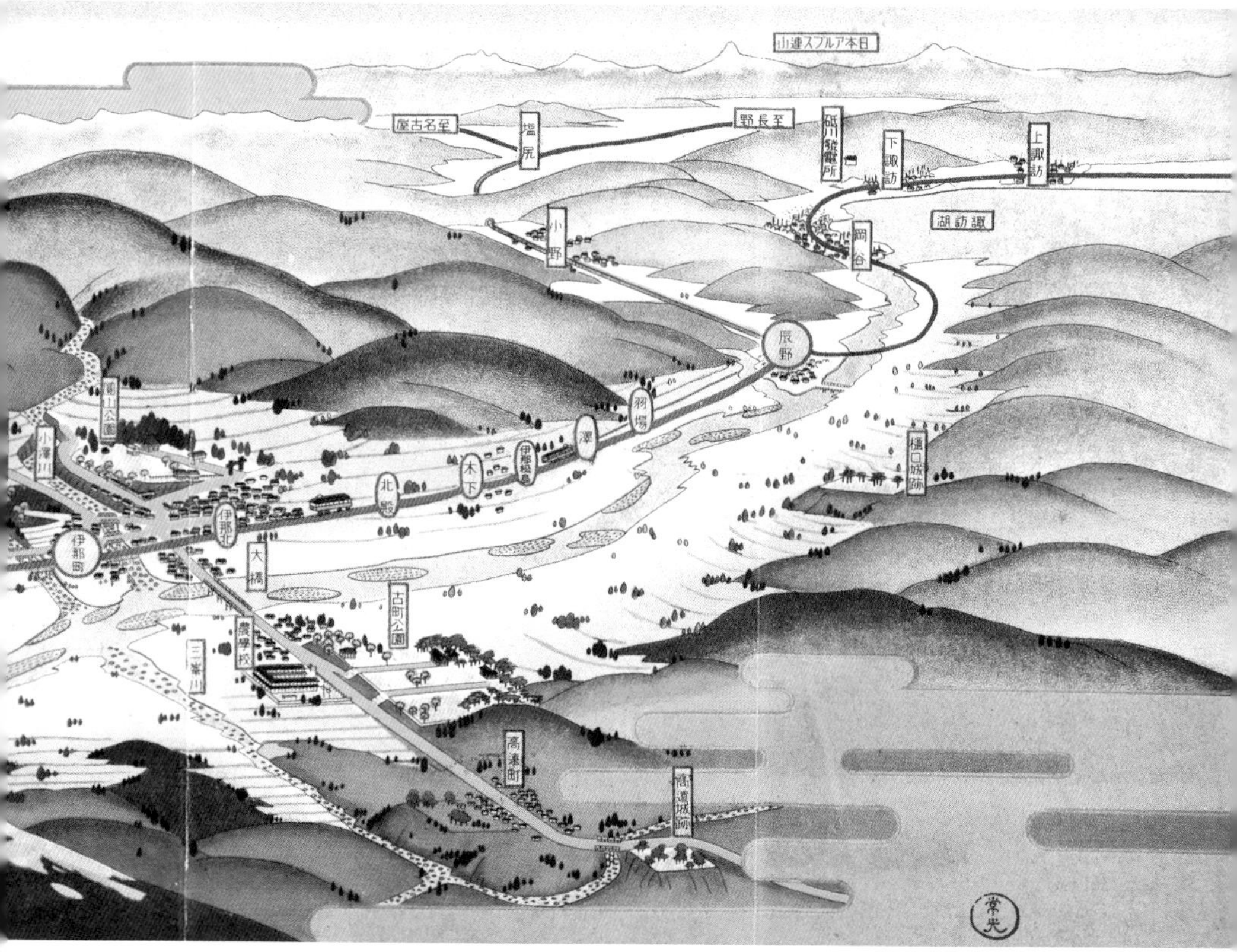

〈図18〉「伊那電気鉄道沿線案内」
(大正12年6月、金子常光画、伊那電気鉄道)

南駒ヶ岳
前駒ヶ岳
劔峯
宮田小屋
中岳
駒ヶ岳神社
本岳
遭難之碑
伊那小屋
駒ヶ岳
濃ヶ池
不動瀧
太田切發電所
光前寺
太田切川
伊那電鉄支社
共楽園
赤穂
宮田
飯島
七久保
上片桐
船山城跡
西岸寺
飯島城跡
與田切川
中田切川
大御食神社
菅沼ノ櫻
天龍川
仙丈岳
白峯

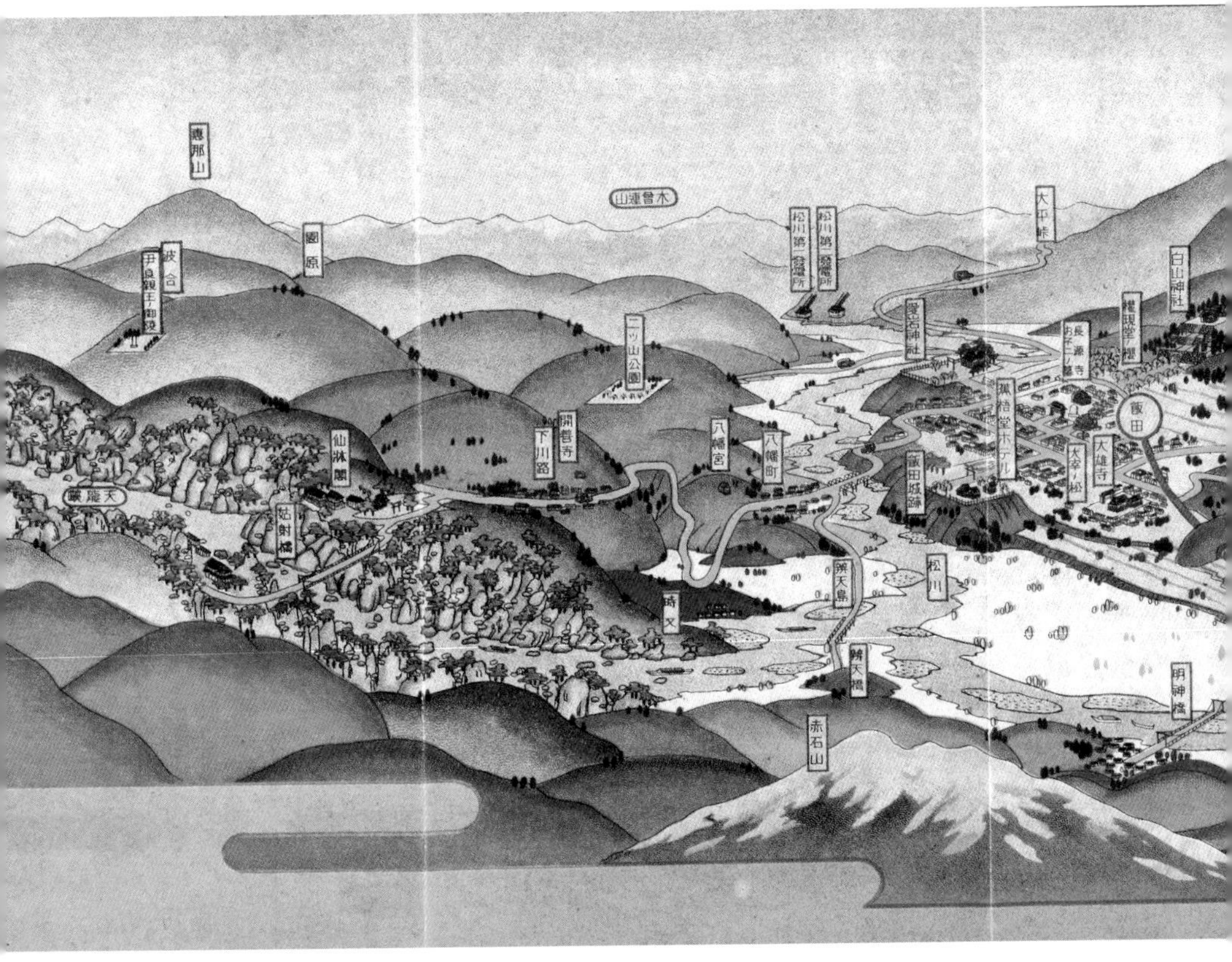

恵那山
木曽連山
波合
伊良親王ノ御陵
園原
松川第一發電所
松川第二發電所
大平峠
愛宕神社
長源寺
白山神社
二ツ山公園
飯田
飯田城跡
大雄寺
仙林閣
姑射橋
天龍峡
開善寺
下川路
八幡宮
八幡町
弁天島
松川
時又
弁天橋
赤石山
明神橋

は高遠藩の領地で僻陬の地であったが、郡役所設置（明治一三年）以後発展したという。天竜川右岸段丘に街がひろがり、高遠の城下へ高遠街道、木曾へ権兵衛街道が通じる交通の要衝でもある。高遠街道の天竜大橋を渡ると古町公園（現・伊那公園）があり、風景絶佳にして四季の眺望に富む、と紹介する。高台にある古町公園からは南西に将棋頭山・木曾駒ヶ岳が稜線を引き、東に南アルプスが遠望できる。

次に見えてくるのは赤穂の街である。やはり天竜川右岸段丘に立地し、町並み北端に共楽園（現・北の原公園）がある。共楽園は、眼下に太田切川の白沙清瀬を見る眺望のよい公園として親しまれたが、現在は雑木に遮られて太田切川の見通しがきかない。また共楽園からは木曾駒ヶ岳から空木岳・南駒ヶ岳にかけての山なみが間近に迫るが、あいにく電線が目障りである。木曾駒ヶ岳の麓に天台宗の名刹光前寺が伽藍を構え、付近の高原は絶好な避暑地であった。

木曾駒ケ岳（二、九五六ｍ）は、伊那電鉄沿線を代表する山岳で、伊那・宮田・赤穂に登山口があり、赤穂からは光前寺・太田切発電所・不動四十八滝を経て山頂を目指す。将棋頭山（二、七三〇ｍ）からの山歩きを引用しよう。

> 将棋頭に達すれば、石楠花、深山躑躅等の色濃き高山植物各妍を競ふ。進んで偃松地帯に入れば、深山雀の囀り、雷鳥の鳴音に転た俗界を離るるを覚ゆ。大雪谿を渉りて濃ケ池の畔を廻り、遭難碑に詣で、可憐なる十余の芳魂を吊し、伊那小屋又は木曾小屋に一泊するを順とす。翌日暁天に起き絶頂に登り、駒ヶ岳神社の傍にて御来光を拝し宝劔岳其他の勝を探りつつ花畑に至る、

濃ヶ池は、千畳敷とともに氷河地形として知られる。遭難碑とは、中箕輪高等小学校の木曾駒ヶ岳登山（大正二年）において悪天候に遭い、校長と生徒十名の命が失われた事故の慰霊碑で、その惨事から十年余りたった頃の案内文である。駒ヶ岳神社に詣で御来光を拝し、宝劔岳（二、九三一ｍ）の鋭い岩峰を仰ぎ見て、お花畑（千畳敷）に向かい下山する。

終点飯田駅の手前に元善光寺（坐光寺）が建つ。この地に生まれた本田善光という人が国司の供として都に登った帰途、難波の堀江の池に捨てられていた阿弥陀如来を奉じて家に持ち帰った縁起を紹介する。

> 我家の余りに汚ぐるしかりしかば、清き石を求めてその上に安置し、且つ其夜の霊夢によりて臼の上に奉安し、後村民と相計り堂宇を建立し信心し居たり。然るに何時の頃にか今の長野に遷されたるなり。

このような由来を示し、阿弥陀如来尊の台石のみ残されたこと、春秋の彼岸会に参詣者が群参することを記す。台石の臼は、寺宝として宝物殿に納められている。

松川が天竜川に注ぐ付近に飯田の街が立地する。松川の断崖に飯田城址が見え、段丘上に町並みが発達する。飯田では飯田城址の三霊社（長姫神社）の秋の祭典の大煙火会に溢れんばかりの見物客が四方より集まることを述べる。飯田城址は本丸空堀と、桜丸の赤門がわずかに昔の姿をとどめる。

飯田から三里余りで、天竜峡にいたる。当時鉄道はなかったが、車馬や自動車の便があった。天竜峡探勝は、弁天島や時又（ときまた）から舟が出ていた。天竜峡については後述しよう。

（二）三信鉄道沿線

天竜峡駅から天竜川に沿って三河川合駅（鳳来寺鉄道終着駅）にいたる路線に、三信鉄道（現・飯田線）があった。この三河と信州を結ぶ鉄道の名称は、旧国名の頭文字に由来する。信州側では最初に天竜峡駅―門島駅間が開業（昭和七年）した。一方、三河側では三河川合駅―佐久間駅間（現・中部天竜駅）が延伸開業（昭和九年）し、やがて全通（昭和一二年）した。三信鉄道は、天竜川の峡谷を縫うように走る山岳路線である。

「三信鉄道沿線案内」（昭和九～一〇年、金子常光画、三信鉄道発行）〈図19〉は、天竜川に沿った山峡沿線を描く一枚である。表紙は天竜峡を往く鉄道の絵柄で、峡谷を渡る一両の汽車が豆粒のように見える。鳥瞰図は天竜川左岸から西を望む構図で手前に富士山を据えるのはご愛嬌、左に河口の浜松、右に諏訪湖をおく。背後に中央アルプスの木曾駒ケ岳が聳え立つ、胸のすく一枚である。三信鉄道門島駅―佐久間駅間は未開通で、計画路線となっている。発行年はないが、佐久間駅開業（昭和九年）及び中部天竜駅（なかっぺてんりゅう）への駅名変更（昭和一〇年）から年代が推定できる。

鉄道が全通し、伊那電鉄はもとより、三河川合から鳳来寺鉄道、さらには豊川鉄道にもつながる期待感を「善光寺、元善光寺、鳳来寺参詣者の福音」として、このように示す。

> 豊川鉄道は其の名の示す如く豊川稲荷に参詣する一ヶ年実に百五十万余の乗客を呑吐（どんと）して私鉄界優秀の好成績を挙げて居る、三信鉄道開通の後は南北両信北陸地方の信仰者は本線に依って盛んに南下して集散することになると同時に、北信に於ける善光寺如来を信仰する者は本線に依って北上することとなる、且つ伊那並（ならび）に鳳来寺両電鉄沿線に於ける元善光寺鳳来寺の参詣者及上下の乗客は其数鮮少（せんしょう）でない、

〈図19〉上・右
「三信鉄道沿線案内」
（昭和９～10年、
金子常光画、三信鉄道）

〈図20〉左２点
「天竜川舟下り御案内」
（年代不明、天竜川舟行）＊

門司
下関
高松
岡山
神戸
大阪
京都
米原
敦賀
伊勢神宮
宇治山田
鳥羽
亀山
名古屋
大府
岡崎
蒲郡
武豊
豊橋
豊川
豊川稲荷
田口
清崎
鳳来寺山
鳳来寺
鳳来峡
鳳来寺
長篠古戦場
長篠
鳳来寺口
三河川合
中部
浜名湖
二俣
二俣町
浜松
中泉
静岡
富士

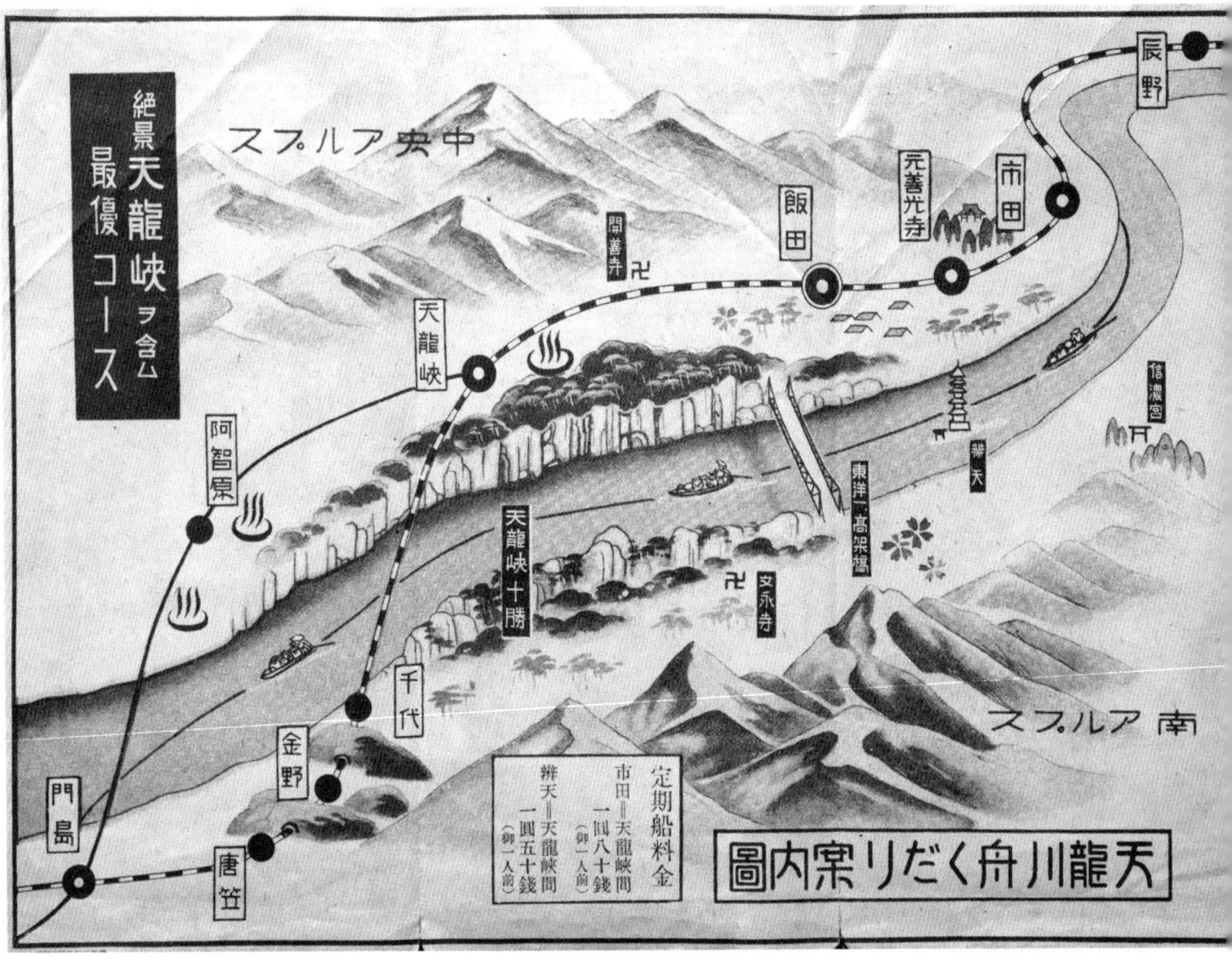

絶景天龍峡ヲ含ム
最優コース
中央アルプス
辰野
元善光寺
市田
飯田
開善寺
天龍峡
阿智原
信濃宮
辨天
東洋一高架橋
天龍峡十勝
文永寺
千代
金野
門島
唐笠
南アルプス
定期船料金
市田＝天龍峡間
一圓八十錢
（御一人前）
辨天＝天龍峡間
一圓五十錢
（御一人前）
天龍川舟くだり案内圖

三信鉄道開通の暁には、豊川稲荷や善光寺への参詣が便利になるばかりか、元善光寺や鳳来寺へのお参りが好都合になることを強調する。鉄道敷設の大義名分を寺社参詣においているが、昔は参詣客の輸送をを目的とする鉄道敷設も珍しくなかった。加えて「南北アルプス、中央アルプス、天竜峡、鳳来峡其他遊覧者の便利」として、このようにも記す。

　伊那には天下の奇勝天竜峡あり、山岳重畳（ちょうじょう）たる全信州には北に北アルプス上高地の勝地、南に中央、南アルプス連峰は天竜川の両岸に聳え、降って三河に鳳来寺の霊山あり夏季は山河跋渉、其他四季の遊覧客絶える事なく、往くに復（か）へるに三信鉄道のために便益を受くること今より期して待つべきのみである。

寺社参詣のみならず、天竜峡をはじめとする景勝地への遊覧が便利になることも加える。ほかにも沿線の山々から木材・薪炭の搬出の便がよくなり産業の振興に大いに役立ち、海と山をつなぐ一大幹線になる、と続ける。信州と三河をつなぐ山中に何としてでも鉄道を敷設したい、そのひたむきな願いが端々に漂う文章である。案内文は天竜峡と天竜川下りに力を注ぐ。

（三）天竜峡

飯田市の南方、天竜川が開削した断崖絶壁が続く峡谷が天竜峡である。この景勝地は、昭和二年の「日本新八景」渓谷の部において読者投票第一位を獲得する。地元に天竜峡を観光地にしようと推す熱狂的な人が満ち溢れていたのであろう。ところが、名士による最終選考で落選、上高地が選出された。このことを腹に据えかねた人々が主催者の発行する新聞の不買運動を繰りひろげたことは有名な話である。昭和初期の地域をあげての観光地化への熱い思いを物語る逸話である。やがて天竜峡は国の名勝に指定（昭和九年）され、戦後は天竜奥三河国定公園（昭和四四年）の指定も受けた。

天竜峡は江戸後期から文人墨客が訪れたとみえ、弘化四年（一八四七）にこの地を訪れた阪谷朗盧（ろうろ）（漢学者）により名づけられた。朗盧は芳郎（大蔵大臣・東京市長を歴任）の父である。また明治一五年には日下部鳴鶴（書家）が奇岩怪石を「天龍峡十勝」として選定・命名する。大正元年、英国コンノート殿下一行が来遊して天竜下りをおこなうなど、天竜峡の名が知られていく。さらに「伊那節」をもとにした新民謡「天竜下れば」（中山晋平作曲）を市丸が歌い大いに流行、レコード発売（昭和八年）も相まって天竜峡の名は全国に知れ渡った。

再び「三信鉄道沿線案内」〈図19〉に目をやろう。「奇勝天竜峡」としてこのような案内文がある。

　姑射橋を中心として両岸絶壁の間を天竜川の奔流する所が所謂天竜峡の十勝で、垂竿磯、烏帽子岩、姑射橋、歸鷹崖、浴鶴巖、烱々潭、樵廡洞、仙牀盤（ママ）、芙蓉洞、龍角峯が即ち日下部鳴鶴を名付け親とする十勝の名であります、

天竜峡といえば、まずこの十勝が挙げられるが、これらの奇岩怪石に鳴鶴の書が刻まれている。巨岩に文字を刻むのは、当時の中国趣味の表れであろう。

　天竜峡は此れより南方三州の国境に到る十里の谿山の総称で、大江の水の幾百千年の浸蝕が何時の世にか、重畳せる花崗岩の鉄壁を貫いて一路南に奔流する処、紺碧の水と蛾々たる絶壁と、而してそれを囲繞する鬱蒼たる大樹林が渾然として形作って居るのが即ち天竜峡の大観であります、

天竜峡は三河境までの十里（約三九km）にわたる渓谷の総称、と説く。そして伊那電鉄では七～九月に天竜峡十勝遊覧船を出し、名古屋・東京両鉄道局管内連帯駅から割引回遊券によって遊覧客の誘致を図っていることに触れる。当時、天竜峡には「天竜峡の舟遊び」と「天竜川下り」の二つがあった。まず「天竜峡の舟遊び」である。

　此度三信鉄道が門島迄開通したので天竜峡下りが全く容易となった、天竜峡から一時間で門島に着き、帰りは門島より天竜峡駅へ二十分で帰へる事が出来る、（中略）春の新緑、両岸には岩ツツジの展覧会、夏の舟遊、秋の紅葉、全く都人士の清遊には他に求められない別天地で特に、伊那節美人の同船も又一興ならずやである。

鉄道が下流の門島まで開通したことにより、帰りの便が整えられた。それにより遊覧の舟遊びや、女性を侍らせての遊興もおこなわれるようになったのであろう。一方、「天竜川下り」は遠州の中部までの長距離を下るものである。

　舟行実に十八里、檜笠に飛沫を除けて唄の天竜川を下る事は其の峰巒の秀麗と航程の長さと相俟って他に比類なき壮観であります…

門島に泰阜ダム建設（昭和六年起工・同一〇年完成）以前は、時又駅付近から中部まで七二kmを六時間半かけて下っていた（『日本案内記』中部篇、昭和六年）。ダム工事が始まると、門島から約十五里（五八・五km）を五時間で下っていたことが案内文に見える。

　一葉の軽舟を門島に艤して遠く遠州の中部まで、船は長

　さ七間半に幅一間、優に二十名を乗せ得て船頭は前後に四人、流水は岩に激して急湍（きゅうたん）は矢の如く走ると見れば、岩壁に青く湛へて深淵は鏡の如く静かに、岩尽きて山深く山開けば激流は岩を嚙んで飛沫は雲の如くに狂ふ、わけても音に聞く大島櫓の険難を船頭が棹一本に見事乗り切る腕の冴えは真に驚嘆に値します、

川下りは、岩ツツジが咲く春もよし、濃緑の鮎走る夏もよし、中秋満山の紅葉を見ながら下るのはなおよし、と季節の楽しみを語る。下船する遠州の中部（なかっぺ）から連絡自動車が鳳来寺鉄道の三河川合駅まで走り、豊橋に出るのは容易であった。

　ついでに触れると、明治期はもっと長距離の川下りであった。明治二四年、ウェストンが時又から下流の中野町（浜松市）まで一二時間余りをかけて天竜川を下っており、船頭たちの舟を操る様は神技のようであると称賛している。

　それにしても、気の遠くなるような川下りであった。昭和一三年に平岡ダム工事着工により、この川下りはできなくなった。その後に残ったのは、市田や弁天から鷲流峡（がりゅうきょう）、あるいは「天竜峡十勝」を探勝しつつ天竜峡や門島にいたる遊覧の舟下りである。参考までに「天竜川舟下り御案内」（年代不明、天竜川舟行発行）〈図20〉を掲載する。表紙に「豪壮＝体位向上」と記しているので、戦時体制下のものと思われる。

　現在、天竜下りは、弁天―時又間（約六km・三五分）の鷲流峡を下る「天竜舟下り」と、天竜峡（姑射橋の下）―唐笠間（約八km・四〇〜五〇分）の天竜峡十勝を中心に探勝する「天竜ライン下り」の二つとなって存続する。その昔、ウェストンらが肝を冷やしつつ下った激流は、ダムで堰き止められて今は見られない。

第八章　越後・佐渡島を往く

一、港町新潟

新潟は、越後平野の信濃川河口に発達した港町である。江戸時代は西廻り航路の寄港地、幕末には日米修好通商条約により、箱館（函館）・神奈川（横浜）・兵庫（神戸）・長崎とともに五つの開港場に定められ、五港の中では最も遅く明治元年に開港した。これらの港町は、異国情緒を残す観光地となったところが多いが、新潟は例外である。

幕末、旧幕府軍と新政府軍が戦った北越戦争（慶応四年〈一八六八〉）により新潟は市街地を焼失、その後も二度にわたる新潟大火（明治四一年・昭和三〇年）で街は灰燼に帰した。昔の新潟を偲ぶ建物は、旧新潟税関庁舎（明治二年建築）・新潟県議会旧議事堂（明治一六年建築）と、ごくわずかである。新潟が観光地としてさほど注目されなかったのは、このように歴史的な佇まいが失われたことが理由の一つと考えられる。

信濃川水運の河港でもあった新潟は、北越鉄道（現・信越本線）新潟駅開業（明治三七年）により、陸上交通の便が整えられた。また信越本線柏崎駅から弥彦山東麓の越後平野を往く越後鉄道（現・越後線）が市街地の白山駅まで開通（大正二年）する。ほかにも市内の新津から日本海沿岸を秋田に北上する羽越線（現・羽越本線）も全通（大正一三年）して、青森から羽越線・信越本線・北陸本線経由で神戸への直通列車も運行するようになった。羽越線全通と時を同じくして鉄道省は、青森から米原にいたる日本海沿岸を中心とする旅行案内書『羽越線案内』（大正一三年）を発行する。同書は新潟をこのように紹介する。

> 市は信越線の終点たる外、西郊白山駅より越後鉄道起り、信濃川の水運と共に商工業の中枢地として、市場常に活況を極め、市街亦宏麗で、所謂柳八百橋八十の水郷の名夙に昂り、市内を縦貫する西堀東堀の河畔、柳色艶麗な其中を新潟美妓の嬌姿春雨に織り込まれる様は、真に画中のものと謂ふべしである。

鉄道交通の発達とともに信濃川の水運も併存し、商工業が栄えていた様子が目に浮かぶ。市街地に西堀・東堀などの掘割が巡らされ、水郷情緒豊かであったことが注目される。さらに信濃川河口は土砂が堆積して水深が浅くなったので巨船の出入りに支障をきたし、築港工事がすすんでいることにも触れる。

昭和初期の観光案内書は、新潟の廻覧順路をこのように示す。

駅—万代橋—本町通り—白山公園—古町通り—日和山—駅

（『日本案内記』中部篇、昭和六年）

万代橋は信濃川右岸の沼垂（ぬったり）と左岸の新潟を結ぶ橋、本町と古町の通りは新潟の繁華街、白山公園と日和山が新潟の名所であった。同書は、新潟市をこのように紹介する。

信濃川の縷々（るる）の氾濫は、著しく出入を不便にし、港湾としての発達を阻（はば）まれて居た。それが大河津の分水工事と築港工事の完成と相竢（あいま）って港勢の発展に資し、今や躍進をなしつつある。

新潟は開港場五港の一つであったが、河港のため信濃川の氾濫で土砂が堆積して船の出入りが不便であった。ところが大河津分水路通水（大正一一年）と築港工事完成（大正一五年）により、新潟は近代港湾をもつ街として飛躍するのである。

築港竣成の頃の新潟の姿を、「新潟市大観」（大正一五年七月、大内画、新潟商業会議所発行）〈図1〉から見ていこう。表紙は信濃川に架かる万代橋を欄干越しに眺める日本髪・着物姿の女人の絵柄、あの新潟美妓であろうか。鳥瞰図は信濃川右岸から北西に市街地を望む構図で、左に弥彦山、中央に新潟市街地、右に信濃川河口をおき、日本海沖に佐渡島が浮かぶ。信濃川からの大河津分水路の分水点をかなり日本海に近づけて描くため、新潟の街は半月型の島のように見える。

新潟駅は信濃川右岸にあり、万代橋を渡って市街地に道が通じる。図を見ると万代橋は木造の橋であり、新潟市のシンボルとなっている現在の六連アーチの鉄筋コンクリート橋（昭和四年架橋）ではない。橋を渡り柾谷小路を進むと、市役所・郵便局・警察署・図書館が建ち、市役所前を西堀、郵便局前を東堀が信濃川と平行して流れる。ほかにも堀が街中を縦横に巡らされている姿が鳥瞰図から読み取れる。西堀と東堀の間に古町通、東堀の信濃川寄りに本町通が延びる。

本町通を上流に行くと信濃川に面して白山公園があり、一角に県会議事堂（現存）が建つ。白山公園の陸側は、県庁をはじめ裁判所などの官公庁や、旧制新潟医科大学・旧制新潟高等学校・師範学校と、新潟大学前身校が集まる。近くに女学校や越後鉄道白山駅もある。

万代橋のやや河口寄りが佐渡行汽船乗り場で、河口近くの船場町に税関庁舎（現存）が建つ。日本海側は緩い丘陵が続き、その高みに日和山がある。日和山は江戸時代、北前船の船頭が天候を見定めた山である。

信濃川右岸河口を見ると、鉄道が新津駅から沼垂駅（明治三〇年開業、平成二二年廃止）まで延び、付近に日本石油・石油製油所があり、石油の街として発展する新潟の一面が見られる。ほかにも新潟鉄工・北越製紙・日本硫曹の大工場が建ち、当時、新潟は工業都市としての性格を帯びていたことがわかる。また沼垂駅近くの信濃川右岸に中央埠頭・北埠頭があり、さらに下流に臨港鉄道が延び、港が整備された様子がうかがえる。新潟がやがて本州日本海側最大の都市に発展する萌芽を、この鳥瞰図に見る思いがする。案内文をたよりに新潟の街を見ていこう。

市中最も繁華なるは古町通、本町通、万代橋の通で物資の集散するは下大川前通 上大川前通、及本町通、秣川岸通、船場町等である。（中略）東堀、西堀の溝は、市を縦貫し、横に五小渠があり、東西二溝に通して自然に市街を分画し、其他の小溝亦之に連り溝畔には垂柳を植ゑ、溝ある所に橋あり、橋ある所に柳あり橋影柳色相接し、画情詩趣真に雅人をして歩を停めしむるに足る、

この記述より古町通と本町通が繁華街であり、掘割にいくつも架かる橋や、堀に影を落とす柳が風情を醸していた街の光景が伝わる。一方、大火（明治四一年）以来市区改正（都市計画）がすすみ、築港工事も竣成し、街が装いを新たにしたことも記す。

新潟には朝市や魚市があって物資が集散した。

朝市場　毎日早朝より午前十時頃まで市を開き野菜魚類を始め雑貨等を道路の両側に陳列し販売して居る。

魚市場　当市及近郷海岸より漁夫の漁獲せる生魚又は佐渡其他よりの委託生魚を問屋が鮮魚商を集め随時糶市を開始して売捌き、之を買取りたる鮮魚商は或は直ちに荷へて市中を振売し或は各自の店頭に陳列して販売するのである。

朝市は本町通など三か所、魚市場も本町通にあった。近郷海岸や佐渡島から新潟に魚が集まり、市で仕入れた魚を天秤棒で担って振り売りする昔ながらの習俗が見える。新潟を代表する名所が白山公園である。

信濃川に沿ふて老樹鬱蒼自然の眺望と風致に富み花卉の美と泉石の雅は知らず人目を楽しましめる、（中略）公園の真価は堤上信濃川に面して対岸鳥屋野村の森を超て南、中、北蒲原の連峯、岩越国境の群山の濃淡の翠色を累ねたると

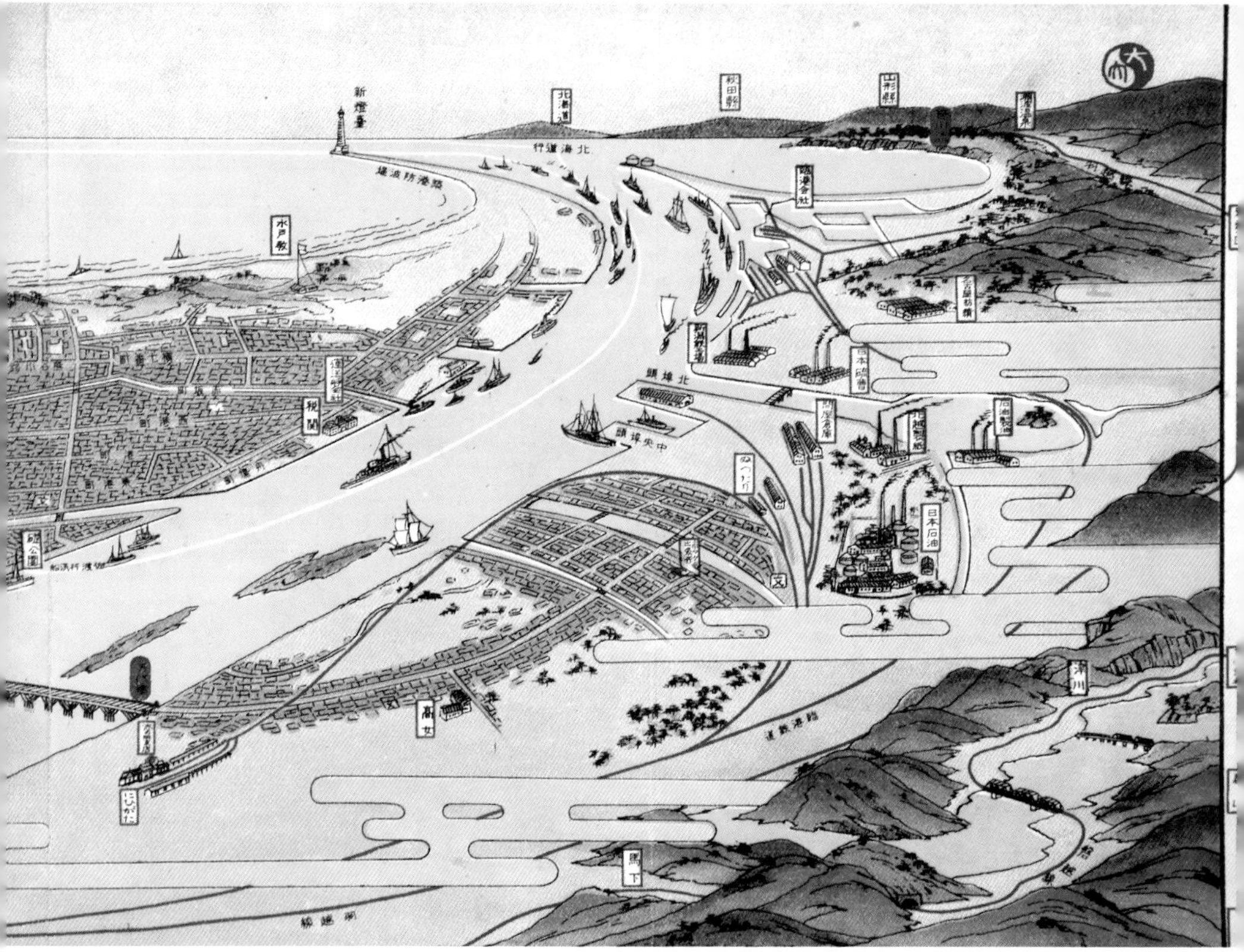

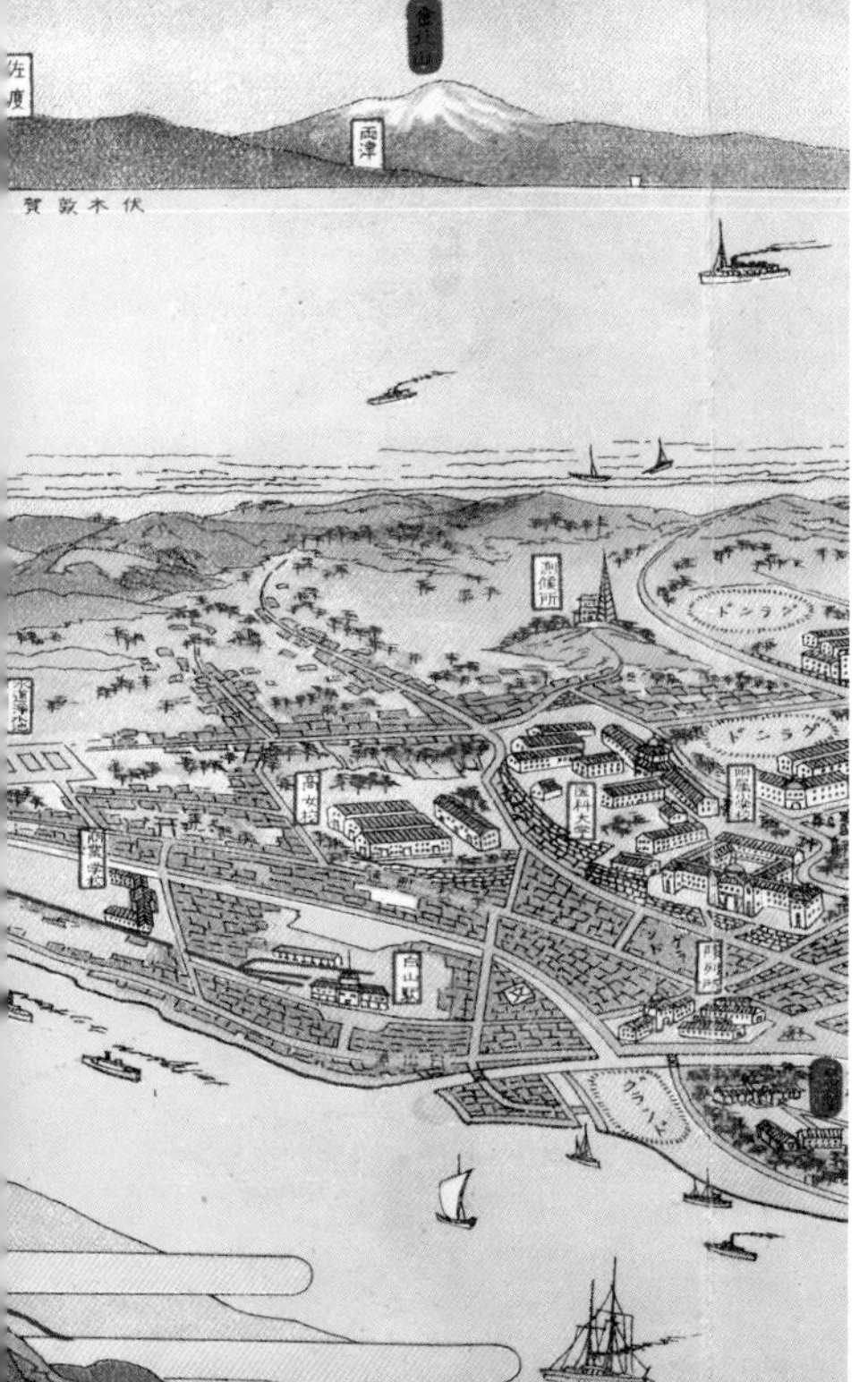

〈図1〉「新潟市大観」
(大正15年7月、大内画、新潟商業会議所)

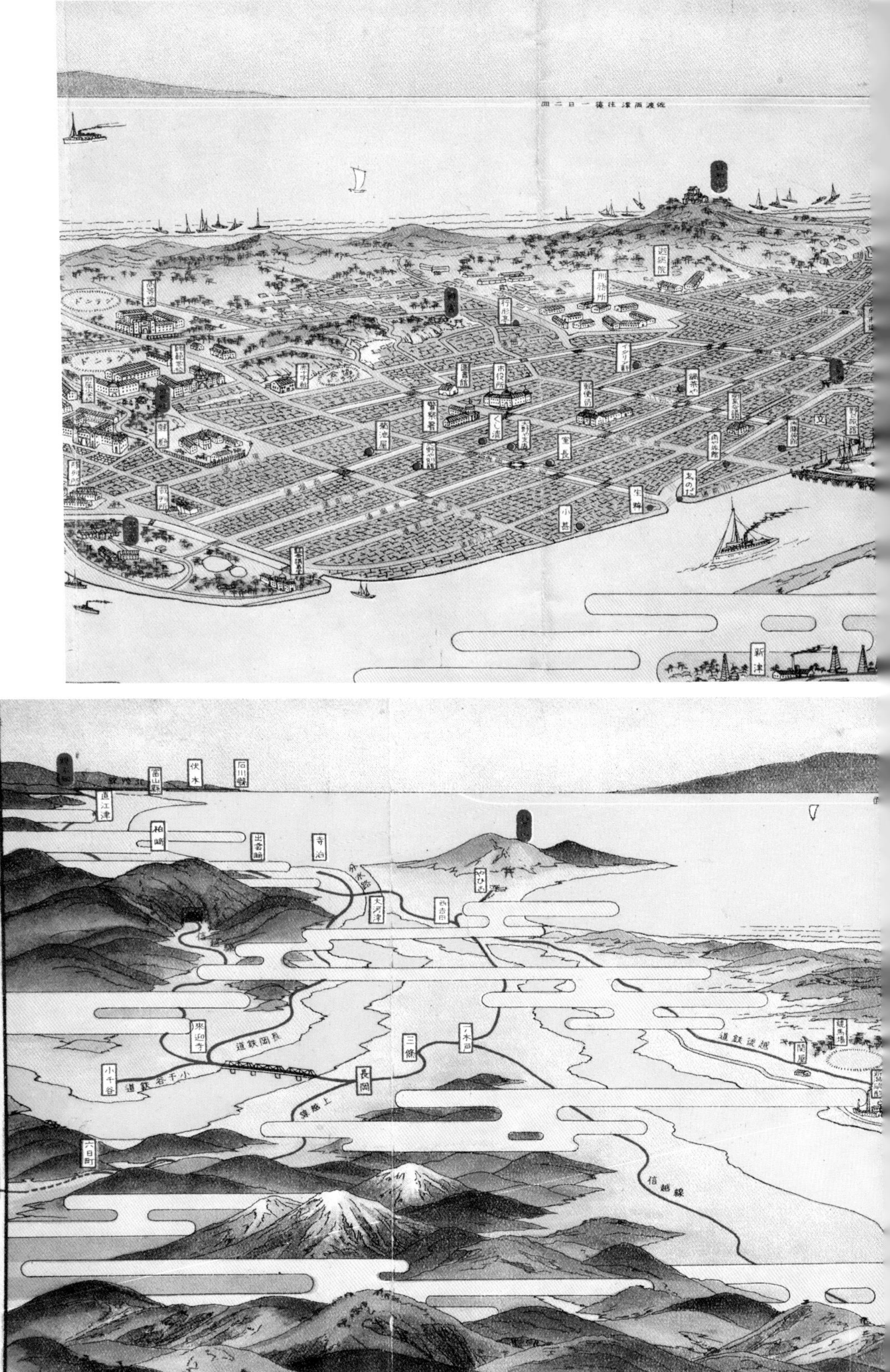

> 右には蒲原平野の海に尽くる処、弥彦、角田の両山を雲際に仰ぐの景趣は実に名家の筆にも及び難き美しさである。

白山神社傍らにある白山公園は花が美しく、雅やかな泉石が人目を楽しませていた。公園から望む越後平野背後の山なみ、さらにうしろの岩代・越後国境に聳える越後山脈や弥彦山などの眺めの素晴らしさが目に浮かぶ。次いで日和山である。

> 昔海事関係業者船舶の出入と日和を見る為めに建てられた櫓は今は無くなったが、丘上から新潟市を一望の下に俯瞰し、信濃川の流れ、日本海の波、佐渡、粟生島を眺るが如きは其吟情禁じ得ざるものがある

粟生島とは粟島のことで、このように言い表すこともあった。日和山付近は遊覧地となり、四、五軒の料理屋もあった。脚下一帯の海辺は、海水浴場として利用されていた。万代橋（明治一九年架橋）も新潟名所であった。

> 橋上西南を望めば弥彦角田の二峯淡紫艶麗として雲間に聳ひ北方は港口にして茫洋涯無く波浪天を摩して帆檣林立し、西岸一帯は当市の人煙稠密して高楼大廈甍を駢べ楊柳其間を点綴して煙霞眠るが如し、

橋上からの風景を細やかに描写する。信濃川河口の茫洋とした風景の中に帆船が行き交い、市街地に大ぶりな建物が聳え、街に柳がほどよく散らばる様を述べる。八月の住吉神社の祭典と同時におこなう川開きでは、盛大に花火が打ち上げられた。

> 川開きの盛事には此橋の下流中洲に於て二昼夜に亘りて大煙火を打揚げ夜は灯の川、灯の街の美観を現じて全市沸くが如き賑ひを呈するのである。

万代橋は、花火見物の恰好な場所であった。戦後、この住吉祭・川開きと開港記念祭・商工祭が統合（昭和三〇年）されて「新潟まつり」となり、花火大会は今日も盛況である。

二、城下町高田

新潟県南西部、関川下流の高田平野に高田の城下が雪国らしいたたずまいを見せる。上杉謙信ゆかりの春日山城も街から近い。高田は、河口の港町直江津とともに上越市となった（昭和四六年合併）。豪雪地帯として知られた高田を、昭和初期の旅行案内書は、このように紹介する。

> 城下町で、降雪量の多いので名高い。冬季の大降雪は道路を埋めて屋根に達し、室内は昼夜を分たず点燈する。市街家屋の庇が長く出て居るのは、降雪時の通路に備へるためである。（『日本案内記』中部篇、昭和六年）

高田は、昼間も電燈を灯すほどに家屋が雪に埋もれる豪雪地

帯である。家屋の庇が長く出ていて降雪時の通路に備えるとは、「雁木」を指す。雁木とは、雪が積もった時に生活通路を確保するため、町家の庇を長く張り出して下を通路としたものである。通路が私有地であることが、歩道のアーケードとは異なる。雁木は、お互いに私有地を出し合いながら雪と戦ってきた地域社会の絆の象徴ともいえる。それは、県内はもとより雪の深い他地域にもあり、青森県弘前・黒石、秋田県角館では「コミセ」、山形県米沢・鶴岡・山形では「コヤマ」などと呼ぶ。その規模は高田が最大で、大町通り・本町通り・南本町通り一帯に雁木が続き、今では「雁木通り」という名の観光名所になっている。

高田の姿を「高田市大観」（年代不明、正みち画、高田商工会議所発行）〈図2〉から見ていこう。表紙は高田平野の背後に青田南葉山などの山なみを配す絵柄で、手前に桜をあしらう。高田は桜の名所として知られていた。裏表紙にスキーの絵をはめ込むが、高田はスキー発祥地としても有名である。このことについては前書『日本の観光』を参照いただきたい。

鳥瞰図は関川を隔てて西に高田市街地を望む構図で、左に妙高山登山口の田口、中央に高田、右に直江津をおき、日本海がひろがる。高田平野は背後に青田南葉山を背負い、遠くに焼山・火打山・妙高山などが連なる。これらの頸城山塊は、「頸城アルプス」と示す。鉄道は信越本線のほかに大正五年全通の頸城鉄道が新黒井駅—浦川原駅間を結ぶが、廃線（昭和四六年）となった。発行年はないが、鉄道が長岡から高崎にいたることを示すので、上越線全通（昭和六年）以降であろう。

高田城址は当時、歩兵第十五旅団司令部・高田聯隊区司令部・偕行社など軍の施設となっていた。城址を取り囲むように旧武家地に高田師範学校（現・新潟大学）・旧制高田中学校（現・高田高等学校）・高田高等女学校（現・高田城北高等学校）・高田商工学校（現・高田商業高等学校）などが建ち並ぶ。その外郭の本町・南本町・仲町の通りに町家があり、信越本線の線路を隔ててさらに外郭を寺社地が固める。その整然とした街区は、城下町の町割を受け継いでいることが一目でわかる。高田城址の案内文を見よう。

> 越後一国の首城たるに愧ぢず。城楼は明治初年の火災に焼失す、其の遺趾に第十五旅団司令部を置かる、内濠並に外濠を繞る老桜樹は北国第一の名あり。殊に夜桜の婀娜なるを以て聞ゆ、夏暁の白蓮紅蓮も亦清趣掬すべきものあり。

高田城址の内堀や外堀の桜は北国一であることを誇る。この桜は第十三師団の高田設置（明治四一年）の頃に植栽されたもので、やがて城址は高田随一の桜の名所となった。

「高田名勝図絵」（年代不明・大黒屋旅館発行）〈図3〉は、桜が咲

〈図2〉「高田市大観」(年代不明、正みち画、高田商工会議所)

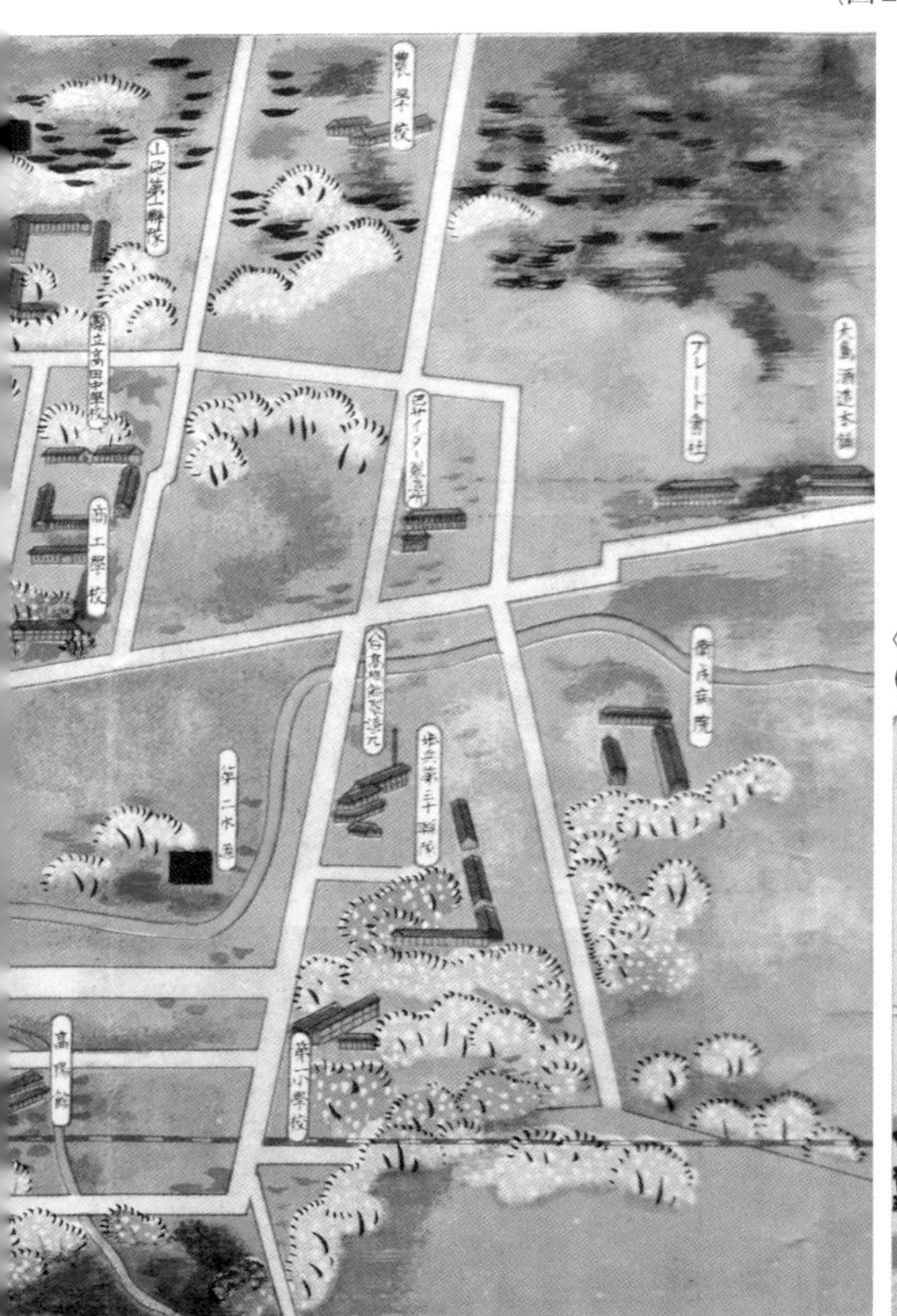

〈図3〉下・左「高田名勝図絵」
(年代不明、大黒屋旅館)

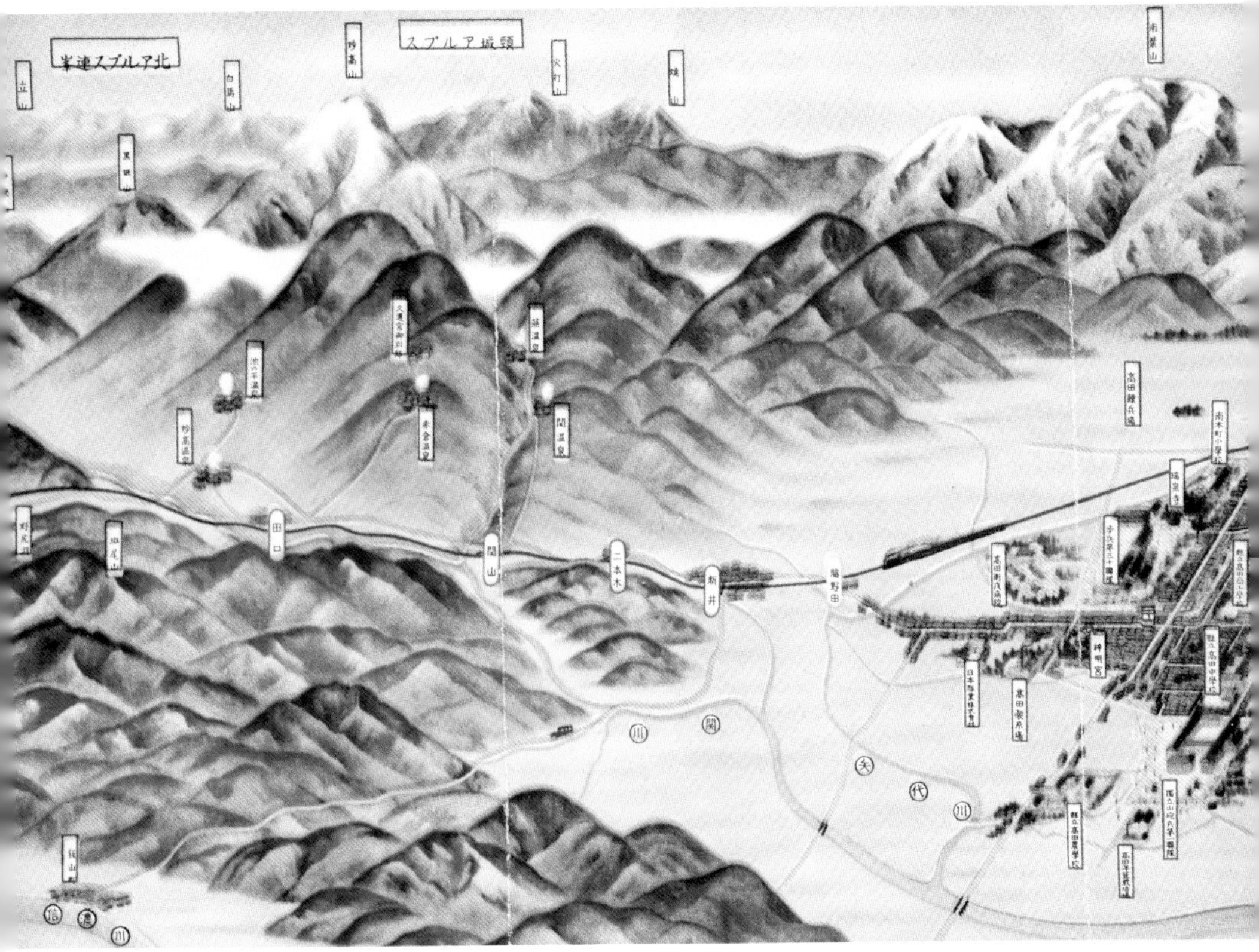

北アルプス連峯

頸城アルプス

立山
白馬山
妙高山
火打山
焼山
南葉山
黒姫山
田口
関山
二本木
新井
脇野田
関川
矢代川
高田神明宮

北日本第一櫻の名所髙

八幡宮
高等女學校
兵器支廠
十三師團司令部
偕行社
高田館
世界館
旅館高田館
本誓寺
性宗寺
日枝神社
浄興寺
高田別院

き誇る高田城址の姿を華やかに描く。表紙に「北日本随一桜の名所」「スキー発祥地」と示し、裏表紙に大黒屋旅館の名を入れる。表紙裏は大黒屋旅館の写真四枚を掲載し、中に鳥瞰図と高田市案内図を折り込む。この鳥瞰図は鳥居元大なる高田住人の発行（大正一四年）、高田市案内図は高橋書店の発行（明治四五年）である。それを合わせたものを大黒屋旅館が宣伝用につくったと思われるが、委細は不明である。鳥瞰図を見ると、堀の周囲だけでなく寺社地にも桜並木が続く。本町通りの建物を丁寧に示す図は、当時の高田の町並みを探る手がかりを与えてくれる。

三、妙高山麓の遊覧地

信越国境に聳立する妙高山（二、四五四m）は、斑尾・黒姫・飯縄・戸隠山とともに「北信五岳」に数えられ、妙高戸隠連山国立公園に指定（平成二七年分離独立）されている。昭和初期の旅行案内書は、妙高山をこのように紹介する。

> 妙高山はその山容秀麗で越後富士の別名があり、東面の裾野の山腹から山麓にかけて池ノ平、赤倉、燕、関、妙高等の諸温泉散在し、夏季は避暑によく、冬は我国に於ける著名な豪雪地で、積雪三米以上に達し、これらの温泉を中心として日本有数のスキー地として知られて居る。（『日本案内記』中部篇、昭和六年）

麗しき山容はもとより、山麓にいくつも温泉が湧き、避暑地やスキー地として人気を誇る地が妙高山麓である。

その魅力を伝えるのが「妙高山麓遊覧案内」（年代不明、中川徳次郎発行）〈図4〉である。表紙は妙高山麓池の畔にある白樺の小径を逍遥する二人の絵柄、男性はカンカン帽、女性はパラソルをさす。山容や池の周囲の状況から、いもり池付近の風景かと思われる。あいにく発行年代を知る手がかりはない。発行者は名古屋市在住の人である。

鳥瞰図は田口駅（現・妙高高原駅）東方から関川を隔て西に妙高山方面を望む構図で、左に長野や飯縄・戸隠・黒姫山、中央に妙高山、右に高田・直江津をおく。妙高山の後に焼山・火打山が聳え、遠くに北アルプスや立山がかすむ。田口駅と関山駅から妙高山方面に道が通じ、山麓の妙高温泉・池の平温泉・赤倉温泉・関山温泉・関温泉に集落があり、関山に妙高山里宮神社が鎮座する。関川上流に苗名（なえな）滝、関温泉付近に大滝が見える。山に紅葉やツツジを描き、見ていて童心に帰る絵である。

妙高山麓は、春のツツジ・夏の避暑・秋の紅葉・冬のスキーと四季折々の楽しみがあった。案内文を見よう。

> 温泉場付近の躑躅（つつじ）は赤毛を敷き詰めたる如く五六寸にし

て数花を戴き二三尺にして数百花を戴きたる如きは実に天下の美観たり、池の平赤倉は最壮観なり新緑滴る間に紅の躑躅と相映し南に黒姫戸隠の諸山を眺め、東に斑尾西に火打焼山、此に(ママ)米山海を隔てて佐渡の島を望見する時は身天外に在るが如し。

六月一〇日頃から下旬にかけて温泉場付近にはツツジが咲き誇り、新緑に紅色が映えた。山麓から南に戸隠山・黒姫山、東に斑尾山、西に火打山・焼山を眺望する。北は米山、海を隔てて佐渡島まで見える。まるで空高くにいるようだ、とその眺望の良さを称える。付近は山菜も豊富である。

　此期節には筍は山々に雪の消跡を狙って簇出し纖維少なき為歯切れよく、風味に至りては孟宗竹の到底及ばざる処で、缶詰にされ東都の市場を賑はして居る。其他温泉地一帯には蕨、ゼンマイ、独活等多量に産出し、近年都会人に非常に珍重される。

この筍は「山竹の子」とあるから、チシマザサの新芽である姫竹であろう。姫竹は孟宗竹の筍に比べて歯切れがよく、風味は格段によかった。

　各温泉は何れも一里以上人家を離れ高原地帯に存するを以て空気新鮮眺望絶佳、盛夏の候と雖八十度を超ゆることなく、客は逐年増加し、別荘の新築さるるもの多数にして各温泉は妙高々原を周囲に野尻湖を腑(ママ)瞰し、妙高山を背景とし頚城平野を隔てて日本海を望み、佐渡が島を遠望し、尚日出前渓谷より立登る朝霧の姿形容の詞なし、

妙高高原は盛夏でも気温は八十度（摂氏二六・七度）と凌ぎやすい。そのため避暑に訪れる人は年々増え、別荘を建てる人も多かった。風景はもとより、立ち登る朝霧は言葉が出ないほど素晴らしい様を語る。

　至る処楓榛錦木等の紅葉の壮観なること他に其比を見ず。関、燕、赤倉、久邇宮御別邸　苗名滝付近は満山皆紅葉し錦の殿堂に入れるの感あり又付近を流るる関川の清流には鰓(ママ)イワナ鱒等も食膳に上る佳品たるに恥ぢざるものである。又栗、椎茸、しめじ、はつたけ等あるので思ひ思ひに手籠に採り入れ散策の趣味は尽きない。

久邇宮別邸は、赤倉温泉に建築（大正一五年）された。また関山官林には栗の古木が多く、そこの栗は一層美味であった。冬は年を追って各温泉付近にスキーヤーが激増していることに触れる。名所として苗名滝・大滝・総滝などを紹介する。

　苗名滝　妙高黒姫二岳の峡間に在る大飛瀑高さ三十間断崖の巌石に激し更に直下十五丈水声鞺鞳山谿に谺し百雷の

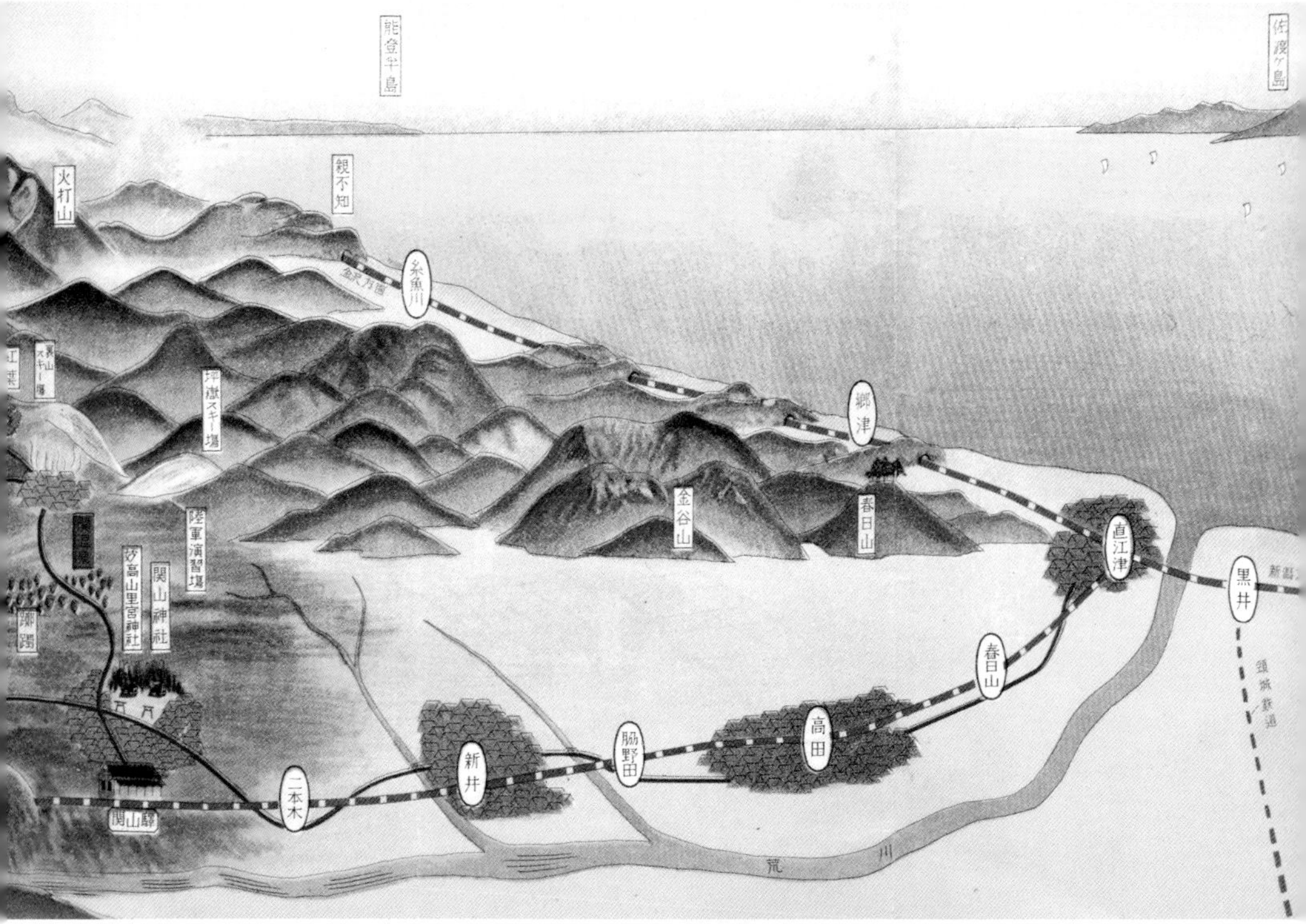

〈図4〉「妙高山麓遊覧案内」
（年代不明、中川徳次郎）

轟く計(ばか)り是(これ)地震滝の名ある所以なり。
大滝　太田切川数丈の岩壁より落下す又不動堂あり。
総滝　妙高、神奈(かんな)二山の間に流るる太田切川本流三十丈の断崖に懸る壮観無双近くに天狗の湯あり。

苗名滝を訪ねると、滝もさることながら、滝の両側にひろがる柱状節理の岩壁が迫力満点である。遊歩道を往き、吊り橋を渡って滝壺に近づくと、まさに「地震滝」と呼ぶにふさわしい

轟音・地響きが耳を打つ。大滝は関温泉の断崖に懸り、付近の自動車道から簡単に眺められるが、ややもすると見落としがちである。総滝は燕温泉上の妙高山登山道の対岸から遠望できる。登山道付近に乳白色の露天風呂、黄金の湯と河原の湯（天狗の湯）があり、いずれも野趣に富んだ秘湯である。妙高山麓はスキー以外にも、このような遊覧の楽しみがあった。

四、佐渡島

（一）佐渡の風景

新潟港から海上六四km、日本海海上に佐渡島が浮かぶ。北の大佐渡、南の小佐渡の二つの山脈に挟まれて国中平野がひろがる。国中平野のほかは山が海に迫った地形で、北部の外海府や南部の小木海岸など、断崖絶壁が変化に富んだ景観を見せる。佐渡は暖流の影響を受けた海洋性気候のため比較的温暖、対岸の越後平野ほど雪は多くない。

佐渡は順徳天皇や日蓮などが島流しにあった歴史があり、金山の島として有名である。また能楽・鬼太鼓（おんでこ）・文弥（ぶんや）人形といった芸能も豊富で、旅情をそそる。孤島でありながらも日本海を通じた物の往来や人の交流が盛んであった。風光明媚な佐渡は、外海府海岸・内海府海岸・七浦海岸・小木海岸・佐渡山地が佐渡弥彦米山国定公園に指定（昭和二五年）されている。

戦後の高度経済成長期、佐渡島は観光地としての道を邁進するが、戦前はいかがであったのだろうか。昭和初年の観光案内書は、佐渡の旅行日程案をこのように紹介する。

第一日　早朝新潟出帆正午近く佐渡両津上陸、両津から相川へ通ずる自動車線沿道を明治記念堂、黒木御所址、実相寺、妙照寺、二宮神社、河原田町、沢根町等見物、相川一泊。

第二日　佐渡鉱山見物の後沢根迄引返し、河原田を経て真野宮、国分寺　阿仏坊を見、新町に至り宿泊。

第三日　根本寺を経て両津に出で正午出帆の船で夕刻新潟に著く。（『日本案内記』中部篇、昭和六年）

黒木御所址は順徳天皇の仮宮のあった地、真野宮は、順徳天皇火葬塚の管理をしていた真輪寺を明治七年に神社に改めたものである。実相寺・妙照寺・阿仏坊（妙宣寺）・根本寺は、いずれも日蓮ゆかりの寺院である。これらに佐渡鉱山と国分寺などを加えたものが佐渡の見所であるが、なぜかここに景勝地は含まれていない。

佐渡島の姿を「佐渡が島」（昭和五年三月、吉田初三郎画、佐渡商船発行）〈図5〉から見ていこう。表紙は阿新丸の絵柄で、後醍醐天皇の倒幕計画に加わり佐渡に流された父の仇討ちで名高い。阿新丸といっても今の時代にはピンとこないが、忠孝をまっとうした人物として明治期の修身教科書に載るほどであった。流人の島と当時の倫理観が相まって、佐渡のイメージとして観光案内の表紙に採用されたのであろう。

発行元の佐渡商船（大正二年設立）は、新潟汽船・越佐商船を買収合併し、現在の佐渡汽船（昭和七年）となった。昭和五年当時の佐渡商船航路は、新潟―両津（所要三時間半）、直江津―小木―沢根（小木まで所要四時間、小木―沢根間一時間半）の各一便があった。

掲載の「佐渡探勝交通略図」を見ると、ほかに佐渡の赤泊と本土の寺泊を結ぶ航路もあった。当時の佐渡は自動車道が発達しておらず、両津から二本の道が国中平野を通って河原田を経て相川町へ、新町を経て小木町へ延びる程度であった。大佐渡の相川以北の外海府、両津以北の内海府、小佐渡の東海岸には道らしい道はなく、外海府・内海府は沿岸航路が頼りであった。

鳥瞰図は七浦海岸から東に国中平野を望む構図で、左に佐渡島北端の外海府・弾崎、中央に国中平野、右に小木海岸沢崎鼻をおく。よく見ると、鳥瞰図には小木裏側の北海岸に琴浦・宿根木・深浦と、沢崎鼻にかけて集落が続く。これら三集落は本来、小木の西方南海岸に位置しているので、あり得ない構図である。小木港西側の箭島（矢島）・経島などの景勝地を大きく描いたので、やむを得ずそうしたのだろうか。

佐渡島玄関口の両津から、国中平野・相川・外海府・小木海岸とたどってみよう。両津の町並みは両津湾と加茂湖に挟まれた鶴の嘴のような地に延び、橋の袂に佐渡商船本社が建つ。加茂湖はこの橋の下で海につながるが、明治三七年に湖口を開いて汽水湖となった。両津から河原田に向かう国中平野に明治紀念堂・黒木御所址・実相寺・妙照寺・二宮神社が見え、国府川対岸に根本寺が建つ。明治紀念堂（明治三五年建立）は日清戦争で亡くなった佐渡出身兵士の慰霊堂で、戦前の佐渡探訪において参拝すべき場所の一つになっていた。

真野湾に面する河原田から沢根にかけて道沿いに人家が延々と連なり、峠を越えると佐渡金山で知られる相川である。相川には佐渡支庁・奉行所跡があって、佐渡の中心をなしていた。山が真っ二つに割れた道遊の割戸（露天掘の跡）や大立竪坑も描く。

相川の南が七浦海岸である。自動車道は二見・春日崎止まりで、先端の台ヶ鼻付近に弁天岩・二股岩が見える。今日、景勝地として知られる七浦海岸は交通不便なところであった。相川の北に千畳敷という岩場があり、鋏岩・鬼ヶ城を経て小川まで小道が延びるが、それより先は道がない。

姫津から北狄にかけての海岸線は佐渡を代表する観光地・尖閣湾である。尖閣湾は描写がないばかりか、その名すら示されていない。それもそのはず、尖閣湾が命名されたのは昭和九年のことで、その年に名勝に指定された。尖閣湾は、戦後、ラジオ連続放送劇「君の名は」（昭和二七～二九年）が映画化（昭和二八年）され、その舞台となってから観光地として有名になった。外海府では大野亀・二ツ亀など無数の奇岩怪石を描き込む。

両津から新町を経て小木町に向かう道に目を転じよう。真野湾近くの山麓に国分寺・妙宣寺・真野御陵・真野宮が見える。五重塔の建つ妙宣寺には日野卿の墓、付近に阿新丸かくれ松などを描く。真野宮下の海岸は恋ヶ浦で、順徳天皇御上陸地と示す。

恋ヶ浦から海沿いの道を往き、小山を越えて真言宗の古刹蓮華峰寺を過ぎると、小木町に到達する。入江に沿って人家が並ぶ小木は背後に日和山があり、古くから港町として栄えた。鳥瞰図には、直江津から小木港に向かう汽船も描かれている。

（二）佐渡の史跡を巡る

「佐渡が島」〈図5〉は、佐渡巡りの六コースを詳細に紹介する。

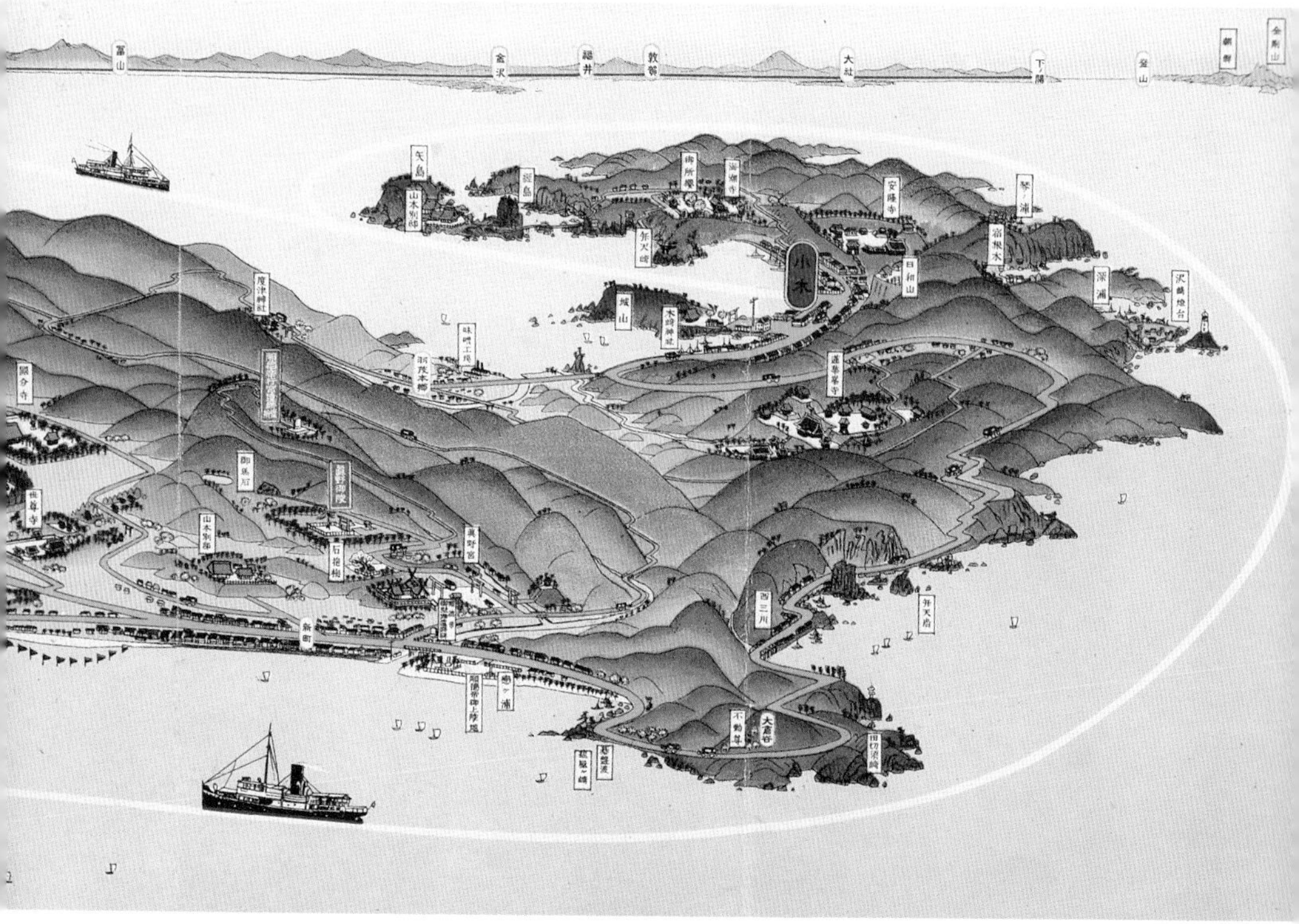

〈図5〉「佐渡が島」
（昭和5年3月、吉田初三郎画、佐渡商船）

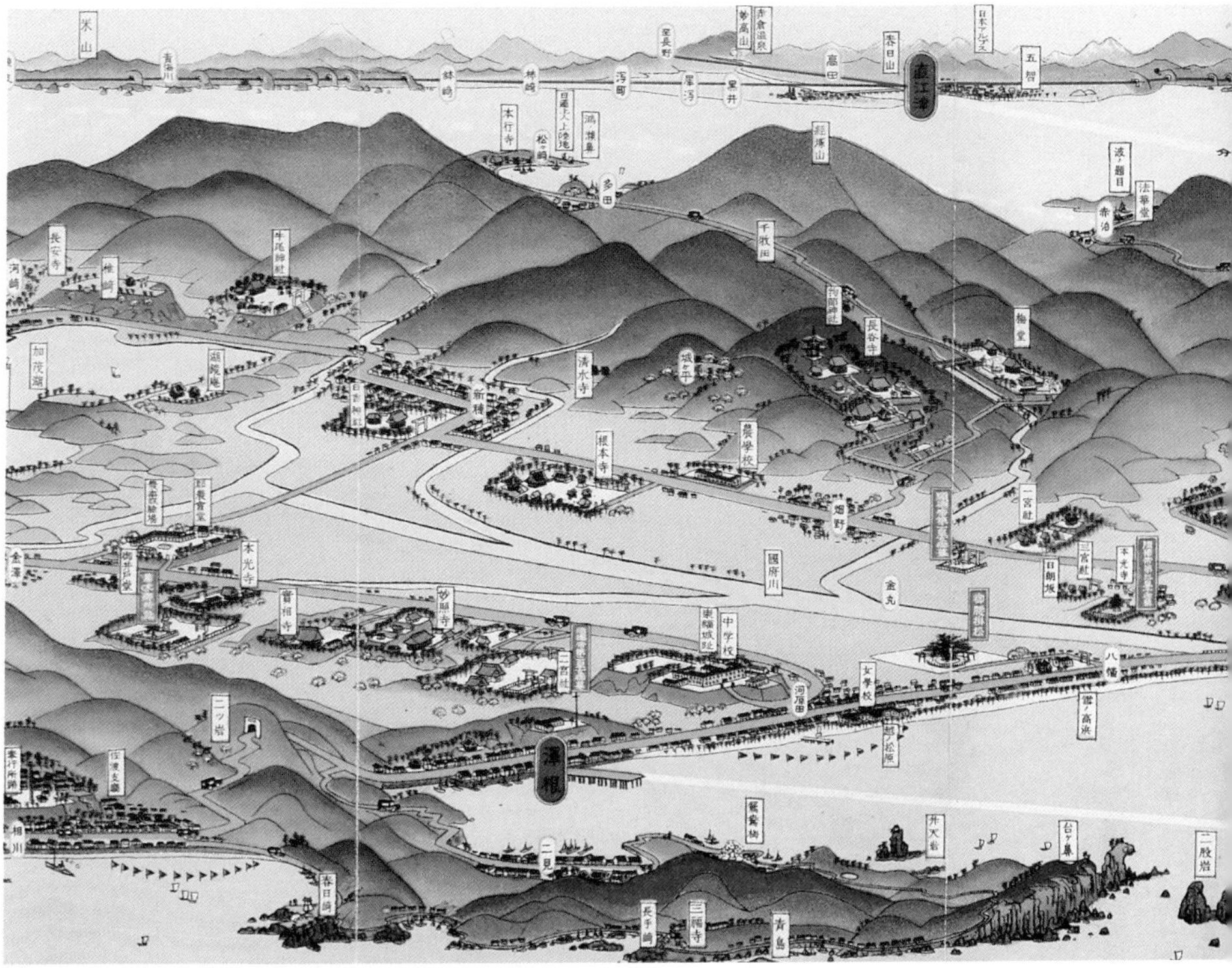

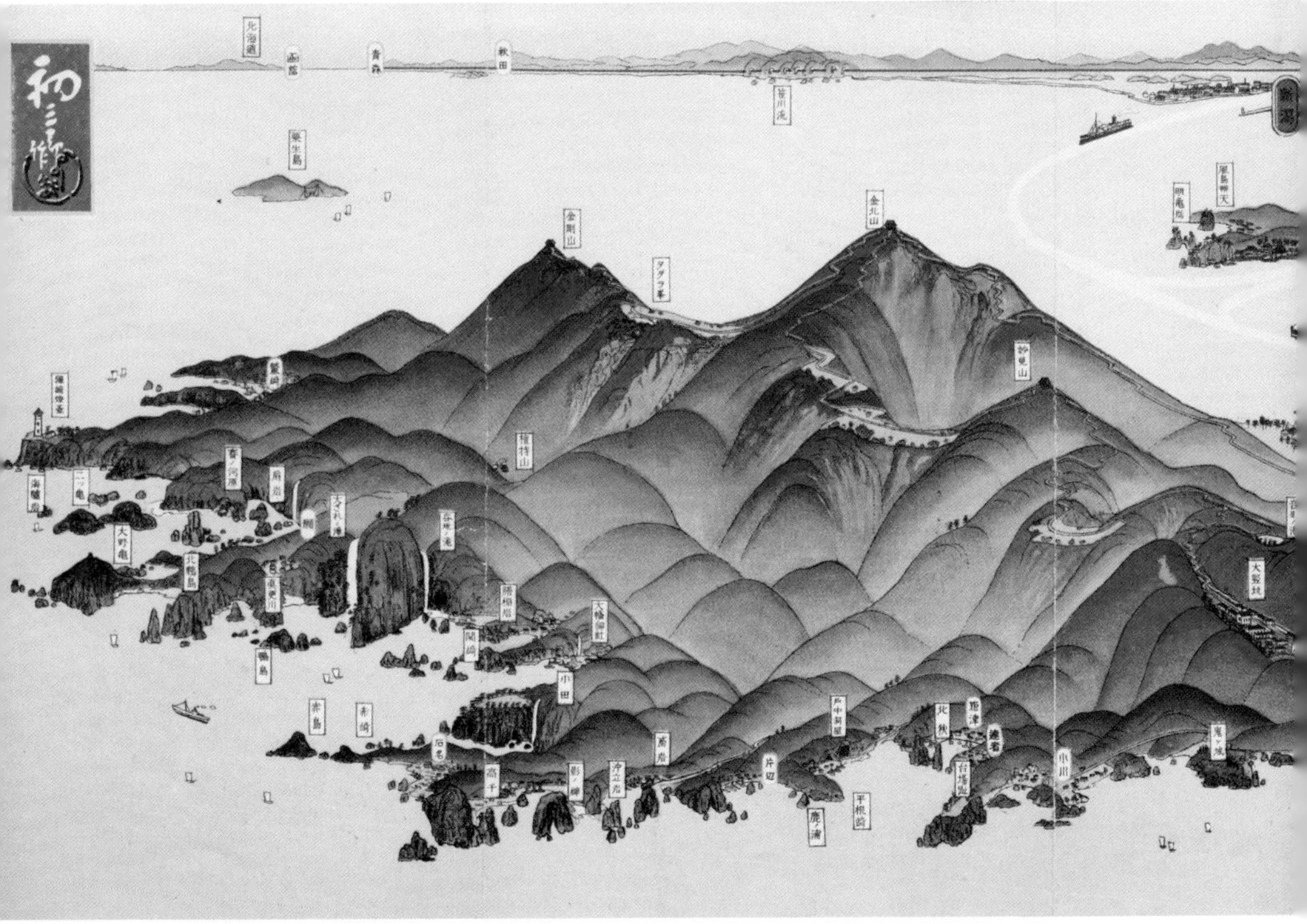

六コースといっても大別すると佐渡の寺院・史跡巡りと外海府海岸探勝の二つである。一日一便の船の発着時間に合わせて日程を組んでいるため、新潟―両津あるいは小木―直江津のどちらの航路を利用するかによって違いがあらわれる。なお船の発着時間は、前掲『日本案内記』記載のものと大きく異なる。一例として新潟発―直江津着（二日間）を抜粋する。

第一日　午後三時新潟出帆の第八佐渡丸に乗り、午後六時半佐渡両津港着、同地一泊。

第二日　朝七時両津を自動車にて立ち、新穂村根本寺に詣で、中興（なかおき）にまわり、日蓮の井戸堂、順徳帝の黒木御所跡を拝し、実相寺・妙照寺に参詣、川原田を過ぎ十時相川着、直ちに鉱山見物、終りて昼食。午後二時相川発、元来し道を戻り川原田より新町入口に到り、左折して阿仏坊・国分寺に詣で、新町に引き返し、真野宮・真野御陵に参拝後一路小木に向ひ、途中蓮華峰寺に詣づ。六時小木着、安隆寺に詣で、モーターボートで湾の向の箭島経島を見物、七時頃帰来、夕食。是（こ）れから悠（ゆ）っくりと小木情緒を味って夜一時に出る第一佐渡丸に乗れば、翌朝五時には直江津港に着き、…

川原田は河原田への表記変更（明治三一年）前の地名である。井戸堂（御井戸庵）は、日蓮ゆかりの中興入道の遺跡である。

旅程を見ると、ずいぶん慌ただしい佐渡巡りである。小木は佐渡金山からの金・銀の積出港、併せて西廻り航路の寄港地として賑わったところで、昭和四十年代後半頃まで木造二階建ての古風な町並みが続いていた。聞くと、昔、遊女屋も数多く建ち並んでいたという。小木情緒とは、そのような港町の風情を指すのであろうか。この旅程だと、直江津から東京や大阪へ行く一番列車に間に合う。ほかに小木に一泊して三日目の午前九時両津発の船で新潟に戻る一案もあった。案内文に佐渡島での行楽が紹介されているので抜粋する。

加茂湖の八勝　片舟を浮めて湖山の風光を探るによろし。

魚釣り　鯛、烏賊（いか）、鯖等。両津相川其の他の海浜。

沢根の天保網　漁夫に賃して網を投ぜしむ、小川の鯛網も稍（やや）是れに似たり。

鮎狩　六月下旬より。小倉、真野、羽茂（はもち）、久知の諸川及海府の川々。

白魚狩　四月上旬より。

螺蠑（さざえ）取　松明を翳（かざ）して巌を攀（よ）ぢ、擄（とら）へて直ちに壺焼とする、味甚（はなはだ）美、相川の千畳敷、春日崎等有名。

海水浴　住吉浜、新町浜、河原田浜等、何れも風光明眉（ママ）、好適の海水浴場。

佐渡島は、海での楽しみが多いところである。松明をかざして岩をすがりながら夜行性のサザエを獲り、壺焼きにして食べるといった野趣豊かな情景が目に浮かぶ。

（二）外海府海岸の探勝

佐渡遊覧の楽しみに、外海府海岸の探勝があった。これは前述の日程の二日目に外海府海岸の探勝を付け加えたものであるが、一般向きではなくやや特殊なものと思われる。午前七時に両津を出発し、モーターボートで佐渡島北端の弾崎（鷲崎地区の岬）を経て海路を相川に向い、その日は相川に一泊する行程である。両津を出発したボートは、内海府海岸を北上し、約二時間で鷲崎港に着く。これより関崎にいたる北西海岸が、佐渡随一の海岸美を誇る外海府の絶勝である。

鷲崎を出航して間もなく、右手に海驢島（とどしま）が浮標の如く見えそめ、やがて天鵞絨（びろーど）の様な緑の冠を戴いた「二つ亀」が近づいてくる。亀とは方言で岩のことであるといふが是（こ）れは素直に「亀」と受入れた方が面白い。脊中（せなか）を丸めて、日なたぼっこをしてゐる亀の子のやうな美しい島。

鷲崎は弾崎に近い佐渡島最北端の集落で、小さな漁港がある。「二つ亀」は、亀が二匹うずくまっているような島で、佐渡本島から細長い砂浜が延び、干潮時には陸繋島になる。付近の水は澄みわたり、今日、その浜辺は海水浴場として利用されている。岩山を覆う草がビロードのように見えるのであろう。次いで扇岩周辺である。

―是れを過ぎると「扇岩」…是れは佐渡名所絵はがき等でよく其の名と形を知られた有名なもの、岩の燈台といった感じである。このあたり、山は全く海になだれ入って、岩礁となり岩角となり、飛泉となり乱礁となって、伎芸天のアトリエとでも言ひたいやうな様々な岩が思ひ思ひの姿をして、澎湃（ほうはい）として限りもない日本海の怒濤と仲よく戯れ遊んでゐる…見る者思はず喝采して、此の天の童子の競技に一齊（いっせい）の拍手を送ってやりたい程だ。

かなり高揚しつつ、したためた一文であろう。小舟に乗って海から味わう光景は格別であったに違いない。なお、佐渡を代表する風景として記念切手（昭和三三年、国定公園シリーズ）にも採用された扇岩は、昭和四〇年頃に崩壊した。

「大野亀」「鴨島」を過ぎると「真垂れの滝」「大垂れの滝」が、日本一の「小便小僧」は俺だといふやうな面をして岩壁を破ってシャアシャアと海に入ってゐる。

やや筆が滑りすぎた感は否めない。「大野亀」もまた外海府の名だたる地で、初夏、トビシマカンゾウ群落が巨大な岩山を黄色く染める。二つの滝は、断崖から海に流れ落ちる滝で、今、滝のはるか上を自動車道が往く。

> 岩谷山、五十浦と奇景は更らに連続して、関の「膳棚岩」となり、関崎の險、三島の怪を経て「打帆浦」に至る、行程未だ二分の一にもならないのに、大抵の探訪者が半ダース以上のフィルムを使ひすててしまふので、「佐渡金剛」一名「フィルム地獄」とあだ名せられてゐるのも、嘘のやうな本当の話しである。

「フィルム地獄」とは面白い喩えである。案内文冒頭に、携行品として「飲料水、食糧品、殊に写真用のフィルム、乾板は両津よりなるべく沢山御用意になるが宜しい」と助言するが、それほど素晴らしい、といいたいのであろう。この記述からして、外海府海岸の旅は限られた趣味人のものであったことがうかがえる。

> 小日の立岩、小野見の弁天岬、高下の入崎を左にして大島を過ぎると景観更らに面目を一新して、壘々たる巨巌の連衡は天工の妙をいやが上にも加え、後尾の「影の神」片辺の「立岩」やがて絶勝「鹿の浦」が吹雪のやうな怒濤の中に隠見して、思はず手に汗を握らせる。

波が乱れ散る巨岩、荒れ狂う大波の中に見え隠れする絶勝に思わず手に汗を握る、とは偽らざる心境であろう。

> 全く本邦を代表する男性的海岸美のオーソリチー、室戸岬も犬吠岬も蓋し物の数ではない。（中略）夕方までには相川の人となって名物立浪連の「おけさ踊」を観賞することが出来る。同地一泊。

外海府海岸の男性的な海岸美を「日本新八景」海岸の部第一位に選定（昭和二年）された室戸岬以上だと褒める。船を降りて相川で一泊。その夜は、立浪連（立浪会）の「おけさ踊」を楽しむのである。立浪会は「相川音頭」の保存を目的に有志が結成（大正一三年）した会で、お盆に音頭流しをして相川の街中を歩いたという。立浪会は結成翌年、「相川音頭」とともに「佐渡おけさ節」のレコード吹込みをおこなう。間もなくラジオ放送（大正一五年）により「佐渡おけさ」が全国にながれることとなった。

日本海を往く船により佐渡にもたらされた唄は、やがて「佐渡おけさ」として日本を代表する民謡として世に知られ、振り付けもついて昭和初期には観光客を大いに喜ばせた。観光パンフレットの何気ない記述も、世相を反映していて面白い。

おわりに

本書は、『日本の観光—昭和初期観光パンフレットに見る』シリーズの第三作である。第一作はだれもが知っている国内の有名観光地を取り上げ、庶民の遊覧旅行の姿を概観した。第二作〈近畿・東海・北陸篇〉では、京都・奈良といった日本有数の観光地が所在する近畿地方ほか、第一作で割愛した地域を収録した。この第三作〈関東・甲信越篇〉では、第一作未収録の観光地や歴史ある街に焦点をあて、現地を歩く中で見聞きしたことを含めてまとめた。立脚するのは、引き続き観光文化研究である。

大正から昭和初期にかけて、我が国は観光旅行ブームに沸き立っていたことを前著で述べた。その背景として、鉄道や乗合自動車などの近代的交通機関の目覚ましい発達、産業化に伴う都市居住者増大による消費社会の進展、クーポン式遊覧券の発売、鳥瞰図をふんだんに掲載した魅惑的な旅行案内書・観光パンフレットによる積極的な情報発信などを指摘した。また社会に旅行熱をあおる空気が充満していた。たとえば大阪毎日新聞社と東京日日新聞社主催・鉄道省後援の「日本新八景」選定コンテスト（昭和二年）では、当時の日本の総人口約六千万人の一・五倍にも相当する投票はがきが寄せられるほどであった。ほどなく「国立公園法」制定（昭和六年）に伴い卓越する自然が国立公園に指定されるが、それは観光地のブランド化を推し進めることにつながった。国立公園指定を内定段階から誇らしげに掲げたパンプレットの続出がそれを物語る。

大正から昭和初期の観光旅行ブームは、果たしてどのようなものであったのだろうか。観光文化研究の一つとして、昭和初期の観光旅行の実態を明らかにしたい、それが本シリーズ執筆の動機である。本来ならば、体験した方々から熱のこもった話をお聞きするのが最良かもしれない。ところが、実体験した人から当時の話を聞こうと思っても、それは不可能に近い時代になってしまった。それが無理ならば、残された資料を読み解く中でその実像に迫る方法があるのではないか。

旅行案内書・観光パンフレット・鳥瞰図には、その時代の観光の在り方を探る手がかりが潜んでいるはずである。ただし、それらはあくまでも旅行者誘致を目的に作成されたもので、そこに記されたとおりの観光旅行がおこなわれていたという実態を示すものではない。その点を踏まえたうえで資料にあたる必要がある。どこか郷愁を誘う観光案内書・観光パンフレットには、当時の遊覧旅行の旅程をはじめ、訪れる土地の魅力、四季折々の旅での楽しみ方があふれんばかりに掲載されている。案内文を読み進むと、誇張気味な表現も見あたるが、それも含めてどこか時代の気分が感じられて愉快である。鳥瞰図もしかり。大空を舞う鳥の気分で、その土地の景色を眺めることができる。一枚の図に描かれた山河・街の風景、あるいは建物から、その時代の景観が浮かび上がってくる。時代を超えて受け継がれるもの、また変化するものは何か、それが鳥瞰図を読み解くことで少しずつ見えてくる。

本書で扱った関東・甲信越地方には、東京から日帰りや一泊で訪ねることができる遊覧地がいくつも所在する。なじみの土地でも、歩いてみると新たに教えられることがたくさんある。身近な場所でも、ちょっとした異空間に足を踏み入れることで、新鮮な気持ちになる。そんな小さな旅を、昭和初期の鳥瞰図や案内文をたよりに愉しんでみたい。

この関東・甲信越の旅から、観光旅行の元祖が寺社詣にあったことを改めて教えられる。本書で取り上げた主なものだけでも、鎌倉・江の島の寺社巡り、お不動さまへの成田詣、水郷の香取・鹿島詣、上州の榛名詣、秩父の三峯詣、日蓮宗本山への身延詣、長野の善光寺詣、戸隠参詣と、じつに多様である。その多くは庶民信仰に根差し、地域の人々が講社を組んでおこなった親睦を兼ねた旅行である。そして時の流れとともに、遊覧・観光旅行としての性格を帯びていくという共通性がみられる。

その一例として善光寺詣を紹介しよう。善光寺門前には、大勧進と大本願に属す宿坊三十九院が風格ある構えをみせる。これらの宿坊は受持信徒の地に出向いて一光三尊阿弥陀如来への信仰心を高めるとともに、全国から訪れる信者の休泊・参拝の世話をする。その信頼関係が人々を心おきなく善光寺に向かわせたのであろう。宿坊に泊まって戒壇廻りなどをして極楽往生を願う、それが伝統的な善光寺詣であった。ところが昭和初年、長野電鉄がこのような案内文の観光パンフレットを作成する。「牛に曳かれて善光寺参り」から「お湯にひかれて善光寺参り」へ。お湯とは、電鉄沿線に点在する旧平穏温泉である。加えて「弥陀の浄土から此の世の極楽へ」と、不遜なコピーまで掲載するのである。寺社参詣という大義名分をつくって旅に出た時代は、もう過去のこと。お参りもさることながら温泉に入って大いに楽しもうじゃないか、そんな享楽的気分が漂う観光パンフレットである。そこに、昭和という時代の価値観の変容を読み取ることができる。

景勝地を訪ねて風景を愛でる、それも昔からの旅のスタイルであった。関東・甲信越には、山河を巡る旅の目的地も豊富である。東京・横浜から手軽に海辺の風景を楽しむ三浦半島。奥武蔵や秩父に出かけて、湖畔や丘陵をハイキング。南房総の海で舟にのって鯛の浦見物。利根川の水郷では水辺の風情を味わい、筑波山から眺望を楽しむ。上州では赤城山・榛名山・妙義山の山岳美を堪能する。甲斐では名勝地昇仙峡に遊び、瀑布・奇岩怪石の峡谷美を探勝する。信州では穂高を仰ぎ見る上高地を散策。天竜峡では「天竜峡十勝」などの峡谷美を味わうなど、楽しみは尽きない。それまで近づきにくかった地に、交通機関の発達により手軽に到達できるようになった時代を迎えたことが、景勝地を巡る遊覧旅行に拍車をかけた。

交通の便が良くなると、それまで秘境に近かったところが観光地に様変わりする。上高地は、その典型であろう。明治初期、土地の猟師がカモシカやイワナを追って分け入った人跡未踏の地に、やがて登山者が足を踏み入れる。それまで徳本峠を越えてようやくたどり着いた上高地も、昭和に入ると河童橋までバスが乗り入れる。大正池・田代池・明神池が神秘的なたたずまいをみせ、梓川の清流が心地よい音を奏でる峡谷には、温泉や設備の整った宿・ホテルが開業して、上高地は避暑地としての賑わいをみせる。筑波山や榛名山も大正後期から昭和初期にケーブルカーが開通して、信仰の山から観光の山へと性格を変えていく。諏訪湖や榛名湖はスケートの流行により、景勝地がウインタースポーツの地としての性格を強めていく。「都塵を離れて清澄な地へ」「喧噪を避けて静寂な地へ」、そんなメッセージを都市居住者へ送り続けた景勝地は、その清らかな魅力ゆえに人々を惹きつけて雑沓と化す。それが昭和初年の偽らざる姿であった。

いまも人気の温泉旅行、その原点はいで湯に浸って心身を癒す湯治であろう。上州の草津温泉・伊香保温泉・水上温泉郷、信州の浅間温泉・渋温泉をはじめ、関東・甲信越には数々の温泉が湧く。昭和に入ると、草津温泉は湯治場から遊覧地・スキー地としての性格を強めていく。伊香保温泉には、癒しの施設を付帯した温泉プールや娯楽設備をふんだんに整えた宿も生まれ、山国ながら東京の魚河岸から仕入れた魚料理を売りにする。近郷の人が農閑期に利用するに過ぎなかった水上温泉郷は、上越線開通でにわかに脚光を浴び、温泉宿の軒下からのスキーとその後の出湯に浸る楽しみを謳う。奥利根の山峡の宿もまた日本海の新鮮な海の幸を味わえることを誇るが、それも鉄道開通の恩恵をうけた昭和という時代の一面であろう。

常念岳など雄大な展望を誇る松本郊外の浅間温泉は、三層四層の楼閣が建ち並び、絃歌が湧く歓楽境であった。このような歓楽境でも、昭和初期、湯治の自炊客を歓迎していた。また湯治・遊覧客だけでなく、出張の官吏や北アルプス登山者などをひろく受け入れる姿勢がパンフレットから伝わる。ここで興味深いのは、室料と食事料金を別立てにして、宿泊客が好みの食事を注文する「賄伺い」という方式があったこと。旅館では、あらかじめ用意した豪華な料理と宿泊料を一体化した料金設定が一般的であるが、のんびり逗留する人にとって「賄伺い」は経済的な方式である。これは渋温泉でも見られるが、客本位のやり方である。

草津温泉で心に残るのは、温泉街はずれの街道にある「泣き燈籠」と「涙橋」である。「泣き燈籠」は、湯治客が宿の人や自炊の食料などを届けた商人に送られて泣き別れした場所に今も立っている。「涙橋」は、温泉街を後にした湯治客が滞在中の楽しみを追想して泣くところに架かっていた土橋である。いずれも、湯に浸るだけでなく、湯治客と土地の人との心温まる交流があったことを物語る逸話である。今、旅行をする人が多くなったが、果たしてこのような心に残る交流はあるのだろうか。これからの旅で大切にしなければならないものは何か、そのようなことを考えさせられる観光パンフレットの一文である。

本書は、前著と同様に服部徳次郎氏（一九二三～二〇〇七）旧蔵コレクション（愛知県東浦町郷土資料館所蔵）及び藤井務氏（一九一六～二〇〇三年）旧蔵コレクションを主資料として執筆したものである。服部徳次郎氏旧蔵コレクションの閲覧及び撮影・掲載許可をいただいた東浦町郷土資料館、および藤井務氏旧蔵コレクションをご寄贈いただいた安藤典子さんに御礼申し上げる。また、本書は愛知淑徳大学研究助成による一連の調査研究成果を基礎に執筆したものである。ご配慮いただいた大学当局、ならびに前著に引き続き出版を快く引き受け編集にご尽力いただいた八坂書房・八坂立人氏に心より感謝申し上げる。

谷沢　明

松本 188
松本城 189
「松本市を中心とせる日本アルプス大観」 185, 191
松本盆地 185

◆ み ◆
「三浦一周案内」 20
三浦半島 12, 20, 21
三浦半島めぐり 20
身代札（成田） 49
三崎（三浦） 21
御射神社春宮（浅間温泉） 197
「御嶽昇仙峡」 150
三峯講 143
三峯神社 130, 142, 143
三峯詣 143
水戸 70
「水戸」 70
水戸及三浜めぐり 78
水戸公園 75, 78
水戸城址 71
水上温泉郷 112
水上峡 116
湊鉄道 78
「湊鉄道沿線名所図絵」 78
湊町（那珂湊） 79
身延山 158, 159
身延詣 154, 155
三浜 78, 79
「妙義金洞山案内図」 104
妙義山 104, 105, 108
「妙義山大観」 104
妙義神社 105
妙義神社門前 104, 105
妙義の四季 105
妙高高原 237
妙高山 236
「妙高山麓遊覧案内」 236

◆ む ◆
武蔵野鉄道沿線 131, 135
村山貯水池 131, 134

◆ も ◆
木母杉（香取神宮） 58
元善光寺 220
斥候杉（香取神宮） 58
門前町（江の島） 31
門前町（成田） 48

◆ や ◆
八木節 96
八島湿原 217
山口貯水池 131, 134
山下公園 16
山手公園 17
槍ヶ岳 205

◆ ゆ ◆
遊亀公園 150
雪形 206
湯田中温泉 177
湯ノ小屋温泉 112
湯畑（草津温泉） 121
湯原温泉（水上温泉） 112
湯檜曽温泉 112, 117
「湯元谷川館案内」 117

◆ よ ◆
横須賀 21
横浜 12, 13, 16, 20
「横浜」 12, 16, 17
横浜公園 16, 17
「横浜鳥瞰図」 12
吉田紘次郎 190
吉田初三郎 7, 12, 24, 31, 33, 37, 45, 52, 57, 59, 67, 70, 78, 82, 83, 88, 92, 97, 127, 146, 155, 166, 176, 192, 240

◆ ら ◆
楽寿楼（好文亭） 74, 75

◆ り ◆
「陸軍特別大演習記念茨城県鳥瞰図」 59
『旅程と費用概算』（ジャパン・ツーリスト・ビューロー） 25, 155, 158
臨江閣 83

高崎城址　88
高田（上越市）　232, 233, 236
「高田市大観」　233
高田城址　233
「高田名勝図絵」　233
高山不動尊（常楽院）　131
宝川温泉　112
田代池　191
蓼の海　213, 216
館山湾　41
谷川温泉　112, 117
多摩湖　134
多摩湖鉄道沿線　134
誕生寺　37

◆ ち ◆
秩父　142
「秩父観光案内」　142
中社（戸隠）　173
銚子　52, 53
銚子磯巡り　52

◆ つ ◆
筑波山　66, 67
筑波山神社　66
「筑波登山手引山案内」　66
筒粥神事（榛名神社）　101
鶴岡八幡宮　28

◆ て ◆
『鉄道旅行案内』（鉄道省）　24, 62, 154
天覧山　130, 131, 135
天竜川下り　225
「天竜川舟下り御案内」　226
天竜峡　224, 225
天竜峡の舟遊び　225
天竜下れば　224

◆ と ◆
十日夜　89
戸隠山　172, 173
戸隠講　172
戸隠詣　173
常磐公園（水戸）　71, 74
徳本峠　192, 193

◆ な ◆
苗名滝　237, 238
長瀞　130, 142
長野電鉄沿線　175, 176
「長野電鉄沿線温泉名所案内」176
泣き燈籠（草津温泉）　123, 126
那古観音（那古寺）　41、44
涙橋（草津温泉）　123
成田街道　45
成田山　45, 48, 49
「成田山全景」　45
成田詣　45, 49
縄手（松本）　189

◆ に ◆
新潟　227, 228, 229
「新潟市大観」　228
新美南果　158, 196
西宮神社（桐生）　93
『日本アルプス案内』（鉄道省）204
『日本案内記』関東篇（鉄道省）　20, 28, 36, 52, 57, 62, 66, 78, 86, 87, 102, 143, 147
『日本案内記』中部篇（鉄道省）204, 228, 232, 236, 240
「日本北アルプス案内大町口及白馬岳方面」　206
日本寺　44
日本新八景　192, 224
「日本八景名所図絵」　192

◆ ね ◆
子の権現（天龍寺）　134, 139

◆ の ◆
野毛山公園　17
鋸山　44, 45

◆ は ◆
ハイキング　138, 139
「ハイキング」（武蔵野電車）　138
ハイキングの歌　139
白雲山（妙義）　108
「白銀の王者霧ヶ峯」　216
白山公園（新潟）　229
白馬岳　203, 205, 206, 208, 209, 210
「白馬岳と後立山連峰」　208
「白馬岳登山案内」　208
「白馬登山案内」　208
箱根　8
長谷寺（鎌倉）　30
浜鳥居（香取神宮）　57, 58
葉山　21
榛名湖　101, 102
榛名講　100
榛名高原スキー場　102
榛名湖のスケート場　101, 102
榛名山　100
榛名神社　100, 101
万代橋（新潟）　228, 232
「飯能天覧山」　135

◆ ひ ◆
「日帰りのスキー奥武蔵高原」139
比観亭跡　80
火之御子社（戸隠）　173
「ヒュッテ霧ヶ峯」　216
日和山（新潟）　232
平穏八湯　177

◆ ふ ◆
富士川　154
富士川下り　155, 158
富士身延鉄道　154
「富士身延鉄道沿線名所図絵」155
不老園（甲府市）　150

◆ ほ ◆
宝光社（戸隠）　173
「房州名勝鋸山案内図」　44
房総一周　36
房総半島　33, 36
穂高神社　201
穂高岳　205
発哺温泉　180
盆踊り（桐生）　96

◆ ま ◆
前橋　82, 83
前橋公園　83
「前橋市」　82, 83
賄伺い（浅間温泉）　197

君ヶ浜（銚子）　56
鏡忍寺　40
霧ヶ峰　216
霧ヶ峰湿原　217
霧ヶ峰スキー場　217
「霧ヶ峰のスキー諏訪湖のスケート」　216
桐生　92
桐生が岡公園　93
「桐生市」　92
金鶏山（妙義）　108
金洞山（妙義）　108

◆く◆
久遠寺　158, 159
日下部鳴鶴　224
草津温泉　117, 120
「草津温泉御案内」　120, 122
草津電気鉄道　121
草津の四季　122
熊の湯温泉　180
黒生浦（銚子）　56
「群馬湯檜曾♨」　117

◆け◆
顕光寺　172, 173
建長寺　29

◆こ◆
弘道館　75, 78
高徳院　29, 30
甲府　146, 147
「甲府市鳥瞰図」　146
甲府城址　147
「甲府市を中心とせる甲斐大観」143
甲府盆地　143
好文亭　74
「木暮旅館を中心とせる伊香保榛名の名所交通図」　97
小島烏水　204
御殿山（浅間温泉）　200
小日向温泉（向山温泉）　112
高麗村　130
「小湊山誕生寺房州名所図絵」　37
権堂（長野）　177

◆さ◆
「埼玉県」　127
賽の河原（草津温泉）　123
阪谷朗盧　224
酒列磯前神社　80
佐渡おけさ　246
佐渡島　239
「佐渡が島」（佐渡商船）　240, 241
佐渡の旅行日程　240
狭山湖　134
三渓園　17
「参詣要覧身延山図絵」　158
「三信鉄道沿線案内」　221, 225
「参拝要覧鹿島神宮」　67
「参拝要覧香取鹿島神宮」　57

◆し◆
敷島公園　83, 86
地獄谷温泉　180
思親閣（身延山）　159
地蔵の湯（草津温泉）　121
七面山　159, 162
信濃大町　203
信濃川　227, 228, 229
信濃鉄道　201
「信濃鉄道案内」　201
信濃の国　163, 166
渋温泉　177, 180, 181, 182, 183
下諏訪温泉　212
宿坊（善光寺）　169, 171, 172
宿坊（戸隠）　173
宿坊（榛名）　100
十州一覧台　45
「上越線車窓の展望」　109
上越線全通記念博覧会　109
将軍標　135
昇仙峡　146, 150, 151, 154
「正丸峠ドライブウエー」　139
城山公園（松本）　190
少林山達磨寺　89
神宮寺薬師堂（浅間温泉）　197
「信州浅間温泉案内」　200
「信州善光寺及付近名所案内」168
「信州善光寺郊外渋温泉案内」180
「信州戸隠名所」　173
「信州ノ別天地浅間温泉案内」196
新勝寺　45
振武軍碑　135

◆す◆
水月園（下諏訪）　213
水郷　62, 63
「水郷」（水郷汽船）　63
水郷汽船　63
水郷巡り　63
「スキースケートの榛名高原」102
「スキースケート公魚穴釣榛名の冬」　102
「スキーと温泉の奥利根へ」　116
『スキーとスケート』（鉄道省）　101, 211
スケート（諏訪湖）　211
逗子　21
諏訪湖　211
「諏訪大観」　212, 213

◆せ◆
清水寺（高崎市）　89
清澄寺　40
仙娥滝（昇仙峡）　151
善光寺　167, 168, 169
「善光寺案内」　169
善光寺街道　167
「善光寺境内図絵」　169
善光寺西街道　167, 168
善光寺参り　167, 176
千歳橋（松本）　189
洗心亭　89
先導師（大山）　9

◆そ◆
総滝（妙高）　238
外海府　245, 246

◆た◆
代参（榛名神社）　100
大雪渓（白馬）　210
鯛ノ浦　37, 40
B・タウト　89
高崎　88
高崎公園　88, 89
「高崎市」　88

索　引

◆ あ ◆

相川（佐渡） 246
赤城山 86, 87
赤城山スキー場 87
赤城神社 86
赤沢宿 159, 162
赤穂（駒ヶ根市） 220
「秋」（武蔵野電車） 131
「秋の筑波山」 67
「秋は武蔵野電車で」 134
浅間温泉 193, 196, 197, 200
「浅間温泉へ上高地へ」 193
浅間公園 200
海鹿島（銚子） 56
安曇野 201
愛宕山（銚子） 56
阿夫利神社 9
雨乞い 9, 101
飴市 190, 201, 203
安房鴨川 40
安房合同自動車 41
「安房合同自動車沿線案内」 41
安房小湊 37
安代温泉 177

◆ い ◆

飯田 221
伊香保温泉 96
「伊香保御案内」 97
伊香保神社の燈籠 100
伊豆ヶ岳 138, 139
「伊豆ヶ岳」（武蔵野電車） 139
伊勢佐木町 17
磯崎 80
磯節 79
伊那町 217
伊那谷 217
「伊那電気鉄道沿線案内」 217
犬吠埼 53, 56
犬若浦（銚子） 56
祝町（大洗町磯浜） 79

◆ う ◆

W・ウェストン 191
『羽越線案内』（鉄道省） 227
運動茶屋（草津温泉） 123

◆ え ◆

江の島 9, 31, 32
江島神社 9, 31, 32
「江之島名所図絵」 31
恵比寿講（桐生） 93
円覚寺 29
「沿線案内」（多摩湖鉄道） 134

◆ お ◆

御伺い（渋温泉） 182
大洗 80
大洗磯前神社 80
大さん橋（横浜） 16
大滝（妙高） 238
大沼（赤城山） 86, 87
大山 9
大山講 9
大山詣 9
奥社（戸隠） 173
奥利根温泉郷 112
「奥利根温泉郷」 112
奥武蔵高原スキー場 139
「奥武蔵野遊覧コース御案内」 135, 138
御師（榛名神社） 100
御田植祭（香取神宮） 58
お花畑（白馬） 210
御神渡り 211
『温泉案内』（鉄道省、昭和 6 年版） 96, 112, 120, 180, 196, 211
「♨とスキーの水上温泉郷へ」 116

◆ か ◆

「海光の千葉県」 33
甲斐善光寺 150
偕楽園 71, 74
W・ガウランド 192
鏡ヶ浦（館山湾） 41
覚円峰（昇仙峡） 150
角間温泉 177
崖観音（大福寺） 44
囲山公園（草津温泉） 122
鰍沢 155
鹿島神宮 67, 70
霞ヶ浦縦断 63
霞ヶ浦舟遊 62
加藤洲十二橋 62
香取鹿島めぐり 57
香取神宮 56, 57
「神奈川県」 7
「神奈川県観光図絵」 7, 8
要石 70
金子常光 104, 112, 120, 143, 150, 185, 212, 217, 221
鎌倉 9, 21, 24, 25, 28, 29, 30
鎌倉・江の島遊覧 25
「鎌倉江の島名所案内」 25, 32
「鎌倉江之島名所図絵」 24
鎌倉江ノ島遊覧順路 24
上高地 190, 191, 192, 193
「上高地」（『日本八景』所収） 191
上條嘉門次 191
上諏訪温泉 211, 212
「上諏訪霧ヶ峰山麓蓼ノ海碧水荘御案内」 213
掃部山公園 17
雁木 233
「観光信州」 166
寒湯治（草津温泉） 123
「関東第一の魅力銚子市」 52
観音山（高崎市） 89
上林温泉 177

◆ き ◆

祇園祭（桐生） 93
木曾駒ヶ岳 220
北アルプス 204, 205, 206

著者略歴

谷沢　明（たにざわ・あきら）
1950年　静岡県に生まれる
法政大学工学部建築学科卒業
法政大学大学院工学研究科修士課程修了　博士（工学）
日本観光文化研究所　放送教育開発センター助教授を経て
1995年　愛知淑徳大学教授
2021年　愛知淑徳大学名誉教授

［専門］
観光文化論　地域文化論　民俗建築論

［主な著書］
『日本の観光―昭和初期観光パンフレットに見る』（八坂書房、2020年9月）、『日本の観光２―昭和初期観光パンフレットに見る〈近畿・東海・北陸篇〉』（八坂書房、2021年4月）
『瀬戸内の町並み―港町形成の研究』（未來社、1991年2月）
『住いと町並み』（ぎょうせい、1982年1月）

［受賞］
日本民俗建築学会賞　竹内芳太郎賞（2020年）

日本の観光３ ―昭和初期観光パンフレットに見る《**関東・甲信越篇**》

2022年　5月25日　初版第1刷発行

著　者　谷　沢　明
発行者　八　坂　立　人
印刷・製本　中央精版印刷（株）

発行所　（株）八　坂　書　房
〒101-0064 東京都千代田区神田猿楽町1-4-11
TEL.03-3293-7975　FAX.03-3293-7977
URL. http://www.yasakashobo.co.jp

ISBN978-4-89694-299-6

★ 関連書籍の御案内 ★

日本の観光
—昭和初期観光パンフレットに見る

谷沢　明著

菊判・並製　三一二頁　本体三六〇〇円

昭和初期の庶民の旅とは?

旅行後には捨てられていく運命にあった観光案内を、地域ごとに分類して多数収載。「大正の広重」吉田初三郎や金子常光ら名人の手になる見事な鳥瞰図をカラーで紹介。名所旧跡を訪ねるもよし、幻の路線・今はなき廃線や観光地を探るもよし、時空を超えた旅を愉しむ一冊。

〈おもな掲載観光地〉

北海道（大雪山・阿寒湖・屈斜路湖・摩周湖・登別温泉など）
東北（松島・十和田・厳美渓・花巻温泉・会津・出羽三山など）
日光・塩原・那須・尾瀬
箱根・富士・伊豆
東京近郊（私鉄各線・奥多摩・御嶽山・遊覧バスなど）
信越のスキー地（高田・妙高・野沢温泉・志賀高原など）
瀬戸内海（讃岐・金刀比羅宮・道後・松山・鞆の浦・厳島など）
九州（雲仙・阿蘇・別府・耶馬渓など）

日本の観光②
—昭和初期観光パンフレットに見る《近畿・東海・北陸篇》

谷沢　明著

菊判・並製　二八〇頁　本体三〇〇〇円

日本を代表する観光名所

前著『日本の観光』に未収録の京都・奈良などの観光案内を紹介。掲載されている鳥瞰図は、今で言うドローンの映像のようで、小高い山から街を見渡したような立体絵地図であるが、位置関係を明確にするために、実際には遠望できないであろう地点までを描き出している。

〈おもな掲載観光地〉

京都（平安神宮・清水寺・嵯峨野・嵐山・宇治など）
奈良（春日大社・法隆寺・信貴山・長谷寺・吉野・室生寺など）
琵琶湖・若狭湾（琵琶湖遊覧・大津・彦根・小浜・宮津・天橋立など）
南紀・伊勢志摩（白浜・湯崎温泉・熊野・高野山・伊勢神宮など）
名古屋周辺（名古屋・郊外電車とその沿線・木曾川・犬山など）
三河・伊勢湾（三河湾・知多半島・富田浜・四日市・湯の山温泉など）
美濃・飛騨路（長良川・高山・郡上八幡・美濃など）
北陸（金沢・立山・黒部・加賀温泉・山中温泉・東尋坊など）